Guenter Lewy
»Rückkehr nicht erwünscht«

Guenter Lewy

»RÜCKKEHR NICHT ERWÜNSCHT«

Die Verfolgung der Zigeuner im Dritten Reich

Propyläen

Originaltitel: *The Nazi Persecution of the Gypsies*
© 2000 by Oxford University Press, New York
Aus dem Amerikanischen von Klaus-Dieter Schmidt
Deutsche Ausgabe © 2001 by Econ Ullstein List Verlag GmbH &
Co. KG, München · Berlin
Propyläen Verlag
Alle Rechte vorbehalten
Satz: Utesch GmbH, Hamburg
Druck und Verarbeitung: Franz Spiegel Buch GmbH, Ulm-Jungingen
ISBN 3 549 07141 8
Printed in Germany 2001

INHALT

VORWORT

Bis heute ist die Verfolgung der Zigeuner im Dritten Reich eines der am stärksten vernachlässigten Kapitel der Geschichte dieser verhängnisvollen Ära. Während es Hunderte von Studien gibt, in denen jeder Aspekt der nationalsozialistischen Verbrechen am jüdischen Volk beleuchtet wird, liegt nur ein einziges englischsprachiges Buch über das Schicksal der Zigeuner vor. Die 1972 von Donald Kenrick und Grattan Puxon vorgelegte Arbeit *The Destiny of Europe's Gypsies (Sinti und Roma – die Vernichtung eines Volkes im NS-Staat)* war ein begrüßenswerter Versuch, die jahrzehntelange Vernachlässigung dieses Themas zu beenden. Er fiel allerdings wenig zufrieden stellend aus. Die Autoren stützten sich auf eine begrenzte Auswahl von Quellen, und ihre Darstellung war von Übersetzungsfehlern und falschen Angaben getrübt; zudem enthielt sie – bei einem Umfang von nicht mehr als hundertfünfundzwanzig Seiten – unangemessene analytische Vereinfachungen. Eine 1995 erschienene überarbeitete Neuauflage war noch kürzer und verzichtete ganz auf die Dokumentation. Wie der Herausgeber erklärte, waren die Anmerkungen und Quellennachweise gestrichen worden, um Schülern höherer Klassen die Lektüre des Buchs zu erleichtern.

In den letzten zwanzig Jahren haben deutsche Autoren begonnen, sich mit diesem so lange ignorierten Thema zu beschäftigen. Die meisten ihrer Arbeiten sind jedoch Monographien mit eingeschränkter Perspektive, und einige sind darüber hinaus extrem polemisch und dem zuzurechnen, was »militante Geschichte« genannt worden ist.[1] Sie behandeln das Thema nur oberflächlich und lassen eine Beschreibung und Analyse der tatsächlichen Kette der Ereignisse in ihrer ganzen historischen Komplexität vermissen. Erst Ende 1996 erschien mit Michael Zimmermanns Buch *Rassenutopie und Genozid* eine umfassende wissenschaftliche Arbeit, die den komplizierten Verästelungen der nationalsozialistischen Zigeunerpolitik gerecht wird.

Für die geringe Beachtung, die dieses Thema über lange Zeit hinweg erfuhr, gibt es viele Gründe. Das Leid der Zigeuner war von der gewaltigen Tragödie des jüdischen Volks überschattet, die in den Nürnberger Prozessen ausführlich behandelt wurde und in den Akten dieser Gerichtsverfahren entsprechend großen Raum einnimmt. Im Gegensatz dazu wurde die Verfolgung der Zigeuner kaum erwähnt, und in keinem der Prozesse wurde auch nur ein einziger Zigeuner als Zeuge aufgerufen. In den folgenden Jahren schrieben zahlreiche jüdische Überlebende Berichte über ihre leidvollen Erfahrungen, während nur wenige Zigeuner ihre Erlebnisse an die Öffentlichkeit brachten. Nur eine geringe Anzahl der Zigeuner gehörte der Intelligenz an, und da in den Konzentrationslagern einige der größten Tabus in Bezug auf rituelle Reinheit und sexuelles Verhalten gebrochen worden waren, zögerten die Überlebenden, über das Geschehene zu sprechen. Themen wie die Zwangssterilisationen konnten so gut wie überhaupt nicht angesprochen werden. Nachforschungen von Außenstehenden wurden durch das Misstrauen behindert, mit dem die Zigeuner traditionell die Welt der Nichtzigeuner infolge der jahrhundertelang erlebten Repressionen betrachteten.

Das vorliegende Buch beruht zum großen Teil auf den Aktenbeständen von neunundzwanzig deutschen und österreichischen Archiven auf Bundes-, Länder- und kommunaler Ebene und von Institutionen wie dem Institut für Zeitgeschichte in München und der Zentralen Stelle der Landesjustizverwaltungen zur Verfolgung nationalsozialistischer Gewaltverbrechen in Ludwigsburg. Die bedeutendste Einzelquelle in Deutschland waren annähernd tausend polizeiliche »Zigeunerpersonenakten«, die nur noch in drei Staatsarchiven vorhanden sind – in Potsdam, Magdeburg und Düsseldorf. Aus diesen nicht für die Veröffentlichung bestimmten Dokumenten ergibt sich ein detailliertes und höchst informatives Bild, das unerlässlich ist, will man den Verlauf der Verfolgung nachvollziehen. Viele Missverständnisse über die nationalsozialistische Behandlung der Zigeuner sind darauf zurückzuführen, dass man allein die in Berlin erlassenen Verordnungen in Betracht zog und ihre Umsetzung auf lokaler Ebene außer Acht ließ. Neben Informationen über die Maßnahmen der Behörden enthalten diese Akten wertvolle Hinweise auf Einstellungen und Reaktionen der Opfer.

Andere Primärquellen fanden sich in den National Archives und im Holocaust Memorial Museum in Washington. Hinzu kommen mittlerweile auch einige Memoiren. Trotz der Unzuverlässigkeit solcher Erinnerungen ermöglicht es die Zeugenschaft der Überlebenden, die Handlungen der Täter in die richtige Perspektive zu rücken. Ihre Leidensgeschichten erinnern uns an die menschlichen Tragödien, die hinter der bürokratischen Sprache der Akten verborgen sind.

Um einer in die Tiefe gehenden Behandlung des Themas willen konzentriert sich das vorliegende Buch auf die Zigeuner aus Deutschland und Österreich sowie aus den ins Dritte Reich eingegliederten Territorien, also dem so genannten Protektorat Böhmen und Mähren (der heutigen Tschechischen Republik) und Elsass-Lothringen. Da sie ein Schlaglicht auf das Wesen der NS-Politik werfen, werden darüber hinaus auch Aktionen gegen Zigeuner in den damals unter deutscher Militärverwaltung stehenden Gebieten der baltischen Staaten, der Sowjetunion und Serbiens behandelt.

Die Zigeuner sind ein schwer fassbares Volk, das sowohl romantisiert als auch verleumdet worden ist. So hat sich Richard John Neuhaus, der Herausgeber der Zeitschrift *First Things*, kürzlich in einer Besprechung von Isabel Fonsecas Buch *Begrabt mich aufrecht* zu der unangemessenen Aussage hinreißen

9

lassen, die Zigeuner seien, »von Ausnahmen abgesehen, faule, verlogene, diebische und außerordentlich verdreckte Leute«, die man »höchst ungern in seiner Nähe haben möchte«. Andererseits haben Beobachter immer wieder ihre Musik und ihre Naturverbundenheit gepriesen. Einige zeitgenössische deutsche Autoren betrachten die Zigeuner und ihre weniger geregelte Lebensweise als wichtigen Gegenentwurf zum ihrer Ansicht nach reglementierten Leben in der von technologischer Effizienz und materiellem Reichtum geprägten modernen Gesellschaft. Die gleiche Haltung hat dazu geführt, dass auf einer bestimmten »politisch korrekten« Sichtweise der Geschichte der Zigeuner bestanden wird, einschließlich der Verwendung einer neuen Nomenklatur. Daher benutzen die meisten Deutschen heute nicht mehr das Wort »Zigeuner«, das als abwertend betrachtet wird, sondern sprechen von »Sinti« und »Roma«. Diese Bezeichnungen beziehen sich auf den Stamm, dem die meisten deutschen Zigeuner angehören (Sinti), und die Zigeuner südosteuropäischer Herkunft (Roma). Tatsächlich ist an dem Wort »Zigeuner« an sich nichts Abwertendes, und mehrere Zigeunerautoren haben gefordert, es weiter zu gebrauchen, um die historische Kontinuität zu erhalten und sich mit denen solidarisch zu erklären, die unter diesem Namen verfolgt worden sind.

Es bleibt die angenehme Pflicht, meinen Dank abzutragen für die großzügige Unterstützung, die mir von vielen Seiten zuteil geworden ist. Sybil Milton, frühere leitende Historikerin des US Holocaust Research Institute, war mir eine enorme Hilfe, als ich begann, über das Thema dieses Buchs zu arbeiten. Stipendien des American Council of Learned Societies und des Deutschen Akademischen Austauschdiensts ermöglichten mir einen fünfmonatigen Forschungsaufenthalt in Deutschland. Die dortigen Archivare und Bibliothekare waren überaus freundlich und hilfsbereit; das Gleiche gilt für das Personal der National Archives und des Holocaust Memorial Museum in Washington. Profitiert habe ich auch vom Meinungsaustausch mit anderen Wissenschaftlern, die sich mit der Geschichte der Zigeuner und verwandten Gebieten befassen, sowie von der gegenseitigen Unterstützung bei der Beschaffung von Dokumenten. Hier sind insbesondere Christopher Browning, Ludwig Eiber, Hans Hesse, Martin Luchterhand, Hansjörg Riechert, Gesine Schwan, Wolfgang Wippermann und Michael Zimmermann zu nennen. Stephen Miller und Michael Zimmermann, die eine frühe Fassung des Manuskripts gelesen haben, danke ich für ihre konstruktive Kritik. Für das ausgezeichnete Lektorat bin ich Chrisona Schmidt zu Dank verpflichtet. Überflüssig zu sagen, dass keine der genannten Einzelpersonen und Institutionen für die in diesem Buch dargelegten Ansichten und Schlussfolgerungen verantwortlich ist. Diese sind allein mir zuzurechnen.

Washington, D. C. *G. L.*

Einführung
Eine Geschichte von Unterdrückung und Misshandlung

Die Verfolgung der Zigeuner durch das NS-Regime stellt ein Kapitel in einer langen Geschichte der Misshandlungen und grausamen Unterdrückung dar. Seit die Zigeuner im 15. Jahrhundert nach Mitteleuropa gekommen waren, wurden sie immer wieder vertrieben, gebrandmarkt, gehängt und mit allen denkbaren Kränkungen und Schikanen gequält. In manchen Teilen Europas hat sich die bösartige Drangsalierung dieser Minderheit bis heute fortgesetzt. Aufgrund dieser Geschichte weigern sich viele Zigeuner, ihre ethnische Identität zu akzeptieren, weshalb die Angaben über die weltweite Anzahl der Zigeuner notorisch unzuverlässig sind.

Zigeuner in deutschen Landen: Die frühen Jahre

Das Volk der Zigeuner spricht eine Vielzahl von Dialekten, die allesamt aus dem Sanskrit abgeleitet sind und Anleihen aus dem Persischen, Kurdischen und Griechischen enthalten. Aus der Analyse dieser Romani genannten Sprache und anderen Beweise lässt sich mit einiger Sicherheit folgern, dass die Zigeuner vor über tausend Jahren den indischen Subkontinent verließen – wahrscheinlich in mehreren Wellen – und durch Persien, Armenien und die Türkei nach Europa wanderten. Was diesen Exodus ausgelöst hat, ist nicht bekannt, denn die Zigeuner sind ein illiterates Volk, das seine Geschichte weder in schriftlicher noch in mündlicher Form weitergibt. Für das 14. Jahrhundert ist ihre Anwesenheit in Griechenland dokumentiert, wo sie *atsinganoi* genannt wurden. Das deutsche »Zigeuner«, das französische *tsiganes*, das italienische *zingari* und die entsprechenden Worte in anderen Sprachen stammen von dieser byzantinischen Bezeichnung ab. Von 1417 an erwähnen Chroniken Zigeuner in Hansestädten und anderen Teilen Deutschlands. Im selben Jahr stellte Kaiser Sigismund einer Gruppe von über hundert Zigeunern einen Schutzbrief aus. In Großfamilienverbänden reisend, bestritten diese Nomaden ihren Lebensunterhalt damit, dass sie verschiedene Waren und Dienstleistungen anboten. Sie flochten Körbe, flickten Kessel, schliffen Scheren, handelten mit Pferden, spielten Musik und zähmten Tiere; die Frauen tanzten und betrieben Wahrsagerei. Um ihre Waren zu verkaufen und ihre Dienstleistungen anzubieten, mussten sie von Ort zu Ort ziehen.[1]

Anfangs wurden die Zigeuner, die sich als Pilger und Büßer ausgaben, freundlich aufgenommen und erhielten private und öffentliche Almosen. Die Geschichte, die sie erzählten, ist in mehreren Versionen überliefert. Manchen Darstellungen zufolge behaupteten sie, aus Ägypten zu stammen und dafür Buße zu tun, dass sie die christliche Religion für einige Jahre aufgegeben hatten. Nach anderen Quellen erklärten sie, die Sünden ihrer Vorväter zu sühnen, die der Heiligen Jungfrau und dem Christuskind auf ihrer Flucht nach Ägypten ihre Hilfe verweigert hätten. Wieder andere sprachen von Buße in Erinnerung an die Flucht Jesu.[2] Die Zigeuner wurden daher häufig Ägypter genannt; das englische *gypsies* und das spanische *gitanos* sind verstümmelte Formen des jeweiligen Wortes für »Ägypter«. Doch bald entstanden Spannungen zwischen der einheimischen sesshaften Bevölkerung und diesen dunkelhäutigen, fremd aussehenden Fahrenden. Zweifel kamen auf, ob sie sich tatsächlich einem Leben der Buße verschrieben hatten, und immer häufiger wurden sie als Heiden bezeichnet. Da sie nun nicht mehr als bußfertige Christen angesehen wurden, rief ihr Betteln Ressentiments hervor. In vielen Berichten wird erwähnt, sie neigten »übermäßig zum Diebstahl«.[3] Man warf ihnen Zauberei, Hexerei, Kindesraub und Spionage vor und unterstellte ihnen, laut, schmutzig, unmoralisch, verschlagen und allgemein asozial zu sein. Ihre vorgebliche Fähigkeit, die Zukunft vorauszusehen, wirkte sowohl anziehend als auch beängstigend.[4]

1497 wurden die Zigeuner auf dem Reichstag beschuldigt, für die auf dem Balkan vordringenden Türken zu spionieren, und im darauf folgenden Jahr wurde ihre Verbannung aus allen deutschen Landen angeordnet. Dieser Erlass wurde wiederholt bekräftigt, und kurz darauf ergingen in einzelnen deutschen Territorien ähnliche Verordnungen, die man allerdings nicht allzu streng umzusetzen schien. In den zeitgenössischen Chroniken tauchte jetzt häufig das Bild des diebischen und unehrlichen Zigeuners auf, und selbst herausragende Humanisten, wie im 17. Jahrhundert Jacob Thomasius, kamen zu dem Schluss, dass diese dunkel aussehenden, heidnischen Ausländer mit der sonderbaren Sprache nicht ganz menschlich waren.[5] Auf ihr lokales Monopol bedachte Zünfte waren bestrebt, die Betätigung von Zigeunern in ihren traditionellen Berufsfeldern, wie der Metallbearbeitung und der Korbflechterei, einzuschränken. Infolgedessen waren Zigeuner zunehmend darauf angewiesen, zu betteln und zu stehlen, womit sie ein Klischee bestätigten, das ihnen schon lange anhing. Manche bildeten Räuberbanden, die sich im Besonderen die ländliche Bevölkerung vornahmen, oder schlossen sich bestehenden Banden an.

Eine Politik der Ablehnung wurde bestimmend. Im Zuge der Reformation verloren Pilger ihr früheres Ansehen, wodurch auch das Betteln in Verruf geriet. Auch wenn die Pfarrbezirke darauf eingerichtet waren, den ortsansässigen Armen zu helfen, wurden fremde Bettler in der Regel abgewiesen. »Seßhafte Menschen«, bemerkt Angus Fraser, »trauen Nomaden grundsätzlich nicht. Und in der europäischen Gesellschaft, wo die Mehrheit zu einem Leben in Frömmigkeit, Leibeigenschaft und Plackerei gezwungen war, stellten die Zigeuner eine eklatante Negation aller

Grundwerte und Prämissen dar, auf denen die vorherrschende Moral beruhte.«[6]

Nach dem Dreißigjährigen Krieg verschlechterte sich die Situation der Zigeuner weiter. Im Verlauf dieses verheerenden Konflikts, dessen Zentrum in Deutschland lag, wurden Zehntausende von Menschen entwurzelt, und als er 1648 endete, vagabundierten Horden aus enteigneten Bauern und entlassenen Soldaten bettelnd und stehlend durch das Land. Auch manche Zigeuner schlossen sich zu Räuberbanden mit fünfzig bis hundert Mitgliedern zusammen, die stahlen, was sie zum Leben brauchten. Der berühmteste unter ihnen war Jacob Reinhardt, der 1787 zusammen mit drei anderen Zigeunern gehängt wurde. Als Antwort auf die chaotische Situation erließen die deutschen Fürsten eine Flut von Gesetzen, von denen einige spezifisch gegen Zigeuner gerichtet waren. Zwischen 1497 und 1774 wurden in deutschen Landen hundertsechsundvierzig solcher Gesetze erlassen. Rund zwei Drittel der bekannten Maßnahmen, die zwischen 1551 und 1774 gegen Zigeuner ergriffen wurden, sind in den hundert Jahren nach dem Dreißigjährigen Krieg beschlossen worden.[7]

Die Umsetzung dieser Erlasse wurde durch das Fehlen einer wirksamen Polizeitruppe erschwert, aber man versuchte die Schwäche des Staats durch immer strengere Strafen auszugleichen. 1652 erklärte Kurfürst Johann Georg I. von Sachsen Zigeuner in seinem Land für vogelfrei, und 1711 ordnete August der Starke an, widerrechtlich Umherziehende auszupeitschen, zu brandmarken und im Wiederholungsfall mit dem Tod zu bestrafen. Fürst Adolf Friedrich von Mecklenburg-Strelitz verfügte 1710, aufgegriffene Zigeuner hätten Zwangsarbeit zu leisten; Männer und Frauen über fünfundzwanzig Jahre sollten eine Prügelstrafe erhalten und anschließend gebrandmarkt und ausgewiesen werden. Kinder unter zehn Jahren seien guten christlichen Familien zu übergeben, um ihnen eine anständige Erziehung angedeihen zu lassen. Auch in anderen Staaten war es üblich, Zigeunern die Kinder wegzunehmen. 1714 bestimmte der Erzbischof von Mainz, Zigeuner und andere diebische Vagabunden seien ohne Prozess hinzurichten, weil sie ein Wanderleben führten; Frauen und größere Kinder seien mit Hieben zu bestrafen, zu brandmarken und zu verbannen oder in Arbeitshäuser einzusperren. In Preußen ordnete Friedrich Wilhelm I. 1725 an, dass Zigeuner über achtzehn Jahre, ungeachtet ihres Geschlechts, ohne vorherige Gerichtsverhandlung zu hängen seien. Landgraf Ernst Ludwig von Hessen-Darmstadt forderte die Zigeuner in einem Edikt von 1734 auf, sein Land binnen eines Monats zu verlassen; wer dies zu tun versäume, habe Leben und Besitz verwirkt. Für die Ergreifung oder Tötung von Zigeunern wurde ein Kopfgeld ausgesetzt. 1766 befahl der Rheinpfälzer Kurfürst Karl Theodor, Zigeuner und sonstige Vagabunden festzunehmen und zu bestrafen; wer ein zweites Mal auf seinem Territorium aufgegriffen werde, solle ohne Prozess gehängt und sein Leichnam zur Warnung anderer am Galgen zur Schau gestellt werden. Wer diese Anordnung missachte, sei auf dem Rücken mit einem Galgen zu brandmarken und auszuweisen.[8]

Nur wenige erhoben Einspruch gegen diese drakonischen Strafen. Die Domkapitel von Speyer, Worms und Mainz erinnerten daran, dass Zigeuner »auch Menschen seien, die nicht zwischen Himmel und Erde leben könnten«.[9] Aber in der Regel wurden Nichtsesshafte als Verbrecher betrachtet und hart bestraft, und die Maßnahmen gegen Landstreicherei und Bettelei trafen eben auch die Zigeuner. Ihre Wurzellosigkeit stellte eine Abweichung von der Norm dar, die durch die Macht des Staates korrigiert werden musste. Erst im Zuge der Aufklärung wurden die grausamen Gesetze nach und nach geändert, womit sich auch die Situation der Zigeuner verbesserte.

Um zu überleben, versuchten sie die Lücken in diesem Unterdrückungssystem zu nutzen. Dabei kam ihnen die Zersplitterung der deutschen Staatenwelt mit ihrer Vielzahl von Jurisdiktionen und unterschiedlichen gesetzlichen Regelungen entgegen. Manche fanden mehrere Paten für ihre Kinder, andere besannen sich auf eine alte Fähigkeit und fälschten Pässe, mit deren Hilfe sie den

16

begehrten Wandergewerbeschein erhielten, der seit der ersten Hälfte des 19. Jahrhunderts erforderlich war. Und ihr musikalisches Talent trug offenbar wesentlich dazu bei, dass ihnen ein gewisses Maß an Toleranz gewährt wurde.

Moderne Zeiten: Vorschriften und Schikanen

In einer zunehmend urbanisierten und industrialisierten Gesellschaft waren die Zigeuner gezwungen, manches seit jeher betriebenes Gewerbe aufzugeben, was dazu führte, dass viele von ihnen verarmten und von der Wohlfahrt abhängig wurden. Dennoch sträubten sie sich dagegen, Lohnarbeiter zu werden. Da die Industrieproduktion nunmehr die manuelle Herstellung von Hausiererwaren ersetzte, wandten sich viele dem Handel mit maschinell gefertigten Produkten zu, die sie von Großhändlern erwarben und auf dem Land weiterverkauften. Im Winter waren die meisten von ihnen vorübergehend sesshaft, aber im Sommer nahmen sie als Saisonarbeiter ihr unabhängiges nomadisches Leben wieder auf.

Von wirtschaftlichen Möglichkeiten und relativem Wohlstand angezogen, wanderten in der zweiten Hälfte des 19. Jahrhunderts vermehrt Zigeuner vom Balkan und aus Ungarn, deren Romani stark vom Rumänischen beeinflusst war, nach Mitteleuropa. Die Mehrheit der seit Jahrhunderten in deutschsprachigen Ländern lebenden Zigeuner war weiterhin als Sinti bekannt, während die neu hinzugekommene Gruppe sich Rom nannte. Dieser Zustrom von dunkelhäutigeren Fremden traf mit dem Aufkommen eines Rassebewusstseins in Deutschland zusammen. In einer Epoche bedeutender biologischer Entdeckungen gewann der französische Graf Joseph Gobineau mit seinem Werk *Die Ungleichheit der Menschenrassen* (1853–1855) in Deutschland erheblichen Einfluss. Gobineau vertrat die Behauptung von einer Überlegenheit der »arischen Rasse«, die indogermanische Sprachen benutzte, und hielt Menschen unterschiedlicher Herkunft,

17

so genannte Mischlinge, für minderwertig. Ähnliche Ideen verfocht der Engländer Houston Stewart Chamberlain in seinem 1899 in Deutschland erschienenen Buch *Die Grundlagen des XIX. Jahrhunderts.*[10] Neben das von der Romantik verbreitete Bild der Zigeuner als einem primitiven, aber idyllisch anmutenden Völkchen trat jetzt eine weniger wohlmeinende Sichtweise, der zufolge die Zigeuner eine rassisch minderwertige Gruppe darstellten, welche die Reinheit der germanischen Rasse gefährde. Ein Vertreter dieser Ansicht war der italienische Kriminologe Cesare Lombroso, der in seinem Hauptwerk *Der Verbrecher* (1876) und seinem späteren in deutsch verfassten Buch *Die Ursachen und Bekämpfung des Verbrechens* (1902) ausführte, Zigeuner seien faule, lasterhafte und gewalttätige Menschen, die aufgrund ihrer rassischen Veranlagung zum Verbrechen neigten.[11] Weniger als ein halbes Jahrhundert später führten diese Ideen zu einer Welle der brutalen Verfolgung von Zigeunern.

Diejenigen, die in der zweiten Hälfte des 19. Jahrhunderts das Leben der deutschen Zigeuner reglementierten, mögen von rassistischem Denken beeinflusst gewesen sein, aber in den von ihnen ausgearbeiteten Verordnungen und Gesetzen spielten rassische Gesichtspunkte eine untergeordnete Rolle. Um alle Arten von Bettlern, Landstreichern und Fahrenden, die es in Deutschland gab, zu erfassen, nahmen sie nicht die Rasse, sondern die Lebensweise zum Ausgangspunkt: Nichtsesshaftigkeit, Wandergewerbe, Transport der persönlichen Besitztümer in Wohnwagen. Außer auf die Zigeuner trafen diese Kriterien auch auf die Jenischen zu, deren Herkunft nicht völlig geklärt ist. Diese so genannten weißen Zigeuner hatten hier ihre Wurzeln, sprachen aber neben Deutsch auch Rotwelsch. Aus diesem Grund bezogen sich die Verordnungen stets auf »Zigeuner und nach Zigeunerart umherziehende Personen«.[12] Selbst die Nationalsozialisten sollten trotz ihrer Voreingenommenheit, um nicht zu sagen Besessenheit von rassischen Ideen noch lange Zeit diese Formel benutzen. Auch sie wollten, dass ihnen alle Nichtsesshaften ins Netz gingen, ganz gleich, ob sie Zigeuner waren oder nicht.

Hauptzweck der Verordnungen, die in dieser Zeit in den deutschen Staaten erlassen wurden, war es, den Zustrom ausländischer Zigeuner zu stoppen, insbesondere den von Angehörigen der Roma-Stämme vom Balkan. Als erstes Land ergriff Bayern 1885 spezifisch gegen Zigeuner gerichtete Maßnahmen. Der damals ergangene Erlass verlangte eine strenge Kontrolle ihrer Ausweispapiere, die Einziehung ihrer Wandergewerbescheine, soweit möglich, und die Einschränkung der Neuausgabe solcher Scheine. Zigeuner, deren Staatsangehörigkeit fraglich war, konnten verhaftet und eingesperrt werden, bis ihr Herkunftsland sie aufnahm. Verhafteten wurden die Kosten von Haft, Gerichtsverfahren und Ausweisung in Rechnung gestellt. In einer weiteren Verordnung von 1899 wurde offen zugegeben, dass Zigeuner durch diese schikanösen Kontrollen davon abgeschreckt werden sollten, in Bayern herumzuziehen.[13]

1899 wurde im Münchener Polizeipräsidium eine Stelle zur Koordinierung der gegen Zigeuner gerichteten Maßnahmen eingerichtet. Fortan musste die örtliche Polizei das Auftauchen von Zigeunern und anderen umherziehenden Gruppen dieser so genannten »Zigeunerzentrale« melden. In den Berichten waren die Art ihrer Ausweispapiere, die Anzahl der mitgeführten Tiere – insbesondere der Pferde –, Herkunftsort und Wanderroute sowie gegebenenfalls die von der örtlichen Polizei gegen sie eingeleiteten Schritte aufgeführt. Waren keine Maßnahmen ergriffen worden, wurde eine Erklärung dafür verlangt. Staatsanwälte hatten alle Rechtsverfahren und Verurteilungen gegen Zigeuner und andere Landstreicher zu melden, und die Standesämter waren angehalten, Kopien ihrer Einträge einzureichen. Zusammenfassungen all dieser Meldungen wurden sorgfältig in einer speziellen alphabetisch geordneten Akte abgelegt. Auch andere deutsche Staaten beteiligten sich mit Namen und Fotos, so dass die Datenbank 1925 über vierzehntausend Namen aus ganz Deutschland enthielt. Bald begann die Zigeunerzentrale, Informationen nicht nur zu sammeln, sondern aktiv zu ermitteln. Außerdem unterbreitete sie Vorschläge für Maßnahmen gegen

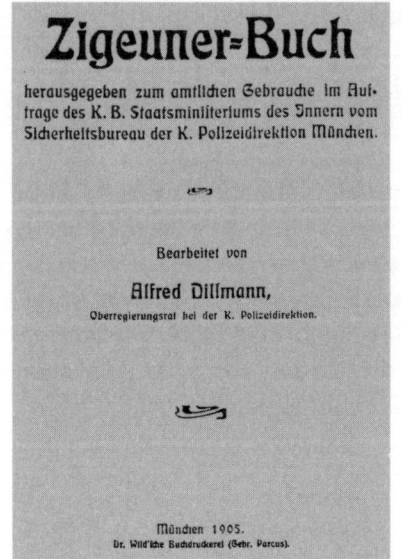

Zigeuner=Buch

herausgegeben zum amtlichen Gebrauche im Auftrage des K. B. Staatsministeriums des Innern vom Sicherheitsbureau der K. Polizeidirektion München.

Bearbeitet von

Alfred Dillmann,

Oberregierungsrat bei der K. Polizeidirektion.

München 1905.
Dr. Wild'sche Buchdruckerei (Gebr. Parcus).

Titelseite des 1905 von der Münchener Polizei herausgegebenen Zigeuner-Buchs

Zigeuner. Infolge eines solchen Vorstoßes wurden von 1911 an von allen Zigeunern in Bayern Fingerabdrücke genommen.[14]

Leiter der Zigeunerzentrale war ein gewisser Alfred Dillmann, der 1905 die bis dahin gesammelten Daten in einem so genannten *Zigeuner-Buch* zusammenfasste und veröffentlichte. Neben sämtlichen einschlägigen Gesetzen und Verordnungen enthielt es 3350 Namen und detaillierte Angaben über 611 Personen, von denen 435 als Zigeuner und 176 als nach Zigeunerart Umherziehende eingestuft wurden. 477 der Genannten wurden als Straftäter vorgestellt, denen man jedoch überwiegend nur geringere Vergehen wie Bettelei, Handel ohne Wandergewerbeschein oder Diebstahl zur Last legen konnte. Das Buch wurde in einer Auflage von siebentausend Exemplaren gedruckt. Bayerische Behörden erhielten ein Freiexemplar, andere Interessenten in Deutschland und den Nachbarstaaten konnten es für eine Mark erwerben.[15]

Auch in anderen deutschen Staaten ging man gegen die so

genannte »Zigeunerplage« vor. 1903 erließ das württembergische Innenministerium eine »Verordnung zur Bekämpfung des Zigeunerunwesens«. Danach konnten Wandergewerbescheine zeitlich befristet werden; wandernde »Banden« waren von Gendarmen zu begleiten, bis sie der Polizei des Nachbarbezirks übergeben wurden, und Kinder im schulpflichtigen Alter waren ihren umherziehenden Eltern wegzunehmen, damit sie die Schule besuchen konnten.[16] Eine weitere Verordnung aus dem Jahr 1905 untersagte das Reisen in »Horden«, wobei eine lokale Behörde eine Horde als eine Gruppe definierte, die mehr als zwei nicht zur Familie gehörende Personen umfasste.[17] In anderen deutschen Staaten wurde Ähnliches verfügt. Das Dickicht aus Kontrollen und Vorschriften war derart undurchdringlich, dass es den Zigeunern schwer fiel, sich nicht in ihm zu verfangen. Ob sie im Freien ein Lager errichteten, an einem Waldrand ein Feuer entfachten oder ihre Pferde weiden ließen, die nomadische Lebensweise selbst brachte nahezu unvermeidlich die Verletzung von Rechtsvorschriften mit sich. Zusammengenommen verfolgten diese Regelungen eindeutig das Ziel, Fahrende von ihrem Wanderleben abzubringen. Zugleich sollten die Schikanen Zigeunern und anderen Fahrenden derart zusetzen, dass sie nicht mehr den Wunsch verspürten, in Deutschland zu leben.[18]

Dass die deutschen Staaten keine einheitliche Gesetzgebung zur Lösung des »Zigeunerproblems« hatten, eröffnete den Zigeunern die Möglichkeit, wenigstens die strengsten Kontrollen zu umgehen. Jede Rechtseinheit war vor allem bestrebt, sie so schnell wie möglich loszuwerden, was in der Praxis so aussah, dass sie ständig über irgendwelche Grenzen abgeschoben wurden. Um diese Situation zu beenden, lud das bayerische Innenministerium Vertreter Preußens, Sachsens, Württembergs, Badens, Hessens und Elsass-Lothringens für den 18. und 19. Dezember 1911 nach München ein, um eine gemeinsame Vorgehensweise festzulegen. Grundlage der Konferenz war eine ausführliche Denkschrift der Münchener Polizei. Wie nicht anders zu erwarten, gab es zwischen den Konferenzteilnehmern Meinungsverschiedenheiten. Die erste entzündete sich an der Frage, wer als Zigeuner anzusehen sei. Im Münchener Arbeitspapier war ausgeführt worden, es gebe nur wenige »reinrassige« Zigeuner, weshalb nicht Stammes- oder Rassenzugehörigkeit, sondern äußeres Erscheinungsbild, Beschäftigung und nomadische Lebensweise als Entscheidungskriterien herangezogen werden sollten. Andere Konferenzteilnehmer befanden diese Definition für zu allgemein. Man einigte sich schließlich auf eine Kompromissformel, der zufolge als »Zigeuner im polizeilichen Sinne ... sowohl die Zigeuner im Sinne der Rassenkunde als auch die nach Zigeunerart umherziehenden Personen« anzusehen waren.[19]

Doch die Konferenzteilnehmer waren nicht autorisiert, bestimmte Maßnahmen zu beschließen, und nach dem Ausbruch des Ersten Weltkriegs standen andere Fragen im Vordergrund. Die Furcht vor Spionen und die Kriegswirtschaft, die sesshafte Arbeitskräfte benötigte, brachte für die Zigeuner neue Probleme mit sich. Das Reisen wurde verboten und schärfere Auflagen, sich bei den örtlichen Behörden anzumelden, erlassen. Einige dieser Restriktionen blieben nach Kriegsende in Kraft, und man versuchte erneut, sich auf eine einheitliche Haltung zum »Zigeunerproblem« zu verständigen. Dieses Ziel wurde jedoch verfehlt, und Bayern ersetzte als erstes deutsches Land die bisherigen Verwaltungsvorschriften durch ein am 16. Juli 1926 gegen die Stimmen von Sozialdemokraten und Kommunisten vom bayerischen Landtag beschlossenes »Gesetz zur Bekämpfung von Zigeunern, Landfahrern und Arbeitsscheuen«. In einer dem Gesetzentwurf beigefügten Denkschrift des Innenministeriums wurde erläutert, dass Landfahrer, das heißt nach Zigeunerart Umherziehende, in den vom Gesetz betroffenen Personenkreis einbezogen worden seien, weil sie aufgrund ihrer Anzahl eine noch größere Störung darstellten als die Zigeuner selbst. Zugleich wurde damit deutlich gemacht, dass Zigeuner nicht allein aufgrund ihrer Abstammung besonderen rechtlichen Bestimmungen unterworfen wurden, was im Übrigen auch gegen den

Zigeunerwagen in einer Kiesgrube bei München in den zwanziger Jahren

Gleichheitsgrundsatz des Artikels 109 der Weimarer Verfassung verstoßen hätte.[20]

Nach dem neuen Gesetz benötigte jeder, der mit Wohnwagen und Karren über Land ziehen wollte, eine polizeiliche Erlaubnis. Diese Genehmigung war auf ein Jahr befristet und konnte jederzeit widerrufen werden. Mit Kindern über Land zu fahren war verboten, es sei denn, es waren Vorkehrungen für ihre schulische Erziehung getroffen worden. Wer Pferde, Hunde und andere Tiere zu kommerziellen Zwecken mit sich führen wollte, brauchte ebenfalls eine polizeiliche Genehmigung. Verboten war, in »Horden« umherzuziehen und zu lagern, wobei als Horde jede aus mehreren Einzelpersonen oder Familien bestehende Gruppe galt. Das Lagern war nur an bestimmten, von der örtlichen Polizei festgelegten Plätzen erlaubt, und die Lagernden mussten sich bei der Polizei anmelden und für die Dauer ihres Aufenthalts ihre Ausweise und Genehmigungen abgeben. Vorbestraften konnten die Behörden spezielle Reiserouten vorschreiben, den Aufenthalt an gewissen Plätzen verbieten und bestimmte Wohnorte zuweisen. Für ausländische Zigeuner und Landfahrer galten diese Bestimmungen sogar, wenn sie nicht vorbestraft waren. Personen, die älter als sechzehn Jahre waren und keiner geregelten Arbeit nachgingen, konnten für bis zu zwei Jahre ins Arbeitshaus gesteckt werden – mit der Möglichkeit, den Aufenthalt zu verlängern.[21]

Die Ausführungsbestimmungen des neuen Gesetzes enthielten zusätzliche Einzelheiten und Definitionen. »Der Begriff ›Zigeuner‹«, heißt es darin, »ist allgemein bekannt und bedarf keiner näheren Erläuterung. Die Rassenkunde gibt darüber Aufschluß, wer als Zigeuner anzusehen ist.« Landfahrer seien zwar nach ihrer Rassen- und Stammeszugehörigkeit keine Zigeuner, verhielten sich aber wie sie, und das Wandergewerbe diene ihnen lediglich als Fassade eines unredlichen Lebens nach Art der Zigeuner. Die Reisegenehmigung erhielt nur, wer einen Wandergewerbeschein besaß, dessen Bewilligung früheren Verordnungen gemäß den Nachweis eines festen Wohnsitzes voraussetzte. Argwöhnte man, dass der Antragsteller seinen Lebensunterhalt durch Betteln, Wildern, unberechtigtes Angeln und Ähnliches bestreiten wollte, wurde keine Reisegenehmigung erteilt. Die Ausführungsbestimmungen betonten, dass das Gesetz nicht gegen ehrliche Gewerbetreibende mit festem Wohnsitz gerichtet sei, die in Ausübung ihres Berufs reisen müssten.[22]

Insofern das bayerische Gesetz den Zigeunern grundsätzlich eine unredliche Lebensführung unterstellte, beruhte es gewiss mehr auf dem Vorurteil als auf Tatsachen. Andererseits unterstrich die Einbeziehung der Landfahrer erneut, dass der Hauptzweck dieser rechtlichen Restriktionen nicht darin bestand, eine ethnische Gruppe aufgrund ihrer rassischen Herkunft zu verfolgen, sondern darin, eine bestimmte Lebensweise unter Strafe zu stellen. Das Ziel lag darin, ein Verhalten, das zu Recht oder Unrecht mit dem der Zigeuner assoziiert wurde, zu reglementieren und zu erschweren.

1926 konnte die bayerische Regierung einen gewissen Erfolg

ihrer langjährigen Bemühungen um eine einheitliche Zigeunerpolitik erzielen. Am 16. August nahm ein Ausschuss der Deutschen Kriminalpolizeilichen Kommission (DKK) einige vom Münchener Polizeipräsidenten vorgeschlagene Richtlinien an, die als Grundlage eines Aktionsprogramms für ganz Deutschland dienen sollten. Diese Richtlinien, die zum großen Teil dem Konferenzpapier von 1911 entstammten, fanden Eingang in einen neuen Entwurf einer Vereinbarung der deutschen Länder über die »Bekämpfung der Zigeunerplage«, der im April 1929 von Vertretern der Länder in Berlin gebilligt wurde. Danach sollte die Münchener Zigeunerzentrale als Erfassungsstelle nicht nur für Bayern, sondern für ganz Deutschland dienen. Die örtlichen Polizeistellen sollten darauf achten, dass Strafgefangene, deren Haftzeit abgelaufen war, an sie überstellt wurden, damit die Betreffenden abgeschoben oder in ein Arbeitshaus eingeliefert werden konnten.[23]

Von Bayern angespornt, beschlossen in der Folge mehrere deutsche Länder zusätzliche Regelungen. Eine Verordnung des preußischen Innenministeriums vom 3. November 1927 verfügte, dass von allen »nicht seßhaften Zigeunern und nach Zigeunerart umherziehenden Personen«, die älter als sechs Jahre waren, Fingerabdrücke genommen werden sollten. Andere Länderregierungen wurden aufgefordert, sich diesem Vorgehen anzuschließen,[24] und in der Tat folgten die meisten deutschen Länder bald darauf dem preußischen Vorbild. Am 3. April 1929 beschloss das hessische Landesparlament ein umfassendes »Gesetz zur Bekämpfung des Zigeunerunwesens«, das weitgehend dem bayerischen Vorbild entsprach.[25] »Alles in allem«, bemerkt ein Historiker zu Recht, »hatte die Weimarer Republik erhebliche Vorarbeit für das Regime geleistet, das ihr folgen sollte.«[26]

Die Forderung, etwas gegen die Zigeuner zu unternehmen, wurde aber nicht nur von der Politik erhoben, sondern auch von der Bevölkerung, insbesondere von den Einwohnern der Städte, in denen viele Zigeuner während des Winters Stellplätze für ihre Wohnwagen mieteten oder auf öffentlichem Gelände ihr Lager aufschlugen. Der gut dokumentierte Fall Frankfurt am Mains kann als Beispiel für andere Städte dienen, in denen Ähnliches geschah. Nach wiederholten Beschwerden und Eingaben, in denen gefordert wurde, Maßnahmen gegen die Zigeuner zu ergreifen, debattierte die Frankfurter Stadtverordnetenversammlung am 19. November 1928 über einen Antrag, mehr als vierzig Wohnwagen von Zigeunern aus dem Gallus-Viertel in ein weniger dicht besiedeltes Gebiet zu verlegen. Der gegenwärtige Stellplatz sei verdreckt, er stinke und besitze keinen Anschluss an die Kanalisation. Das Schulamt wies darauf hin, dass die Zigeunerkinder, welche die Schulen des Viertels besuchten, so schmutzig seien und derart stark röchen, dass man schon daran gedacht habe, eigene Klassen für sie einzurichten, ihnen ein tägliches Bad zu ermöglichen und sie mit sauberer Kleidung auszustatten. Leider fehle das Geld dafür.

Nach etlichen Verzögerungen aufgrund der Schwierigkeit, einen Stellplatz zu finden, dessen Anwohner keinen Protest erhoben, wurde im September 1929 an der nördlichen Stadtgrenze ein »Konzentrationslager für Zigeuner« eingerichtet. Es war zwar eingezäunt, aber die Bewohner konnten uneingeschränkt kommen und gehen, und es gab keine ständig besetzten Wachposten. Die Schaffung des Lagers hatte zwei unvorhergesehene Folgen. Zum einen war nur eine große Zigeunerfamilie bereit, es zu beziehen, und die Polizei lehnte es ab, die übrigen Zigeuner, die deutsche Staatsbürger waren und gültige sowie bereits beglichene Mietverträge für ihre Stellplätze hatten, umzusetzen. Zweitens protestierte Bad Vilbel, ein bekannter hessischer Kurort in unmittelbarer Nähe des Lagers, vehement gegen dessen Aufbau. Man prophezeite ein Absinken der Bodenpreise, und die Bauern der Umgebung fürchteten um ihre Ernten; bald darauf sollten sie angebliche Verluste durch Zigeuner einklagen.

Am 28. Januar 1930 forderten eine Reihe von Stadtverordneten auf einer Sitzung der Stadtverordnetenversammlung vermehrte Polizeipatrouillen und sprachen sich für eine Entschädigung der betroffenen Bauern aus. Ein Vertreter der KPD verlangte dagegen eine bessere Behandlung der Zigeuner und verwies zur allgemeinen Erheiterung auf das Beispiel der Sowjetunion, der es, wie er behauptete, gelungen sei, diese Nomaden in wertvolle Staatsbürger zu verwandeln. Ein nationalsozialistischer Stadtverordneter beschuldigte die Zigeuner, Schmarotzer zu sein, die keine Steuern entrichteten und von der Wohlfahrt lebten. Er schloss seine lange Rede mit der Forderung, die Zigeuner aus Frankfurt auszuweisen und dorthin zurückzuschicken, woher sie gekommen seien.

Inzwischen hatten sich höhere staatliche Stellen auf die Seite von Bad Vilbel geschlagen und verlangten die Schließung des Lagers. Seine sanitäre Ausstattung sei katastrophal, hieß es, und eine Inspektion im Mai 1930 bestätigte diese Einschätzung. Es gab kein fließendes Wasser, nur ein Teil des Areals war gepflastert, und für die sechzehn dort lebenden Kinder war keine Schule vorhanden. Das Problem löste sich schließlich von allein, als die letzten Zigeuner von sich aus das Lager verließen.[27]

Die Wurzeln der Ablehnung

Es kann kaum einen Zweifel daran geben, dass die Feindseligkeit und offen betriebene Verfolgung, denen sich die Zigeuner jahrhundertelang ausgesetzt sahen, in Vorurteilen und Xenophobie wurzelten. Allein schon die Tatsache, dass sie anders waren, brachte die Zigeuner in Schwierigkeiten. Ihre nomadische Lebensweise ist oft romantisiert worden; man dichtete ihnen ein sorgenfreies, edelmütiges und naturverbundenes Dasein an. Gleichzeitig jedoch erweckten sie bei ihren sesshaften Gastgebern Argwohn und Ablehnung. Wie die Juden wurden sie aller nur denkbaren Untaten beschuldigt, was sich noch heute in der Sprache widerspiegelt. »Er lügt wie ein Zigeuner« ist ein europäisches Sprichwort, und in vielen Sprachen sind die Worte »Jude« und »Zigeuner« gleichbedeutend mit Feilscherei und Wucher. Im Englischen bedeutet *to gyp* (von *gypsy*, Zigeuner) zu schwindeln oder zu betrügen; ein *gypsy moth* (Großer Schwammspinner) ist ein Schädling, dessen Larve sich von Baumblättern ernährt; und ein *gypsy cabdriver* ist ein illegaler Taxifahrer.[28]

Manche derjenigen, die sich mit der Geschichte der Zigeuner beschäftigt haben, benennen zwar negative Charakterzüge, sehen sie aber als Folge von Diskriminierung und Armut. Die Zigeuner hätten weder Land erwerben können noch einen festen Wohnsitz gehabt und seien daher aufs Betteln angewiesen gewesen. »Da es ihnen verboten war, mit Ladenbesitzern Geschäfte zu machen«, schreibt der amerikanische Zigeunerforscher Ian Hancock, »mußten die Roma auf Mundraub zurückgreifen, um ihre Familien zu ernähren, und so wurde Diebstahl zu einem Bestandteil des Klischees. Da es ihnen verboten war, öffentliche Wasserpumpen oder Brunnen zu benutzen und ängstliche Hausbesitzer ihnen Wasser verweigerten, wurde Unsauberkeit zu einem Bestandteil des Klischees.«[29]

Doch Vorurteile allein sind keine hinreichende Erklärung für die Feindseligkeit, die den Zigeunern über die Jahrhunderte hinweg entgegenschlug. Bestimmte Aspekte ihrer Lebensweise, seien sie nun Folge gesellschaftlicher Isolation und Armut oder anderer Faktoren, sind dazu geeignet, bei ihren Mitmenschen Feindseligkeit hervorzurufen. Diese Eigenschaften, Sitten und Verhaltensweisen werden ihnen nicht nur von ihren Gegnern zugeschrieben, sondern auch von wohlmeinenden Beobachtern, mitfühlenden Anthropologen und manchmal auch von ihresgleichen. Derartige Passagen sind in den frühesten Berichten über das Auftauchen der Zigeuner in Europa ebenso zu finden wie in jüngsten Darstellungen des Lebens dieser Volksgruppe.

Als Ergebnis einer langen Geschichte der Verfolgung begegnen Zigeuner allen Nichtzigeunern – den Gaje – mit tiefem Misstrauen. Einen Gajo zu belügen ist daher ein völlig akzeptables Verhalten, das keine Schande bedeutet. Laut der amerikanischen Anthropologin Anne Sutherland, die nach eigener Aussage »Bewunderung und Hochachtung für das Volk der Roma« empfindet, haben Zigeuner aufgrund ihrer jahrhundertelangen Erfahrung mit den bohrenden Fragen neugieriger Außenstehender »die Technik des Ausweichens zu einer beiläufigen Kunst perfektioniert. Sie haben Vergnügen daran, einen *gadjo* zu täuschen, und meistens tun sie es aus guten Gründen, gelegentlich aber auch, weil es ihnen Spaß macht oder um in Übung zu bleiben.«[30] Jan Yoors, der viele Jahre bei Zigeunern lebte, berichtet, dass sie die Kunst der Täuschung völlig unbefangen ausübten. »Sie sagten höchstens: ›Die Wahrheit wird in Romani gesagt‹ *(Tshatshimo Romano)*. Der Gajo war selbst schuld, wenn die Zigeuner logen, denn er zwang sie ja, sich in einer fremden Sprache auszudrücken. Oder sie sagten: ›Inmitten von Gaje ist die Sprache des Rom nur Verteidigung‹ *(Mashkar le gajende leski shih si le Romeski zor)*.«[31] Zigeuner, schreibt ihr selbst ernannter Freund Martin Block, seien »Meister der Lüge und des Unschuldigtuns, wo es gilt, den ›gadzo‹, den Nichtzigeuner, irrezuführen, wovon die Kriminalpolizei ein Liedchen zu singen weiß«.[32]

Abgesehen davon, dass es sich als äußerst schwierig erwies, von Zigeunern die Wahrheit zu erfahren, verwirrte es die deutsche Polizei seit dem 19. Jahrhundert zusätzlich, dass sie außer ihrem Zigeunernamen in Romani häufig noch mehrere andere Namen benutzten, die erfunden wurden, wenn ein Zigeuner durchbrannte, um zu heiraten, wenn er von der Polizei aufgegriffen wurde, aus der Haft floh oder aus der Armee desertierte. Die Anzahl der Namen hing davon ab, wie oft der Betreffende in Schwierigkeiten geraten war. Daher musste die Polizei nach einer Festnahme langwierige Nachforschungen anstellen, um den Lebenslauf des Verhafteten zu eruieren. Auch Richter wollten natürlich wissen, ob ein Angeklagter ein Ersttäter oder vorbestraft war. Unnötig zu sagen, dass sich die Zigeuner damit weder bei den Behörden noch bei anderen, die sich von einer falschen Identität hatten täuschen lassen, beliebt machten.

Dass Zigeuner häufig und mit großem Geschick stahlen, war eine weitere Ursache ihrer Ablehnung. »Andere Roma zu bestehlen ist unrecht«, beobachtete Sutherland, »aber einen *gaje* zu bestehlen ist es nicht unbedingt, obwohl man nicht allzu gierig sein sollte.«[33] Wie Yoors von seinem Freund Putzina erfuhr, »war Diebstahl für die Zigeuner kein wirkliches Vergehen, solange er sich auf die zum Leben notwendigen Dinge und auf die im Augenblick nötige Menge beschränkte. Erst Habgier mache den Diebstahl zum Unrecht ...«[34] Deshalb war es kein Verbrechen, etwas Holz im Wald zu sammeln – es wäre sonst nur verrottet; und ein paar Pferde über Nacht auf einer fremden Weide grasen zu lassen war auch nicht so schlimm – das Gras würde nachwachsen. Überhaupt betrachteten die Zigeuner die Natur als öffentliches Gut, einschließlich auf Dorfstraßen »streunender« Hühner. Manfri Wood, ein englischer Zigeuner, erinnert sich, dass er als Junge vor dem Zweiten Weltkrieg regelmäßig mit Erwachsenen zusammen wildern ging. »Wir glaubten, daß drei Dinge selbstverständlich allen Menschen gehörten: das auf dem Boden liegende Holz, die im Wald und in der Heide lebenden Vögel und sonstigen Tiere und die Fische im Wasser. Dies alles konnte sich jeder nehmen, und kein Mensch durfte einem anderen dieses Grundrecht streitig machen.« Wood besaß einen für den Hühnerfang abgerichteten Hund. »Wohin wir auch wanderten und in welchem Teil des Landes wir uns auch befanden, solange das Biest am Leben war, hatten wir immer Hühnchen zum Abendbrot.«[35] Der Jenische Engelbert Wittich bestätigt diese Haltung: Leuten, die so viel mehr besaßen als die Zigeuner, ein Huhn oder eine Gans wegzunehmen galt nicht als sträfliche Handlung.[36] Von Frauen wusste man, dass sie unter ihren langen Röcken eine Tasche für die Beute trugen.

Laut einer Zigeunerlegende, die in vielen unterschiedlichen Versionen kursiert, hat ein Zigeuner vor der Kreuzigung Jesu den vierten, für das Herz bestimmten Nagel gestohlen, und aus Dankbarkeit dafür hat Gott den Zigeunern die Erlaubnis erteilt, die Gaje zu bestehlen. Unabhängig davon, ob man diese Geschichte als authentisch oder als Erfindung ihrer Feinde betrachtet, spiegelt sie eine bei Zigeunern weit verbreitete Haltung gegenüber der Welt der Nichtzigeuner wider.[37]

Eine andere Art, Nichtzigeunern Geld zu entlocken, war das Wahrsagen. Eine beliebte Methode bestand darin, in einem Ei einen winzigen Totenkopf zu »finden« – bei dem es sich in Wirklichkeit um den Schädel einer kleinen Taube handelte – und sich die Vertreibung des Fluchs, den dies bedeutete, mit einer erklecklichen Summe bezahlen zu lassen. Gelegentlich wurde das Geld auch in ein Tuch eingewickelt, das zur Abwehr des Fluchs über Nacht bei der Wahrsagerin verbleiben sollte. Danach sah der Betrogene nie wieder etwas von seinem Geld und der Wahrsagerin.[38] In anderen Fällen wurden – gegen gute Bezahlung, versteht sich – Geister aus kranken Kühen vertrieben oder Gebete für die Gesundung eines Kranken gesprochen. Noch 1954 gelang es einer Zigeunerin, einer einundsiebzigjährigen Deutschen siebentausendzweihundert Mark abzunehmen, indem sie ihr weismachte, sie würde ihren in Russland vermissten Sohn zurückbekommen, wenn sie das Geld vergrabe.[39] Nach Einschätzung eines heutigen deutschen Autoren fiel die Landbevölkerung aufgrund ihrer Einfalt auf die Tricks der Zigeuner herein und ließ sich von ihnen immer wieder um große Summen prellen. Doch es falle schwer, fügt er hinzu, den Zigeunern einen Vorwurf daraus zu machen, dass sie die nahezu unglaubliche Naivität ihrer Opfer ausnutzten.[40] Die Betrogenen dürften allerdings kaum für Erklärungen zugänglich gewesen sein, die eher den Opfern als den Tätern die Schuld gaben.

Andere Methoden scheinen zeitlos und universal zu sein. So berichten sowohl Jan Yoors, der über französische Zigeuner in den dreißiger und vierziger Jahren des letzten Jahrhunderts schreibt, als auch Isabel Fonseca, die Ende der achtziger Jahre viel Zeit mit Zigeunern auf dem Balkan verbrachte, davon, wie mehrere schlecht gekleidete und ungekämmte Zigeunermädchen eine Fleischerei betraten und sich demonstrativ Kopf und Arme kratzten, so als hätten sie Läuse. Dann betasteten sie mit ihren kleinen schmutzigen Händen Fleisch, Würste oder Schinken. Manchmal wurden sie fortgejagt, aber meistens bekamen sie für wenig Geld oder sogar kostenlos die verunreinigte Ware. Kaum

Zigeunerfamilie im Wohnwagen

hatten sie das Geschäft verlassen, hörte das Kratzen schlagartig auf, doch dann war es für den Ladenbesitzer zu spät, seine Ware zurückzuholen.[41]

Zigeuner beachten zahlreiche Tabus, die sie vor dem schützen, was sie als *marime,* das heißt unrein betrachten. So werden Teller nicht in derselben Schüssel gesäubert wie Kleider, und es gibt strenge Regeln für das Waschen der verschiedenen Körperteile. Allerdings sind viele dieser Vorgaben mehr darauf angelegt, die rituelle Reinheit zu bewahren, als die Sauberkeit auf-rechtzuerhalten. Die Verschmutzung darf durchaus sichtbar sein, solange sie nur räumlich vom Reinen getrennt ist. So sind Fäkalien außerhalb des Hauses akzeptabel, während Toiletten im Haus – in der Nähe von Lebensmitteln – verpönt sind; aus diesem Grund werden auch die chemischen Toiletten in moder-nen Wohnwagen häufig nicht benutzt.[42] Fonseca berichtet von einem reichen Zigeuner in der gerade unabhängig gewordenen Republik Moldawien, der sich einen Palast gebaut hat, der zwar neun Türmchen, drei große Salons und Balkone über einem Innenhof besitzt, aber weder ein Bad noch eine Toilette.[43] Nichtzigeuner, die nicht wissen, warum Zigeuner eine Hecke einer öffentlichen Badeanstalt oder einer Toilette in ihrem Heim vorziehen, interpretieren dieses Verhalten häufig als ekelhaft und als Verstoß gegen alle Regeln der Hygiene.

Das Gleiche gilt auch für andere Aspekte des Haushalts. Während Zigeuner das Innere ihrer Wohnwagen, die oft mit Porzellan, Spiegeln, Teppichen und reich verzierten Decken prunken, mit Hingabe pflegen, vernachlässigen sie das Äußere, das in der Regel unbeschreiblich verdreckt ist. Müll wird aus dem Fenster geworfen oder zur Hintertür hinausgefegt. In den Hinterhöfen von Häusern, in denen Zigeuner wohnen, stapelt sich häufig der Abfall.[44] Sie kennen die hygienischen Normen der Gesellschaft, in der sie leben, teilen aber deren Werte nicht. Nachbarn und Gesundheitsämter halten natürlich nicht viel von solchen Gewohnheiten, die das vorherrschende Klischee vom schlampigen und schmutzigen Zigeuner zu bestätigen scheinen.

Dies sind nur einige Beispiele für die Diskrepanz zwischen Klischee und Realität. Viele andere gegen die Zigeuner erhobene Vorwürfe entstammen dem Reich der Mythen oder beruhen schlicht und einfach auf Vorurteilen. Zigeuner sind *nicht* promisk – im Gegenteil, ihre sexuellen Sitten sind ziemlich streng. Sie rauben *keine* Kinder – eine Anschuldigung, die wahrscheinlich darauf zurückzuführen ist, dass die im Allgemeinen dunkelhaarigen Zigeuner manchmal blonde Kinder haben. In einer Stammesfehde oder einer blutigen Rache mag gelegentlich jemand getötet werden, aber im Normalfall begehen Zigeuner *keine* Morde. Obwohl im Stehlen geübt, kommt es nur selten zu Einbrüchen. Offen stehende Häuser mögen zur leichten Beute werden, aber Zigeuner haben eine abergläubische Furcht sowohl vor geschlossenen Türen und Fenstern als auch vor nachts umherwandernden bösen Geistern. Daher werden die meisten Diebstähle bei Tage und ohne den Einsatz von Einbruchswerkzeugen oder Gewalt durchgeführt.

Im Großen und Ganzen sind die Zigeuner kein gewalttätiges Volk, und viele Geschichten bescheinigen ihnen Großzügigkeit und einen starken Sinn für Familienzusammengehörigkeit und Freundschaft. Die vor und während der NS-Zeit angefertigten Kriminalstatistiken in Bezug auf die deutschen Zigeuner sind nicht sehr zuverlässig. In einer Studie über die Kriminalität von Zigeunern in Oberbayern wird angegeben, dass 1938 75 Prozent der Männer und 84 Prozent der Frauen vorbestraft waren,[45] allerdings zumeist wegen Missachtung restriktiver Verordnungen oder wegen Diebstahls. Grundsätzlich können die Verfehlungen Einzelner nicht einer Gruppe von Menschen angelastet werden. Darüber hinaus waren viele der erwähnten negativen Eigenschaften und sozialen Verhaltensweisen bei den sesshaften und teilweise recht erfolgreichen Zigeunern nicht anzutreffen. Viele hatten sich an ihre deutsche Umgebung angepasst und übten gewöhnliche Berufe aus, und nicht wenige hatten Nichtzigeuner geheiratet oder lebten mit einem solchen zusammen. Doch in einer Zeit, in der viele Zigeuner noch immer Halbnomaden waren, stand eine Reihe von Aspekten ihrer sozialen Organisation und ihrer Lebensweise im Widerspruch zu den Werten ihrer sesshaften Mitmenschen. Viele Deutsche betrachteten sie mit einer Mischung aus Faszination, Furcht, Argwohn und Abneigung. Insgesamt gesehen, waren die Zigeuner eine höchst unbeliebte, um nicht zu sagen verachtete Minderheit. Als die Nationalsozialisten die unter vorangegangenen Regierungen praktizierte Verfolgung der Zigeuner intensivierten, ließ es die meisten ihrer Nachbarn bemerkenswert gleichgültig. Schlimmer noch, der Druck zur Verschärfung der Behandlung der Zigeuner ging nicht nur von der NS-Führung, sondern auch von einfachen Parteimitgliedern und der deutschen Bevölkerung aus.

TEIL I

DIE VORKRIEGSJAHRE
DREI PHASEN DER VERFOLGUNG

Phase 1: Vermehrte Schikanen

Als Adolf Hitler am 30. Januar 1933 deutscher Reichskanzler wurde, bildeten die Zigeuner eine kleine Minderheit von etwa sechsundzwanzigtausend Menschen, die für die NS-Führung kaum von Interesse war. Das sollte sich im Lauf der Zeit auf Druck von unten drastisch ändern. In einem politischen und gesellschaftlichen Klima, in dem Gesetz und Ordnung im Vordergrund standen, riefen Zigeuner, die schon seit langem als asozial und kriminell galten, in zunehmendem Maß Feindseligkeit hervor. Viele von ihnen waren Fahrende und passten nicht in die von den Nationalsozialisten angestrebte neue, durch stabile soziale Beziehungen geprägte Gesellschaft. Man sagte ihnen nach, sie würden den Wert geregelter Arbeit bestreiten, und warf ihnen vor, der Wohlfahrt zur Last zu fallen. Und nicht zuletzt waren viele Zigeuner durch ihre dunkle Hautfarbe als Angehörige einer fremden Gruppe gekennzeichnet, so dass es unvermeidbar war, dass sie das Augenmerk jener auf sich zogen, die einen »rassereinen« Staat wünschten, der frei von allem Fremden war. In Reaktion auf solche Anschauungen begann das Regime, dem »Zigeunerproblem« verstärkte Aufmerksamkeit zu widmen.

Die Zigeunerpolitik entwickelte sich in drei Phasen, die mehr oder weniger direkt aufeinander folgten. Zuerst verstärkten gesamtstaatliche und kommunale Behörden die Kontrollen und Schikanen der vorangegangenen Jahre. Von 1937 an gerieten die Zigeuner dann im Rahmen der Maßnahmen zur Verbrechensvorbeugung ins Visier des Regimes, was eine intensive Überprüfung ihrer Person bedeutete, die in einigen Fällen die Einlieferung in ein Konzentrationslager nach sich zog. Und schließlich wurden die antijüdischen Gesetze von 1935 auch auf die Zigeuner angewandt. Von 1938 an wurde in Verordnungen gegen die »Zigeunerplage« explizit von der rassischen Minderwertigkeit der so genannten »Zigeunermischlinge« gesprochen.

Die Inkohärenz der Zigeunerpolitik der Nationalsozialisten ist in weiten Teilen auf die Tatsache zurückzuführen, dass sich die drei Phasen, in denen sie stattfand, überlappten und zeitweise miteinander in Konflikt gerieten. So konnte das Kriterium der »sozialen Angepasstheit« manchmal mehr wiegen als das der rassischen Herkunft. Erwähnenswert ist zudem, dass viele gegen Zigeuner gerichtete Maßnahmen trotz der immer häufiger verwendeten rassistischen Rhetorik weiterhin auch die nach Zigeunerart Umherziehenden, also die so genannten »weißen Zigeuner« (Jenischen) betrafen. Obwohl sie deutscher Nationalität und, vom Gesichtspunkt der Rassenzugehörigkeit aus betrachtet, keine Zigeuner waren, lebten sie doch wie diese und verhielten sich wie sie.

Fortgesetzte Kontrolle und Überwachung

In den ersten drei Jahren der NS-Herrschaft war kaum eine Veränderung in der Behandlung der Zigeuner festzustellen. Die Gesetze und Verordnungen der Weimarer Republik blieben in Kraft, und neue, ähnliche Regelungen wurden erlassen. Einige vom neuen Regime beschlossene Gesetze, wie das Sterilisationsgesetz vom 14. Juli 1933 und das »Gesetz gegen gefährliche Berufsverbrecher« vom 24. November 1933, betrafen die Zigeuner zwar in stärkerem Maß als andere Teile der Bevölkerung, aber sie waren nicht speziell gegen sie gerichtet.

Im März 1933 nahmen die deutschen Länder jenen Entwurf über die »Bekämpfung der Zigeunerplage« aus dem Jahr 1929 an. Dieser Schritt führte zwar nicht automatisch zu einer einheitlichen Politik in ganz Deutschland, aber mehrere Länder erließen Gesetze und Verordnungen im Sinne des Entwurfs. So wurde in Bremen am 10. August 1933 ein »Gesetz zum Schutze der Bevölkerung vor Belästigung durch Zigeuner, Landfahrer und Arbeitsscheue« verabschiedet. Sowohl dieses Gesetz als auch die am 27. Oktober nachfolgenden Ausführungsbestimmungen orientierten sich weitgehend an dem bayerischen Gesetz von 1926.[1]

Zwischen dem 23. und 25. Mai 1934 führte das Land Baden, angeblich in Reaktion auf Klagen aus der Bevölkerung,[2] eine unangekündigte Durchsuchung aller Zigeunerwohnsitze durch. In der Verordnung, mit der diese Aktion verfügt wurde, hieß es ausdrücklich, dass »nach Zigeunerart Umherziehende (Halbzigeuner und Landfahrer)« wie Zigeuner zu behandeln seien.[3] Bei den Durchsuchungen wurden 1019 Personen erfasst, von denen 568 jünger als achtzehn Jahre waren. Gefälschte Papiere und Waffen wurden beschlagnahmt, und in 61 Fällen wurde wegen verschiedener Delikte Anzeige erstattet.

Ein Jahr später berichtete der Beamte Karl Siegfried Bader auf einer Konferenz der Internationalen Kriminalpolizeikommission in Kopenhagen von der Situation in Baden: Alle Zigeuner und nach Zigeunerart Umherziehenden müssten besondere Ausweise mit Passfoto und Fingerabdrücken bei sich tragen. Ihnen sei verboten, in »Horden« zu reisen, und Wandergewerbescheine würden nur an jene ausgegeben, die einen festen Wohnsitz besäßen. Als fremdes Element, schloss Bader, würden die Zigeuner nie zu vollwertigen Angehörigen der deutschen Gesellschaft werden. Wer die Gesetze und die öffentliche Ordnung verletze, könne keine Rücksichtnahme erwarten. Unverbesserliche Elemente, merkte er an, müssten möglicherweise sterilisiert werden.[4]

Im Januar 1937 erhielt die badische Polizei eine neue »Anweisung zur Bekämpfung des Zigeunerunwesens«, die eine strenge Umsetzung aller einschlägigen Gesetze und Verordnungen forderte.[5] Dieser Anweisung gemäß wurden im Kreis Mosbach zwei Zigeuner wegen Reisens in einer »Horde« zu zwei Wochen Gefängnis verurteilt – ein Vorfall, der für viele stand.[6] Ähnliche Anweisungen mit der Aufforderung zu aggressiverem Vorgehen gegen Zigeuner ergingen in Thüringen, Württemberg und Bayern.[7]

Wie in der Vergangenheit übernahm die Zigeunerzentrale in München auch jetzt die Rolle des Vorreiters, schlug Maßnahmen zur Lösung des »Zigeunerproblems« vor und mahnte ein einheitliches Vorgehen an. Das bayerische Gesetz von 1926, wurde in einem ans bayerische Innenministerium gerichteten Aktenvermerk vom 18. März 1934 festgestellt, habe sich bewährt und eigne sich als Grundlage eines Reichsgesetzes. Solch ein Gesetz werde dringend benötigt, da die einzelnen Länder trotz der prinzipiellen Annahme der Richtlinien für Polizeiaktionen gegen Zigeuner von 1926 nicht einheitlich handelten. Infolge dessen sei es weiterhin üblich, Zigeuner abzuschieben – von einem Ort zum anderen. Zu den Verdiensten des bayerischen Gesetzes gehöre die Einbeziehung »arbeitsscheuer Landfahrer«, die aufgrund ihrer großen Anzahl eine wesentlich stärkere Bedrohung von Gesetz und Ordnung darstellten als die Zigeuner; die Zahl derjenigen, die im Sinne der Rassenzugehörigkeit als Zigeuner einzustufen seien, sei relativ klein.[8]

In einem anderen für das bayerische Innenministerium bestimmten Aktenvermerk vom 30. August 1935 betonten Vertreter der Münchener Polizei, die Zeit für radikalere Maßnahmen sei gekommen. Die »Angehörigen der Zigeunerrasse«, die ein fremdes Element in der Bevölkerung darstellten, sollten entweder zwangsweise oder dadurch, dass man ihnen die Möglichkeit nahm, ihren Lebensunterhalt zu bestreiten, aus dem Land vertrieben werden; deutsche Landfahrer sollten sesshaft gemacht werden. Wenn man das Böse mit der Wurzel ausreiße und die erforderlichen Grundsätze überall in Deutschland anwende, könne man viel Zeit, Kraft und Arbeit sparen.[9]

Die Behörden in Berlin bewegten sich in die gleiche Richtung. Am 6. Juni 1936 verlangte der Reichs- und preußische Innenminister in einem Erlass zur »Bekämpfung der Zigeunerplage« ein härteres Vorgehen. Ausländischen Zigeunern sei die Einreise nach Deutschland zu untersagen, und jene, die sich im Lande befänden, seien auszuweisen. Deutsche Zigeuner und Landfahrer seien sesshaft zu machen, damit die Polizei sie leichter kontrollieren und überwachen könne. Die konkreten Maßnahmen sollten sich am bayerischen Vorbild orientieren.[10] In Ermangelung einer Reichspolizeitruppe konnte der Minister die Länder jedoch nur auffordern, ihren Polizeikräften die notwendigen Anweisungen zu erteilen. Eine seiner Empfehlungen, die von den Ländern aufgegriffen wurde, lautete, in Zigeunerlagern »von Zeit zu Zeit« Razzien durchzuführen.

Die deutschen Länder hatten bei der Bewältigung des Bettlerproblems bewiesen, dass sie in der Lage waren, gemeinsam zu handeln, was nun bei der Vorgehensweise gegen Zigeuner und Landfahrer erneut praktiziert werden sollte. Die erste Razzia gegen Bettler und Landstreicher fand im September 1933 unter Mithilfe der SA statt; weitere Aktionen folgten in den nächsten Monaten. Beim ersten Aufgreifen wurden die Festgenommenen streng verwarnt oder zu einer Haftstrafe von einigen Tagen verurteilt.[11] In manchen Fällen wurden »gemeinschaftsfremde Elemente« auch in Konzentrationslager geschickt – insbesondere nach Dachau –, obwohl dies anfangs auf Kritik stieß. Franz von Epp, ein altgedientes Parteimitglied, das am 9. März 1933 auf Befehl Hitlers in Bayern eine nationalsozialistische Regierung gebildet hatte, erklärte im März 1934, unter den zweitausend Insassen des KZ Dachau seien zu viele »Asoziale«, die vor Gericht abgeurteilt werden sollten.[12] Bis Anfang 1935 hatten die rigorosen Maßnahmen, mit denen man die Straßen von Bettlern säuberte, weitgehend das erwünschte Resultat erzielt. Dazu dürfte allerdings auch die verbesserte Wirtschaftslage beigetragen haben.

Von Anfang an richteten sich die Razzien gegen Bettler, gelegentlich auch gegen Zigeuner, und nach dem Erlass vom Juni 1936 wurden letztere systematischer in die Aktionen einbezogen. In einem Rundschreiben vom 22. Juni ordnete das bayerische Innenministerium an, bei Razzien gegen Bettler nach dem Erlass vom 6. Juni stets auch Zigeuner und Landfahrer zu überprüfen.[13] Am 13. April 1937 meldete der Landrat des Landkreises Esslingen dem Innenminister von Württemberg, bei einer am 3. April durchgeführten Aktion gegen Bettler seien sechzehn Personen wegen Bettelei und Landstreicherei festgenommen worden. Zigeuner habe man am Tag der Aktion in seinem Kreis nicht angetroffen, aber ab und zu stieße man auf einige, die jedoch einen Wandergewerbeschein besäßen. Man sollte Zigeunern keine solchen Genehmigungen mehr erteilen, da sie nur als Vorwand fürs Betteln benutzt würden. »Durch entsprechende Maßnahmen«, schloss der Landrat, »sollte heute mit allem Nachdruck der Zigeunerplage Einhalt geboten werden mit dem Ziel der Ausrottung dieser Schmarotzer.«[14]

Am 8. Juli 1937 wurden in mehreren Städten des Ruhrgebiets gleichzeitig Razzien durchgeführt. In Dortmund berichtete der Polizeipräsident eine Woche später, man habe 146 Zigeuner und nach Zigeunerart Umherziehende, die in 23 Wohnwagen lebten, gezählt, 76 männliche und 70 weibliche; 81 von ihnen seien Kinder unter vierzehn Jahren. Alle seien deutsche Staatsbürger; einer sei Mitglied der NSDAP. Acht Zigeuner gingen einer geregelten Arbeit nach, und sieben lebten von der Wohlfahrt; die anderen seien zumeist arbeitslose Musiker. Zwei Frauen besäßen einen Wandergewerbeschein und handelten mit Kurzwaren. Abgesehen davon, dass die Papiere einiger Kinder unvollständig gewesen seien, hätte die Durchsuchung der Wohnwagen und Lagerplätze nichts erbracht. Der Polizeipräsident schloss mit der Empfehlung, solche Aktionen in Zukunft zu wiederholen, wenn möglich zeitgleich in ganz Deutschland.[15]

In Bochum waren von der Razzia auch sesshafte Zigeuner betroffen, von denen viele, wie der Polizeipräsident in seinem Bericht feststellte, in Wohnwagen lebten. Die meisten von ihnen seien zwar ordnungsgemäß polizeilich gemeldet, aber man könne nicht sicher sein, dass sie dauerhaft dort wohnten. Deshalb habe man sie um der öffentlichen Sicherheit willen in die Durch-suchungsaktion einbeziehen müssen. Insgesamt habe man 131 Zigeuner gezählt, von denen 42 nicht gemeldet gewesen seien; 17 hätten keinen Ausweis besessen. Auch der Bochumer Polizei-präsident kam zu dem Schluss, dass die Aktion erfolgreich ge-wesen sei und jährlich wiederholt werden sollte.[16] Ein Jahr spä-ter, am 5. August 1938, führte eine neue Razzia zu ähnlichen Ergebnissen. In Dortmund wurden, abgesehen von Ausweis-problemen, keine Gesetzesverletzungen entdeckt, und »Ge-suchte oder verdächtige Personen wurden nicht angetroffen«.[17]

Derartige Aktionen gegen Zigeuner und nach Zigeunerart Umherziehende waren die Fortsetzung einer seit Jahrzehnten angewandten Form der Kontrolle. Die Sprache, in der man das Vorgehen beschrieb, wurde allerdings hitziger. Radikalere Maß-nahme seien nötig, hieß es, und manche Beamte erwogen die Sterilisation und sogar die Ausrottung der »Schmarotzer«. Doch das war nicht neu; solche aus der Lehre von der Rassenhygiene stammenden Ideen waren schon in den zwanziger Jahren in wei-ten Kreisen diskutiert worden, und Vorschläge zur Eliminierung »minderwertiger« Elemente waren seit der Jahrhundertwende immer wieder unterbreitet worden. Außerdem bedeuteten Be-griffe wie »Ausrottung« nicht unbedingt die physische Auslö-schung. Hitler, zum Beispiel, hatte häufig von der »Ausrottung des Deutschtums« in der österreichisch-ungarischen Monarchie gesprochen, aber aus dem Zusammenhang ging hervor, dass er damit nicht mehr als den Prozess der »Entdeutschung« meinte, das heißt eine Politik der langsamen Verdrängung des Deutsch-tums.[18] Im Lauf der Zeit sollte der Begriff der Ausrottung zwar eine weitaus bedrohlichere Bedeutung annehmen, aber von 1933 bis 1937 dachte kaum jemand an derart radikale Maßnahmen – weder gegen Juden noch gegen Zigeuner. Vorläufig bestand die Behandlung der Zigeuner im Wesentlichen aus den üblichen Schikanen.

Städtische Zigeunerlager, 1933–1938

Das Vorhandensein von Zigeunerwagen in ihrer Mitte war den Einwohnern wie den Verwaltungen der Städte seit langem eine Quelle des Unbehagens gewesen. Die Zigeuner verbrachten den Winter in diesen provisorischen Lagern – in vielen Fällen handelte es sich um gepachtete Grundstücke ohne sanitäre Anlagen –, und die in der Umgebung wohnenden Menschen lehnten diese unwillkommenen Nachbarn und ihre Lebensweise ab. In der Einführung ist die Situation in Frankfurt am Main Ende der zwanziger Jahre geschildert worden, die zur Errichtung eines »Konzentrationslagers« für Zigeuner geführt hatte. Nach 1933 kam als zusätzlicher Grund für die Schaffung solcher Lager die vom neuen Regime betriebene Politik der Stadtsanierung hinzu, die das Ziel verfolgte, die Innenstädte zu säubern und illegal errichtete Hütten und Ähnliches abzureißen. Alle diese Zigeunerlager wurden von kommunalen Behörden und nicht von der Reichsregierung in Berlin geschaffen.

Auf Anfrage seines Amtskollegen in Frankfurt am Main beschrieb der Kölner Polizeipräsident im März 1937 das Zigeunerlager in seiner Stadt als eine bewährte Einrichtung. Das Lager, das 1935 an der Venloer Straße errichtet worden war, bot Platz für dreihundert Wohnwagen, war aber zu keinem Zeitpunkt von mehr als fünfzig bis sechzig Wagen mit etwa vierhundert bis fünfhundert Personen belegt. Auch wenn der Lagerverwalter ein ehemaliges SS-Mitglied war, ähnelte das Areal eher einem Campingplatz als einem KZ. Der Verwalter wies Neuankömmlingen Stellplätze zu und kassierte die Miete, die pro Wohnwagen im Durchschnitt monatlich drei Reichsmark betrug. Außerdem führte er eine Belegungsliste und sorgte dafür, dass die Bewohner polizeilich gemeldet waren. Es sei nicht nötig geworden, so der Polizeipräsident von Köln, eine Polizeiwache im Lager einzurichten, um die öffentliche Ordnung aufrechtzuerhalten.[19]

In einer 1991 veröffentlichten Studie über das Zigeunerlager in Köln werden diesem Bild einige Einzelheiten hinzugefügt.

Das Lager war für Besitzer von Wohnwagen gedacht, die bis dahin auf öffentlichen Plätzen oder gepachteten Privatgrundstücken gelebt hatten. Wer keinen eigenen Wohnwagen besaß, konnte in zwei alten Baracken unterkommen. Die Mehrheit der Kölner Zigeuner wohnte in Privatwohnungen und war von der Schaffung des Zigeunerlagers nicht betroffen. Allerdings mussten diejenigen, die von der Wohlfahrt unterstützt wurden, in das Lager umziehen, wenn sie weiterhin in den Genuss der Beihilfe kommen wollten.[20]

Aufgrund wiederholter Klagen aus der Bevölkerung und von Seiten örtlicher Parteiführer wollte die Stadt Frankfurt am Main im Sommer 1937 in der Dieselstraße ein neues Zigeunerlager einrichten. Als der Plan bekannt wurde, erhoben die Anwohner Protest, aber ihre Einwände blieben erfolglos; das Lager wurde errichtet. Im Januar 1938 beherbergte es hundertzweiundzwanzig Personen, offenbar überwiegend Arme und Bedürftige. Einige der Betroffenen lebten in ihren Wohnwagen, und für die, die keinen besaßen, hatte das Wohlfahrtsamt der Stadt Umzugswagen gekauft, die in Wohnquartiere umgebaut worden waren. Außerdem verhandelte man über den Umzug einiger Zigeunerfamilien, die in Wohnungen in der Stadt lebten, und einiger arbeitsloser Karnevalsakteure – offenbar »weiße Zigeuner« – ins Lager. Zur Bewachung des Lagers waren zwei Polizisten abgestellt, die jeweils vierundzwanzig Stunden hintereinander Dienst hatten. Die Lagerinsassen wurden morgens und abends gezählt. Da die Zigeuner ihren Lebensunterhalt nicht mehr durch Betteln, Wahrsagen und Stehlen bestreiten konnten, erhielten die Bedürftigen eine Beihilfe, wie das Wohlfahrtsamt am 17. Januar 1938 berichtete. Sie war allerdings geringer als die Unterstützung, die andere Deutsche erhielten. Zugleich bemühte man sich, für die Arbeitslosen eine Beschäftigung zu finden.[21]

In Düsseldorf wurde im Juli 1936 ein Zigeunerlager errichtet. Vierzehn Familien zogen von einem großen städtischen Platz, der als »wilde Siedlung Heinefeld« bekannt war, in das Lager; achtundzwanzig kamen von anderen Stellplätzen. Durch die

Schaffung des Lagers wollte man das Stadtbild offenbar vor allem von jenen Menschen säubern, die als Lumpenproletariat angesehen wurden. Auf einem großen Gelände am Höherweg ließ die Stadt vier Baracken für Familien bauen, in denen Ehepaare jeweils ein Zimmer erhielten. Eine fünfte Baracke war für Ledige vorgesehen. Schließlich wurden auch in Wohnwagen lebende Zigeuner in das Lager gebracht. Es gab einen Vorsteher, einen bewaffneten SS-Mann, der von einem Polizeibeamten unterstützt wurde. Die Bewohner des Lagers konnten frei kommen und gehen, mussten sich aber jedes Mal ab- beziehungsweise anmelden. Morgens wurde durchgezählt. Für Außenstehende war das Betreten des Lagers verboten.[22]

In Berlin lebten 1929 etwa tausendsechshundert Zigeuner,[23] und auch hier hatte es Beschwerden wegen des Vorhandenseins von Zigeunerwohnwagen gegeben. Anlass für ihre Entfernung waren jedoch die Olympischen Spiele im Sommer 1936. Um Berlin den Anschein einer Modellstadt zu verleihen und die ausländischen Besucher zu beeindrucken, wurden sämtliche Wohnwagen in ein Lager am Stadtrand gebracht; auch einige in Wohnungen lebende Zigeuner wurden in diese Maßnahme einbezogen. Am 16. Juli 1936 wurden sechshundert Zigeuner von der Polizei in den Vorort Marzahn eskortiert, wo die Stadt seinerzeit als Rieselfelder genutzte Flächen besaß. Dass sie neben einem Friedhof lagen, stellte eine zusätzliche Verletzung der rituellen Konventionen der Zigeuner dar. Anfangs befanden sich hundertdreißig Wohnwagen im Lager; wer keinen solchen besaß, wurde in Baracken des Reichsarbeitsdiensts untergebracht, die jedoch nicht für alle Raum boten, so dass einige Lagerinsassen im Freien schlafen mussten. Das Lager verfügte nur über drei Brunnen und zwei Toilettenanlagen; Elektrizität gab es nicht, und viele Unterkünfte konnten nicht beheizt werden. Aufgrund der Überbelegung und der schlechten sanitären Zustände breiteten sich Krankheiten aus. Bis März 1938 meldete das Wohlfahrtsamt hundertsiebzig Fälle von Erkrankungen, die eine stationäre Behandlung erforderten. Wiederholt brachen ansteckende Krankheiten wie Diphtherie und Tuberkulose aus. Nach Angaben des Gesundheitsamts litten im März 1939 vierzig Prozent der Insassen an Krätze.[24]

1937 wurde eine Verwaltungsbaracke errichtet, in der sich neben dem Büro des Lagerleiters zwei »Wärmestuben«, ein Entbindungszimmer und eine Polizeiwache befanden. Bis zum September 1938 stieg die Zahl der Lagerinsassen auf 852. Im selben Jahr wurden zwar drei weitere Baracken gebaut, doch das beseitigte die Überbelegung des Lagers nicht, und mehrere Familien mussten unter den Wohnwagen auf dem Erdboden schlafen. Ebenfalls 1938 wurde eine Schulbaracke mit fünf Klassenzimmern in Betrieb genommen.[25] Trotz der schlechten Bedingungen im Lager wurde in einem Bericht der Berliner Verwaltung aus dem Jahr 1937 selbstgerecht festgestellt, die hygienischen Verhältnisse hätten sich im Vergleich zu früheren Stellplätzen verbessert. Man werde das Lager Marzahn in Zukunft allen zuziehenden Zigeunern als Lagerplatz zuweisen.[26]

Auch in Kiel, Freiburg im Breisgau, Fulda, Magdeburg, Hannover und einigen anderen deutschen Städten gab es Zigeunerlager. Der Grad der Zwangsanwendung im Zusammenhang mit ihrer Belegung variierte. Einige waren eingezäunt, andere nicht, doch die Bewohner waren keine »Insassen«. Sie konnten mit den Füßen abstimmen, wenn ihnen die Bedingungen nicht passten, und die Lagerbelegung schwankte in der Tat erheblich.[27] In manchen Fällen, wie in Karlsruhe, begrenzten die Behörden die Aufenthaltsdauer im Lager, weil sie keine weiteren Zigeuner anlocken wollten, die dann den ganzen Winter in ihrer Stadt verbringen würden.[28] Insgesamt lebte nur ein Teil der Zigeuner in diesen Lagern; viele wohnten weiterhin in ihren Wohnungen oder Häusern. Manche Städte mit einem hohen Zigeuneranteil unter der Bevölkerung, wie Hamburg oder München, errichteten überhaupt kein Lager.

Nach dem Kriegsausbruch veränderte sich der Charakter der Lager. Den Bewohnern wurde ihre Bewegungsfreiheit genommen, die Überwachung verschärft, und sie wurden zur Arbeit verpflichtet. Doch in den ersten Jahren der NS-Herrschaft dienten die Zigeunerlager – wie schon das »Konzentrationslager« in Frankfurt am Main im Jahr 1929 – hauptsächlich dem Zweck, die im Stadtbild störenden Wohnwagen aufzunehmen. Sie stellten eine Fortsetzung des Musters der Schikanen und Kontrollen aus der Zeit vor 1933 dar, wenn auch in einer weitaus radikaleren Ausprägung.

Phase 2: Verbrechensvorbeugung

Der Aufstieg der Nationalsozialisten zur Macht war unter anderem auf die in der deutschen Gesellschaft verbreitete Sorge um einen Niedergang der Moral und Anstieg der Kriminalität zurückzuführen. Geschürt wurde die Furcht vor der angeblich anschwellenden Verbrechenswelle besonders von Sensationsberichten der Presse. Die Nationalsozialisten zogen ihren Vorteil aus dieser Stimmungslage und präsentierten sich als Verfechter von Gesetz und Ordnung. Sie versprachen, die verfassungsrechtlichen Beschränkungen aufzuheben, die der Polizei die Hände banden und den Verbrechern das Leben leicht machten. Kurz nach Hitlers Machtantritt im Januar 1933 ergriff die neue Regierung Maßnahmen, die das Problem angeblich an der Wurzel anpackten. Eine der Gruppen, die sich in dem immer weiter gespannten Netz der Verbrechensbekämpfung verfingen, waren die Zigeuner.

Polizeiliche Vorbeugungshaft

Das neue, aggressivere Vorgehen gegen die Kriminalität betraf zunächst so genannte Berufsverbrecher und gewohnheitsmäßige Sexualstraftäter. Außer schwereren Strafen und Sterilisation erlaubte das »Gesetz gegen gefährliche Berufsverbrecher« vom 24. November 1933 nach der dritten Verurteilung eine unbefristete »polizeiliche Vorbeugungshaft«. Nach dem Gesetz lag die Entscheidung über die Inhaftierung bei den Gerichten, aber von Anfang 1935 an handelte die Polizei eigenmächtig und schickte solche »Gewohnheitsverbrecher« nach Dachau und in andere Konzentrationslager. In »Schutzhaft« genommene »politische Verbrecher« fanden sich seither in den Konzentrationslagern in Gesellschaft echter Krimineller wieder, was ihre Leiden weiter vergrößerte. Spätere Verordnungen weiteten den Kreis der von der »Verbrechensvorbeugung« Erfassten auf Bettler, Landstreicher, Prostituierte, Zuhälter und »Arbeitsscheue« aus. Kriminalität wurde immer stärker zu einer sozialen Kategorie, und auch die Zigeuner, die als »Asoziale« angesehen wurden, gerieten bald ins Netz der neuen Regelungen.[1]

Mit der NS-Ideologie gelangte eine stärkere Betonung des Erbfaktors in die Polizeiarbeit. Um das Kriminalitätsproblem zu lösen und eine Gesellschaft ohne Verbrecher zu schaffen, war es nach Ansicht der Nationalsozialisten nötig, die deutsche Gesellschaft von »rassisch minderwertigen Elementen« zu säubern, da Kriminalität, so glaubte man, in den meisten Fällen auf schlechte rassische Anlagen zurückzuführen sei. Solche Vorstellungen erfreuten sich in der Polizei zunehmender Beliebtheit, und so wurde auch die Maßgabe der Verbrechensvorbeugung mehrheitlich begrüßt. Insbesondere Angehörige der Kriminalpolizei (Kripo) hatten schon seit langem eine Vorbeugungshaft für Gewohnheitsverbrecher gefordert, und die meisten Kripobeamten waren froh über die Erweiterung ihrer Kompetenzen.

Anfang 1935 wurde Arthur Nebe, der später eine wichtige Rolle bei der Festlegung der Zigeunerpolitik des NS-Regimes spielen sollte, zum Chef der preußischen Kriminalpolizei ernannt. Er gehörte zu den überzeugten Verfechtern der Verbrechensvorbeugung. Nach den Olympischen Spielen von 1936 wurde ihm für die erfolgreiche Verbrechensverhütung während der Spiele ein Orden verliehen, ein Erfolg, der weitgehend auf eine Razzia gegen die »üblichen Verdächtigen« zurückgeführt wurde.[2] Mit der Befugnis für willkürliche Verhaftungen ausgestattet, wurde die Kripo der Gestapo immer ähnlicher. Trotz ihres Images einer unpolitischen Truppe von Profis fanden die Nationalsozialisten die Kripo offenbar akzeptabler als andere Polizeikräfte; jedenfalls wurden nach 1933 nur wenige ihrer Mitarbeiter entlassen.[3] Als Kriminalpolizisten schließlich SS-Dienstgrade erhielten, wurde damit nur formell anerkannt, was sich die meisten von ihnen durch loyale und häufig mit Begeisterung erledigte Arbeit im Auftrag des NS-Staates verdient hatten.

Nach 1933 wurde der Verbrechensbegriff erweitert. Am 14. Dezember 1937 erließ Reichsinnenminister Wilhelm Frick einen »Grundlegenden Erlaß über die vorbeugende Verbrechensbekämpfung durch die Polizei«, mit dem er der Polizei zwei Mittel zur Verbrechensvorbeugung und zum Schutz der Gesellschaft an die Hand gab. Zum einen wurde sie ermächtigt, Berufsverbrecher und Wiederholungstäter unter »planmäßige Überwachung« zu stellen. Weiterhin konnte sie ihnen verbieten, ihren Wohnort unerlaubt zu verlassen, ein Auto zu fahren, bestimmte öffentliche Verkehrsmittel zu benutzen und Waffen zu besitzen, und sie konnte sie dazu verpflichten, sich regelmäßig bei der Polizei zu melden. Zum anderen erhielt die Polizei die Erlaubnis, gewisse Personen in Vorbeugungshaft zu nehmen. Zu dieser Gruppe gehörte neben Gewohnheitsverbrechern jeder, der, »ohne Berufs- und Gewohnheitsverbrecher zu sein, durch sein asoziales Verhalten die Allgemeinheit gefährdet«.[4] Diese Definition wurde in den Ausführungsbestimmungen vom 4. April 1938 wiederholt, denen zufolge als »Asozialer« anzusehen war, »wer durch gemeinschaftswidriges, wenn auch nicht verbrecherisches Verhalten zeigt, daß er sich nicht in die Gemeinschaft einfügen will«. Dazu gehörten zum einen Personen, die durch wiederholte geringfügige Vergehen die vom NS-Staat geschaffene Ordnung verletzt hatten, »z.B. Bettler, Landstreicher (Zigeuner), Dirnen, Trunksüchtige, mit ansteckenden Krankheiten, insbesondere Geschlechtskrankheiten behaftete Personen, die sich den Maßnahmen der Gesundheitsbehörden entziehen«. Zum anderen galten jene nicht vorbestrafte Personen als »asozial«, die der Arbeitspflicht nicht nachkamen und der Öffentlichkeit zur Last fielen, »z. B. Arbeitsscheue, Arbeitsverweigerer, Trunksüchtige«. Vorbeugungshaft war vor allem gegen »Asoziale ohne festen Wohnsitz« zu verhängen.[5]

Nach den Ausführungsbestimmungen waren die in Vorbeugungshaft Genommenen auf unbegrenzte Zeit in ein Konzentrationslager einzuweisen. Anträge auf Vorbeugungshaft waren von der örtlichen Kripo beim Reichskriminalpolizeiamt (RKPA) in Berlin einzureichen. Dieses hatte das letzte Wort in Bezug auf Verhängung und Dauer der Vorbeugungshaft; alle zwölf Monate sollte eine Überprüfung vorgenommen werden.[6] Eine Berufungsinstanz für diese Entscheidungen gab es nicht. Angesichts der unpräzisen Definition des Begriffs des »Asozialen« schwebte jeder, der keinen festen Wohnsitz und kein Einkommen nachweisen konnte, in Gefahr, inhaftiert zu werden. Dass dies in der Tat die Absicht des Erlasses war, bestätigte Heinrich Himmler in einem Rundschreiben vom 13. Mai 1938. Nach dem kurz zuvor erfolgten Anschluss Österreichs war die Grenze zu dem Alpenland gefallen, und um Zigeuner und nach Zigeunerart Umherziehende an der Einreise nach Deutschland zu hindern, schlug Himmler nun vor, die Behörden sollten, falls sich keine andere rechtliche Handhabe finde, nach dem Abschnitt des Erlasses vom 14. Dezember 1937 handeln, der die Verhängung von Vorbeugungshaft gegen jene vorsah, die durch ihr »asoziales« Verhalten die Allgemeinheit gefährdeten.[7] Kurz, der Erlass stellte eine Art Generalklausel dar, die praktisch gegen jeden ins Feld geführt werden konnte, dessen Verhalten dem NS-Regime nicht passte. Maßnahmen zur Verbrechensvorbeugung müssen nicht notwendigerweise gegen Rechtsprinzipien verstoßen, doch das von den Nationalsozialisten eingeführte System hatte mit einem rechtmäßigen Verfahren nicht das Geringste zu tun.

Die Neuorganisation der deutschen Polizei

Am 17. Juni 1936 wurde Himmler von Hitler zum Chef der deutschen Polizei ernannt; fortan trug er den Titel Reichsführer SS und Chef der Deutschen Polizei. Durch die Verknüpfung von SS und Polizei erhielt eine Parteiorganisation die Kontrolle über einen Schlüsselbereich des Staates, und die SS wurde mit neuen Machtbefugnissen zur Einschüchterung und Terrorisierung der Bevölkerung ausgestattet. Als Himmler die alleinige Herrschaft über den gesamten Repressionsapparat des Dritten Reichs übernahm, war er sechsunddreißig Jahre alt; seine rechte Hand, Reinhard Heydrich, war vier Jahre jünger. Formell unterstand Himmler Innenminister Frick, aber in der Praxis konnte der neue Chef der Deutschen Polizei nach Belieben schalten und walten. Im August 1943 wurde die überragende Stellung des Reichsführers SS auch formell anerkannt, indem Himmler zum Innenminister aufstieg, während Frick mit dem Posten des Reichsprotektors von Böhmen und Mähren abgefunden wurde.[8]

Nach seiner Ernennung teilte Himmler die Polizei in zwei Hauptämter auf: die Ordnungspolizei (Orpo), der die traditionellen Aufgaben einer uniformierten Polizei oblagen, und die Sicherheitspolizei (Sipo), zu der Gestapo und Kripo gehörten. »Dem nationalsozialistischen Deutschland«, erklärte Kripo-Chef Nebe später, »ist es selbstverständlich, daß der Kampf gegen den politischen Staatsfeind und gegen den asozialen Verbrecher von einer Hand geführt werden muß.«[9] Leiter der Sipo wurde SS-Gruppenführer Heydrich, der Chef des Sicherheitsdienstes der SS (SD), des Geheimdienstes der NSDAP, der im Inland Informationen sammelte und die ideologische Überwachung aufrechterhielt. Am 27. September 1939, kurz nach Kriegsbeginn, wurde Heydrichs Doppelherrschaft durch den Zusammenschluss von Sipo und SD zum Reichssicherheitshauptamt (RSHA) institutionalisiert. Durch die Vereinigung der Polizeikräfte von Partei und Staat wurde ein mächtiges neues Instrument zur Verfolgung all jener geschaffen, die als Feinde

des NS-Staats galten.[10] Diese Neuorganisation der Polizei hatte
auch Folgen für die Zigeuner.

Am 20. September 1936 wurde dem Preußischen Landeskriminalpolizeiamt die Verantwortung für kriminalpolizeiliche
Operationen in ganz Deutschland übertragen. Ein knappes Jahr
später, am 16. Juli 1937, wurde es in Reichskriminalpolizeiamt
(RKPA) umbenannt. In einem Artikel aus dem Jahr 1938 betonte
dessen Chef Nebe, die Kripo habe den Staat nicht nur vor Kriminellen zu schützen, sondern auch vor »allen asozialen Individuen«. Die neuorganisierte Kriminalpolizei werde »im Geiste
eines echten Nationalsozialismus wirken und ihre Aufgaben erfüllen«.[11]

Das RKPA besaß eine Abteilung für Verbrechensvorbeugung
und ein Referat, das für Zigeuner zuständig war.[12] Am 16. Mai
1938 gab Himmler in einer Verordnung bekannt, dass mit Wirkung vom 1. Oktober 1938 die Münchener Zigeunerzentrale[13]
nach Berlin verlegt und als »Reichszentrale zur Bekämpfung des

Zigeunerunwesens« ins RKPA eingegliedert werde. Aufgabe dieser Behörde sei es, »sämtliche sich im Deutschen Reich befindlichen Zigeuner zu erfassen und alle auf dem Gebiete der Zigeunerbekämpfung sich ergebenden Maßnahmen zu treffen«.[14] Als die Münchener Dienststelle nach Berlin umzog, hatte sie 33 524 Akten angesammelt: 18 138 über Zigeuner und Zigeunermischlinge, 10 788 über nach Zigeunerart Umherziehende und 4598 über andere Personen, einschließlich von Sesshaften, die ein Wandergewerbe ausübten.[15] Zudem hatte die Zigeunerzentrale seit dem 5. Juni 1936 im Auftrag des Reichsinnenministeriums als Verbindungsstelle zur neu geschaffenen »Internationalen Zentralstelle zur Bekämpfung des Zigeunerunwesens« in Wien fungiert.[16] Auch diese Funktion wurde jetzt vom RKPA übernommen.

»Aktion Arbeitsscheu«

Der neue Polizeiapparat brauchte nicht lange auf seinen Einsatz zu warten. Am 26. Januar 1938 bekam er Anweisung von Himmler, gegen »Arbeitsscheue« vorzugehen. Der Erlass bestätigte die Zuständigkeit der Kripo für Maßnahmen der Verbrechensvorbeugung, verwies aber darauf, dass sie aufgrund der heterogenen Zusammensetzung der betroffenen Personengruppe noch nicht eingesetzt werden könnte. Arbeitsunwillige »Asoziale« bildeten jedoch eine klar umgrenzte Gruppe, und so erhielt die Gestapo den Befehl, sie in »Schutzhaft« zu nehmen und ins KZ Buchenwald einzuliefern. Die Verhaftung der »Arbeitsscheuen« sollte eine einmalige Aktion sein.[17]

Es bleibt festzuhalten, dass dies der einzige bekannte Fall ist, in dem die Gestapo direkt in Maßnahmen gegen »Asoziale« verwickelt war. Ansonsten setzte sie das durch eine Notverordnung vom 22. Februar 1933 sanktionierte Mittel der Schutzhaft nur gegen politische Gegner des Regimes ein. Dass es in diesem Fall gegen »Asoziale« angewandt wurde, lag vermutlich daran, dass

Himmler angesichts der angespannten Arbeitsmarktsituation unverzüglich jeden, dessen er habhaft werden konnte, zur Arbeit heranziehen wollte, und dafür schien ihm die Gestapo offenbar das geeignete Instrument zu sein.

Im Frühjahr 1938 errichtete die SS in den KZ Sachsenhausen und Buchenwald beziehungsweise in deren Nähe ihre ersten Wirtschaftsunternehmen. Hitler und Speer waren auf die Idee gekommen, dass Natur- und Ziegelsteine für die Umgestaltung Berlins und anderer Großstädte von den KZ-Insassen hergestellt werden könnten, und Himmler und sein Verwaltungschef Oswald Pohl hatten diese Überlegung, die der SS eine neue Macht- und Einkommensquelle eröffnete, eilfertig aufgegriffen.[18] Ein Jahr später bestätigte SS-Oberführer Ulrich Greifelt, Himmlers Sonderbeauftragter für den Vierjahresplan, in einem Vortrag, dass ökonomische Erwägungen eine wichtige Rolle bei der Aktion gegen »Arbeitsscheue« gespielt hatten:

»Bei der angespannten Lage am Arbeitsmarkt war es ein Gebot der notwendigen Arbeitsdisziplin, alle Personen, die sich dem Arbeitsleben der Nation nicht einpassen wollten und als Arbeitsscheue und Asoziale dahinvegetierten und die Großstädte und Landstraßen unsicher machten, auf dem Zwangswege zu erfassen und zur Arbeit anzuhalten. Hier wurde auf Anregung der Dienststelle ›Vierjahresplan‹ seitens der Geheimen Staatspolizei mit aller Energie durchgegriffen.«[19]

Der Anweisung an die Gestapo zufolge waren als »Arbeitsscheue« Männer im arbeitsfähigen Alter zu betrachten, deren Arbeitsfähigkeit von einem Arzt festgestellt worden war und die zweimal grundlos eine Beschäftigung abgelehnt oder unentschuldigt ihren Arbeitsplatz verlassen hatten. Die örtlichen Arbeitsämter wurden instruiert, bis zum 3. April 1938 die Identität solcher Männer festzustellen und deren Namen an die Gestapo weiterzuleiten. Darüber hinaus sollte die Gestapo in Zusammenarbeit mit anderen Behörden, wie den Wohlfahrtsämtern, eigene Ermittlungen durchführen. Zwischen dem 3. und 9. April sollten die »Arbeitsscheuen« dann festgenommen werden, und falls sie keinen überzeugenden Grund für ihre Untätigkeit angeben konnten – etwa eine Krankheit oder eine besondere familiäre Situation –, sollten sie ins KZ Buchenwald eingewiesen werden. Danach würde alle drei Monate eine Haftprüfung stattfinden.[20]

In den örtlichen Ausführungsbestimmungen wurde hervorgehoben, dass nur arbeitsfähige Männer aufgegriffen werden sollten: »Nicht in Frage kommen Trinker, alte Landstreicher, Berufs- und Gewohnheitsverbrecher, Zigeuner und ähnliche Elemente.«[21] Wegen der Volksabstimmung über den Anschluss Österreichs am 10. April wurde der Beginn der Aktion auf den 21. April verschoben; ihr Ende war für den 30. April vorgesehen. Die Namen derjenigen, die bis zu diesem Datum nicht festgenommen werden konnten, sollten der Kripo gemeldet werden.[22]

Über die Ergebnisse dieser ersten Aktion gegen »Arbeitsscheue« ist wenig bekannt. Einer Darstellung zufolge wurden tausendfünfhundert »Asoziale« von der Gestapo verhaftet.[23] Offenbar war die SS-Führung mit der Leistung der Gestapo nicht zufrieden, denn am 1. Juni ordnete Heydrich eine weitere, durchgreifendere Aktion an, die von der Kripo in der Woche vom 13. bis 18. Juni durchgeführt werden sollte. Durch den Erlass über die vorbeugende Verbrechensbekämpfung vom 14. Dezember 1937, erinnerte Heydrich seinen Apparat, seien der Polizei umfangreiche Befugnisse nicht nur für den Kampf gegen Berufsverbrecher, sondern auch für das Vorgehen gegen alle asozialen Elemente erteilt worden, die der Gesellschaft zur Last fielen und deren Wohlergehen schädigten. »Ich habe aber feststellen müssen«, bemängelte er, »daß der Erlaß bisher nicht mit der erforderlichen Schärfe zur Anwendung gebracht worden ist. Die straffe Durchführung des Vierjahresplans erfordert den Einsatz aller arbeitsfähigen Kräfte und läßt nicht zu, daß asoziale Menschen sich der Arbeit entziehen und somit den Vierjahresplan sabotieren.« Jede Kriminalpolizeileitstelle – von denen es 1938 vierzehn gab – habe mindestens zweihundert arbeitsfähige männliche »Asoziale« in Vorbeugungshaft zu nehmen. Zielpersonen seien insbesondere Landstreicher, Bettler – selbst wenn sie einen festen Wohnsitz hatten –, »Zigeuner und nach Zigeunerart umherziehende Personen, wenn sie keinen Willen zur geregelten Arbeit gezeigt oder straffällig geworden sind«, Zuhälter und andere Vorbestrafte, einschließlich Gewalttäter. Festzunehmen seien außerdem männliche Juden, die zu einer Haftstrafe von mehr als einem Monat verurteilt worden waren. Die Inhaftierten seien ins KZ Buchenwald einzuweisen. Die Gesamtzahl der Festnahmen sei dem RKPA am 20. Juni zu melden.[24]

Im Sommer 1938 hatte der Arbeitskräftemangel besorgniserregende Ausmaße angenommen, und die Kripo wollte sich nicht vorwerfen lassen, sie hätte den Vierjahresplan gefährdet. Daher reagierte sie mit einer Verhaftungswelle, die gelegentlich über das Ziel hinausschoss. Manche der Festgenommenen, wies das RKPA am 23. Juni die Kriminalpolizeileitstellen zurecht, seien zwar früher arbeitsscheu gewesen, gingen jetzt aber einer geregelten Arbeit nach. Ihre Verhaftung sei deshalb nicht gerechtfertigt gewesen; die Betreffenden seien umgehend wieder freizulassen.[25] Diesmal waren die Ergebnisse der Aktion also weit besser als erwartet. Laut Greifelt wurden 1939 über zehntausend als asozial eingestufte Personen in den Konzentrationslagern festgehalten.[26] Viertausendsechshundert von ihnen saßen in Buchenwald, die Übrigen in Sachsenhausen, Dachau, Flossenbürg, Mauthausen und anderen KZ.

In Flossenbürg und Mauthausen hatte die SS kurz zuvor große Steinbrüche in Betrieb genommen, und die Neuankömmlinge wurden auf brutalste Weise zur Arbeit in ihnen gezwungen, was nicht wenige von ihnen mit dem Leben bezahlten. Nach Aussagen anderer überlebender Häftlinge war die Behandlung der »Asozialen«, die durch ein schwarzes Dreieck auf der Gefangenenkleidung gekennzeichnet waren, besonders rücksichtslos und grausam. In der Gefangenenhierarchie der SS rangierten nur noch Juden und Homosexuelle niedriger als sie. Ihr KZ-

Aufenthalt sollte dazu dienen, sie zu »erziehen« und in wertvolle Mitglieder der so genannten Volksgemeinschaft zu verwandeln. Viele überlebten diese von systematischer Brutalität begleitete »Erziehung« nicht; die Sterblichkeitsrate der »Asozialen« lag höher als die der politischen oder kriminellen Häftlinge.[27] Andererseits galt es, die neuen KZ-Insassen so zu behandeln, dass sie den gerade erst gegründeten SS-Betrieben als Arbeitskräfte zur Verfügung standen. Jeder verhaftete »Arbeitsscheue« wurde ärztlich untersucht, um seine »Lagerhaft- und Arbeitsfähigkeit« festzustellen.[28] Der Widerspruch zwischen diesen beiden Funktionen der Konzentrationslager sollte nie gelöst werden.

Der Anteil der Zigeuner an den im Rahmen der »Aktion Arbeitsscheu« im Juni 1938 verhafteten »Asozialen« ist nicht bekannt, obwohl für einige Orte Zahlen vorliegen. So wurden in Aachen in der Woche vom 13. bis zum 18. Juni elf Zigeuner festgenommen und ins KZ Sachsenhausen geschickt.[29] In Dortmund wurden von insgesamt sechzig männlichen Zigeunern acht in Haft genommen.[30] Unter fünfzehn verhafteten »Arbeitsscheuen«, die im Kreis Verden bei Bremen aufgegriffen wurden, waren vier Zigeuner.[31] In Cloppenburg bei Bremen wurden fünfunddreißig Männer festgenommen, darunter elf Zigeuner.[32] Aus dem Großraum Hamburg wurden etwa hundert Zigeuner ins KZ Sachsenhausen eingewiesen.[33] Auch aus den Konzentrationslagern liegen einige einschlägige Zahlen vor, die allerdings nicht vollständig sind, da Zigeuner im Allgemeinen als »Asoziale« registriert wurden. Das KZ Buchenwald hatte 1938 8000 Insassen, von denen 4600 als »Arbeitsscheue« eingestuft wurden.[34] Am 2. Februar 1939 sollen 107 Zigeuner in Buchenwald festgehalten worden sein.[35] Im KZ Sachsenhausen waren am 24. November 1938 4887 Insassen als »Arbeitsscheue« registriert; 371 oder 7,6 Prozent von ihnen waren Zigeuner.[36] Die »Aktion Arbeitsscheu« war gegen all jene gerichtet, die das NS-Regime für »asozial« befand, und offenbar keine speziell gegen Zigeuner gerichtete Maßnahme. Anhand der in den Staatsarchiven von Magdeburg und Düsseldorf aufbewahrten Personenakten von Zigeunern ist es möglich, über Statistiken hinaus einen Einblick in die menschlichen Tragödien hinter den Zahlen zu gewinnen. Außerdem zeigen sie, dass es aufgrund der weit verbreiteten Abneigung gegenüber diesen Menschen häufig ausreichte, ein Zigeuner ohne festen Wohnsitz und geregelte Arbeit zu sein, um als Krimineller abgestempelt und als Vorbeugehäftling ins Konzentrationslager geschickt zu werden. So wurde zum Beispiel Wilhelm L. am 13. Juni 1938 als »Arbeitsscheuer (Zigeuner)« festgenommen und nach Buchenwald geschickt. Im Polizeibericht wurde seine Einstufung als »Arbeitsscheuer« mit dem Hinweis gerechtfertigt, er selbst habe angegeben, »daß er eine feste und geregelte Arbeitsstelle nicht haben will, sondern den Handel vorzieht«.[37]

Vielleicht war eine gewisse Anhänglichkeit an ein altes Gefühl für professionelles Handeln der Grund dafür, dass sich die Kripobeamten weiszumachen versuchten, sie würden Kriminelle verhaften, und nicht lediglich »Asoziale«. Jedenfalls fügten sie den ans RKPA gesandten Berichten einen so genannten »kriminellen Lebenslauf« bei, was zu absurden Aussagen führen konnte, wie im Fall von Georg A., einem einundzwanzigjährigen arbeitslosen Zigeuner, dessen »krimineller Lebenslauf« mit dem Satz schloss: »Kriminell ist er hier noch nicht in Erscheinung getreten.« Er wurde am 14. Juni 1938 nach Buchenwald überstellt.[38] Der gleiche Satz findet sich im »kriminellen Lebenslauf« des dreiundzwanzigjährigen Zigeunermusikers Karl P., dessen »kriminelles« Vergehen darin bestand, dass er noch nie eine feste Arbeitsstelle gehabt hatte. Er endete in Sachsenhausen, wo er im November 1942, über vier Jahre später, immer noch festgehalten wurde.[39]

Einige der im Juni 1938 Festgenommenen wurden sogar noch länger eingesperrt, wobei sie häufig mehrmals von einem Lager ins andere verlegt wurden. Der 1909 in Hamburg geborene Ungar Josef F. war verhaftet worden, weil er weder einen festen Wohnsitz noch eine geregelte Arbeit hatte. Auf dem Haftformular wurde als Grund für seine Inhaftierung angegeben, er sei »Zigeuner (Arbeitscheuer)«. Er durchlief die KZ Sachsenhausen, Mauthausen und Dachau, bevor er schließlich wieder nach Sachsenhausen kam. In dessen Akten wurde er zum letzten Mal am 9. September 1944 verzeichnet.[40] Ob er die Befreiung des Lagers noch erlebt hat, ist nicht bekannt. Ähnlich erging es Wilhelm L., einem 1891 geborenen Musiker, der verheiratet war und fünf Kinder hatte. Er wurde zunächst nach Buchenwald geschickt, von wo aus er 1942 nach Natzweiler verlegt wurde; 1943 kam er dann nach Dachau und von dort zurück nach Natzweiler. Am 1. April 1944 war er noch am Leben; sein weiteres Schicksal ist unbekannt.[41]

Albert L. war fünfzig Jahre alt und Hausierer, als er am 13. Juni 1938 festgenommen wurde. Laut seinem »kriminellen Lebenslauf« hatte er nie gearbeitet: »Derselbe ist nur immer als Zigeuner im Lande herumgezogen und fällt somit unter den Erlass über arbeitsscheue Personen.« Vom Amtsarzt wurde L. bescheinigt, er sei »lagerhaft- und arbeitsfähig«. Er starb am 9. Oktober 1942 im KZ Buchenwald an »akuter Herzschwäche«. Wie üblich wurde seinen nächsten Angehörigen mitgeteilt, der Verstorbene könne ihnen »aus hygienischen Gründen« nicht übergeben werden. Seine Asche würde ihnen auf Anfrage zugesandt.[42] Der siebenundsechzigjährige Maximilian L. entging 1938 dem Konzentrationslager. Bei seiner ärztlichen Untersuchung war ihm aufgrund von Bluthochdruck Arbeitsunfähigkeit attestiert worden. Doch es war nur ein vorübergehender Aufschub. Im März 1943 wurde L., inzwischen zweiundsiebzig Jahre alt, nach Auschwitz verschleppt.[43]

Einige der 1938 im Rahmen der »Aktion Arbeitsscheu« verhafteten Zigeuner waren tatsächlich vorbestraft. Der Ehemann und Vater von vier Kindern Michael L., zum Beispiel, hatte fünfundzwanzig Vorstrafen, unter anderem wegen Bettelei, Landstreicherei, Diebstahl, Betrug, Unterschlagung, Raub und schwerer Körperverletzung. Er kam nach Buchenwald, wo er am 26. Mai 1943 noch immer inhaftiert war.[44] Der neununddreißigjährige Musiker Gustav L. hatte sich 1918 der Desertion aus der

Armee, des Diebstahls und des illegalen Besitzes einer Feuerwaffe schuldig gemacht. Aufgrund einer Verletzung, die er sich im Ersten Weltkrieg zugezogen hatte, wurde ihm verminderte Arbeitsfähigkeit bescheinigt. Auch er kam nach Buchenwald, wo er am 19. August 1942 verstarb.[45]

Wie viele der im Juni 1938 in Schutzhaft genommenen Zigeuner vorbestraft waren, lässt sich nicht feststellen. Unnötig zu sagen, dass selbst abgebrühte Verbrecher nicht jenem qualvollen Leben hätten überantwortet werden sollen, das sie als KZ-Häftlinge erwartete. Abgesehen davon bestand der Hauptzweck der »Aktion Arbeitsscheu«, wie gesehen, offensichtlich nicht in der Verhinderung von Verbrechen, sondern in der Beschaffung von Zwangsarbeitern. Alle Konzentrationslager, die 1938 für »Asoziale« errichtet wurden, entstanden im Zusammenhang mit neuen SS-Betrieben.[46]

Am 6. April 1939 teilte das RKPA den Kriminalpolizeistellen mit, man beabsichtige, aus Anlass von Hitlers Geburtstag »eine größere Anzahl Vorbeugungshäftlinge aus der Haft zu entlassen«. Die Kripostellen wurden gebeten, Listen von Entlassungskandidaten aufzustellen.[47] Doch von der Amnestie profitierten nur wenige Zigeuner. So befand sich beispielsweise unter den 954 »Asozialen«, die aus dem KZ Sachsenhausen entlassen wurden, kein einziger Zigeuner,[48] und in einem Rundschreiben vom 18. Juni 1940 schloss das RKPA Zigeuner ausdrücklich als Entlassungskandidaten aus.[49] Dennoch kamen, wie aus den noch erhaltenen Polizeiakten hervorgeht, auch einige während der »Aktion Arbeitsscheu« verhaftete Zigeuner frei. Obwohl das RKPA das letzte Wort darüber hatte, wer aus der Schutzhaft entlassen werden sollte, konnte die örtliche Kripo doch Empfehlungen aussprechen, und gelegentlich befürwortete sie den Antrag einer Familie auf Freilassung eines Vaters, Ehemanns oder Sohns; in anderen Fällen lehnte sie solche Anliegen ab.

August L. aus Quedlinburg war bei seiner Verhaftung am 13. Juni 1938 achtunddreißig Jahre alt. Bei der obligatorischen medizinischen Untersuchung erklärte er, unter Nieren- und Blasenproblemen zu leiden, aber der Amtsarzt diagnostizierte lediglich Unterernährung, und so wurde L. nach Sachsenhausen gebracht. Im Oktober desselben Jahres beantragte seine Frau seine Freilassung, und weder der Bürgermeister von Quedlinburg noch die Kripo von Magdeburg erhoben Einwände. L. wurde am 25. August 1939 freigelassen. Bevor er das Konzentrationslager verließ, musste er eine vorgefertigte Erklärung unterschreiben, in der er versicherte, über das Leben im KZ Stillschweigen zu bewahren und sich weder mündlich noch schriftlich gegen den nationalsozialistischen Staat und seine Institutionen zu äußern, und bestätigte, dass er diese Erklärung freiwillig abgegeben habe.[50]

Der einunddreißigjährige Zigeunermusiker Josef S. aus Köln war am 14. Juni 1938 festgenommen und ins KZ Sachsenhausen eingeliefert worden. Nachdem eine Eingabe seiner Mutter an Hitler unbeantwortet geblieben war, wandte sie sich am 31. Dezember an die Gestapo in Berlin. Ihr Sohn, schrieb sie, werde sowohl von ihr selbst als auch von seiner Ehefrau und seinen vier Kindern schmerzlich vermisst. Er sei ein guter Mensch, der geglaubt habe, er könne seine Familie ernähren, indem er Musik machte: »Insofern hat er sich in der Tat außerhalb der Volksgemeinschaft, zu der er als Deutscher gehört, gestellt.« Aber sie sei zuversichtlich, dass er fortan »mit seiner Hände Arbeit ehrlich und fleißig das täglich Brot verdienen wird, wie ich auch felsenfest davon überzeugt bin, daß er in Zukunft nie mit den Gesetzen in Berührung kommen wird«. Wenn ihr Sohn entlassen werde, schloss sie ihr Gesuch, werde sie es »durch Dankbarkeit und Treue zum Führer zu schätzen wissen«. S. wurde am 3. Juli 1939 auf freien Fuß gesetzt.[51]

Doch solche Eingaben von Familienangehörigen waren nicht immer erfolgreich. Der zweiundzwanzigjährige Zigeunermusiker Karl L. war am 13. Juni 1938 als »Arbeitsscheuer« verhaftet worden und nach Buchenwald gekommen. Am 16. Februar 1940 unterstützte der für Zigeunerangelegenheiten zuständige Beamte der Magdeburger Kripo ein Gesuch von L.s Mutter auf Freilassung ihres Sohns. Für den Straßenbau würden dringend Arbeitskräfte gebraucht, führte er zur Begründung an. Darüber hinaus sei damit zu rechnen, »daß sich der Vorgenannte nunmehr bequemt, feste Arbeit anzunehmen«. Doch in Berlin wurde das Gesuch abgewiesen. Gut zwei Jahre später, am 15. Oktober 1942, schrieb die Mutter direkt an das KZ Natzweiler. Ihr Sohn, erklärte sie, befinde sich »seit 4 Jahren und 4 Monaten in Schutzhaft«. Sie sei krank und arbeitsunfähig und könne nicht selbst für ihren Lebensunterhalt aufkommen. Auch von der Wohlfahrt erhalte sie nichts, und ein anderer Sohn sei bereits in Haft gestorben. Ihr Sohn, versicherte sie, sei »gewillt, hier Arbeit anzunehmen und mich zu unterstützen«.

Auch dieses Gesuch wurde abgelehnt. Als sich die verzweifelte Mutter im Februar 1943 erneut an die Behörden wandte, war ein weiterer ihrer Söhne in einem Konzentrationslager ums Leben gekommen. Diesmal richtete sie ihren Brief an den in Berlin für die Erforschung der Rassenmerkmale der deutschen Zigeuner Verantwortlichen, Robert Ritter, und bat ihn nicht nur um die Freilassung ihres Sohns, sondern auch um die ihres Mannes. Sohn und Ehemann, schrieb sie, seien seit viereinhalb Jahren in Haft; zwei andere Söhne seien bereits im Konzentrationslager gestorben. Sie lebe derzeit von den dürftigen Einkommen zweier weiterer Kinder, die behindert seien; das Essen reiche nicht für alle, und ihr Gesundheitszustand verschlechtere sich stetig. Weder ihr Mann noch ihr Sohn seien straffällig geworden, und beide seien arbeitswillig. »Ich hoffe doch, daß ... mein Mann und mein Sohn es schon ... im Lager gelernt haben zu arbeiten.« Aber auch dieser Brief verfehlte seine Wirkung. Am 2. März 1943 wurde L. von Natzweiler nach Dachau verlegt, von wo aus er am 25. September 1944 nach Buchenwald kam. Ob er und sein Vater die KZ-Haft überlebt haben, ist nicht bekannt.[52]

Im Fall des einundfünfzigjährigen Simon L. aus Quedlinburg wurde das von der Ehefrau eingereichte Gesuch auf Freilassung sowohl vom Bürgermeister als auch von der Magdeburger Kripo befürwortet. Es gelang ihr sogar, einen Rechtsbeistand zu gewinnen, was in solchen Fällen höchst ungewöhnlich war. In einem Schreiben an die Magdeburger Kripo verlangten zwei Rechtsanwälte zu erfahren, warum L. in Vorbeugungshaft genommen worden sei, da er sich nach Aussage seiner nächsten Angehörigen nie strafbar gemacht habe. Ein Bruder sei wenige Tage zuvor freigelassen worden, und L. könnte wie dieser sofort eine Arbeitsstelle finden. Als diese Intervention nicht das gewünschte Resultat erzielte, wandte sich die Ehefrau an Hitler und Himmler, aber auch diese Eingaben blieben wirkungslos. Am 12. Mai 1941 setzte sich die Magdeburger Kripo in einem Brief ans RKPA erneut für die Freilassung von L. ein. Er sei seit dem 13. Juni 1938 in Vorbeugungshaft, und diese dürfte nicht ohne Wirkung auf ihn geblieben sein. Angesichts der Situation auf dem Arbeitsmarkt werde der Gefangene zweifellos sofort Arbeit finden. Seine Frau könne wegen eines Herzleidens nicht arbeiten; sie und ihre beiden Kinder müssten mit einer monatlichen Wohlfahrtsbeihilfe von 28,85 Reichsmark auskommen; alle drei seien unterernährt. Durch die Freilassung des Ehemanns könne der Familie aus ihrer Notlage geholfen werden. Doch das RKPA ließ sich nicht erweichen. »Das Verhalten Ihres Ehemannes im Arbeits- und Besserungslager«, wurde der Ehefrau am 26. Mai geantwortet, gebe »keine Gewähr für eine zukünftige einwandfreie Lebensführung«. Sieben Monate später wurde ein weiteres Gesuch ebenso beschieden. L. verstarb am 14. Oktober 1942 im KZ Sachsenhausen.[53]

Manchmal sprach sich auch die örtliche Kripo gegen die Freilassung eines Häftlings aus. So geschehen im Fall des dreiundzwanzigjährigen Karl P., der verhaftet worden war, weil er sich als Straßenmusiker durchgeschlagen hatte und nie einer geregelten Arbeit nachgegangen war. Den von Heydrich am 1. März 1939 herausgegebenen Ausführungsbestimmungen zufolge waren Personen, die von Ort zu Ort zogen, um sich durch Hausieren, Pferdehandel oder Musizieren ihren Lebensunterhalt zu verdienen, nicht mehr allein aufgrund ihres unsteten Lebenswandels als »Asoziale« einzustufen.[54] Die Magdeburger Kripo nahm diese Neudefinition des Asozialenbegriffs zwar zur Kenntnis, lehnte die Freilassung P.s aber dennoch ab. Man müssen annehmen, teilte sie dem RKPA am 12. April 1939 mit, dass P. weiterhin »ziel- und planlos im Lande umherstreichen und gegebenenfalls sein Musizieren als Deckmantel für Bettelei benutzen« werde.[55]

Im Dezember 1940 stimmte das RKPA der Freilassung von Vorbeugungshäftlingen zu, die sich als Freiwillige zur Beseitigung von Blindgängern gemeldet hatten. Einer von ihnen war der siebenunddreißigjährige Musiker Dewald P., der seit dem 14. Juni 1938 in Haft gewesen war. Laut seinem »kriminellen Lebenslauf« war er ein Analphabet ohne Beruf, der mit seiner Familie herumgezogen war und seinen Lebensunterhalt als Schausteller verdient hatte. Dann folgte der bekannte Satz: »Kriminell ist er hier noch nicht in Erscheinung getreten.« Er war als arbeitsscheu klassifiziert und ins KZ Sachsenhausen eingewiesen worden, aus dem man ihn am 21. Dezember 1940 entließ. Nach seiner Rückkehr nach Magdeburg wurde er unter Polizeiaufsicht gestellt. Seiner Akte zufolge ist er am 13. März 1944 in Auschwitz gestorben.[56]

Manche Ehefrauen und Mütter reisten nach Berlin, um persönlich im RKPA um die Freilassung ihres Ehemanns oder Sohns zu ersuchen, und am 28. Juni 1938 schrieb das RKPA an die Kriminalpolizeistellen, das Erscheinen dieser Frauen gefährde die öffentliche Gesundheit in der Hauptstadt. Man bitte »zu veranlassen, daß der Zuzug nach Berlin unterbleibt, widrigenfalls« sehe man sich genötigt, »ebenfalls gegen diese Personen vorbeugende Maßnahmen zu ergreifen«.[57] Auch bei den Kripostellen wurden regelmäßig Familienangehörige vorstellig, die um die Freilassung ihrer Angehörigen baten. Am 10. März 1942 wurde Auguste L. zur Magdeburger Kripo bestellt und gezwungen, eine Erklärung zu unterschreiben, in der sie zugab, durch ihre wiederholten Besuche im Polizeirevier zu einem öffentlichen Ärgernis geworden zu sein. Sie begreife jetzt, dass die Freilassung ihres Ehemannes »vorläufig nicht in Frage« komme.

»Ich habe alles verstanden und werde mich in Zukunft danach richten«, versicherte sie. In den Augen der Kripo löste sich das Problem von selbst, als Auguste L.s Ehemann und andere Familienangehörige am 1. März 1943 nach Auschwitz deportiert wurden.[58]

In der Bevölkerung hat die gegen Zigeuner gerichtete Verhaftungswelle von 1938 offenbar keinen Widerspruch hervorgerufen. Manche Beamte befürworteten zwar die von Angehörigen eingereichten Gesuche auf Freilassung ihrer Ehemänner oder Söhne, aber es ist nur ein einziger Fall bekannt, in dem sich ein Einzelner aus der Bevölkerung aus eigenem Antrieb für in Vorbeugungshaft genommene Zigeuner einsetzte. Dabei handelte es sich um den evangelischen Pfarrer Witte aus Magdeburg, der im November 1938 beim RKPA mehrere Gesuche für die Freilassung von Zigeunern einreichte, die während der »Aktion Arbeitsscheu« verhaftet worden waren. Die Schreiben sind nicht erhalten, aber es ist bekannt, dass die örtliche Kripo die Anträge ablehnte. Dennoch ordnete das RKPA im Fall von Josef S., einem Vater von vier Kindern, die Entlassung aus der Vorbeugungshaft an.[59]

Die Verhängung von polizeilicher Vorbeugungshaft im Rahmen der »Aktion Arbeitsscheu« im Jahr 1938 stellte eine erhebliche Eskalation der Verfolgung der Zigeuner dar. Eine nicht zu beziffernde Zahl von Männern – wahrscheinlich mehrere hundert – wurden als »Asoziale« gebrandmarkt, zumeist wegen ihres unsteten Lebenswandels, und in Konzentrationslager gebracht. Manche von ihnen wurden innerhalb eines Jahres wieder freigelassen, aber viele blieben jahrelang in Haft. Nicht wenige wurden von Lagerwachen getötet, denen besonders der Hass auf »Asoziale« eingeimpft wurde. Andere starben infolge planmäßig vorgenommener Misshandlung oder ungenügender medizinischer Versorgung. Hervorzuheben ist, dass sich die »Aktion Arbeitsscheu« nicht aus spezifisch rassischen Gründen gegen Zigeuner richtete; sie waren nur ein Teil der weit größeren Gruppe derjenigen, die man als »Asoziale« betrachtete. Dennoch sind viele Zigeuner durch Maßnahmen ums Leben gekommen, deren Zweck es einerseits war, die Persönlichkeit von »Asozialen« zu brechen und neu zu formen, und durch die andererseits Zwangs- arbeiter für die neuen SS-Betriebe beschafft werden sollten. Die »Aktion Arbeitsscheu« hatte ganz sicher wenig mit der Verhin- derung von Verbrechen zu tun, dem vorgeblichen Grund der Festnahmen. Sie markierte vielmehr eine neue Stufe der willkür- lichen Verfolgung und Unterdrückung.

Phase 3: Ausgrenzung einer »fremden Rasse«

Am 8. Dezember 1938 verfügte Himmler einen Runderlass mit dem Titel »Bekämpfung der Zigeunerplage«, in dem von der Notwendigkeit gesprochen wurde, die »Zigeunerfrage aus dem Wesen dieser Rasse heraus in Angriff zu nehmen«. Es war die erste gegen Zigeuner gerichtete Verordnung, die sich ausdrücklich auf den Rassenbegriff bezog. Überraschen konnte es jedoch nicht, dass Himmler ihn in die Debatte über die gegen die »Zigeunerplage« zu ergreifenden Maßnahmen einführte. Aufgrund ihrer häufig dunkleren Hautfarbe wurden die Zigeuner schon seit langem als Fremdkörper betrachtet, und darum war es nur eine Frage der Zeit, bis die von den Nationalsozialisten betriebene Säuberung Deutschlands von Nichtariern auch sie erfasste. Obwohl sie ursprünglich aus Indien stammten und daher vermutlich arischen Ursprungs waren, entsprachen sie gewiss nicht dem »germanischen« oder nordischen Idealtyp. Wie oben dargelegt, waren Maßnahmen gegen Zigeuner in den ersten Jahren der NS-Herrschaft überwiegend mit sozialen Gründen gerechtfertigt worden. Zigeuner und nach Zigeunerart Umherziehende hatten nach Ansicht ihrer Verfolger kriminelle Neigungen und stellten generell ein »gemeinschaftsfremdes« Element dar. Nun bekam die Agitation gegen sie mit der Vorstellung, Zigeuner seien eine fremde und minderwertige Rasse, einen mächtigen neuen Katalysator an die Hand.

Von der Rassenhygiene
zum nationalsozialistischen Rassismus

Die Vorstellung, dass körperliche Merkmale innere Werte anzeigen, war von vielen europäischen Denkern des 19. Jahrhunderts propagiert worden. Man glaubte, dass Wissenschaftler anhand von äußeren Kennzeichen wie Hautfarbe, Kopfform, Körperhaltung oder Farbe und Beschaffenheit der Haare feststellen konnten, ob jemand der einen oder anderen rassischen Gruppe angehörte. Die menschlichen Rassen wiederum wurden in eine Rangordnung gebracht, nach der manche wertvoller waren als andere. Intellektuelle wie Graf Joseph Gobineau (1816–1882) und Houston Stewart Chamberlain (1855–1927) vertraten die Ansicht, dass alle Kulturleistungen das Werk von Ariern seien, und warnten diese davor, sich mit minderwertigen Rassen zu vermischen. Zeitgleich mit solchen offen rassistischen Ideen entwickelte sich die Lehre der Eugenik, welche die menschliche Rasse durch die Kontrolle der Fortpflanzung und die Beschränkung der Heiratserlaubnis auf körperlich und geistig Gesunde verbessern wollte. Für Francis Galton (1822–1911), der den Begriff »Eugenik« (wohlgeboren sein) prägte, war die Verbesserung der menschlichen Rasse gleichbedeutend mit der der Menschheit, obwohl auch er den »geeigneten« Rassen oder Vererbungslinien eine größere Chance, sich auf Kosten der weniger geeigneten durchzusetzen, zugesprochen haben wollte. In Deutschland formulierte der Arzt Wilhelm Schallmeyer (1857–1919) die Notwendigkeit, die biologische Kapazität und rassische Qualität des deutschen Volks zu erhalten. Dies sollte durch die Genehmigungspflicht von Eheschließungen und die Sterilisation von Menschen mit einem »geringeren Vererbungswert« geschehen. Schallmeyer bestritt jedoch die Existenz reiner Rassen und unternahm nicht den Versuch, eine Rangordnung der verschiedenen Gruppen innerhalb der weißen Rasse aufzustellen.[1]

Als Erfinder des Begriffs »Rassenhygiene« gilt der deutsche Arzt Alfred Ploetz (1860–1940), der 1895 ein Buch publizierte, in dem er die angebliche Überlegenheit der germanischen Rasse darlegte. Er lebte lange genug, um 1936 von Hitler persönlich eine Professur an der Universität München zu erhalten. Wenn auch kein Antisemit, vertrat Ploetz doch einen groben Sozialdarwinismus. Um die Gesundheit des überlegenen germanischen Volks zu gewährleisten, schlug er vor, bei jeder Geburt solle ein Konzil von Ärzten darüber entscheiden, ob das Neugeborene am Leben bleiben dürfe oder nicht.[2] Ein Schüler von Ploetz, Dr. Fritz Lenz, war der erste Inhaber des 1923 geschaffenen Lehrstuhls für Rassenhygiene an der Universität von München. Weder Ploetz noch Lenz setzten Tauglichkeit mit einer bestimmten Rasse gleich, wie es die Ideologen der sich ausbreitenden militanten nationalistischen Bewegung taten. Die beiden Ärzte waren vielmehr besorgt über die ihrer Meinung nach schädlichen Auswirkungen des Schutzes der Schwachen auf bestimmte gesellschaftliche Institutionen und die sozialen und ökonomischen Kosten, die er nach sich zog. Ihnen ging es darum, die Fortpflanzung der Tauglichsten und sozial Wertvollsten zu fördern; später traten sie jedoch beide der NSDAP bei und wurden zu Verfechtern des nationalsozialistischen Rassismus. Wie der Historiker George Mosse feststellte, mündete der »Hauptstrom der Eugenik und der Rassenhygiene … nicht direkt in die Nazipolitik ein, wenngleich er auch indirekt dazu beitrug, daß sie möglich wurde«. Für Männer wie Ploetz und Lenz erwies sich die NS-Bewegung als unwiderstehlich: »Die berauschende Aussicht einer Nation, die sich entschlossen hatte, ihre Rasse zum Überleben zu rüsten, wischte sämtliche Makel vom Tisch, die diesem Unternehmen anhaften könnten.«[3]

Der Sozialdarwinismus wirkte anziehend auf die Nationalisten. Ihnen gefiel, welche Betonung er dem Kampf beimaß und dass er von der Dominanz der Vererbung über die Umweltfaktoren ausging. Denn auch in der NS-Ideologie war nicht die Erziehung, sondern die Natur der Schlüssel zur Entwicklung von menschlichem Vermögen oder Versagen. Die Verschiedenheit der Menschen war danach biologisch begründet, und was einen

Juden oder Zigeuner ausmachte, wurde auf etwas in seinem Blut zurückgeführt. Deshalb galt: Einmal ein Jude, immer ein Jude; einmal ein Zigeuner, immer ein Zigeuner. Da sich die ererbten Eigenschaften nicht verändern konnten, mussten sie neutralisiert werden, was letztlich auf solche radikalen Maßnahmen wie Sterilisation, zwangsweise Euthanasie und physische Auslöschung hinauslief. Die Rassenhygiene bot dabei die pseudowissenschaftliche Rechtfertigung für die Aussonderung und Vernichtung derjenigen, die als lebensunwert galten.[4]

Hitlers Weltanschauung war stark von den Lehren der Rassenhygiene beeinflusst. Als er die Strafe für seine Beteiligung an dem gescheiterten Münchener Putsch vom 9. November 1923 verbüßte, schickte ihm der Münchener Verleger Julius Lehmann, einer seiner ersten glühenden Verehrer, ein von Erwin Baur, Eugen Fischer und Fritz Lenz verfasstes Lehrbuch über Vererbung und Rassenhygiene in die Haft.[5] Als Lenz später Hitlers Buch *Mein Kampf* besprach, das kurz nach dessen Haftentlassung erschienen war, wies er zu Recht darauf hin, dass sich Teile ihres Lehrbuchs hier wiederfanden.[6] Und tatsächlich gibt *Mein Kampf* Ideen aus diesem und anderen Büchern über Rassenfragen wieder, die Hitler während seiner Haft gelesen hatte. Er leugnete die Gleichheit der Rassen, forderte die Unterordnung von minderwertigen und schwächeren Rassen unter die stärkeren, gab der Vermischung des Blutes die Schuld am Niedergang der Zivilisation und sprach sich für die Verhinderung der Fortpflanzung angeblich kranker oder krimineller Elemente aus. Besonderen Abscheu hegte er gegen die Juden, denen er vorwarf, die größten Feinde der arischen Rasse zu sein.

Die Zigeuner werden in *Mein Kampf* nicht erwähnt. Offenbar interessierte sich Hitler nicht für sie, oder sie erschienen ihm weniger abstoßend. In den zwölf Jahren seiner Herrschaft machte er nur zwei kurze Bemerkungen über sie, beide Male im Zusammenhang mit dem Militärdienst. Dass Hitler sich um das »Zigeunerproblem« weitgehend nicht kümmerte, dürfte ein Grund dafür sein, warum Juden und Zigeuner so unterschiedlich behandelt wurden. Erstere waren für Hitler und die nationalsozialistische Bewegung die Verkörperung des Bösen, ein mächtiges Volk, das buchstäblich die Existenz der Menschheit bedrohte. Dagegen wurden die Zigeuner, zumal sie nur wenige waren, als »Landplage« angesehen, die mehr oder weniger mit traditionellen Mitteln bekämpft werden konnte. Die erhebliche Verschärfung ihrer Verfolgung in den letzten drei Kriegsjahren geschah auf Druck der unteren Ränge der NS-Bewegung, die den Krieg als günstige Gelegenheit betrachteten, die Zigeuner loszuwerden. Zugleich stellte sie den Höhepunkt der Bemühungen der Kripo und ihrer »Zigeunersachverständigen« dar, das Problem der als »Asoziale« etikettierten Zigeunermischlinge durch Deportation, Inhaftierung und Sterilisation zu lösen. Doch selbst in dieser Phase gab es nie einen Plan zur Vernichtung *aller* Zigeuner analog zur »Endlösung der Judenfrage«.

Das Sterilisationsgesetz von 1933

Die Machtübernahme im Januar 1933 eröffnete den Nationalsozialisten die Chance, ihre eugenischen und rassischen Theorien in die Praxis umzusetzen, und die Sterilisation von Erb- und Geisteskranken stand ganz oben auf der Liste. Schon seit Jahren gab es eine ausgedehnte Kampagne für ein solches Gesetz. Insbesondere Mediziner setzten sich für die Sterilisation von »Erbkranken« ein, und gelegentlich wurden auch Stimmen laut, die umfangreichere Sterilisationsmaßnahmen forderten. In einem Buch aus dem Jahr 1925 schloss der Psychiatrieprofessor Robert Gaupp die Zigeuner in die Gruppe der »geistig und sittlich Kranken« ein, die seiner Ansicht nach sterilisiert werden sollten.[7] 1928 regte der sächsische Medizinalrat Gustav Boeters die Zwangssterilisation von nutzlosen und minderwertigen Mitgliedern der Gesellschaft an, etwa von Landstreichern und Zigeunern.[8] In ihrer Kampagne für die Sterilisation erhielten die Vertreter der Rassenhygiene Unterstützung von Bürokraten, denen die zunehmenden Kosten der Unterbringung von Geisteskranken und Schwachsinnigen in staatlichen Einrichtungen Kopfzerbrechen bereiteten. 1932 wurde in Preußen ein Gesetzentwurf vorgelegt, der die freiwillige Sterilisation bestimmter Personengruppen mit erblichen Defekten vorsah und von Rassisten wie nichtrassistischen Eugenikern befürwortet wurde. Aufgrund des politischen Durcheinanders der letzten Tage der Weimarer Republik erlangte der Entwurf zwar nie Gesetzeskraft, aber das Interesse an einer solchen Regelung blieb bestehen.[9]

Das »Gesetz zur Verhütung erbkranken Nachwuchses« wurde schließlich am 14. Juli 1933 verabschiedet und trat am 1. Januar 1934 in Kraft. Auf den ersten Blick war es eine eugenische Maßnahme ohne rassistische oder spezifisch nationalsozialistische Anklänge; Vorkehrungen für Sterilisationen aus rassischen oder sozialen Gründen wurden nicht getroffen. Das Gesetz beruhte einerseits auf dem preußischen Entwurf von 1932 und andererseits auf dem amerikanischen Modellgesetz über eugenische Sterilisation von 1922.[10] Doch im Unterschied zu dem preußischen Entwurf sah das neue Gesetz die zwangsweise Sterilisation von Personen vor, die nach den Erkenntnissen der Medizin ihren Nachkommen mit großer Wahrscheinlichkeit eine schwere physische oder psychische Krankheit vererben würden. Dazu gehörten Schizophrenie, angeborener Schwachsinn, Epilepsie, erblich bedingte Blindheit oder Taubheit, starke körperliche Missbildungen sowie schwerer Alkoholismus. Jeder Beamte, der vom Vorhandensein einer dieser Krankheiten erfuhr, konnte einen Antrag auf Sterilisation des Betreffenden einreichen. Über diese Anträge wurde von speziellen »Erbgesundheitsgerichten« entschieden, die sich aus einem Richter und zwei Ärzten zusammensetzten.[11] Gegen deren Entscheidungen konnte bei einem »Erbgesundheitsobergericht« Einspruch erhoben werden; wie viele Berufungen insgesamt erfolgreich waren, ist nicht bekannt. In einem Gerichtsbezirk hob das Erbgesundheitsobergericht 7,8 Prozent der ergangenen Sterilisationsanordnungen auf;[12] andernorts dauerten die Berufungsverfahren im Durchschnitt neun Monate und waren in 25 Prozent der Fälle erfolgreich.[13] Anscheinend hatten einige Richter und Ärzte ihre berufliche Integrität bewahrt, während andere zu ideologischen Fanatikern geworden waren.

In den zwanziger und frühen dreißiger Jahren wurde die Sterilisation von Menschen mit schweren Erbkrankheiten in vielen Ländern gebilligt, einschließlich der Vereinigten Staaten. In Schweden wurden bis weit in die Zeit nach dem Zweiten Weltkrieg in großem Umfang Sterilisationen an Personen vorgenommen, denen eine »asoziale Lebensweise« vorgeworfen wurde. Zu dieser Gruppe zählten unter anderen die Tattaren, Nomaden, die angeblich Nachkommen von Schweden und Zigeunern waren.[14] Aber in keinem Land lag die Zahl der Sterilisationen auch nur annähernd so hoch wie im Dritten Reich. In den USA waren bis 1931, vierundzwanzig Jahre nach Inkrafttreten des Sterilisationsgesetzes, 12 145 Menschen sterilisiert worden.[15] Im Vergleich dazu wurden in Deutschland allein im ersten Jahr der Gültigkeit des »Erbgesundheitsgesetzes« 43 775 Sterilisationen durchgeführt.[16] Aufgrund spürbarer Unruhe in der Bevölkerung verbot Hitler 1936 die Veröffentlichung dieser Zahlen, doch verlässlichen Schätzungen zufolge belief sich die Zahl der Sterilisationen bis zum Kriegsausbruch auf 290 000 bis 300 000.[17]

Das »Erbgesundheitsgesetz« war zwar als eugenische Maßnahme beschlossen worden, fand aber breitere Anwendung. 1937 wurden aufgrund eines Geheimbefehls Hitlers etwa fünfhundert schwarze Kinder – so genannte »Rheinlandbastarde«, die Nachkommen französischer Besatzungssoldaten und deutscher Frauen – sterilisiert. Die Aktion wurde von der Gestapo in Zusammenarbeit mit den Erbgesundheitsgerichten ausgeführt.[18] Auch Zigeuner verfingen sich in diesem Netz, denn die Gerichte akzeptierten »asoziales Verhalten« zunehmend als Beweis für eine Erbkrankheit. Ob dies als Diskriminierung oder Rassismus zu betrachten ist, dürfte irrelevant sein. Fest steht, dass die Sterilisation der »Asozialen«, einschließlich der Zigeuner, eine neue Stufe der Verfolgung dieser Gruppe darstellte.

In einem Rundschreiben vom Januar 1937 sprach sich Reichsinnenminister Frick dagegen aus, zu viel Gewicht auf Intelligenztests zu legen. Den untersuchenden Ärzten wurde vielmehr geraten, Fragen zu stellen, die sich »dafür eingehend mit dem Berufsleben, der Umgebung und Bewährung im Leben beschäftigen«.[19] Das Kriterium des gesellschaftlichen Werts war dazu geeignet, nonkonform lebende Menschen zu erfassen, also insbesondere Zigeuner, und in mehreren Fällen wurden Zigeuner aus eben diesem Grund sterilisiert. In einem Antrag auf Sterilisation einer schwangeren jungen Zigeunerin in Bremen wurde festgestellt, sie sei »schmutzig« und würde »sehr stark rauchen«. Außerdem sei sie wegen Diebstahls und Betrugs vorbestraft. In einem anderen Fall begründete eine Arzt seinen Antrag damit, dass der betreffende Zigeuner, ein Schauspieler, in der Gegend nicht bekannt sei. »Seine Verwandten«, so die Erklärung, »bewohnen einen kleinen schlechten Wohnwagen und sind typische Zigeuner, arbeitsscheu und wenig zuverlässig.«[20] Die aufgrund dieses Antrags ergangene Sterilisationsanordnung wurde später vom Erbgesundheitsobergericht zurückgenommen. Andere hatten nicht so viel Glück.

Zur Begründung von Sterilisationsanträgen wurden darüber hinaus viele Varianten des »sozialen Scheiterns« angeführt: Nichtbeachtung der Schulpflicht, Besuch einer Sonderschule, Berufs- und Arbeitslosigkeit, »zigeunerhafte« Lebensweise, Abhängigkeit von der Wohlfahrt, Scheidung, uneheliche Kinder und dergleichen mehr. Das »Erbgesundheitsgesetz« – eigentlich eine eugenische Maßnahme – wurde in der Praxis zum Instrument der Verfolgung einer angeblich asozialen Gruppe, wobei »asozial« mit geisteskrank oder »moralisch schwachsinnig« gleichgesetzt wurde. 1936 untersuchte Fred Dubitscher, ein Wissenschaftler der »Abteilung für Erb- und Rassenpflege« des Reichsgesundheitsamtes, vierhundertfünfzig Fälle mit dieser Diagnose. Obwohl bei den Betreffenden häufig kein Intelligenzmangel vorlag, kam er zu dem Schluss, dass die Sterilisation gerechtfertigt gewesen sei, da es sich um Personen handle, die eine völlige Gleichgültigkeit gegenüber moralischen Werten gezeigt hätten. Zu den Delikten, die als Anzeichen einer solchen asozialen Einstellung verstanden wurden, gehörten Diebstahl und Landstreicherei.[21]

Eine andere Art des Schwachsinns ohne eine offenbare Verminderung der geistigen Fähigkeiten wurde »getarnter Schwachsinn« genannt. In einer 1937 veröffentlichten Studie beschrieb der Zigeunerforscher Robert Ritter einen Typ von Kindern, der durch »eine gewisse Selbständigkeit und Verschlagenheit und besonders auch durch eine geläufige Zunge« auffiel. Der Schwachsinn dieses Typs trage die »Maske der Schlauheit« und sei »am treffendsten als getarnter Schwachsinn« zu bezeichnen.[22] Damit konnte bei jedem Schwachsinn diagnostiziert werden. Die Kategorien des moralischen und des getarnten Schwachsinns waren die Instrumente, mit deren Hilfe die Sterilisation von »Asozialen« begründet werden konnte, die keine angeborene Geisteskrankheit aufwiesen.

Aus den vorhandenen Zahlen lässt sich schließen, dass »erblicher Schwachsinn« der am häufigsten genannte Grund für Sterilisationsanordnungen war. In der Universitätsklinik von Göttingen wurden 58 Prozent aller Sterilisationen an Frauen aufgrund dieses »Defekts« vorgenommen.[23] In Hamburg wurde in 46 Prozent der Fälle diese Diagnose als Grund angegeben;[24] in anderen Quellen ist von bis zu 60 Prozent die Rede.[25] Ärzte und Forscher gestanden zwar ein, dass die Erblichkeit des Schwachsinns nicht nachgewiesen war, führten aber an, dass man nicht warten könne, bis man sich dieses Zusammenhangs völlig sicher sei. Als Sterilisationsgrund reichte die Diagnose in ihren Augen allemal aus. Es ist weder bekannt, wie viele Zigeuner unter den Sterilisierten waren, die als »schwachsinnig« bezeichnet wurden, noch, wie viele in Anwendung des »Erbgesundheitsgesetzes« von 1933 sterilisiert worden sind. Nach einer auf örtlichen und regionalen Daten beruhenden Schätzung aus jüngster Zeit sind zwischen 1933 und 1939 etwa fünfhundert Zigeuner sterilisiert worden. Das würde bedeuten, dass der Prozentsatz der Sterilisationen unter den Zigeunern größer war als bei der Gesamtbevölkerung.[26]

Am 31. August 1939, mit Kriegsbeginn, verfügte das Reichsinnenministerium, Sterilisationsanträge seien nur noch zu stellen, wenn die dringende Notwendigkeit bestehe, die Zeugung von Nachkommen zu verhindern.[27] Für diese Anordnung gab es mehrere Gründe. Der erste und offizielle Grund lautete, dass es in Kriegszeiten notwendig sei, medizinisches Personal einzusparen und den Verwaltungsaufwand auf ein Mindestmaß zu reduzieren. Daneben spielte jedoch noch ein zweites Motiv eine Rolle. In der Bevölkerung, insbesondere unter den Katholiken, hatten Ausmaß und Art der Umsetzung der Sterilisationspolitik erhebliche Unruhe hervorgerufen. Aufgrund der negativen Reaktionen sterilisierter Personen und ihrer Angehörigen hatten besorgte Parteigliederungen ein Mitspracherecht bei der Entscheidung über die Sterilisation von Parteimitgliedern gefordert. Auch die Anzahl der Todesfälle infolge dieser Verfahren hatte für Unruhe gesorgt.[28] Darüber hinaus wurde nach Kriegsbeginn das Euthanasieprogramm umgesetzt, das ein wesentlich radikaleres Mittel darstellte, Deutschland von »geschädigten« Personen zu säubern. Deshalb ging die Zahl der Sterilisationen von 1939 bis 1945 drastisch zurück. In Frankfurt zum Beispiel wurden nur 6,4 Prozent aller zwischen 1934 und 1944 durchgeführten Sterilisationen während des Krieges vorgenommen.[29] In Göttingen wurden 11,2 Prozent der Sterilisationen zwischen 1940 und 1945 angeordnet,[30] und in Bremen lag der Anteil der in der Kriegszeit vollzogenen Sterilisationen bei 12,4 Prozent.[31]

Für die Zigeuner bedeutete der Kriegsausbruch jedoch eine Vergrößerung ihres Leidens, einschließlich einer stark ansteigenden Zahl von Sterilisationen von 1943 an. Viele derjenigen, die in jenem Jahr von der Deportation nach Auschwitz ausgenommen wurden, mussten sich mit ihrer Unfruchtbarmachung einverstanden erklären. In dieser zweiten Phase der Sterilisationen von Zigeunern wurde kein eugenischer Vorwand mehr bemüht, sondern die Absicht der Aktion bestand eindeutig darin, zu verhindern, dass eine Gruppe völlig gesunder Männer, Frauen und Kinder eine Nachkommenschaft haben würde.

Die Nürnberger Rassengesetze

In den ersten Jahren des NS-Regimes herrschte zwischen NSDAP und Staatsbürokratie ein empfindliches Gleichgewicht, so dass die Entwicklung der Rassenpolitik in einem Klima bürokratischer Konkurrenz stattfand. Im Reichsinnenministerium gab es eine Arbeitsgemeinschaft für Bevölkerungs- und Rassenpolitik, die bereits im Juli 1933 den Entwurf für ein Gesetz vorlegte, durch das Juden die vollen Staatsbürgerschaftsrechte aberkannt werden sollten. In der NSDAP war am 1. Mai 1934 ein »Rassenpolitisches Amt« gebildet worden, das sich ebenfalls an der Ausarbeitung von rassenpolitischen Programmen und Gesetzen beteiligte, und am 15. September 1935 verkündete Hitler am Ende des alljährlichen Parteitages der NSDAP in Nürnberg zwei antijüdische Gesetze, die bald auch auf Zigeuner angewendet werden sollten.

Das »Gesetz zum Schutze des deutschen Blutes und der deutschen Ehre« war das erste einer Reihe von Gesetzen und Verordnungen, die sich mit dem Thema des »artfremden Blutes« befassten. Es verbot sowohl die Ehe als auch den außerehelichen Verkehr zwischen »Juden und Staatsangehörigen deutschen oder artverwandten Blutes«. Am 18. Oktober folgte das »Gesetz zum Schutze der Erbgesundheit des deutschen Volkes«, nach dem als Voraussetzung einer Heirat ein »Ehetauglichkeitszeugnis« vorliegen musste, das bestätigte, dass die Partner nach genetischen und rassischen Maßstäben »ehetauglich« seien.[32] Die am 15. November erlassene erste Ausführungsverordnung zum »Ehegesundheitsgesetz« dehnte das Verbot rassischer Mischehen auf alle Fälle aus, in denen »eine die Reinerhaltung des deutschen Blutes gefährdende Nachkommenschaft zu erwarten« war.[33] Schließlich nannte Reichsinnenminister Frick am 26. November in einem Erlass diejenigen, die wie Juden das deutsche Blut »verunreinigen« konnten: »Zigeuner, Neger oder ihre Bastarde«.[34] In einem weiteren Erlass vom 3. Januar 1936 wiederholte Frick diese Definition, gestattete aber die Eheschließung zwischen »Staatsangehörigen deutschen Blutes« und Zigeunern »mit nur einem Viertel oder weniger artfremdem Blut«.[35] 1938 sollen mehrere Zigeuner in Konzentrationslager gekommen sein, weil sie sexuelle Beziehungen mit »Staatsangehörigen deutschen Blutes« hatten,[36] aber mit voller Härte wurde das Verbot solcher Beziehungen erst während des Krieges durchgesetzt, als die Überwachung der Zigeuner zunahm. Allerdings wurden gegen Zigeuner keine Schauprozesse wegen »Rassenschande« geführt wie gegen Juden.

Das zweite von Hitler in Nürnberg verkündete Gesetz war das Reichsbürgergesetz, das die deutsche Staatsbürgerschaft auf Personen »deutschen oder artverwandten Blutes« begrenzte.[37] Auch in diesem Gesetz wurden Zigeuner nicht ausdrücklich erwähnt, aber in einem am Ende des Jahres veröffentlichten Artikel stellte Frick klar, dass es neben Juden auch andere »Fremdrassige« betraf. Da die Juden nicht »deutschblütig« seien, könnten sie keine deutschen Staatsbürger sein, erläuterte er und fuhr fort: »Dasselbe gilt auch für die Angehörigen anderer Rassen, deren Blut dem deutschen nicht artverwandt ist, z. B. für Zigeuner und Neger.«[38] In einem 1936 veröffentlichten maßgeblichen Kommentar zu den neuen Rassengesetzen hieß es ebenfalls, wer »artfremden Blutes« sei, könne kein deutscher Staatsbürger sein, und »artfremden Blutes sind in Europa regelmäßig nur Juden und Zigeuner«.[39] Eine Folge dieser Interpretation bestand darin, dass Zigeunern das Wahlrecht abgesprochen wurde. Die logische Konsequenz war ein Erlass des Reichsinnenministers vom 7. März 1936, der die örtlichen Behörden anwies, sowohl Zigeuner als auch Zigeunermischlinge aus den Wählerverzeichnissen zu streichen.[40]

Die Tatsache, dass die Zigeuner in den ersten beiden wichtigen

Rassengesetzen des NS-Staats nicht genannt wurden, war ein Zeichen der geringen Bedeutung, die der »Zigeunerfrage« beigemessen wurde. Für die Nationalsozialisten gab es nur ein rassisches Problem in Deutschland, das der Juden, die als angeblicher Erzfeind des arischen Volks eine tödliche Bedrohung darstellten. 1933 lebten in Deutschland etwa 525 000 Juden, von denen viele eine herausgehobene Position in der Gesellschaft einnahmen. Dagegen gab es nur rund 26 000 Zigeuner, die zudem eine soziale Randgruppe bildeten. Zwei Vertreter des Reichsinnenministeriums drückten es 1938 in einer halbamtlichen Abhandlung so aus: »Das Rassenproblem für das deutsche Volk ist *die Judenfrage,* da an Angehörigen fremder Rassen in Deutschland lediglich die Juden zahlenmäßig ins Gewicht fallen. ... *Von Angehörigen sonstiger fremder Rassen,* die es außer den Juden in Deutschland gibt, treten nur *noch die Zigeuner* in größerer Zahl auf. Aber auch sie kommen zahlenmäßig gegenüber den Juden kaum in Betracht.«[41]

Die Rassenhygienische und Bevölkerungsbiologische Forschungsstelle

Ein wiederkehrendes Problem, das sich im Zusammenhang mit der Umsetzung der gegen Zigeuner gerichteten Gesetze und Verordnungen erhob, war die Frage, wer als Zigeuner anzusehen war. Akut wurde diese Schwierigkeit insbesondere nach der Verabschiedung der Nürnberger Gesetze, in denen rassische Kriterien verwendet wurden. Die Zugehörigkeit zur Kategorie »Jude« beruhte auf der Religionszugehörigkeit der Eltern und Großeltern. Für Zigeuner, die Christen und vielfach mit Nichtzigeunern verheiratet waren, gab es jedoch kein derart simples Kriterium. Manche waren sesshaft geworden und nur schwer als Zigeuner erkennbar. Um dieses Problem zu lösen, ordnete das Reichsinnenministerium im Frühjahr 1936 die Schaffung einer Forschungsabteilung im Reichsgesundheitsamt an. Aufgabe dieser Rassenhygienischen und Bevölkerungsbiologischen Forschungsstelle war es, Informationen über die in Deutschland lebenden Nichtsesshaften zu sammeln, insbesondere über Zigeuner und Zigeunermischlinge. Diese Informationen sollten von der Kripo und anderen mit dem »Zigeunerproblem« befassten Behörden genutzt werden. Außerdem sollten sie in die Formulierung eines Gesetzes zur »Zigeunerfrage« einfließen, über das seit Anfang 1936 diskutiert wurde. Leiter der Forschungsstelle wurde der Arzt Robert Ritter, der bald als der führende Zigeunerexperte des Regimes galt.

Der 1901 in Aachen geborene Ritter hatte sowohl in Pädagogik als auch in Medizin promoviert. Sein Spezialgebiet war die Kinderpsychologie; 1934 erhielt er die Bescheinigung als Facharzt der Kinderpsychiatrie. Zum Thema der Zigeuner kam er offenbar durch die Arbeit mit schwer erziehbaren Jugendlichen und die Beschäftigung mit der Kriminalbiologie, einer Lehre, welche die Ursachen der Kriminalität in Erbmerkmalen von Individuen und Gruppen suchte. Wenngleich nationalistisch eingestellt, war Ritter nie Mitglied der NSDAP.

Zu seinen Mitarbeitern gehörten die Anthropologen Adolf Würth, Gerhard Stein und Sophie Ehrhardt. Eine weitere Mitarbeiterin war Eva Justin, eine gelernte Krankenschwester, die an der Universität Tübingen bei Ritter gearbeitet hatte und 1943 im Fach Anthropologie mit einer Dissertation über Zigeunerkinder den Doktortitel erwarb.[42] In kleinen Gruppen reisten die Forscher durch Städte und Dörfer und besuchten Bildungseinrichtungen und Zigeunerlager, Gefängnisse und Konzentrationslager, um Material über Zigeuner und nach Zigeunerart Umherziehende zusammenzutragen. Die örtliche Polizei und andere Behörden waren angewiesen, sie in jeder Weise zu unterstützen, und so konnten die Zigeunerforscher Zivilstandsregister, Stadtarchive, Polizeiakten und Gerichtsakten einsehen. Sie machten Fotos, führten anthropometrische Messungen durch, nahmen Blutproben und befragten die »Probanden« nach ihrer Herkunft. Einige von ihnen sollen Romani gespro-

Einteilung der Zigeuner nach rassischen Gesichtspunkten.

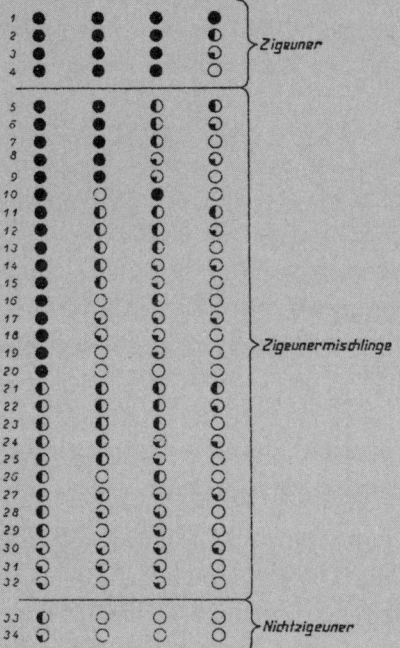

Die rassische Zugehörigkeit eines Zigeuners wird nach der rassischen Zugehörigkeit seiner 4 Grosselternteile bestimmt.

Reinrassiger Zigeuner ist derjenige, dessen 4 Grosseltern sämtlich Zigeuner waren (Ziffer 1).

Die Person, bei der ein Grosselternteil zur Hälfte oder zu einem Viertel Zigeuner oder deutschblütig war, die übrigen drei Grosselternteile Vollzigeuner gewesen sind, gilt noch als reinrassiger Zigeuner (Ziffer 2–4).

Die Person, die unter ihren Grosseltern weniger als 3 Vollzigeuner zu Vorfahren hat, gilt als Zigeunermischling (Ziffer 5–32).

Die Person, bei der ein Grosselternteil zur Hälfte oder zu einem Viertel zigeunerischer Abstammung war, die übrigen drei Grosselternteile aber deutschblütig gewesen sind, gilt als Nichtzigeuner (Ziffer 33 und 34).

Schema für die Klassifikation von Zigeunern nach der »rassischen Zugehörigkeit« ihrer Großeltern

Robert Ritter beim Fotografieren in einem Zigeunerlager, um 1938

chen haben. Verweigerten Befragte die Zusammenarbeit, wurde ihnen mit Festnahme und Einlieferung in ein Konzentrationslager gedroht. Die gesammelten Informationen wurden später zu genealogischen Tafeln zusammengefasst; auf den bis zu fünfeinhalb Meter langen Papierrollen sollen Hunderte von Namen verzeichnet gewesen sein. Als Ritter 1937 auf dem Internationalen Kongress für Bevölkerungswissenschaft in Paris seine Forschungen präsentierte, berichtete er stolz von einer Sippe, die er über achtzehn Generationen und einen Zeitraum von zweieinhalb Jahrhunderten hinweg zurückverfolgt habe.[43]

1939 verfügte das Zigeunerarchiv von Ritters Forschungsstelle über Angaben zu mehr als zwanzigtausend Personen. Zusätzlich zu den von Ritter und seinen Mitarbeitern gesammelten Informationen hatte die Forschungsstelle Zugriff auf die Akten der Münchener Zigeunerzentrale. Man hoffte, die Aufgabe der Klassifikation der in Deutschland lebenden Zigeuner in zwei Jahren abgeschlossen zu haben. Schon jetzt, schrieb Ritter 1939 in ei-

Eva Justin, eine Assistentin Ritters, bei der Vermessung des Kopfs einer Zigeunerin, um 1938

nem Bericht, erweise sich das Archiv »für rassenpflegerische und kriminalpolizeiliche Aufgaben … von größtem Wert«. Es diene »allen staatlichen Behörden, den Organen und Formationen der Partei, insbesondere auch den Gesundheitsämtern als Auskunftsstelle in allen Fragen, die Zigeuner und ihre Nachkommen betreffen. Neben den praktischen Ergebnissen der Arbeit liefern die bisher geschaffenen Unterlagen ausreichendes Material für Vorschläge zu einem Zigeunergesetz.«[44]

Zu den Informationsquellen der Forschungsstelle gehörten auch die Jahrhunderte zurückreichenden Kirchenregister, in denen Taufen, Eheschließungen und Todesfälle verzeichnet waren. Manche kirchlichen Archivare zeigten sich besonders hilfreich bei der Suche nach Angehörigen »artfremder Rassen«. So mobilisierte der Berliner evangelische Archivrat Karl Themel nach der Verkündung der Nürnberger Gesetze hundertfünfzig Helfer, um eine alphabetische Kartei aller Geburten zwischen 1800 und 1874 in Berlin anzulegen. Jedem »Volksgenosse[n]«, schrieb er, erwachse »aus der nationalsozialistischen Grundeinstellung des heutigen Deutschland die Pflicht, sich seiner Blutszugehörigkeit zum deutschen Volk bewußt zu werden und sie nachzuweisen«.[45] Ein Teil der Kosten des umfangreichen Vorhabens wurde von der Synode der Evangelischen Kirche von Berlin übernommen. Einen besonderen Platz innerhalb der Kartei nahm die »Fremdstämmigen-Taufdatei« ein, die »Juden, Zigeuner und Neger« erfasste. Kopien sämtlicher Einträge dieser Spezialkartei, so Themels Forderung, seien ans Reichssippenamt zu schicken, das für die Bestätigung der Zugehörigkeit zur arischen Rasse zuständig war.[46] Wie viele andere Archivare sich in ähnlicher Weise bemühten, »Artfremde« aufzuspüren, ist nicht bekannt, aber Ritter bemerkte 1937, Kirchenregister seien eine sehr nützliche Quelle.[47] Noch 1942, als sich die Lage der Zigeuner erheblich verschlechtert hatte, versorgte ein katholischer Pfarrer die Kripo mit Informationen aus Kirchenakten.[48]

Neben der Klassifizierung einzelner Zigeuner begann Ritter an einer systematischen Untersuchung des »Zigeunerproblems« als Grundlage für die künftige Politik und Gesetzgebung zu arbeiten. Er kam zu dem Schluss, dass die Zigeuner in Deutschland ein primitives Volk seien, das einer »artfremden Rasse« angehöre, obwohl es »reinrassige« Zigeuner kaum noch gebe. Seit vielen Generationen hätten die deutschen Zigeuner Jenische und Angehörige anderer »asozialer« Gruppen geheiratet. Diese Entwicklung habe sich seit dem Ersten Weltkrieg infolge diverser gegen die Zigeuner verhängter Restriktionen beschleunigt. So sei ihnen verboten worden, in »Horden« durchs Land zu reisen, und das Betteln und Wahrsagen seien unter Strafe gestellt worden. Daher lebe die große Mehrheit der Zigeuner jetzt in Barackenkolonien und ähnlichen Armenunterkünften an den Rändern der Großstädte. Sie teilten sich diese Unterkünfte mit den Jenischen, mit denen sie sich aufgrund dessen zunehmend vermischten. So sei eine Gruppe von antriebslosen, arbeitsscheuen Schmarotzern entstanden, von denen viele Gewohnheitsverbrecher seien. Man habe es hier mit einem »höchst minderwertigen

Lumpenproletariat« zu tun. Diejenigen, die noch herumzögen, seien rassisch »reiner« und wiesen eine geringere Kriminalitätsrate auf, aber auch sie stellten wegen ihrer Bettelei und ihrer Diebstähle eine Störung der öffentlichen Ordnung dar.[49]

Dass alle bisherigen Versuche, dieses Problem zu lösen, fehlgeschlagen waren, lag nach Ritters Ansicht daran, dass die Zigeuner nicht wirklich sesshaft gemacht werden konnten. Auch die Abschiebung von einem Staat in den anderen sei keine Lösung, denn früher oder später würden sie immer zurückkehren. Polizeiaktionen beträfen nur Symptome. Um das »Zigeunerproblem« aus der Welt zu schaffen, müsse man die rassischen Merkmale der Zigeuner und die Erkenntnisse der Kriminalbiologie berücksichtigen. Umherziehende Zigeuner seien am einfachsten zu behandeln; je reinrassiger die Zigeuner, desto leichter seien sie zu überwachen. »Hier wissen wir eindeutig, daß wir es mit primitiven Nomaden fremder Rasse zu tun haben, mit Menschen, die man weder durch Erziehung noch durch Strafen zu seßhaften Bürgern wandeln kann.« Man sollte ihnen erlauben, ihre Lebensweise beizubehalten, empfahl Ritter; allerdings hätten sie sich vom Rest der Bevölkerung fern zu halten. Landfahrer, die einem ehrlichen Beruf nachgingen und denen das Wandern im Blut liege, würden auch keine großen Schwierigkeiten bereiten. Wenn man sie zur Sesshaftigkeit zwinge, würde man ihnen nur die Möglichkeit nehmen, sich ihren Lebensunterhalt zu verdienen, und sie vor Aufgaben stellen, denen sie nicht gewachsen seien. Problematisch sei dagegen die Gruppe der Zigeunermischlinge und Jenischen, die sich laut Ritter aus Verbrecherbanden und Asozialen zusammensetzte. Die einzige Lösung für diese Gruppe bestehe darin, sie daran zu hindern, unkontrolliert umherzuziehen, indem man sie in »geschlossenen Kolonien« einsperre, und alle Fortpflanzungsfähigen zu sterilisieren. In den meisten dieser Fälle, meinte Ritter, könne das Gesetz zur Verhütung erbkranken Nachwuchses angewendet werden, »da diese Asozialen in der Mehrzahl an partiellem oder getarntem angeborenen Schwachsinn leiden«.[50]

Ritter betrachtete das »Zigeunerproblem« mit den Augen der Kriminalbiologie, die seit den neunziger Jahren des 19. Jahrhunderts praktiziert wurde. In den zwanziger Jahren hatten sich viele deutsche Gelehrte dieses Forschungsbereichs angenommen, und 1927 war die Gesellschaft für Kriminalbiologie gegründet worden mit Adolf Lenz als ihrem Vorsitzenden. Aus der Untersuchung von im Gefängnis sitzenden genetisch identischen Zwillingen und anderen Daten schloss man, dass kriminelle Neigungen erblich seien, zumal Verbrecher dazu neigten, sich ihre Ehepartner unter ihresgleichen zu suchen. Johannes Lange, ein einflussreicher Forscher auf diesem Gebiet, gab einem Buch mit seinen Ergebnissen den bezeichnenden Titel *Verbrechen als Schicksal.* Nach Ansicht der Kriminalbiologen wurden Kriminelle nicht gemacht, sondern geboren, und da eine angeborene kriminelle Veranlagung nicht geheilt werden konnte, musste sie neutralisiert werden. Kriminelle waren also einzusperren und zu sterilisieren. Ritter teilte diese Auffassungen: »Das Ziel auch dieser Arbeit ist, mit exakten Methoden die Verwurzelung soziologischer Erscheinungen im Biologischen, d. h. also letzten Endes in den Gesetzen der Vererbung aufzuzeigen.«[51]

Über fünfzig Jahre später herrscht immer noch keine Einigkeit in der Frage der Ursachen von Verbrechen, wenngleich die Ansicht, dass es »geborene Kriminelle« oder »Verbrechensgene« gebe, von so gut wie allen Forschern abgelehnt wird. Zwillingsstudien über kriminelles Verhalten, wie Ritter sie durchführte, waren nicht repräsentativ. Manche Merkmale der Persönlichkeit, wie Intelligenz, Triebkontrolle und Aggressivität, sind in gewissem Ausmaß erblich, was die Wahrscheinlichkeit erhöht, dass bestimmte Personen kriminelle Handlungen begehen werden.[52] Doch das bedeutet nicht, dass Umweltfaktoren vernachlässigt werden können. Biologische Veranlagungen werden von den Umständen aktiviert. Angeborene Eigenschaften werden von familiären und anderen sozialen Erfahrungen beeinflusst; Natur und Erziehung stehen in komplizierter Wechselwirkung miteinander. »Unser Wissen über diese Wechselwirkung«, merken zwei Wissenschaftler dazu an, »ist noch nicht groß genug, um mit Sicherheit sagen zu können, inwieweit die Abweichung beim delinquenten Verhalten von Menschen in genetischen oder in Umweltfaktoren begründet ist.«[53]

Mithin gibt es keine wissenschaftliche Rechtfertigung dafür, eine ganze Gruppe von Menschen aufgrund angeblich unveränderbarer biologischer Faktoren als asozial oder kriminell zu brandmarken. Und selbst wenn Erbfaktoren einen großen Anteil an der Herausbildung von kriminellem Verhalten hätten, könnte man unmöglich voraussagen, welche Angehörigen einer Gruppe Kriminelle werden. Tatsache ist, dass die deutschen Anhänger der Kriminalbiologie tief ins Leben der Betroffenen eingreifende Strategien der Verbrechensbekämpfung vorschlugen und praktizierten, die weder damals noch heute eine wissenschaftliche Grundlage besaßen.

Die von Ritter und seinen Mitarbeitern getroffenen Aussagen über die rassischen Ursprünge und Merkmale der deutschen Zigeuner beruhten auf Annahmen, die von der Mehrheit der nationalsozialistischen Wissenschaftler geteilt wurden. Die Dominanz der Erbanlagen über die Umweltfaktoren war ein »nationalsozialistisches Dogma«.[54] Auch ein anderes Problem – die indische Herkunft der Zigeuner – wurde durch Ritters »Erkenntnisse« gelöst. Da die Zigeuner aus Indien stammten und ihre Sprache mit dem Sanskrit verwandt sei, glaubten viele, so Ritter, es handle sich bei ihnen um Arier. Doch das sei nicht der Fall. Nur eine kleine Minderheit – unter Umständen nicht mehr als zehn Prozent – seien noch »reinrassig«; die meisten Zigeuner seien Mischlinge.[55] Diese These ermöglichte es den Nationalsozialisten, den Rassenaspekt gegen die Zigeuner ins Spiel zu bringen. Radikale Verfolgungsmaßnahmen gegen die große Mehrheit dieser Gruppe, konnten sie anführen, seien gerechtfertigt, weil die Mischlinge sowohl »asozial« als auch »rassisch minderwertig« seien. Tatsächlich waren diese beiden Unterstellungen nach Ansicht der Nationalsozialisten miteinander verknüpft: Zigeuner waren »asozial«, weil sie einer »minderwertigen« Rasse angehörten. Himmlers Erlass vom 8. Dezember 1938 machte sich diese Argumentation zunutze, wie noch gezeigt werden wird.

Die Agitation gegen Zigeuner nimmt zu

Die Presse und andere Medien hatten seit Jahrzehnten Zigeuner beleidigt, doch von 1936 an eskalierten die verbalen Angriffe. In der *Fuldaer Zeitung*, zum Beispiel, erschienen ab 1936 vermehrt Artikel, in denen Zigeuner verschiedener Verbrechen beschuldigt wurden.[56] Zu dem Vorwurf, Zigeuner seien »asoziale Schmarotzer«, gesellten sich jetzt rassistische Beschimpfungen. In einem politischen Klima, in dem zunehmend betont wurde, dass es von entscheidender Bedeutung sei, Deutschland von »artfremdem Blut« zu säubern, konnten alte Vorbehalte gegen Zigeuner in eine rassistische Sprache gekleidet werden. Die Menschen fühlten sich frei, ihre Ressentiments gegenüber Zigeunern offener und nachdrücklicher auszusprechen. Die Forderung nach einer »Endlösung der Zigeunerfrage« wurde laut, auch wenn noch niemand an eine physische Auslöschung dachte. Diese Zunahme der Agitation gegen Zigeuner ist ein deutlicher Beleg dafür, daß die Verschärfung der Zigeunerpolitik des NS-Regimes nach 1938 weitgehend eine Reaktion auf die öffentliche Meinung war.

Laut Saul Friedländer »verlangte die deutsche Bevölkerung ... in den dreißiger Jahren keine antijüdischen Maßnahmen, und sie rief auch nicht nach ihrer extremsten Verwirklichung«. Es habe ein gewisses Einverständnis mit der zunehmenden Ausgrenzung der Juden gegeben, doch »außerhalb der Reihen der Partei gab es keine massive Agitation in der Bevölkerung, die darauf gerichtet war, sie aus Deutschland zu vertreiben oder Gewalttätigkeiten gegen sie zu entfesseln«.[57] Friedländer gesteht ein, dass es schwierig ist festzustellen, ob der Hass ursprünglich aus den

Reihen der Partei oder von nicht mit ihr verbundenen Bürgern gefördert wurde. Im Fall der Zigeuner ist die Situation jedoch wesentlich klarer. Die Forderung nach einer radikalen Lösung des »Zigeunerproblems« wurde von allen Seiten erhoben, sowohl von Beamten als auch von Akademikern, Publizisten und einfachen Bürgern. Es ist sehr unwahrscheinlich, dass alle diese Menschen Parteimitglieder waren. Die lange Geschichte der Verteufelung der Zigeuner belegt zumindest, dass ihre Ablehnung nicht auf die Nationalsozialisten beschränkt war. Und selbst Befürworter harter Maßnahmen zur Bekämpfung der »Zigeunerplage« wie Ritter und Würth waren keine Mitglieder der NSDAP.

Ritters Vorstellungen darüber, was mit den Zigeunern zu geschehen hatte, sind oben dargelegt worden. Die seines Kollegen Adolf Würth waren ganz ähnlich. In einem Artikel von 1938 forderte er, der nationalsozialistische Staat müsse das »Zigeunerproblem« ebenso lösen, wie er die jüdische Frage gelöst habe. Insbesondere die Zigeunermischlinge stellten eine Gefahr für das deutsche Volk dar, »die es mit allen Mitteln abzuwehren gilt«. Es müssten Maßnahmen ergriffen werden, um ihre weitere Vermischung mit »Deutschblütigen« zu verhindern und ihre Fortpflanzung zu unterbinden.[58]

Auch Robert Krämer von der Universität Münster hob in einer Untersuchung über die »Zigeunerkolonie« in Berleburg (Westfalen) die Notwendigkeit hervor, die Fortpflanzung der Mischlinge auszuschließen, die für ihn »zum größten Teil unangenehmere Menschen als die Zigeuner« waren, Schmarotzer, die Rechte beanspruchten, ohne Pflichten zu übernehmen. Ihre Wohnstätten seien primitiv und schmutzig; die Kriminalitätsrate unter ihnen sei hoch und ihr moralisches Verhalten »skandalös«. Dennoch gehe von den Zigeunern, obwohl sie eine »artfremde Rasse« seien, keine so große Gefahr für das deutsche Volk aus wie vom jüdischen Volk. Ihre Anzahl sei gering, sie seien geistig minderwertig und daher nicht fähig, in die führenden Schichten der Gesellschaft aufzusteigen. Trotzdem sollten sie den Nürnberger Gesetzen unterworfen werden. Der Schutz des deutschen Blutes erfordere eine »endgültige Lösung der Zigeunerfrage«.[59] Der Bürgermeister von Berleburg, ein Arzt, bezeichnete die Zigeuner seiner Stadt in einem Artikel von 1937 als eine degenerierte Gruppe und drückte die Hoffnung aus, das neue Deutschland werde »wirksame Mittel und Wege finden und gehen…, um der einheimischen, deutschblütigen Bevölkerung diese Zigeunerplage planmäßig vom Halse zu schaffen«.[60]

Eine ähnliche Erwartung äußerte im selben Jahr der Kommandant der Landjäger des Kreises Esslingen, der sich in einem Brief an den Landrat darüber beschwerte, dass die Stadt Stuttgart ihre Zigeuner loszuwerden trachte, indem sie ihnen Wandergewerbescheine ausstelle. Diese Scheine dienten jedoch nur als Vorwand für Bettelei und machten es der Landpolizei unmöglich, die Zigeuner wirkungsvoll zu überwachen:

> »Der Zigeuner ist und bleibt ein Schmarotzer am Volksganzen, der sein Leben fast ausschließlich durch Bettel und Diebstahl fristet. … Der Zigeuner wird sich nie zu einem brauchbaren Menschen erziehen lassen. Aus diesem Grunde gehört der Zigeunerstamm durch Sterilisation bzw. Kastration ausgerottet. Durch eine gesetzliche Maßnahme dieser Art wäre die Zigeunerplage bald behoben. Ich bin davon fest überzeugt, daß eine erhebliche Anzahl dieser Stammesgenossen sofort fluchtartig die Reichsgrenze verlassen würde und die einheimischen Zigeuner würden von Jahr zu Jahr abnehmen und überaltern. Eine solche Maßnahme würde den Staat nicht allzuviel Geld kosten und in kürzester Zeit wäre die Zigeunerplage behoben.«[61]

Die Forderung nach Sterilisation der Zigeuner wurde auch von Akademikern unterstützt. Der Augenarzt Heinrich Wilhelm Kranz, seit 1933 an der Universität von Gießen Chef des von der Partei finanzierten Instituts für Erb- und Rassenpflege, führte ebenfalls 1937 im Parteiorgan *Neues Volk* aus, Zigeuner stellten ein »asozialen und kriminelles Problem« dar. Ihre wesentlichen Merkmale seien »Betteln, Betrug und Diebstahl in allen Variationen«. Man brauche eine durchgreifende einheitliche Lösung des »Zigeunerproblems«. Die Zigeuner müssten »so bald wie möglich auf dem Wege der Fruchtbarkeitsverhinderung aus dem Volkskörper ausgemerzt werden«.[62]

Kranz' Assistent Otto Finger veröffentlichte 1937 die Ergebnisse einer Untersuchung von zwei Zigeunersippen. Von den 174 erfassten Personen waren laut Finger 136 als »asozial« einzustufen; sie seien nutzlos und fielen der Gesellschaft zur Last. Seine Schlussfolgerung lautete: »Es geht nicht an, daß Arbeitsscheu und gemeinschaftswidriges Verhalten dadurch staatlich sanktioniert werden, daß der völkisch Untaugliche für seine Untauglichkeit mit der Fürsorge des Staates belohnt wird.« Erblich belastete asoziale Individuen gehörten hinter Schloss und Riegel, da es nach den bestehenden Gesetzen leider unmöglich sei, solche Schmarotzer zu sterilisieren.[63]

Ein Autor der von der Deutschen Gesellschaft für Rassenhygiene herausgegebenen Zeitschrift *Volk und Rasse* forderte unter Hinweis auf die Ergebnisse von Fingers Untersuchung, die Zigeuner aus dem deutschen Volk auszuschließen. Über Generationen hinweg hätten sie nichts zum Wohl der Volksgemeinschaft beigetragen, sondern seien ihr nur zur Last gefallen. Man könne »nicht zulassen, dass mitten in unserem Volk, verursacht durch allzu große Milde und Nachsicht, sich ein schmarotzendes Element ausbreitet, das zu einer ständigen Bedrohung der völkischen Sauberkeit wird.«[64] Das *Deutsche Ärzteblatt* zielte in die gleiche Richtung: »Die Zigeuner sind eine Landplage. Als Meister im Lügen, Stehlen, Betrügen und Betteln fristen sie ihr parasitäres Dasein. Überall, wohin sie kommen, nutzen sie Natur und Menschen aus.« Alle Versuche, sie sesshaft zu machen, seien gescheitert; außerdem sollte deutsche Erde nicht an fremde Landstreicher vergeudet werden. Da sie »asozial« waren, sollten die Zigeuner wie »Erbkranke« behandelt werden. Man sollte sie in Vorbeugungshaft nehmen und daran hindern, ihre minderwertigen Erbanlagen weiterzugeben. Die radikale Schlussfolgerung lautete: »Ziel ist also: rücksichtslose Ausmerzung dieser charakterlich defekten Bevölkerungselemente.«[65]

Gelegentlich wurde sogar behauptet, die Zigeuner seien für die deutsche Volksgemeinschaft ebenso gefährlich wie die Juden. Nach Ansicht von Medizinalrat Carl-Heinz Rodenberg stellten sie einen »biologischen Fremdkörper« dar, der einen »zerstörenden Einfluß [auf] unseren bluts- und rassemäßig harmonisch gestalteten Volkskörper« ausübe. Die soziologische und biologische Bedrohung durch die Zigeuner dürfe nicht unterschätzt werden. Vom Rassestandpunkt aus gesehen, sei die von ihnen ausgehende Gefahr daher nicht geringer als »die Gefahr, die uns durch die Vermischung mit Juden drohte«.[66]

Fügt man diesen Verleumdungen die zahlreichen Zeitungsartikel hinzu, in denen die »Zigeunerplage« beklagt und die Regierung zu energischerem Handeln gegen das »Zigeunerunwesen« aufgefordert wurde,[67] erhält man eine Vorstellung davon, welche Stimmung den Zigeunern Ende der dreißiger Jahre in Deutschland entgegenschlug. Der Ruf nach gnadenloser Härte war ein nietzscheanisches Instrument, mit dem Grenzen niedergerissen und schließlich das Morden gefördert wurde. Es gibt keine zeitgenössischen Meinungsumfragen über dieses Thema, aber die Ablehnung der Zigeuner scheint nahezu einhellig gewesen zu sein. Obwohl nicht jeder ihre Sterilisation forderte, fanden die meisten, dass »etwas« geschehen müsse. Mit der Zeit sollte dieses Etwas mit einem Inhalt gefüllt werden, der dem sehr nahe kam, was die eben zitierten Autoren vorgeschlagen hatten. Himmlers Erlass vom 8. Dezember 1938 war vermutlich bis zu einem gewissen Grad eine Reaktion auf eine Öffentlichkeit, deren Haltung zur »Zigeunerfrage« sich zunehmend radikalisierte.

94

Der Runderlass »Bekämpfung der Zigeunerplage«

Seit April war ein vom 24. März 1938 stammender Entwurf des Erlasses »Bekämpfung der Zigeunerplage« in Umlauf gewesen. Die Münchener Zigeunerpolizeistelle pflichtete in einem Kommentar der darin bekundeten Absicht bei, die »Zigeunerfrage aus dem Wesen dieser Rasse heraus in Angriff zu nehmen«. Zusätzlich, betonten die Münchener Beamten, müssten neben dem »Rassezigeuner und dem Mischling ... jedoch auch die nach Zigeunerart umherziehenden deutschblütigen Personen erfaßt und behandelt werden«. Es sei eine Tatsache, »daß gerade diese Art umherziehende Personen sich weit mehr strafbar machen wie die Zigeuner«.[68] In einem Aktenvermerk für den Innenminister von Württemberg vom 9. Juli 1938 wurde auf denselben Punkt hingewiesen, wobei die Frage der Jenischen als »besonders brennend« hervorgehoben wurde, da sie »als denkbar asozial und erbbiologisch minderwertig« galten.[69]

Als der Erlass »Bekämpfung der Zigeunerplage« am 8. Dezember 1938 schließlich unter Himmlers Namen erging, spiegelte er sowohl diese Auffassungen als auch die Beiträge von Ritters Rassenhygienischer und Bevölkerungsbiologischer Forschungsstelle wider. Am Anfang wurde festgestellt, dass es aufgrund der Erfahrungen des bisherigen Kampfs gegen die »Zigeunerplage« und der Erkenntnisse der Rassenbiologie geboten sei, sich des Problems »aus dem Wesen dieser Rasse heraus« anzunehmen. Man habe herausgefunden, dass für die meisten von Zigeunern verübten Straftaten Mischlinge verantwortlich seien. »Reinrassige« Zigeuner hätten wegen ihres starken Wandertriebs allen Versuchen, sie sesshaft zu machen, widerstanden. Daher erweise es sich als »notwendig, bei der endgültigen Lösung der Zigeunerfrage die rassereinen Zigeuner und die Mischlinge gesondert zu behandeln«. Dafür müsse zunächst die rassische Zugehörigkeit jedes deutschen Zigeuners und nach Zigeunerart Umherziehenden bestimmt werden.[70]

Der Erlass ordnete daher die Erfassung aller sesshaften und

nichtsesshaften Zigeuner und nach Zigeunerart Umherziehenden an. Die »Reichszentrale zur Bekämpfung des Zigeunerunwesens« beim RKPA in Berlin solle die Daten aller Personen, die
einer dieser Gruppen angehörten und älter als sechs Jahre waren,
sammeln. Wenn nötig, könne die Polizei die zu erfassenden Personen in Gewahrsam nehmen (»Identitätshaft«), um die verlangten Informationen zu erhalten. Die Entscheidung darüber, ob
jemand Zigeuner oder nach Zigeunerart Umherziehender war,
werde vom RKPA getroffen, das sich dabei auf Sachverständigengutachten stütze. Daher seien alle von dem Erlass betroffenen Personen verpflichtet, sich von Sachverständigen »rassen-
biologisch« untersuchen zu lassen. Die Polizei sei ermächtigt,
Zwangsmittel anzuwenden, um sie zur Untersuchung vorzufüh-
ren.[71]

Ferner bestimmte der Erlass, dass Personalpapiere wie Pässe
und Wandergewerbescheine erst nach erfolgter erkennungs-
dienstlicher Behandlung und rassenbiologischer Untersuchung
ihrer Besitzer ausgestellt werden dürften. In den Ausweisen sei
zu vermerken, ob der Betreffende Zigeuner, Zigeunermischling
oder nach Zigeunerart Umherziehender sei. Wandergewerbescheine und Führerscheine sollten nur nach sorgfältiger Prüfung
ausgegeben werden. Anträge auf Waffenscheine seien generell
abzulehnen. Das Reisen und Lagern in »Horden«, das heißt in
Gruppen von mehreren Personen oder Familien, sei zu unterbinden; die örtliche Polizei solle die zeitliche Begrenzung solcher Lager festlegen und Lagergebühren erheben sowie Kautio-
nen verlangen. Darüber hinaus solle die Polizei prüfen, ob die
betreffenden Personen aufgrund von asozialem Verhalten in
Vorbeugungshaft genommen werden müssten, wobei ein »besonders strenger Maßstab« anzulegen sei. Ausländische Zigeuner seien an der Einreise nach Deutschland zu hindern, und diejenigen, die im Land aufgegriffen würden, seien auszuweisen.
Aus grenznahen Gebieten seien Zigeuner, Zigeunermischlinge
und nach Zigeunerart Umherziehende zu entfernen; davon ausgenommen seien sesshafte Zigeuner und Zigeunermischlinge.

96

Wahrscheinlich aufgrund der Klagen von Großstädten, die sich beschwert hatten, dass sie zur Zuflucht von Zigeunern geworden seien, die aus kleineren Städten und ländlichen Gegenden vertrieben worden waren, wurde in dem Erlass festgelegt, dass in Zukunft niemand in eine Stadt mit mehr als einer halben Million Einwohner umgesiedelt werden dürfe.[72]

Weitere Anordnungen betrafen Standes- und Gesundheitsämter. Erstere sollten Geburten, Heiraten und Todesfälle von Personen aus der Zielgruppe des Erlasses der örtlichen Kripo kundtun, die dann eine entsprechende Meldung ans RKPA abzusetzen hatte. Weiterhin war bei Zigeunern, Zigeunermischlingen und nach Zigeunerart Umherziehenden grundsätzlich anzunehmen, dass eine Eheschließung nach dem »Gesetz zum Schutze des deutschen Blutes und der deutschen Ehre« verboten war. Daher hatte jede solche Person ein »Ehetauglichkeitszeugnis« vorzulegen. Auch die Gesundheitsämter wurden angewiesen, jeden von der Anordnung Betroffenen zu melden. Am Schluss des Erlasses wurden sämtliche bestehenden staatlichen Regelungen in Bezug auf das »Zigeunerproblem« aufgehoben. Gesetze und polizeiliche Verfügungen waren dem Erlass gemäß zu revidieren, der im Übrigen so bald wie möglich auch in Österreich und dem – soeben annektierten – Sudetenland in Kraft gesetzt werden sollte.[73]

Viele Regelungen des Erlasses, die das Leben der Zigeuner erschwerten, waren in den einzelnen Ländern schon lange in Gebrauch gewesen, etwa das Verbot, in »Horden« zu reisen, oder die Genehmigungspflicht des Lagerns. Darüber hinaus enthielt er aber auch neue Elemente, die einen Meilenstein in der Entwicklung der NS-Zigeunerpolitik darstellten. Erstens wurde in Fortsetzung einer Entwicklung, die mit Himmlers Reorganisation der Polizei im Jahr 1936 begann, die Zuständigkeit für die Zigeuner endgültig der Kripo unter Leitung des RKPA übertragen. Die Länder waren so gut wie nicht mehr maßgebend; alle wichtigen Entscheidungen, bis hinunter zu der Frage, ob eine bestimmte Person als Zigeuner zu betrachten sei oder nicht, wurden jetzt vom RKPA getroffen, das von Nebe geleitet wurde und unter der Oberhoheit von Himmlers Stellvertreter Heydrich stand. Zweitens verfügte der Erlass die Schaffung einer beispiellosen Datenbank über Zigeuner und aller jener, die nach Zigeunerart lebten. Seit dem 19. Jahrhundert war mit unterschiedlichen Resultaten immer wieder versucht worden, die Zigeuner zu registrieren, aber niemals zuvor waren Polizei sowie Standes- und Gesundheitsämter zu einem derart gewaltigen Verbund zusammengebracht worden. Drittens bestätigte der Erlass die Bedeutung von Ritters Forschungsstelle. Die Rassenzugehörigkeit wurde durch ein Gutachten von »Sachverständigen« bestimmt, bei denen es sich natürlich um Ritter und seine Kollegen handelte. Deren schon seit einiger Zeit vorangetriebene Arbeit an der Klassifizierung der Zigeunerbevölkerung wurde jetzt formell legitimiert und zudem explizit mit der Arbeit der Polizei verknüpft.

In Abkehr von der bisherigen Praxis betonte der Erlass die Behandlung des »Zigeunerproblems« auf der Basis rassischer Kriterien. Gleichzeitig bezog er die verschiedenen Überwachungs- und Diskriminierungsmaßnahmen weiterhin nicht nur auf »Zigeunerblütige« (»reinrassige« Zigeuner und Zigeunermischlinge), sondern auch auf nach Zigeunerart Umherziehende (Jenische). Selbst hinsichtlich des Nürnberger »Ehegesundheitsgesetzes« – einem eingestandenermaßen rassistischen Gesetz – wurden die »weißen Zigeuner«, obwohl sie deutscher Abstammung waren – wenn auch angeblich mit minderwertigen Erbanlagen –, wie »schwarze Zigeuner« behandelt, also so, als wären sie von »artfremdem Blut«. In der Bestimmung über die Grenzgebiete wurden die Jenischen sogar schlechter gestellt. Während sesshafte Zigeuner und Zigeunermischlinge von dem Verbot, in diesen Gebieten zu leben, ausgenommen waren, gab es für die landfahrenden »weißen Zigeuner« keine solche Ausnahmebestimmung. Entscheidend war offenbar der Lebensstil, nicht die rassische Abstammung.

In der Einleitung der Ausführungsbestimmungen zum Erlass

vom 8. Dezember, die Heydrich am 1. März 1939 herausgab, wurde betont, dass das deutsche Volk fremde Rassen achte, der Staat aber um der Einheit der Volksgemeinschaft willen Maßnahmen ergreifen müsse, um das »Zigeunerproblem« zu lösen. Zu diesen Maßnahmen gehörten »die Absonderung des Zigeunertums vom deutschen Volkstum, sodann die Verhinderung der Rassenvermischung und schließlich die Regelung der Lebensverhältnisse der reinrassigen Zigeuner und der Zigeunermischlinge«. Zur Regelung dieser Fragen werde ein Gesetz verabschiedet werden müssen. Wie weiter unten geschildert wird, sollte dieses Gesetz nie in Kraft treten; die Nationalsozialisten zogen es vor, dem »Zigeunerproblem« mit Ad-hoc-Erlassen und Einzelfallentscheidungen des RKPA zu begegnen. Dabei blieb ihnen mehr Spielraum im Umgang mit dieser heterogenen Bevölkerungsgruppe. Am Ende der Einleitung zu Heydrichs Ausführungsbestimmungen wurde noch einmal unterstrichen, dass es zuallererst notwendig sei, die Zahl der Zigeuner, Zigeunermischlinge und nach Zigeunerart Umherziehenden festzustellen. Erst danach könnten »weitere Maßnahmen ergriffen werden«. Die alten Methoden seien nicht mehr ausreichend: »Das Zigeunerproblem muß vielmehr im Reichsmaßstabe gesehen und gelöst werden.«[74]

Zu den von Ausführungsbestimmungen eingeführten Verwaltungsmaßnahmen gehörte die Bestellung eines Sachbearbeiters für Zigeunerfragen in jeder Kriminalpolizeistelle und die Schaffung einer »Dienststelle für Zigeunerfragen« in jeder Kriminalpolizeileitstelle. Bedenkt man die Neigung bürokratischer Organisationen, ihre Existenz zu rechtfertigen, trug die Einrichtung dieser Posten zweifellos zur Vergrößerung des »Zigeunerproblems« bei. Allein schon der Ausbau des Überwachungsapparats der Polizei verlieh der »Zigeunerfrage« neues Gewicht. Außerdem sahen die Ausführungsbestimmungen die Ausgabe verschiedenfarbiger Bescheinigungen über das Ergebnis der rassischen Untersuchung vor. Reinrassige Zigeuner sollten eine braune Bescheinigung bekommen, Zigeunermischlinge eine

braune mit einem blauen Streifen und nach Zigeunerart umherziehende Personen eine graue. Schließlich enthielten die Ausführungsbestimmungen auch eine Klausel, der zufolge ein Wanderleben allein noch keinen Grund darstellte, jemanden als
»Asozialen« einzustufen, aber dieser Kurswechsel scheint, wie
schon erwähnt, kaum praktische Folgen gehabt zu haben.[75]

Der Runderlass »Bekämpfung der Zigeunerplage« vom Dezember 1938 war ein Vorgeschmack auf die Lösung des »Zigeunerproblems«, zu der Himmler schließlich greifen sollte. Unter
dem Einfluss von Ritters Ansichten bekräftigte der Erlass die
Unterscheidung zwischen »reinrassigen« Zigeunern, Zigeunermischlingen und nach Zigeunerart Umherziehenden. In dieser
Hinsicht beruhte er tatsächlich auf rassischen Kriterien, wenngleich die rassistischen Prinzipien hier in anderer Weise angewendet wurden als im Fall der Juden. »Reinrassige« Juden galten
als das Böse schlechthin und als Erzfeind der Menschheit, während Mischlinge, da sie nur zu einem gewissen Anteil Juden waren, weniger negativ beurteilt wurden. Bei den Zigeunern war es
umgekehrt. Hier hielt man Mischlinge für das böse Element und
»reinrassige« Zigeuner als geringere Bedrohung. Diese Unterscheidung sollte im März 1943 bei der Deportation der Zigeuner
in den Osten eine Rolle spielen.

Der Sonderfall
der österreichischen Zigeuner

Am frühen Morgen des 12. März 1938 überschritten deutsche Truppen die österreichische Grenze. Am nächsten Tag wurde Österreich durch das so genannte Anschlussgesetz ins Deutsche Reich eingegliedert, und am 10. April wurde die Annexion durch eine Volksabstimmung bestätigt. Damit waren etwa elftausend weitere Zigeuner der NS-Herrschaft ausgeliefert.

Die Zigeuner im Burgenland

Die große Mehrheit der österreichischen Zigeuner – vermutlich beinahe achttausend Menschen – lebte im Burgenland, dem östlichsten und ärmsten österreichischen Bundesland.[1] In der Regierungszeit Maria Theresias (1740–1780) und ihres Sohnes, Joseph II. (1780–1790), waren die Zigeuner in Ungarn, zu dem das Burgenland damals gehörte, zur Sesshaftigkeit gezwungen worden. Deren Nachkommen in den dreißiger Jahren des 20. Jahrhunderts zählten zur untersten sozialen Schicht und führten ein Leben voller Benachteiligungen. Einige gingen weiterhin dem Wandergewerbe nach und arbeiteten als Korbflechter und Kesselflicker, aber die meisten wohnten in verwahrlosten Siedlungen an den Dorfrändern, und wer Glück hatte, war als Hilfskraft auf dem Bau oder in der Landwirtschaft beschäftigt. Da jedoch aufgrund der hohen Arbeitslosigkeit kaum Arbeit zu finden war, lebten viele von der Armenhilfe. Auch die Bauern schlugen sich mehr schlecht als recht durch und lebten nahe an der Armutsgrenze. Den Zigeunern, schrieb eine Historikerin, die sich mit der Geschichte der österreichischen Zigeuner beschäftigt, blieb »als Ärmsten der Armen ... oft nur Bettel und Diebstahl als Ausweg aus ihrer hoffnungslosen Lage«.[2]

Die Einstellung der übrigen Bevölkerung gegenüber den Zigeunern war überwiegend ablehnend. Sie galten als Konkurrenten um die wenigen vorhandenen Arbeitsstellen und als finanzielle Belastung der Gemeinden. In der Presse wurden sie wegen ihrer Kriminalitätsrate und der primitiven Hütten, in denen sie wohnten, als Parasiten, die ein asoziales Leben führten, verunglimpft. Man unterstellte ihnen, mit Syphilis infiziert zu sein und diese Krankheit unter Nichtzigeunern zu verbreiten, während sie selbst immun dagegen blieben. Nach dem Anschluss ans Deutsche Reich konnten solche Ressentiments noch offener ausgesprochen werden. Im NS-Parteiorgan *Neues Volk* hieß es im September 1938, nur 850 der etwa 8000 im Burgenland lebenden Zigeuner gingen einer »mehr oder weniger geregelten Arbeit« nach. Die anderen lebten vom Betteln und Wahrsagen sowie von Diebstahl und anderen kriminellen Aktivitäten.[3] Ein anderer Autor behauptete, sechs von sieben burgenländischen Zigeunern seien vorbestraft, und verlangte, dass etwas gegen diese Situation unternommen werde.[4]

Dazu mussten die Behörden nicht erst gedrängt werden. Was in Deutschland mehrere Jahre in Anspruch genommen hatte, wurde im Burgenland in wenigen Monaten erreicht. Mehr noch, einige der beschlossenen Maßnahmen waren schärfer als jene, die im »Altreich«, dem Deutschland in den Grenzen von vor 1938, ergriffen worden waren. Zum Beispiel wurden Familien deutscher Zigeuner, die in Vorbeugungshaft genommen worden waren, von der Wohlfahrt unterstützt, während den Angehörigen österreichischer Zigeuner dies aufgrund einer Anweisung des RKPA vom 6. Oktober 1938 verweigert wurde.[5]

Am 17. März 1938 wurde bekanntgegeben, daß Zigeuner nicht an der Volksabstimmung am 10. April teilnehmen dürften.[6]

Weitere Verordnungen verboten Bettelei, Landstreicherei und das Spielen von Zigeunermusik. Angeblich fühlten sich die hart arbeitenden deutschen »Volksgenossen« durch das nachlässige Auftreten von Zigeunermusikern gestört, die ihr Spielen als Vorwand zum Betteln benutzten.[7] Ein Erlass verpflichtete die Zigeuner zu täglich zehnstündiger Zwangsarbeit, wobei fast die Hälfte ihres Lohns an die Gemeinden, in deren Einzugsbereich sie wohnten, gezahlt werden sollte, um diese für jahrelang gewährte Wohlfahrtsunterstützung zu entschädigen. Inwieweit diese Verordnungen 1938 umgesetzt wurden, lässt sich nicht mehr sagen. Bekannt ist jedoch, dass in Eisenstadt, der Hauptstadt des Burgenlandes, 232 Zigeuner in Vorbeugungshaft genommen und in Konzentrationslager eingewiesen wurden.[8] Am 12. Mai schrieb der sechsundzwanzigjährige Franz H. an die Reichsregierung in Berlin, um sich über die Behandlung zu beschweren, die den Zigeunern nunmehr zuteil wurde. Er unterzeichnete den Brief mit »Heil unserm Führer, Heil Hitler«, doch auch das schützte ihn nicht: Er wurde verhaftet und nach Dachau gebracht.[9]

Eine herausragende Rolle bei diesen Maßnahmen spielte der Landeshauptmann des Burgenlandes, Tobias Portschy, eine führende Figur in der NSDAP seit den Anfangstagen, als sie selbst noch Gegenstand staatlicher Überwachung war. Im August 1938 verfasste er eine umfangreiche Denkschrift, in der er seine Einstellung zum »Zigeunerproblem« darlegte. Angesichts des erstaunlichen Wachstums dieser Gruppe, führte er aus, stellten die burgenländischen Zigeuner eine ernsthafte Bedrohung der Reinheit des deutschen Blutes dar. Sie zählten jetzt 8000 Personen und machten in manchen Dörfern bereits die Mehrheit der Bevölkerung aus; wenn nichts unternommen werde, würde es in fünfzig Jahren 50 000 dieser »Parasiten« geben. Die Zigeuner seien Träger von erblichen und ansteckenden Krankheiten und berufsmäßige Diebe, deren Leben von Lug und Trug, Faulheit und anderen asozialen Zügen gekennzeichnet sei. Die Hälfte von ihnen sei vorbestraft; 102 Männer und 22 Frauen hätten Kapitalverbrechen wie Mord, Raub, Brandstiftung und schwere Körperverletzung begangen. Viele Gemeinden des Burgenlandes litten wegen der sozialen Versorgung dieser parasitären Bevölkerungsgruppe unter erheblichen finanziellen Problemen.[10]

Frühere Versuche, dem abzuhelfen, wie der Vorstoß, die Zigeuner zu Bauern zu machen, verwarf Portschy. Stattdessen verlangte er eine nationalsozialistische Lösung der »Zigeunerfrage«. Vorrangiges Ziel müsse es sein, das weitere Wachstum der Zigeunerbevölkerung zu stoppen. Dies könne auf der Grundlage einer großzügigen Auslegung des »Gesetzes zur Verhütung erbkranken Nachwuchses« durch Sterilisation erreicht werden. Außerdem müssten alle Zigeuner zur Arbeit gezwungen werden. Dafür seien sie in gesonderten Einrichtungen oder Arbeitslagern unterzubringen – Männer und Frauen getrennt, um eine weitere Fortpflanzung zu verhindern. Geeignete Arbeiten seien das Beschneiden von Bäumen sowie der Bau von Entwässerungskanälen und anderen Einrichtungen des Hochwasserschutzes. Sie sollten Unterkunft, Essen und Kleidung erhalten, aber nicht mehr; eine darüber hinausgehende Entlohnung würde sie nur dazu verleiten, in Deutschland zu bleiben. Ihnen sei das Recht auf Ausreise zu gewähren. Sobald Deutschland Kolonien erworben hätte, könnten sie dorthin geschickt werden.[11]

Die genannten Maßnahmen, fuhr Portschy fort, könnten im Rahmen der bestehenden Gesetze verwirklicht werden. Doch man brauche auch neue, »besondere Rechtsnormen«. Der Geschlechtsverkehr zwischen Zigeunern und »Deutschblütigen« sei als »Rassenschande« einzustufen und unter Strafe zu stellen. »Wer die Zigeuner ihrem Charakter nach und als eine das Niveau jeder Menschlichkeit erniedrigende Rasse kennt, wird sie unbedingt den Juden in jeder Beziehung zumindest gleichstellen müssen.« Zigeunerkinder seien aus den Grundschulen zu entfernen. Kein Zigeuner dürfe mehr ein öffentliches Krankenhaus betreten; ihre medizinische Versorgung solle ausschließlich durch Anstalts- oder Lagerärzte erfolgen. Zigeuner seien vom Militärdienst auszuschließen. Manche, gab Portschy zu, würden diese Vorschläge als barbarisch und inhuman ansehen, doch in Wirklichkeit seien sie höchst human, denn nur auf diese Weise könne eine Lösung für das Problem der »Zigeunerplage« gefunden werden. Sollte der nordische Mensch diesen »Sendlingen des Orients« in irgendeiner Form Entgegenkommen zeigen, mache er sich der kriminellen Fahrlässigkeit schuldig.[12]

Portschys Sprache war vielleicht etwas schwülstiger als die Anderer, aber er war nicht der Einzige, der radikale Vorschläge zur Lösung der »Zigeunerfrage« unterbreitete. Die Gruppe derjenigen, die unter dem Slogan »Das Burgenland zigeunerfrei!« die Vertreibung der Zigeuner verlangten, wurde immer größer.[13] 1939 kam Himmler den Forderungen seiner Anhänger in der Ostmark nach, indem er mehrere hundert burgenländische Zigeuner in Vorbeugungshaft nehmen ließ, und 1941 wurden Tausende von Zigeunern nach Osten deportiert. Die österreichischen Zigeuner, insbesondere die burgenländischen, wurden noch stärker verachtet als jene in den anderen Teilen des Deutschen Reichs, und dies war der Nährboden für die Forderung nach einer schnellen, radikalen Beendigung der »Zigeunerplage«. Schließlich legte die Führung in Berlin einen diesbezüglichen Plan vor.

Am 26. Juli 1938 ordnete Himmler an, den Erlass über die vorbeugende Verbrechensbekämpfung vom 14. Dezember 1937 auf Österreich anzuwenden,[14] und kaum ein Jahr später wurde dieser dann herangezogen, um einen entscheidenden Schritt gegen die burgenländischen Zigeuner zu unternehmen. Am 5. Juni 1939 teilte das RKPA der Wiener Kriminalpolizeileitstelle mit, auf Befehl Himmlers seien »*alsbald* die arbeitsscheuen und in besonderem Maße asozialen Zigeuner oder Zigeunermischlinge des Burgenlandes in polizeiliche Vorbeugungshaft zu nehmen«. Nach Schätzung des RKPA betraf dies etwa zweitausend Männer im Alter von über sechzehn Jahren. Ausgenommen waren diejenigen, die bereits eine gewisse Zeit einer geregelten Arbeit nachgingen, insbesondere in der Landwirtschaft, und für die

Ernte unverzichtbar waren. Im Unterschied zur »Aktion Arbeitsscheu« vom Juni 1938, die auf Männer beschränkt gewesen war, schloss diese Anweisung auch Frauen ein: »Ehefrauen (Lebensgefährtinnen) und sonstige weibliche Angehörige der festzunehmenden Zigeuner und Zigeunermischlinge sind ebenfalls in polizeiliche Vorbeugungshaft zu nehmen, weil nach den bisherigen Erfahrungen zu befürchten ist, daß sie kriminell werden oder sich prostituieren und dadurch die Gemeinschaft gefährden. Die zu erfassenden weiblichen Personen – im Alter vom 15. bis zum 50. Lebensjahre – sollen die Zahl *1000* nicht überschreiten.« Männer seien nach Dachau zu schicken, Frauen nach Ravensbrück. Um die Kinder der Verhafteten sowie um Mütter mit Säuglingen und schwangere Frauen sollten sich private Fürsorgeeinrichtungen kümmern. In Wirklichkeit kamen viele Kinder aber ebenfalls in die Lager. Die gesamte Aktion sollte bis zum 30. Juni abgeschlossen sein.[15]

Laut dem Jahrbuch des RKPA für 1939/40 führte die Aktion gegen burgenländische »Asoziale« zur Verhaftung von 553 Männern und 440 Frauen.[16] Die Frauen wurden, wie geplant, nach Ravensbrück gebracht. Die Männer kamen zwar zuerst, ebenfalls plangemäß, nach Dachau, wurden dann aber nach Buchenwald verlegt, weil das KZ Dachau im Oktober 1939 vorübergehend geschlossen wurde. Andere männliche Gefangene, die nicht in der genannten Zahl enthalten waren, wurden möglicherweise nach Mauthausen geschickt. Die Wiener Ausgabe des *Völkischen Beobachters* vom 28. Juni äußerte sich zufrieden über die Verhaftung der Zigeuner. In Anlehnung an ein bekanntes Lied titelte sie: »Komm, Csigany – arbeit mir was vor«.[17]

Weitere Maßnahmen gegen österreichische Zigeuner

Nach dem Wegfall der Grenze zwischen Deutschland und Österreich kam es zu vermehrten Wanderbewegungen von Zigeunern zwischen den beiden Teilen des Reichs. Um dem ein

Ende zu bereiten, ordnete Himmler am 13. Mai 1938 an, von allen österreichischen Zigeunern, die älter als vierzehn Jahre waren, Fingerabdrücke zu nehmen; je ein Satz davon solle ans RKPA in Berlin geschickt werden. Weiter heißt es in dem Erlass: »Den nicht seßhaften Zigeunern und den nach Zigeunerart umherziehenden Personen ist zu eröffnen, daß sie die Grenze des alten Reichsgebietes nicht überschreiten dürfen.«[18] Die Eisenstädter Kripo setzte aus eigenem Antrieb die Altersgrenze der Zigeuner, von denen sie Fingerabdrücke nahm, auf sechs Jahre herab.[19]

Am 23. Mai 1938 wurde bekannt gegeben, dass die Verordnung, die Eheschließungen zwischen Juden und »Deutschblütigen« verbot, auf Zigeuner ausgedehnt werde. Auch sie gehörten einer »artfremden Rasse« an und sollten daher keine »Personen deutschen Blutes« heiraten.[20] Eine Verordnung vom 27. Februar 1939 verbot Juden und Zigeunern den Erwerb von Grundeigentum.[21] Im Frühjahr entspann sich eine Debatte über die Frage, ob Zigeunerkinder wie jüdische Kinder zu behandeln und demgemäß vom Besuch öffentlicher Schulen auszuschließen seien. Die Diskussion offenbarte die Reibungen zwischen den rivalisierenden Behörden und Zuständigkeitsbereichen, die sich herausgebildet hatten, und beleuchtete das daraus resultierende Durcheinander bei der Formulierung der Zigeunerpolitik.

Am 15. Februar 1939 fragte Kurt Krüger, ein Beamter des österreichischen Ministeriums für innere und kulturelle Angelegenheiten und NSDAP-Mitglied, beim Stab des Stellvertreters des Führers an, ob Zigeunerkinder wie jüdische Kinder von öffentlichen Schulen ausgeschlossen werden könnten. In dem Antwortschreiben vom 7. März wurde ihm mitgeteilt, »daß es nicht zweckmäßig erscheint, die Maßnahmen in der Judenfrage dadurch zu verwässern, daß man ohne weiteres die für die Juden getroffenen Sondermaßnahmen auf alle Fremdrassigen ausdehnt und Juden und Fremdrassige gleichstellt«. Die »Zigeunerfrage« sei ein gesondertes Problem, das abgesehen vom Rassenaspekt auch eng mit der Regelung der Asozialenproblematik zusammenhänge. Man wolle »die Frage der Beschulung der Zigeuner-kinder aus diesem Fragenkomplex nicht herausnehmen«.[22]

Doch dies stellte den Beamten nicht zufrieden. Am 11. März wandte er sich erneut an den Stab des Stellvertreters des Führers und beschwor die Autorität eines Vertreters des Rassenpoliti-schen Amts der NSDAP, Frerks, der nach einer Inspektionsreise durch das Burgenland ihm gegenüber erklärt habe, er wünsche »dringend, daß die Zigeunerkinder aus den öffentlichen Schulen herausgenommen werden und ähnlich wie die Juden behandelt werden«. Dies könne er als offizielle Haltung des Rassenpoliti-schen Amts betrachten. Wenn er bis zum 15. März keine gegen-teilige Nachricht erhalte, schrieb Krüger weiter, werde er daher die Anweisung erteilen, dass Kinder von Zigeunern und Zigeu-nermischlingen wie die von Juden zu behandeln seien. Außer-dem rate er zur Sterilisation aller straffällig gewordenen Zigeu-ner. Auch dieser Vorschlag sei von Frerks, der es wie er selbst für notwendig erachte, dem raschen Wachstum der Zigeunerbe-völkerung Einhalt zu gebieten, beifällig aufgenommen worden. Bei den Juden stelle sich die Frage weniger, denn sie würden im Lauf der nächsten zwei, drei Generationen sowieso zu Grunde gehen.[23]

Offenbar überlegte sich Krüger die Sache aber noch einmal, denn statt den sofortigen Ausschluss der Zigeunerkinder aus öf-fentlichen Schulen anzuordnen, beschloss er, vorher genauer zu eruieren, wie viele Kinder von dieser Maßnahme betroffen sein würden. Aus einem Bericht des neugegründeten Gaus Steier-mark konnte er entnehmen, dass der stets eilfertige Portschy, jetzt stellvertretender Gauleiter der Steiermark, bereits etwa die Hälfte der 850 Zigeunerkinder im schulpflichtigen Alter aus den öffentlichen Schulen seines Machtbereichs relegiert hatte. Die verbliebenen 425 Kinder lebten verstreut an verschiedenen Or-ten, weshalb spezielle Schulklassen für sie keine praktikable Lö-sung waren.[24]

Der Schulrat des Bezirks Oberwart im Burgenland schrieb Krüger am 29. März, die ständig wachsende Anzahl von Zigeunerkindern mache nach seiner Ansicht radikale Maßnahmen dringlich erforderlich. Der Ausschluss dieser Kinder aus den öffentlichen Schulen sei aus mehreren Gründen geboten. Erstens seien sie Überträger von ansteckenden Krankheiten; weder wüschen sie sich noch wechselten sie die Kleider, und sie verströmten einen grauenhaften Gestank. Deutsche Jungen und Mädchen mit dieser »Pest« im selben Zimmer zu unterrichten, laufe auf »Rassenselbstmord« hinaus. Zweitens müsste man für die 1078 Zigeunerkinder im Bezirk zwanzig zusätzliche Lehrer einstellen, was eine große finanzielle Belastung darstelle. Das dafür nötige Geld solle lieber für die Ausbildung der deutschen Bevölkerung verwendet werden. Darüber hinaus habe die Polizei wahrscheinlich wenig Interesse an gebildeten Zigeunern: »Die Rasse gibt ihnen gegenwärtig genug zu schaffen. Wie erst dann, wenn alle lesen und schreiben können.« Drittens schließlich seien pädagogische Erwägungen zu beachten. Die kleineren Zigeunerkinder sprächen kein Deutsch und bräuchten Lehrer, die Romani beherrschten. Nach solchen Lehrern zu suchen, wäre jedoch vergebliche Liebesmüh, denn die Vergangenheit habe gezeigt, dass Zigeunerkinder wenig lernten und viel stahlen. Das Problem der schulischen Ausbildung der Zigeuner sei nur im Rahmen einer Gesamtlösung des »Zigeunerproblems« zu bewältigen. Alle Zigeuner sollten in mehreren Lagern konzentriert werden; dort könnten die Kinder dann ausschließlich im Lesen und Schreiben unterrichtet werden. Vier bis sechs SA- oder SS-Männer wären ausreichend, um die Überwachung einer solchen Maßnahme zu gewährleisten. Am Schluss seines Schreibens empfahl der Schulrat: »Damit aber diese Pest aus dem deutschen Lebensraum verschwinde, trete ich für eine restlose Unfruchtbarmachung dieser Rasse ein. Bis zur Beseitigung derselben müßte man sie aber zu Zwangsarbeiten verhalten.«[25]

Die österreichischen Beamten befanden sich somit in einem Dilemma. Einerseits wollten sie die Zigeunerkinder aus ihren Schulen verbannen, andererseits waren sie nicht bereit, das Geld aufzubringen, um gesonderte Schulklassen für sie einzurichten.

Eine Lösung dieses Problems ergab sich ein Jahr später, als der Reichsminister für Wissenschaft, Erziehung und Volksbildung einen Erlass über den Schulbesuch von Zigeuner- und Negerkindern herausgab. Obwohl Zigeunern nach der Verabschiedung des Reichsbürgergesetzes vom 15. September 1935 das Wahlrecht entzogen worden war, betrachtete sie das Erziehungsministerium im Juni 1939 noch immer als deutsche Staatsbürger, deren Kinder das Recht und die Pflicht hatten, öffentliche Schulen zu besuchen. Dies war beispielhaft für die Unstimmigkeiten in der Rassenpolitik. Da die Zahl der Zigeunerkinder in den einzelnen Orten nur gering sei, hieß es in dem Erlass, sei die Schaffung gesonderter Zigeunerschulen nicht realistisch. Doch »[s]oweit solche Kinder in sittlicher oder sonstiger Beziehung für ihre deutschblütigen Mitschüler eine Gefahr bilden, können sie ... von der Schule verwiesen werden«. Solche Fälle seien der Polizei mitzuteilen.[26]

Damit erhielten Schulbeamte in der Ostmark das Recht, Zigeunerkinder, die sie als Bedrohung ansahen, von der Schule zu verweisen. Da in ihren Augen aber *alle* Zigeunerkinder einer »Pest« gleichkamen, bot der Erlass in der Praxis die Lösung, nach der sie gesucht hatten: Sie konnten die Zigeunerkinder aus den öffentlichen Schulen entfernen, ohne ihnen die kostspielige Alternative separater Klassen oder Schulen anbieten zu müssen. In wie vielen Schulbezirken auf diese Weise verfahren wurde, ist nicht bekannt. In Wien reichten auf Drängen der Schulverwaltung sämtliche Schuldirektoren »wegen sittlicher und charakterlicher Gefährdung der deutschen Kinder« Anträge auf Ausschluss der Zigeunerkinder aus ihren Schulen ein. Den Anträgen wurde selbstverständlich stattgegeben.[27]

Viele Österreicher forderten jedoch weiterhin eine radikale Lösung des »Zigeunerproblems«. So berichtete der Gendarmerieposten von St. Johann dem Landrat am 12. Januar 1939, die Landbevölkerung verlange energischere Maßnahmen gegen die »Zigeunerplage«. Die Menschen hätten es satt, die Kosten zu tragen, die von »dieser wandernden Rasse, die das deutsche Volk nur bestiehlt und begaunert«, verursacht würden. Unter anderem würden neue Bestimmungen zum Verbot des Wanderlebens der Zigeuner und die Sterilisation gefährlicher Wiederholungstäter angemahnt. »Überhaupt wäre bei der Sterilisation nicht zu sparen, denn dieses Übel ist an der Wurzel zu fassen.«[28] Es sollte nicht mehr lange dauern, bis die Entscheidungsträger in Berlin diese radikalere Haltung zum »Zigeunerproblem« übernahmen.

TEIL II

DAS NETZ ZIEHT SICH ZUSAMMEN
(1939–1942)

»Sicherheitsmassnahmen« und Vertreibungen

Der Verdacht, dass Zigeuner Spionage betreiben, ist alt. Er beruht auf der Tatsache, dass sie ein Wanderleben führen und ihrer damit verbundenen genauen Ortskenntnisse. Im späten 15. Jahrhundert hieß es, sie würden für die Türken spionieren. Auf dem Reichstag von 1497 wurden sie als Verräter und Spione bezeichnet und ihre Verbannung aus allen deutschen Landen beschlossen. Die Anschuldigungen wurden 1500, 1530 und 1548 wiederholt[1] und fanden auch mit dem Beginn der Moderne kein Ende. Nach Ausbruch des Ersten Weltkriegs vertrieb man die Zigeuner aus dem befestigten Straßburg, weil dies grenznahes Gebiet war.[2] Am 30. April 1916 erklärte das sächsische Innenministerium, die Zigeuner stellten eine Gefahr für das Reich dar, und ihre internationalen Verbindungen sowie ihr unsteter Lebenswandel prädestinierten sie geradezu für die Spionage.[3] In Koblenz verbot am 6. Februar 1917 ein Militärkommandant den Zigeunern das Wandern; in einer Mitteilung an die Landräte warnte er davor, dass ausländische Agenten Zigeuner zur Spionage und Sabotage einsetzten und Deserteure bei ihnen Zuflucht fänden.[4] Ein Befehl des Militärkommandos von Württemberg, der am 6. November 1917 vom Innenministerium verteilt wurde, schließlich verbat Zigeunern das »zigeunermäßige Umherziehen« und das Lagern in der Nähe militärischer oder anderer für die Kriegsanstrengungen wichtiger Einrichtungen.[5]

In den dreißiger Jahren wurde der Spionagevorwurf gegen Zigeuner von den Nationalsozialisten aufgegriffen. Am 4. Juli 1936 verbreitete die preußische Gestapo einen Bericht der bayerischen politischen Polizei, in dem die Anwesenheit von Zigeunern in der Nähe von Baustellen militärischer Einrichtungen angezeigt und der Verdacht geäußert wurde, dass sie für ausländische Geheimdienste arbeiteten.[6] Die Düsseldorfer Gestapo berichtete am 17. Oktober 1939, Mitglieder einer in Halberstadt spielenden Zigeunerkapelle seien dabei beobachtet worden, wie sie sich mit Soldaten unterhielten, und schlussfolgerte: »Spionage-Verdacht erscheint nicht ausgeschlossen.«[7] Keine dieser Anschuldigungen wurde jemals bewiesen, doch das verhinderte nicht, dass sie wieder und wieder erhoben wurden.

Vertreibung von der Westgrenze und andere Restriktionen

Restriktive Maßnahmen gegen Zigeuner wurden bereits vor dem Krieg ergriffen. Am 21. Juli 1938 gab der Sonderbeauftragte des Reichsinnenministers für den Bau des Westwalls, von Pfeffer, einen Erlass heraus, in dem die Vertreibung umherziehender Zigeuner aus den linksrheinischen Gebieten und dem Land Baden angeordnet wurde. Der Erlass ist nicht erhalten geblieben, aber aus späteren Schreiben und Anweisungen geht hervor, dass sesshafte Zigeuner von der Maßnahme ausgenommen waren. Die Praxis sah jedoch anders aus, denn viele örtliche Behörden nutzten offenbar die Gelegenheit, um alle Zigeuner aus ihrem Gebiet zu drängen, ungeachtet dessen, ob sie sesshaft waren oder nicht. Die hessische Regierung wies sogar Zigeuner vom rechten Rheinufer aus. Insgesamt verursachten die Aktionen erhebliche Unruhe, da für die Vertriebenen keine neuen Unterkünfte vorbereitet worden waren und keine Stadt erpicht darauf war, sie aufzunehmen. Als einige von ihnen in Berlin eintrafen, wurden sie postwendend nach Frankfurt am Main zurückgeschickt. Das dortige Fürsorgeamt beklagte sich am 24. August darüber, dass der Stadt neunundvierzig Zigeuner aufgehalst worden seien, die in Berlin keine Aufnahme gefunden hätten. Zwölf von ihnen habe man in Frankfurt behalten, die übrigen nach Erfurt, Halle und Kassel geschickt. Das städtische Zigeunerlager sei überbelegt, so dass einige der Neuankömmlinge im Freien schlafen müssten.[8]

Am 26. August nahm sich Himmler der chaotischen Situation an, indem er anordnete, den sesshaften Zigeunern, die man gar nicht erst hätte vertreiben sollen, die Rückkehr an ihre Wohnorte zu gestatten. Einige Monate später sagte er die Übernahme der durch die Rückführung dieser Menschen entstandenen Kosten durch das Reichsinnenministerium zu,[9] und der Runderlass »Bekämpfung der Zigeunerplage« vom 8. Dezember 1938 bestätigte die Regelung, nach der das Aufenthaltsverbot in Grenzgebieten nur für nichtsesshafte Zigeuner und nach Zigeunerart Umherziehende galt. Im Juli 1939 teilte der Sonderbeauftragte für den Bau des Westwalls dem badischen Innenministerium mit, dass sich nach Informationen der Gestapo in Karlsruhe ungewöhnlich viele Zigeuner in dessen Zuständigkeitsbereich befänden. Ihre Anwesenheit in der Nähe der Grenzbefestigungen sei unerwünscht; deshalb bitte er die Regierung von Baden darum, aus den Bezirken Villingen und Donaueschingen alle umherziehenden Zigeuner auszuweisen. Aber »Zigeuner, die in einem ständigen Arbeitsverhältnis stehen, fallen … nicht hierunter«.[10]

Der Kriegsausbruch brachte weitere Restriktionen mit sich. Am 2. September 1939 wurde durch einen Erlass Heydrichs entlang der gesamten deutschen Grenze eine Zone errichtet, in der Wandergewerbescheine nur in Verbindung mit einer Sondergenehmigung Gültigkeit hatten. Generell galt: »Das Umherziehen von Zigeunern und nach Zigeunerart ist in der Grenzzone verboten.«[11] Eine Woche später ging die Anweisung heraus, bei der Bewilligung von Wandergewerbescheinen die strengsten Maßstäbe anzulegen. Die Polizei wurde ermächtigt, deren Ausstellung selbst dann zu verweigern, wenn ein Gerichtsbeschluss vorlag, der die Erteilung anordnete.[12] Wie die Düsseldorfer Polizeiakten belegen, wurden die Anträge auf diese lebenswichtige Genehmigung von nun an regelmäßig abgelehnt. Die Standardbegründung lautete, der Antragsteller benutze das »Wandergewerbe als Vorwand zur Begehung der typischen Zigeunerdelikte, wie z.B. Wahrsagen, Gesundbeten und Betteln«.[13] In der Praxis bedeutete dies, dass zahlreiche Zigeuner ihrer traditionellen Erwerbsquellen beraubt waren. Am 11. Oktober verfügte Himmler durch einen Erlass, dass Arbeitsbücher an Zigeuner, Zigeunermischlinge und nach Zigeunerart Umherziehende erst nach deren kriminalpolizeilicher Erfassung auszuhändigen seien.[14]

Im November 1939 meldete Heydrichs SD, dass Zigeuner und andere Wahrsager Gerüchte über das Ende des Krieges verbreiteten.[15] Im selben Monat ging Heydrich mit einem Erlass gegen wahrsagende Zigeunerinnen vor, wobei der Begriff »Zigeunerin« weit zu interpretieren war: »Auch Personen mit geringem zigeunerischen Einschlag sind als Zigeuner zu behandeln.« In jüngster Zeit seien zahlreiche Berichte über Zigeunerinnen eingegangen, die durch Wahrsagerei »erhebliche Beunruhigung in die Bevölkerung« trügen. Diese Aktivitäten schadeten der Bevölkerung und müssten deshalb unterbunden werden. Aus diesem Grund seien Zigeunerinnen, die bereits wegen Wahrsagerei verurteilt worden seien oder in schwerem Verdacht stünden, Wahrsagerei zu betreiben oder in der Vergangenheit betrieben zu haben, in Vorbeugungshaft zu nehmen. Um die Kinder der Verhafteten sollten sich die Familien der betreffenden Frauen kümmern; nur wenn diese dazu nicht in der Lage seien, sollten Wohlfahrtsorganisationen einspringen. Die Zahl der schwangeren und stillenden Frauen sei in den Haftmeldungen gesondert anzugeben.[16]

Viele der aufgrund dieses Erlasses festgenommenen und zumeist ins KZ Ravensbrück eingelieferten Frauen überlebten die Vorbeugungshaft nicht. So zum Beispiel Anna L., die siebenundvierzig Jahre alt war, als sie im Februar 1940 wegen Wahrsagerei nach Ravensbrück gebracht wurde, wo sie am 14. Mai 1942 starb. Ihren Angehörigen wurde mitgeteilt, ihr Leichnam könne aus »hygienischen Gründen« nicht freigegeben werden.[17] Emma K., Mutter von sechs Kindern, war sechsunddreißig Jahre alt, als man sie im Februar 1940 wegen Wahrsagerei verhaftete. Da sie versprach, die Wahrsagerei aufzugeben, wurde sie nicht in ein Konzentrationslager eingeliefert, sondern von einem Magdeburger Gericht zu drei Wochen Gefängnis verurteilt. Im März 1943 wurden sie und ihre sechs Kinder nach Auschwitz deportiert. Das weitere Schicksal der Familie ist unbekannt.[18]

Der Festsetzungserlass

Die Eroberung Polens im September 1939 ermutigte Heydrich, große Pläne für die Deportation von Juden und Zigeunern in den Osten zu schmieden. Die besetzten Gebiete sollten zu einem gigantischen Reservat für unerwünschte »Elemente« werden, damit Deutschland »rassenrein« werden konnte. Am 21. September, eine Woche vor Abschluss des Polenfeldzugs, teilte Heydrich deshalb führenden Polizeibeamten und den Chefs der in Polen operierenden Einsatzgruppen mit, dass Hitler der Abschiebung der Juden und der »restlichen 30000 Zigeuner« aus dem Reich zugestimmt habe. Geplant sei, sie innerhalb eines Jahres im östlichen Teil der eroberten polnischen Gebiete – dem späteren Generalgouvernement – anzusiedeln.[19]

In Vorbereitung auf die Vertreibung nahm Heydrich am 17. Oktober den Zigeunern durch einen Schnellbrief, der allgemein »Festsetzungserlass« genannt wurde, jegliche Bewegungsfreiheit. Auf Anweisung Himmlers, hieß es dort, werde man die »Zigeunerfrage« in Kürze im gesamten Reich grundsätzlich regeln. Für den Augenblick sei allen Zigeunern und Zigeunermischlingen erstens mit sofortiger Wirkung die Auflage zu erteilen, ihren Wohn- beziehungsweise Aufenthaltsort nicht zu verlassen; Zuwiderhandlungen seien mit der Einweisung in ein Konzentrationslager zu bestrafen. Zweitens seien die Zigeuner und Zigeunermischlinge zwischen dem 25. und 27. Oktober von den örtlichen Polizeikräften zu zählen. In den Meldungen über die Ergebnisse sei anzugeben, ob die erfassten Personen in den letzten fünf Jahren einer geregelten Arbeit nachgegangen seien, ob sie in der Lage gewesen seien, für ihren eigenen Lebensunterhalt und den ihrer Familien aufzukommen, ob sie einen ständigen Wohnsitz hätten und ob einer der Ehepartner Arier sei. Diese Berichte seien schnellstmöglich fertig zu stellen. Das RKPA werde die Angaben in Zusammenarbeit mit dem Reichsgesundheitsamt, Ritters Forschungsstelle, prüfen und dann die erforderlichen Haftbefehle ausstellen. Danach seien die Häftlinge »bis zu ihrem endgültigen Abtransport« in speziellen Sammellagern unterzubringen. Die Planungen für die Errichtung dieser Lager sowie die Bereitstellung von Wachen und von Fahrzeugen für den Transport in die Lager seien umgehend aufzunehmen.[20]

Die Anweisung konnte schnell umgesetzt werden, da die meisten Angaben bereits einige Monate zuvor im Rahmen des Runderlasses »Bekämpfung der Zigeunerplage« vom 8. Dezember 1938 erhoben worden waren. Im Frühjahr 1939 war eigens das Formular RKP 172 mit der Überschrift »Zählung von Zigeunern, Zigeunermischlingen und nach Zigeunerart umherziehenden Personen« erarbeitet worden, und die damals gesammelten Informationen konnten jetzt in die neuen Berichte übernommen werden. Viele dieser Protokolle, vor allem jene aus den Bezirken Kassel und Fulda, sind noch vorhanden.[21] In diesem Teil Deutschlands scheinen die meisten Zigeuner ein überwiegend sesshaftes Leben geführt zu haben, denn den Unterlagen zufolge ging die Mehrheit der Erfassten »geregelter Arbeit« nach. Manche beharrten darauf, Arier zu sein: »W. behauptet, arischer Abstammung zu sein, den Nachweis hierfür hat er nicht erbracht.«[22]

Unterdessen war eine unvorhergesehene Schwierigkeit aufgetaucht, die das gesamte Vorhaben der Abschiebung von Juden und Zigeunern zum Stillstand brachte. Am 19. Oktober waren die ersten Juden im südwestlich von Lublin gelegenen Nisko, dem als »Judenreservat« vorgesehenen Ort, eingetroffen. RKPA-Chef Nebe hatte Zigeuner aus Berlin in diesen Transporten unterbringen wollen und sich am 12. Oktober bei Adolf Eichmann, der für deren Organisation zuständig war, danach erkundigt, wann die Berliner Zigeuner in den Osten gebracht werden könnten. Bei einer längeren Verzögerung ihrer Abreise wäre der Bau von Sonderlagern erforderlich, was große Kosten und erhebliche Probleme mit sich bringen würde.[23] Eichmann antwortete am 16. Oktober, der erste Transport von Juden würde am 20. Oktober von Wien nach Nisko abgehen, und bereits bei diesem Transport könnten »3–4 Waggons Zigeuner angehängt« werden.[24] Weitere Transporte von Wiener Juden waren für die nächsten Wochen geplant, wobei jeweils auch Waggons für Zigeuner aus der Ostmark vorgesehen waren.[25] Doch aus diesem Vorhaben wurde nichts, denn am 19. Oktober stoppte Himmler die Transporte nach Nisko. Der Grund für die plötzliche Kehrtwende war die Belastung durch die Aufnahme von Volksdeutschen aus dem Baltikum, einer umfangreichen Operation, die Hitler und Himmler sehr am Herzen lag. Um den vielen Umsiedlern, die nach Westpreußen und in den in Deutschland eingegliederten Teil Polens, das so genannte Warthegau, strömten, Unterkünfte und eine Lebensgrundlage bieten zu können, musste eine große Zahl von Juden und Polen nach Osten vertrieben werden. Dieses Unternehmen hatte Vorrang vor allen anderen Umsiedlungsplänen.[26] Für die Zigeuner in Deutschland kam dies einer Atempause gleich.

Doch das in Vorbereitung auf die Deportation verhängte Reiseverbot wurde nicht aufgehoben. Zwischen dem 25. und 27. Oktober, dem für die Erfassung der Zigeuner festgesetzten Zeitraum, mussten alle erwachsenen Zigeuner eine Erklärung unterschreiben, in der sie sich verpflichteten, ihren derzeitigen Wohn- oder Aufenthaltsort nicht zu verlassen. Außerdem bestätigten sie, darüber in Kenntnis gesetzt worden zu sein, dass die Verletzung dieser Verfügung mit der Einweisung in ein Konzentrationslager geahndet werden würde. Ohne Genehmigung der Polizei war ein Wechsel des Aufenthaltsortes nicht gestattet,[27] und die erhaltenen Akten zeigen, dass solche Genehmigungen nur in den seltensten Fällen – wenn ein besonderer persönlicher Härtefall vorlag oder eine Arbeitsstelle verlegt wurde – erteilt wurden. Kurzzeitige Abwesenheiten, etwa um einen kranken Verwandten zu besuchen oder an einem Begräbnis in einer anderen Stadt teilzunehmen, wurden jedoch in der Regel gestattet. Für solche Fahrten benötigte man eine Sondererlaubnis, die am Zielort der Polizei vorgelegt und bei der Rückkehr an den Wohnort wieder abgegeben werden musste.[28] Am 1. April 1942 verbot das RKPA allerdings für Reisen nach Berlin die Ausgabe solcher Genehmigungen. Zu viele Zigeuner, hieß es, hätten ihre Besuche dazu genutzt, beim RKPA vorstellig zu werden und um eine Revision verschiedener von ihm getroffener Entscheidungen zu ersuchen.[29]

Für Zigeuner, die bis dahin ihren Lebensunterhalt mit einem Wandergewerbe verdient hatten, stellte die »Festsetzung« ein ernstes Problem dar. Daher erkundigte sich die Münchener Kripo in Berlin, ob solchen Personen nicht eine gewisse Bewegungsfreiheit eingeräumt werden sollte, und das RKPA stimmte dieser Anregung zu. Zweck des Schnellbriefes vom 10. Oktober, erläuterte das RKPA, sei, »daß jeder Zigeuner und Zigeunermischling jederzeit erreichbar sein soll. Wenn das tatsächlich gewährleistet ist, bestehen auch keine Bedenken dagegen, daß Zigeuner und Zigeunermischlinge ein Gewerbe im beschränkten Umherziehen ausüben.« Solche Gewerbetreibende sollten, sofern sie nicht für andere dringende Arbeiten benötigt würden, alle zwei Wochen eine Postkarte an ihre heimatliche Polizeistelle schicken, um ihre gegenwärtige Adresse und ihr nächstes Ziel mitzuteilen.[30] Diese Bestimmung blieb bis zum 7. März 1941 in Kraft. In der neuen Verordnung wurde festgestellt, dass das ortsansässige Gewerbe die Bedürfnisse der Bevölkerung befriedigen könne und es darüber hinaus wichtig sei, alle Zigeuner und Zigeunermischlinge zu regelmäßiger Handarbeit heranzuziehen, der dieser Personenkreis bisher stets auszuweichen versucht habe.[31]

In dem Schnellbrief vom 17. Oktober 1939 wurden im Gegensatz zu früheren Erlassen die nach Zigeunerart umherziehenden »Deutschblütigen« nicht erwähnt. Da dies nicht auf eine Nachlässigkeit zurückzuführen sein dürfte, ist der Schnellbrief als Zeichen eines Wechsels zu einer stärkeren Betonung rassischer Aspekte bei der Formulierung der Zigeunerpolitik zu verstehen. Zum ersten Mal wurden »weiße Zigeuner« besser behandelt als »schwarze«. Vertrieben werden sollten offenbar nur Zigeuner und Zigeunermischlinge, während nach Zigeunerart umherziehende Personen bei der Planung der Deportationen nicht berücksichtigt wurden. Gleichzeitig wurde die besondere Berücksichtigung des Lebenswandels bekräftigt. Der Schnellbrief hatte Angaben zur sozialen Stellung verlangt – über die Fähigkeit, eine Familie zu ernähren, und die Sesshaftigkeit. Vermutlich sollten die Sesshaften und sozial Angepassten, das heißt jene, die in den letzten fünf Jahren eine feste Arbeit gehabt hatten, von der Deportation ausgenommen werden.

Auch wenn die Abschiebung der deutschen Zigeuner in neu eroberte Gebiete im Osten zunächst nicht weiter verfolgt wurde, hatte man das Vorhaben nicht gänzlich aufgegeben. Einige der Schlüsselgedanken von Heydrichs Vorstellungen fanden sich in einer Denkschrift, die Erhard Wetzel und Gerhard Hecht, zwei Mitarbeiter des Rassenpolitischen Amts der NSDAP, das bereits geraume Zeit versucht hatte, bei der Formulierung der Zigeunerpolitik mitzuwirken, am 25. November 1939 vorlegten. Die Autoren befassten sich mit der Behandlung der Bevölkerung des früher polnischen Territoriums unter rassenpolitischen Gesichtspunkten und schlugen vor, außer 800 000 Juden auch »ca. 100 000 Zigeuner und sonstige Artfremde«, die aus dem Reich abzuschieben seien, ins Generalgouvernement zu verbringen.[32] Himmler und Heydrich schenkten dieser Denkschrift einer konkurrierenden Institution, von der sie wenig hielten, offenbar kaum Beachtung.[33] Sie hatten ihre eigenen Pläne, die jedoch nicht weniger radikal waren.

Die Vertreibung im Mai 1940

Die Deportation der deutschen Zigeuner war durch den Stopp der Transporte im Oktober 1939 nur aufgeschoben worden. Als Himmler am 7. Oktober zum Reichskommissar für die Festigung des deutschen Volkstums (RKF) ernannt wurde, betraute ihn Hitler mit zwei Aufgaben: Zum einen sollte er die Volksdeutschen »heim ins Reich« holen und zum anderen den schädlichen Einfluss »artfremder« Bevölkerungsgruppen in Deutschland ausschalten.[34] Himmler war nur zu gern bereit, diese Doppelaufgabe zu übernehmen. In ganz Deutschland, erklärte er am 29. Februar 1940 vor den Gauleitern und anderen Parteifunktionären, lebten zwar nur 30 000 Zigeuner, »die aber rassisch einen sehr großen Schaden anrichten. Vor allem in der Ostmark sind es sehr viele.« Er deutete an, dass er die Zigeuner im Lauf desselben Jahres vertreiben wollte.[35] Am 30. Januar hatte Heydrich zweiundvierzig SS-Funktionäre zu einer Besprechung der »Umsiedlungspolitik« zusammengerufen, auf der das Rassen- und Siedlungshauptamt der SS (RuSHA) erneut den Plan zur Sprache gebracht hatte, 30 000 deutsche Zigeuner ins Generalgouvernement zu deportieren. Die Aktion sollte nach der Verbringung von etwa 120 000 Polen ins Generalgouvernement stattfinden, die mehr als 100 000 Wolhyniendeutschen Platz machen mussten.[36]

Dieses Vorhaben stieß nicht überall auf Zustimmung. So lehnte der Reichsarzt im Reichsministerium des Innern, Leonardo Conti, der Staats- und Parteifunktionen im Gesundheitswesen auf sich vereinte, die Deportation ab, weil sie nur eine geographische Verschiebung und keine grundsätzliche Lösung des »Zigeunerproblems« darstellte. In einem Brief vom 24. Januar 1940, der an viele Adressaten verteilt wurde, betonte Conti, die Hauptaufgabe bestehe darin, die weitere Vermischung von Zigeunern und »Deutschblütigen« zu verhindern, und dies könne nur durch Sterilisation erreicht werden. Indem man die Zigeuner ins Generalgouvernement abschiebe, löse man das Problem nicht. Sie würden den dortigen Behörden große Schwierigkeiten bereiten, denn Zigeuner lernten von klein auf, wie man den Staat überliste. Zweifellos würden sie gefälschte Papiere benutzen, um die Grenzen zu Litauen, Ungarn, Rumänien und der Slowakei zu überschreiten und schließlich, mit ausländischen Pässen ausgestattet, wieder in Deutschland aufzutauchen. Auf diese Weise würde nur ein Kreislauf von Abschiebung, Aus- und Einwanderung hervorgerufen, während die Zigeunerbevölkerung weiter wachse. Die einzige wirkungsvolle Lösung bestehe darin, alle Zigeuner und Zigeunermischlinge sofort zu sterilisieren. Conti schlug vor, für den 7. Februar eine Konferenz zu diesem Thema einzuberufen.[37]

Über diese Zusammenkunft sind keine Informationen vorhanden. Bekannt ist dagegen, dass Ritter Anfang 1940 eine ähnlich Auffassung vertrat. In einem Bericht über die Arbeit seiner Forschungsstelle führte er aus, die »Zigeunerfrage« könne nur gelöst werden, indem man die »asozialen Zigeunermischlinge« in Arbeitslager einweise und ihre weitere Fortpflanzung verhindere. »Nur dann werden die kommenden Geschlechter des deutschen Volkes von dieser Last wirklich befreit sein. ... Jeder andere Versuch, so etwa der, die noch fortpflanzungsfähigen Zigeuner über die Reichsgrenze nach Osten abzuschieben, wird *auf die Dauer* gesehen ohne Erfolg sein.«[38]

Die Forderung nach Verlangsamung der Umsiedlung kam von Hans Frank, dem Herrscher über das neu geschaffene Generalgouvernement. Dieser »launische Autokrat«, wie Raul Hilberg ihn charakterisiert,[39] lehnte radikale Maßnahmen gegen Juden und Zigeuner nicht ab, fürchtete aber eine ungeordnete Zuwanderung und war generell nicht gerade erfreut, dass das Generalgouvernement zu einem Reservat für alle möglichen unerwünschten Elemente gemacht werden sollte. Zudem war er in einen erbitterten Streit mit Himmler verstrickt, in dem es darum ging, wer im Generalgouvernement in Sicherheitsfragen das Sagen haben sollte. Himmler forderte für seinen SS- und Polizeiapparat die oberste Autorität, während Frank die Entscheidungsgewalt für sich und seine Verwaltung beanspruchte. Am 4. März 1940 erzählte er den versammelten Kreis- und Stadthauptmännern des Distrikts Lublin, ihm sei am 12. Februar in einer Besprechung mit Göring, an der auch Himmler teilgenommen habe, die Zusage gemacht worden, dass ohne seine Zustimmung keine Abschiebungen ins Generalgouvernement vorgenommen würden. Statt eines Zustroms von Millionen von Polen werde das Generalgouvernement nur 100 000 bis 120 000 von ihnen, eine noch festzulegende Anzahl von deutschen Juden und etwa 30 000 deutsche Zigeuner aufnehmen müssen.[40] Diese Zahlen entsprachen jenen, die Himmler und Heydrich einige Wochen zuvor genannt hatten. Was die Zigeuner betraf, wurde dieses Ziel allerdings nicht erreicht.

Im April 1940 trat die seit Kriegsbeginn anvisierte Vertreibung der Zigeuner schließlich in die konkrete Planungsphase ein. Mit einem Erlass vom 27. des Monats gab Heydrich unter der Überschrift »Umsiedlung von Zigeunern« den Startschuss für das lange hinausgeschobene Vorhaben: »Der erste Transport von Zigeunern nach dem Generalgouvernement wird Mitte Mai in Stärke von 2500 Personen – in geschlossenen Sippen – in Marsch gesetzt werden. Es kommen vorerst die in den westlichen und nordwestlichen Grenzgebieten aufhältlichen Zigeuner in Betracht.« Die Kriminalpolizei von Hamburg und Bremen hatte in Sammellagern je tausend Zigeuner zusammenzuziehen, die anschließend mit Eisenbahnzügen abtransportiert werden sollten. In Köln, Düsseldorf und Hannover sollten ebenfalls jeweils tausend Zigeuner festgenommen werden, während in Stuttgart und Frankfurt am Main zusammen fünfhundert Personen bereitgehalten werden sollten.[41]

Weitere Einzelheiten waren den Ausführungsbestimmungen vom selben Tag zu entnehmen. Zigeuner und Zigeunermischlinge, hieß es darin, seien anhand der nach dem »Festsetzungserlass« vom 17. Oktober 1939 angefertigten« Listen zu arretieren. Die Gesamtzahl der Abzuschiebenden solle zweitausendfünfhundert nicht übersteigen. Falls in den Grenzgebieten nicht ge-

126

nug Zigeuner gefunden würden, um diese Quote zu erreichen, könnten welche aus benachbarten Gebieten hinzugenommen werden. Von der Deportation ausgenommen seien: Gebrechliche, insbesondere Personen von über siebzig Jahren, Frauen, die mindestens im siebenten Monat schwanger waren, mit »Deutschblütigen« verheiratete Zigeuner, Eltern und Kinder von Zigeunern, die im Militär dienten, Grundbesitzer sowie Zigeuner ausländischer Nationalität. Die Festgenommenen seien für nicht mehr als drei Tage in Sammellager zu bringen, wo von allen, die älter als sechs Jahre waren, Fingerabdrücke genommen werden sollten; wer über vierzehn Jahre alt sei, solle fotografiert werden und eine Ausweiskarte erhalten. Vor dem Verlassen der Lager seien alle zu entlausen. Jeder dürfe fünfzig Kilogramm Gepäck und zwanzig Zloty (zehn Mark) mitnehmen; das polnische Geld würde vom RKPA bereitgestellt. Schmuck, Aktien und Geld – über die zehn Mark hinaus – müssten zurückgelassen werden, entweder bei Zigeunern, die nicht abgeschoben wurden, oder auf eigens eingerichteten Bankkonten. Die Transporte seien von der Polizei zu bewachen; jeder sei von einem Arzt zu begleiten und mit Verpflegung für vierzehn Tage auszustatten. Die gesamte Aktion sei durchzuführen, sobald die nötigen Transportmittel zur Verfügung stünden.[42]

Von der Darmstädter Kripo liegt ein detaillierter Bericht über die Deportation im Raum Frankfurt am Main vor. Dort wurden am 16. Mai 199 Personen »ohne Probleme« festgenommen – 100 in Mainz, 81 in Worms und 18 in Ingelheim – und in einen Sonderzug gesetzt. »Das Entgegenkommen der Reichsbahn«, so der Bericht, »muß lobend erwähnt werden.« Die Festgenommenen wurden in ein im württembergischen Staatsgefängnis Hohenasperg eingerichtetes Sammellager gebracht. Dort entdeckte man, dass die Verhaftungslisten ohne Berücksichtigung der rassenbiologischen Untersuchungen von Ritters Forschungsstelle aufgestellt worden waren. Deshalb konnte man nicht sicher sein, ob die Festgenommenen tatsächlich Zigeuner oder Zigeunermischlinge waren, die deportiert werden sollten, und nicht

Zigeuner auf dem Weg zum Bahnhof von Asperg, von wo aus sie ins Generalgouvernement deportiert wurden, 22. Mai 1940

lediglich nach Zigeunerart Umherziehende. Um dieses Problem zu lösen, wurde Adolf Würth, ein Mitarbeiter von Ritters Forschungsstelle, nach Hohenasperg entsandt. Er brachte die relevanten Akten mit und führte eine Reihe von Untersuchungen durch. Wie sich herausstellte, waren mehrere Festgenommene keine Zigeuner und wurden freigelassen. In anderen Fällen waren Zigeuner verhaftet worden, obwohl ihr Vater oder Sohn in den Streitkräften diente; auch sie wurden auf freien Fuß gesetzt. Insgesamt blieben zweiundzwanzig Personen von der Deportation verschont.[43]

Am 22. Mai 1940 – etwas später als vorgesehen – konnte der Sonderzug, der die Zigeuner ins Generalgouvernement bringen sollte, abfahren. Vor dem Verlassen des Sammellagers mussten alle, die über vierzehn Jahre alt waren, folgende Erklärung unterschreiben: »Mir ist heute eröffnet worden, daß ich im Falle verbotener Rückkehr nach Deutschland unfruchtbar gemacht und in polizeiliche Vorbeugungshaft (Konzentrationslager) genommen werde.« Einige zögerten zu unterzeichnen, doch dies sei auch schon die einzige Schwierigkeit bei der gesamten Aktion gewesen, vermerkte der Bericht. Alles andere sei reibungslos und nach Plan verlaufen. Zu den in einem Anhang aufgelisteten kleineren Unannehmlichkeiten gehörten die von stillenden Müttern verursachten Schwierigkeiten; manche der Babys seien erst wenige Tage alt gewesen. Der Erlass habe zwar schwangere Frauen von der Abschiebung ausgenommen, aber für zukünftige Transporte könne man aus den Vorfällen die Lehre ziehen, dass eine »werdende Mutter ... besser zu transportieren und zu behandeln [ist] als eine stillende Mutter«.[44]

Für das Rheinland wurde ein Sammellager in Köln eingerichtet. Fünf Tage später, am 21. Mai, wurden 938 Zigeuner aus diesem Lager nach Osten deportiert.[45] Den im rheinland-pfälzischen Staatsarchiv in Düsseldorf aufbewahrten Polizeiakten ist zu entnehmen, dass auch hier die Ergebnisse der von Ritters Forschungsstelle durchgeführten Untersuchungen offenbar nicht verfügbar waren, was zu Fehlern beim Selektionsverfahren führte. So wurde Gustav L. deportiert, weil er in einer Polizeiakte aus Marienberghausen vom 10. April 1939 als »nach Zigeunerart Umherziehender« bezeichnet wurde. Er erhob mit dem Hinweis, dass er kein Zigeuner sei, Einspruch gegen seine Deportation und erhielt schließlich die Erlaubnis, nach Hause zurückzukehren. Am 20. Oktober 1941 informierte das RKPA die Kölner Kripo, das über L. angefertigte Gutachten komme zu dem Schluss, dass er kein Zigeuner sei; seine Abschiebung sei daher ein Irrtum gewesen. L. wurde dieses Ergebnis brieflich mitgeteilt, doch der Brief kam als unzustellbar zurück. Offenbar war L. umgezogen. Sein weiteres Schicksal ist unbekannt.[46]

In einem anderen Fall beharrte der zusammen mit seiner Familie deportierte Zigeuner Philipp S. darauf, dass er Deutscher sei. Er schrieb aus Polen an Hitler, weil er sich von »meinem Führer« Hilfe erhoffte, und erklärte, er und seine Vorfahren seien Deutsche. Der Brief endete mit »Heil Hitler«, doch auch das half ihm nicht. Am 8. Oktober 1940 teilte ihm die Kölner Kripo mit, dass »nach den erlassenen Bestimmungen Ihrem Schreiben nicht entsprochen werden kann«.[47]

Rechtsanwälte wurde gedrängt, keine Zigeuner zu vertreten, aber einige setzten sich dennoch für diejenigen ein, die von der Deportation bedroht waren. So intervenierte der Rechtsanwalt Fritz Rebmann im Namen der vierzigjährigen Johanna F., die, wie er ausführte, nur zu einem Viertel Zigeunerin sei. Er vertrete die Familie seit 1930; es handle sich um anständige Leute, die nie mit dem Gesetz in Konflikt geraten seien. Außerdem sei F. die einzige Hilfe ihrer alten Mutter und ihres schwerbehinderten Bruders. Im Fall ihrer Abschiebung müssten beide von der Wohlfahrt unterstützt werden. Der Einspruch war erfolgreich. F. kam am 25. Mai frei.[48]

In anderen Fällen gelang es Rechtsanwälten nicht, die Annullierung des Deportationsbefehls zu erwirken. W. Teschendorf setzte sich für zwei Zigeunerfamilien ein, indem er darauf hinwies, dass einige Angehörige dieser Familien bereits freigelassen worden seien. Nach der Abschiebung der beiden Männer, um die es ging, würden deren deutsche Frauen, die beide schwanger seien, allein zurückbleiben. In dem anderen Fall würden zwei Neunundsechzigjährige der Unterstützung ihrer Kinder beraubt, so dass sie dem Staat zur Last fallen würden. Teschendorf betonte, dass er nur die größten Härtefälle vorbringe. Er bitte zu bedenken, »daß sozial hart liegende Fälle nur Unwillen und Empörung erregen und unseren Gegnern Material zur antinationalsozialistischen Propaganda geben«. Er halte es »für angebracht, an dieser Stelle zu betonen, daß ich selbst PG. und SA-Führer bin«. Doch seine Eingabe blieb ohne Erfolg.[49]

In einem anderen Fall scheiterte die Intervention eines Rechtsanwalts, obwohl nach dem Deportationserlass eine Freilassung möglich gewesen wäre. Die Ehefrau von Johann G., erklärte der Rechtsanwalt Carl Schwengers, sei im siebenten Monat schwanger und falle daher unter die Ausnahmeregelungen. Sie sei bereits Mutter von fünf Kindern, und die Familie sei stets selbst für ihren Lebensunterhalt aufgekommen. Der Einspruch wurde abgewiesen und die Familie deportiert.[50] Bei Angehörigen von zum Militär eingezogenen Männern hielt man sich strikt an die Bestimmungen. Joseph L., der am 19. Mai zum Militärdienst einrücken sollte, ersuchte am 18. Mai um die Freilassung seiner Eltern, die zwei Tage zuvor festgenommen worden waren. Doch das Gesuch wurde mit der Begründung abgelehnt, dass L. am Tag der Festnahme seiner Eltern noch kein Soldat gewesen sei.[51] Ähnlich erging es auch gebrechlichen Menschen von über siebzig Jahren, die laut Ausführungsbestimmungen von der Deportation ausgenommen werden konnten. Offenbar wurde dies nur wenigen zugestanden. Jedenfalls waren ein Dreiundsiebzigjähriger und ein Neunundsiebzigjähriger unter den Deportierten.[52]

In den Ausführungsbestimmungen zum Deportationserlass war die Möglichkeit vorgesehen, dass jene, die es sich leisten konnten, später Gelegenheit erhalten sollten, sich ihre Möbel und andere Besitztümer ins Generalgouvernement nachschicken zu lassen. Doch diese Bestimmung wurde nie umgesetzt, auch wenn das Eigentum der deportierten Zigeuner zunächst nicht angerührt wurde. Die Gegenstände in ihren Wohnungen wurden inventarisiert und diese anschließend versiegelt.[53] In Mainz wurden die Möbel im Keller eines städtischen Depots eingelagert, bis sich der Polizeipräsident im Oktober 1940 über die damit verbundenen Kosten beklagte, die in keinem Verhältnis zum Wert der gelagerten Gegenstände stünden. Im Dezember entschied das RKPA, dass von Schädlingen befallene Dinge vernichtet werden könnten; alles andere konnte Zigeunern überlassen werden, die nicht deportiert worden waren.[54] Ungefähr ein Jahr später wurde beschlossen, das Eigentum der Zigeuner zu beschlagnahmen. Rechtsgrundlage war ein Gesetz vom 14. Juli 1933, das es gestattete, das Eigentum von Personen einzuziehen, die sich gegen das deutsche Volk und den deutschen Staat vergangen hatten. In einem Aktenvermerk des Reichsinnenministeriums vom 14. November 1941 wurde festgestellt, die zweitausendfünfhundert ins Generalgouvernement umgesiedelten

Zigeuner und Zigeunermischlinge hätten sich »volks- und staatsfeindlich« verhalten und daher ihren Besitz verwirkt.[55]

Der Vorwurf der Staatsfeindlichkeit war selbstverständlich nicht mehr als eine bequeme Rechtfertigung für die Beschlagnahmung des Eigentums der Zigeuner. Sie waren in der Vergangenheit zwar häufig als »Landplage« dargestellt, aber, von einigen Spionagevorwürfen abgesehen, nie staatsfeindlicher Akte beschuldigt worden. Und das RKPA hatte dem Rassenpolitischen Amt der NSDAP am 4. September 1940 mitgeteilt, bei der Verbringung der zweitausendfünfhundert Zigeuner ins Generalgouvernement handle es sich »um eine Umsiedlung und nicht um eine strafweise Abschiebung«. Es werde darüber verhandelt, nahen Verwandten zu erlauben, ihnen zu folgen.[56] Wie aus diesem und zahllosen anderen Dokumenten hervorgeht, war die Deportation im Mai 1940 der Beginn der beabsichtigten Vertreibung aller deutschen Zigeuner. Mit einer Bestrafung für politische Aktivitäten, auf die das Gesetz von 1933 sich bezog, hatte sie nichts zu tun.

In mehreren Dokumenten, unter anderem in einem Brief des RKPA vom 4. September 1940, tauchte die dringende Forderung des Oberkommandos der Wehrmacht (OKW) auf, Zigeuner aus den westlichen und nordwestlichen Grenzgebieten zu entfernen. Tatsächlich hatte das OKW am 31. Januar 1940 Himmler ersucht, »baldmöglichst ein Verbot des Aufenthalts von Zigeunern in der Grenzzone zu erlassen«. Ungeachtet dessen, ob sie deutsche Staatsbürger seien oder nicht, seien sie ein unzuverlässiges Element. Ihre Anwesenheit in der Grenzzone sei daher »abwehrmäßig« »untragbar«.[57] Diese Bitte mag Himmler und Heydrich bewogen haben, in der westlichen Grenzzone mit der Vertreibung der Zigeuner aus Deutschland zu beginnen, aber den grundlegenden Deportationsplan hatten sie, wie gesehen, schon Monate zuvor aufgestellt. In Heydrichs Erlass vom 27. April 1940 findet sich kein Verweis auf Sicherheitserfordernisse; wie die angebliche Staatsfeindlichkeit der Zigeuner dürfte auch dieser Aspekt im Nachhinein hinzugefügt worden sein.

Und der Gedanke, die Vertreibung gehe vor allem auf die Sorge über die militärische Sicherheit zurück, ist zudem alles andere als plausibel. Wenn vordringlich militärische Erwägungen – etwa im Zusammenhang mit dem bevorstehenden Angriff auf Frankreich – der Grund für diese Entscheidung waren, warum wartete Heydrich dann mit seinem Erlass bis zum 27. April? Warum wurde er erst Mitte Mai umgesetzt, eine Woche nach dem Einmarsch in die Niederlande? Warum beschränkte er die Deportation auf zweitausendfünfhundert Personen? Warum nahm er ausländische Zigeuner und nach Zigeunerart Umherziehende, die im Allgemeinen als genauso verdächtig angesehen wurden wie deutsche Zigeuner, von der Aktion aus? Und warum ließ er die Festgenommenen ins Generalgouvernement bringen, das ebenfalls ein Grenzgebiet war, in dem die Zigeuner möglicherweise mehr Schaden anrichten konnten als in Deutschland, wo sie unter strenger Überwachung standen? Die Anzahl der zu Deportierenden auf zweitausendfünfhundert zu begrenzen ergibt keinen Sinn, wenn diese Maßnahme in militärischen Sicherheitserwägungen begründet lag. Die Vertreibung im Mai 1940 lässt sich vielmehr auf Pläne zurückführen, die erstmals im September 1939 bekannt wurden, und sie wurde fortgesetzt, als die veränderte militärische Lage im Westen längst nicht mehr als Rechtfertigung angeführt werden konnte. Erklären lässt sich die Quote von zweitausendfünfhundert nur durch begrenzte Transportkapazitäten und die vermutlich von Frank erhobene Forderung, seinen Herrschaftsbereich nicht mit zu vielen Zigeunern auf einmal zu überschwemmen.[58]

Die Deportation von 1940 war die erste Phase des Vorhabens, innerhalb eines Jahres alle deutschen Zigeuner abzuschieben, und im Juli 1940 fragte das RKPA, das immer noch einen weiteren Transport ins Generalgouvernement plante, bei den Kriminalpolizeistellen an, wie viele Zigeuner sich in ihrem Zuständigkeitsbereich aufhielten.[59] Doch bis zum September hatte man diesen Plan aufgegeben. In dem oben zitierten Brief vom 4. September erklärte das RKPA: »Weitere Umsiedlungen sind vorerst nicht vorgesehen, weil die Aufnahme im Generalgouvernement z. Zt. auf Schwierigkeiten stößt. Die endgültige Regelung der Zigeunerfrage ist nach dem Kriege beabsichtigt«,[60] dessen siegreicher Abschluss in naher Zukunft erwartet wurde. In einem Aktenvermerk des RKPA vom 27. November 1940 wurde der Abbruch der »Umsiedlung« von Zigeunern erneut angesprochen und Himmler als derjenige benannt, der die Entscheidung darüber gefällt habe.[61]

Selbst die Möglichkeit, dass man nahen Verwandten, die den Wunsch hatten, ihren Angehörigen ins Generalgouvernement zu folgen, dies ermöglichen würde, mit der das RKPA zunächst noch gerechnet hatte, zerschlug sich Ende des Jahres 1940. Am 7. Dezember setzte das RKPA die Kriminalpolizeistellen davon in Kenntnis, dass im Generalgouvernement »die beabsichtigte Umsiedlung z. Zt. nicht erwünscht« sei. Die dortige Führung habe jedoch versprochen, die Frage im April 1941 erneut zu erwägen.[62] Dies blieb jedoch ohne Ergebnis, und das RKPA musste die Kriminalpolizeistellen am 9. August 1941 darüber informieren, dass das Generalgouvernement wegen des Krieges im Osten nicht länger als Umsiedlungsgebiet in Frage käme.[63]

Von dem Vorhaben, 30 000 deutsche Zigeuner in die eroberten Gebiete im Osten abzuschieben, war also die Vertreibung von 2500 Menschen übrig geblieben.[64] Das Haupthindernis scheint die erzwungene Migration von über dreihunderttausend Polen ins Generalgouvernement gewesen zu sein. Außerdem war Himmler im Sommer 1940 wahrscheinlich mit wichtigeren Dingen beschäftigt. Ein aus einem einzigen Satz bestehender Aktenvermerk aus dem Büro von Generalgouverneur Frank vom 3. August 1940 fasste die neue Situation kurz und bündig zusammen: »Der Reichsführer-SS und Chef der Deutschen Polizei hat angeordnet, daß die Evakuierung von Zigeunern und Zigeunermischlingen aus dem Reichsgebiet in das Generalgouvernement solange auszusetzen habe, bis die Judenfrage allgemein gelöst ist.«[65]

Die deutschen Zigeuner im Generalgouvernement

Die Eisenbahnwaggons, die im Mai 1940 nach Osten rollten, waren mit jeweils fünfzig Personen besetzt. In einem separaten Wagen war die Verpflegung untergebracht, die in Tagesrationen ausgehändigt wurde. Die Zielorte der Transporte wechselten. Ein Zug mit Zigeunern aus Hohenasperg fuhr ins frühere jüdische Ghetto Jedrzejow, ein anderer hielt im Generalgouvernement auf offener Strecke, wo die Passagiere sich selbst überlassen wurden.[66] Wieder andere wurden in Arbeitslager gesteckt und mussten in Landwirtschaft, Straßenbau, Hochwasserschutz oder Rüstung arbeiten. Eine unbekannte Anzahl von Zigeunern wurde auf Dörfer verteilt, und viele mussten von den Gemeinden unterstützt werden. Manche schafften es schließlich, in größere Städte zu gelangen und dort Arbeit zu finden. Einigen Berichten zufolge erhielten diejenigen, die arbeiteten, nur das Lebensnotwendigste, und viele starben wahrscheinlich an Hunger, Kälte und Krankheiten. In anderen Berichten ist von regelmäßigen Lohnzahlungen und sogar von Lebensmittelzuteilungen für Schwerarbeiter die Rede. In manchen Ghettos und Lagern herrschte strenge Disziplin, und Verletzungen der Vorschriften wurden mit dem Tod bestraft; andernorts konnten die Insassen kommen und gehen, wie sie wollten.[67] Man weiß von mindestens einem Massaker an Männern, Frauen und Kindern, das in der Nähe von Radom stattfand.[68]

Über das Schicksal der neunhundertzehn Zigeuner, die aus Hamburg deportiert wurden, ist Genaueres bekannt. Sie wurden nach Belzec an der Grenze zum sowjetisch besetzten Polen gebracht, wo sie ein Lager errichten und anschließend Panzergräben ausheben mussten. In dem Lager wurden auch Juden und polnische Zigeuner festgehalten. Es gab weder Ärzte noch fließendes Wasser; das Essen war unzureichend, und es herrschten katastrophale hygienische Verhältnisse. Insassen, die angeblich zu langsam arbeiteten, wurden von den volksdeutschen Wachen häufig geschlagen. Die vielen Todesfälle waren zwar überwiegend auf die schlechten Lebensbedingungen zurückzuführen, aber einige gingen auch auf das Konto der Wachen. Eine sechsundzwanzigköpfige Zigeunerfamilie aus Flensburg hatte in drei Monaten neun Verstorbene zu beklagen.[69]

Die Verhältnisse im Lager Belzec waren Gegenstand einer Besprechung zwischen Franks Verwaltungsbeamten und SS- und Polizeiführer Odilo Globocnik am 1. Juli 1940. Bei einer Inspektion des Lagers war die »Unhaltbarkeit der herrschenden Zustände« festgestellt worden, ohne dass man sich darauf verständigen konnte, wie sie zu verbessern waren. Die SS, die das Geld für den Betrieb des Lagers aufbringen musste, sprach sich dafür aus, Zigeunerfrauen und -kinder sowie arbeitsunfähige Zigeuner freizulassen und auf dem Land anzusiedeln, während die Verwaltung des Generalgouvernements dies ablehnte, »da die Zigeuner keine zur Seßhaftigkeit neigenden Leute sind, zu Diebstahl und anderen Verbrechen neigen und auch zu einem höheren Prozentsatz geschlechtskrank sein sollen«. Der Gouverneur von Lublin, Ernst Zörner, sagte schließlich zu, Mittel für die Verbesserung der Situation im Lager bereitzustellen; unter anderem sollte eine spezielle Unterkunft für alte Menschen und Mütter mit kleinen Kindern gebaut werden. Globocnik versprach, »um dem Entstehen eines Seuchenherdes vorzubeugen«, für die Umsetzung der Maßnahmen zu sorgen, »d. h. die Verbesserung des Essens, eine geordnete Wasserbeschaffung, die Verbesserung der Abort- und Kläranlagen und die Verbesserung der Unterkünfte anzuordnen«. Außerdem sollte dem Lager ein jüdischer Arzt zugeteilt werden.[70]

Am 18. Juli fand ein weiteres Treffen statt, bei dem Globocnik die Anwesenden darüber informierte, dass er Weisung erhalten habe, die inzwischen 1140 Zigeuner aus dem Lager anderswo unterzubringen. Unter ihnen befänden sich Kriegsteilnehmer und sogar Parteimitglieder, die mit »deutschblütigen« Frauen verheiratet seien. Wichtiger dürfte jedoch gewesen sein, dass die Fertigstellung der Panzersperren bevorstand. Nach einigem Hin und Her einigte man sich darauf, die deutschen Zigeuner nach

Hansk zu verlegen, einer Gemeinde im Distrikt Chelm, in der mehrere große Gebäude leer standen. Dort sollte ein Lager errichtet werden, und wer arbeitsfähig war, sollte zur Arbeit herangezogen werden. Dieser Beschluss, so wurde betont, betreffe ausschließlich die deutschen Zigeuner; die polnischen sollten im Lager Belzec bleiben, und alle, die noch aufgegriffen würden, sollten ebenfalls dorthin gebracht werden. Globocnik versicherte der Zivilverwaltung des Generalgouvernements, dass keine weiteren deutschen Zigeuner in den Distrikt Lublin geschickt würden.[71]

Bei den Gebäuden in Hansk handelte es sich um ein ehemaliges Zuchthaus namens Krychow, in das jetzt Holzverschläge als Familienunterkünfte eingebaut wurden. Arbeit fanden die Häftlinge bei Entwässerungs- und Kanalisationsprojekten. Als das kalte Wetter einsetzte, kamen die Arbeiten jedoch zum Erliegen, und die SS-Wachen zogen sich zurück. Viele der Zigeuner gingen daraufhin in größere Städte, um sich eine Beschäftigung zu suchen; manche blieben jedoch in Krychow, bis das Lager am 25. Februar 1941 formell aufgelöst wurde. Im Winter starben viele an Hunger, Kälte und Krankheiten. Einige der Überlebenden wurden nach Sielce gebracht, wo vor ihnen bereits die aus dem Raum Köln deportierten Juden eingetroffen waren. Die Zigeuner wurden zunächst im jüdischen Ghetto im Stadtzentrum untergebracht, in dem etwa fünfzehntausend Juden lebten. Nachdem die Juden im August 1942 erschossen worden waren, wurden die Zigeuner in ein anderes ehemaliges Ghetto außerhalb der Stadt gebracht, wo jede Familie ein eigenes Zimmer erhielt. Sie wurden auch nicht mehr bewacht, wenngleich drei Polizisten mehrmals am Tag vorbeikamen. Viele arbeiteten für die Deutsche Reichsbahn, was ihnen siebzig bis achtzig Zloty im Monat und mittags eine Mahlzeit einbrachte. Auch bei der Arbeit gab es keine Wachen; die Vorgesetzten waren Bahnbeamte.[72]

Den Zigeunern in Deutschland war es prinzipiell möglich, bei persönlichen Härtefällen eine Erlaubnis zum befristeten Verlassen ihres Wohnorts zu erhalten. Anträge von Deportierten, ihre

Verwandten in Deutschland zu besuchen, wurden dagegen generell abgelehnt. Als Stefan R. aus Duisburg wegen eines bevorstehenden Todesfalls in der Familie um einen »Urlaub« für seine im Generalgouvernement befindlichen Kinder ersuchte, wurde er vom RKPA abschlägig beschieden. Am 3. Dezember 1940 gab das Amt die Order aus, als Grund für solche Ablehnungen die »erhebliche Einschränkung des Reiseverkehrs« anzuführen.[73] Am 19. Juni 1943 baten Paul S. und eine Frau, die beide aus Köln deportiert worden waren, um die Erlaubnis, für zwei Wochen dorthin zurückkehren zu dürfen. Der Antrag wurde vom SD in Radom an die Kölner Kripo weitergeleitet, die ihn am 21. Juni postwendend ablehnte: »Ihre Rückkehr ist nicht erwünscht.«[74]

Vor ihrer Deportation waren die Zigeuner darauf hingewiesen worden, dass jeder, der ohne Genehmigung zurückkehrte, in ein Konzentrationslager eingeliefert werden würde. Trotzdem versuchten viele, nach Deutschland zu gelangen. Manchen gelang es, unter falschem Namen in einer Großstadt unterzutauchen,[75] aber die meisten wurden aufgegriffen und in Konzentrationslager gebracht. Hertha R., eine neunzehnjährige Zigeunerin aus Duisburg, die am 6. Mai 1940 in den Osten deportiert worden war, versuchte im November 1941, sich nach Deutschland durchzuschlagen. Als sie in Oberschlesien festgenommen wurde, erklärte sie, das Leben im Generalgouvernement sei unerträglich: »Während der 1½ Jahre, die ich im Gouvernement aufhältlich war, ist es mir nicht möglich gewesen, eine lohnbringende Beschäftigung zu bekommen. Da ich im vergangenen Winter so eine große Not durch Hunger und Kälte gelitten habe, wollte ich diesen Winter nicht wieder dort verbringen. Aus diesem Grunde habe ich es riskiert, nach Deutschland zurückzukehren.« Auf Anordnung des RKPA wurde sie am 19. Januar 1942 ins Frauenkonzentrationslager Ravensbrück gebracht. Am 18. Juli beantragte ein Rechtsanwalt im Auftrag des Vaters der jungen Frau ihre Freilassung. Ihr weiteres Schicksal ist unbekannt.[76]

Es dürfte nicht überraschen, dass diejenigen, die das Verbot der Rückkehr nach Deutschland missachteten, in der Mehrzahl junge Leute waren. Karl K. war achtzehn Jahre alt, als er im Mai 1940 zusammen mit seiner Familie deportiert wurde. Keinen Monat später floh er aus dem Generalgouvernement, wurde aber am 5. Juni in Marienburg in Ostpreußen verhaftet und ins Konzentrationslager Groß-Rosen gesteckt, wo er am 1. April 1942 starb – »bei einem Fluchtversuch ... erschossen«.[77] Der zweiundzwanzigjährige Anton W. wurde am 28. Juli 1941 festgenommen, als er versuchte, nach Deutschland zu gelangen. Er kam ins KZ Sachsenhausen, aus dem er am 11. Juni 1942 fliehen konnte. Am 25. April 1944 wurde er erneut gefangen genommen und nach Sachsenhausen zurückgebracht. Ob er diese Tortur überlebte, ist nicht bekannt.[78] Leopoldine K., die bei ihrer Deportation zwanzig Jahre alt war, schaffte es in ihre Heimatstadt Duisburg zurück, wo sie am 15. Oktober 1940 verhaftet wurde. Sie kam ins KZ Ravensbrück. Was danach mit ihr geschah, ist ihrer Akte nicht zu entnehmen.[79]

Die Behörden des Generalgouvernements scheinen solche ungenehmigten Reisen nicht sonderlich gestört zu haben. Nachdem am 25. Februar 1941 achtzehn Zigeuner aus dem Lager Krychow in der Nähe der deutschen Grenzen aufgebracht worden waren, ordnete die Distriktsverwaltung in Lublin an, sie aus der Haft zu entlassen und ihnen neue Ausweiskarten für das Generalgouvernement auszuhändigen.[80] Als das Generalgouvernement im August 1944 aufgrund des Vormarschs der Roten Armee evakuiert wurde, behandelten die Behörden die deutschen Zigeuner genauso wie andere Deutsche und stellten ihnen Papiere aus, die sie berechtigten, nach Deutschland zurückzukehren. Dort mochten manche Kripobeamte ihre Rückkehr nicht gerade begrüßen, aber auch sie akzeptierten schließlich die Entwicklung.

Am 4. August 1944 tauchten zwölf Zigeuner, die 1940 aus Duisburg deportiert worden waren, wieder in der Stadt auf und wurden prompt verhaftet. In einem Brief an die Essener Kripo rechtfertigte die örtliche Polizeistelle die Festnahme mit dem Argument, die Zigeuner hätten begonnen, in der Gegend herumzuziehen, und würden durch ihr Verhalten »Beunruhigung in die Bevölkerung tragen«.[81] In seiner Aussage erzählte der Zigeuner Friedrich M., wie die Gruppe nach Duisburg zurückgekommen war. Zusammen mit etwa vierzig Familien – etwa hundertvierzig Menschen – habe er sich einem Militärtransport von Radom nach Kattowitz angeschlossen. Zuvor habe er die deutschen Behörden in Radom von seiner Abreise in Kenntnis gesetzt und alle nötigen Formalitäten erledigt. Von Kattowitz habe er den fahrplanmäßigen D-Zug nach Duisburg genommen.[82]

Auf Anweisung der Essener Kripo wurden die Neuankömmlinge am 15. August aus der Haft entlassen. Diejenigen im arbeitsfähigen Alter wurden einer Rohrfabrik zugewiesen, von der die gesamte Gruppe Unterkunft und Nahrung erhielt. Außerdem wurden sie darauf hingewiesen, dass sie Duisburg ohne polizeiliche Zustimmung nicht verlassen dürften.[83] Eine fünfköpfige Familie, die am 7. August eingetroffen war, wurde ebenfalls in diese Fabrik geschickt. In seiner Aussage gab Ferdinand A. zu, dass er durch seine Rückkehr nach Deutschland gegen das 1940 ausgesprochene Verbot verstoßen habe. Allerdings, fügte er hinzu, sei er »nur unter dem Druck der Verhältnisse« zurückgekehrt. »Sodann sind nach unserer Ankunft an der Grenze alle weiteren Maßnahmen von der Polizei getroffen worden, wofür ich nicht verantwortlich gemacht werden kann.« Auch er musste versprechen, Duisburg nicht zu verlassen.[84]

Am 17. August traf eine Gruppe von neuen Zigeunern aus Lowitsch im Distrikt Warschau in Köln ein. Am nächsten Tag informierte die Kölner Kripo das städtische Ernährungsamt darüber, dass der Zigeunermischling Biri W. und seine Familie aus dem Generalgouvernement zurückgekehrt seien, und forderte es auf, ihnen Lebensmittelkarten auszustellen.[85] In Berlin wurde eine Gruppe von vierzehn Zigeunern, die in Lublin bei der Reichsbahn gearbeitet hatten, wiederum der Reichsbahn zugeteilt. Untergebracht wurden sie im Zigeunerlager Marzahn, und es kam erneut der Erlass vom 17. Oktober 1939 zum Tragen, nach dem es ihnen verboten war, ohne Genehmigung ihren Aufenthaltsort zu verlassen.[86] Nach Hamburg kehrten bis zum Februar 1945 105 Zigeuner zurück; vor der Deportation hatten dort etwa 465 gelebt.[87]

Wie viele Zigeuner die Deportation ins Generalgouvernement überlebten, ist nicht bekannt. Die Lebensbedingungen waren häufig sehr hart, und viele sind bekanntermaßen an Entbehrungen oder Misshandlungen gestorben. Sie waren im Rahmen des Vorhabens, alle Zigeuner aus Deutschland zu vertreiben, nach Osten geschickt worden, und ihre Rückkehr wurde »nicht erwartet«, wie das RKPA dem Rassenpolitischen Amt der NSDAP am 4. September 1940 mitgeteilt hatte.[88] Doch die Deportation war nicht gleichbedeutend mit einem Todesurteil. Weder damals noch später existierte ein Plan für die physische Vernichtung der deutschen Zigeuner. Etwa 2500 von ihnen waren nach Osten verbracht worden, ohne dass man sich viele Gedanken darüber gemacht hatte, was dort mit ihnen geschehen sollte. Zuerst mussten viele Zwangsarbeit verrichten, aber die meisten Deportierten erlangten bald ihre Bewegungsfreiheit zurück, und eine erhebliche Anzahl versuchte, nach Deutschland zurückzukehren. Nachdem einer dieser Rückkehrer im August 1940 verhaftet worden war, beklagte sich die Kölner Kripo darüber, dass die »Überwachung der Zigeuner im Generalgouvernement nicht ausreichend« sei.[89] Als ein Zigeuner aus Duisburg im November 1941 beim RKPA die Erlaubnis beantragte, seinen Kindern ins Generalgouvernement folgen zu dürfen, wurde er mit der Begründung, die dortigen Behörden hätten bereits genügend Probleme mit Zigeunern, abgewiesen. »Nach den bisher gemachten Erfahrungen«, schrieb das RKPA der Duisburger Kripo am 16. Dezember, »sind die umgesiedelten Zigeuner und Zigeunermischlinge im Gouvernement an einen festen Ort nicht gebunden. Sie verursachen daher durch ihr ziel- und planloses Umherziehen im Gouvernement den dortigen Behörden erhebliche Schwierigkeiten.«[90]

Obwohl die Behörden im Generalgouvernement über die Anwesenheit der Zigeuner nicht sonderlich erfreut waren, erteilte niemand den Befehl, sie festzusetzen oder zu töten. Am 22. Dezember 1942, als die systematische Ermordung der Juden bereits lange angelaufen war, konstatierte die Zivilverwaltung des Generalgouvernements in einem Aktenvermerk, dass es keine Richtlinien über die Behandlung der deutschen Zigeuner in ihrem Zuständigkeitsbereich, »insbesondere über ihre Gleichstellung mit den Juden« gebe. Als sich die Distriktsregierung von Lublin zehn Monate später, im Oktober 1943, beim SS- und Polizeiführer von Lublin, dem Kommandeur der Sipo und des SD sowie der Lubliner Kripo nach Richtlinien der Zigeunerpolitik erkundigte, wurde ihr nur bestätigt, dass »diesbezügliche Anordnungen oder Vorschriften« nicht existierten. Vom RKPA erfuhr man im März 1944, dass ein Erlass über die Behandlung der Zigeuner im Generalgouvernement vorbereitet werde, doch der Vormarsch der Roten Armee und der durch ihn erzwungene deutsche Rückzug nach Westen machten das Thema bald hinfällig. [91] Der Aufenthalt der deutschen Zigeuner im Generalgouvernement endete, wie er begonnen hatte: im Chaos.

Die »Säuberung« Elsass-Lothringens

Am 10. Mai 1940 marschierte die deutsche Wehrmacht in die Niederlande ein, und der anschließende Feldzug führte zur raschen Niederlage Frankreichs. Am 22. Juni streckte die französische Armee die Waffen. Kurz darauf wurden das Elsass und Lothringen wieder ins Deutsche Reich eingegliedert, und Anfang Juli begann man damit, die eroberten Gebiete von unerwünschten Elementen zu »säubern«.

Am 2. Juli ordnete der Befehlshaber der Sipo und des SD (BdS) im Elsass die Ausweisung aller Juden, Zigeuner, »Fremdrassigen«, »Berufsverbrecher« und »Asozialen«, wie Bettler, Landstreicher und »Arbeitsscheue«, in die unbesetzte Zone Frankreichs an.[92] Einem Brief vom 14. August zufolge, durch den die Straßburger Kripo von der bevorstehenden Aktion informiert wurde, waren zu den Zigeunern »auch alle die nach Zigeunerart umherstreichenden Personen zu zählen«.[93] Bis Jahresende wurden 105 000 Menschen aus dem Elsass vertrieben; wie viele davon Zigeuner waren, ist nicht bekannt.[94] Nachdem der »Grundlegende Erlaß über die vorbeugende Verbrechensbekämpfung durch die Polizei« vom 14. Dezember 1937 am 9. Juli 1941 auch im Elsass in Kraft gesetzt worden war, folgten neue Vertreibungen von »Asozialen«. Ende April 1942 meldete die Sipo, dass 2115 weitere Personen ins unbesetzte Frankreich abgeschoben worden seien.[95] Im Zuständigkeitsbereich der Mühlhausener Kripo wurden zwischen dem 27. Juni 1940 und dem 27. April 1942 insgesamt 284 Zigeuner aufgegriffen,[96] und die Straßburger Kripo meldete, dass zwischen dem 10. und dem 19. Mai 1942 125 Zigeuner, Zigeunermischlinge und nach Zigeunerart Umherziehende ausgewiesen worden seien.[97]

Doch dem Gauleiter und Chef der deutschen Zivilverwaltung des Elsass, Robert Wagner, ging dies nicht weit genug. Er bat Himmler um die Erlaubnis für eine »Schlußbereinigung«, um das Elsass von »allem Unbrauchbaren und rassisch Minderwertigem« zu säubern.[98] Am 4. August 1942 fand im RSHA eine Konferenz über die zweite und diesmal »endgültige Säuberung« des Elsass statt. Gauleiter Wagner, wurde berichtet, habe von Hitler und Himmler grünes Licht für die Vertreibung erhalten, die etwa zwanzigtausend »Asoziale und Kriminelle«, darunter auch Zigeuner, umfassen sollte. An die Stelle der »minderwertigen« und »artfremden« Elemente sollten Deutsche aus Baden treten.[99] Die Resultate dieser Aktion sind nicht dokumentiert, doch es gibt keinen Grund anzunehmen, dass sie nicht wie geplant stattfand.

In Lothringen begannen die gegen Zigeuner gerichteten Maßnahmen später. Im März 1942 beklagte die dortige Kripo die große Zahl von Zigeunern, die zu einer wahren »Landplage« geworden seien, und verfügte, jeden Zigeuner, der »keiner geregelten Arbeit nachgeht und nach Zigeunerart im Lande herumzieht«, in Vorbeugungshaft zu nehmen. Dasselbe galt für Zigeunerinnen, die sich als Wahrsagerinnen betätigten.[100] Wie viele Zigeuner 1942 in Lothringen verhaftet oder ausgewiesen wurden, lässt sich nicht sagen. Einige wurden in Konzentrationslager in Deutschland gebracht, und die ins unbesetzte Frankreich Abgeschobenen landeten schließlich in südfranzösischen Internierungslagern.[101]

Die Vertreibung der ostpreußischen Zigeuner

In Ostpreußen lebten etwa zweitausend bis zweitausendfünfhundert Zigeuner. Sie waren im Allgemeinen sesshafter als die Zigeuner in anderen Teilen Deutschlands, und einige von ihnen besaßen große Ländereien.[102] Anfang 1942 brachte man etwa zweitausend ostpreußische Zigeuner nach Bialystok, das am 1. August 1941 von Deutschland annektiert und Ostpreußen zugeschlagen worden war. Warum diese Deportation stattfand, ist nicht ganz geklärt. Es besteht die Vermutung, dass Sicherheitsüberlegungen des OKW der Grund gewesen seien,[103] aber diese Erklärung ist alles andere als überzeugend, denn das Gebiet von Bialystok war kaum »sicherer« als Ostpreußen selbst. Das Vorhaben vom Herbst 1939, alle deutschen Zigeuner in die neu eroberten Gebiete im Osten zu deportieren, war schon im Sommer 1940 auf Eis gelegt worden. Wie es hieß, hatte Himmler die Lösung der »Zigeunerfrage« bis nach Kriegsende vertagt. Anfang 1942 waren die deutschen Zigeuner von verschiedenen Restriktionen betroffen, aber weitere Abschiebungen waren nicht im Gespräch.

Dennoch wurden im Januar und Februar 1942 zweitausend ostpreußische Zigeuner in Viehwaggons nach Bialystok transportiert. Einigen von ihnen war offenbar gesagt worden, sie würden in dem ehemals polnischen Gebiet große Bauernhöfe erhalten.[104] Stattdessen wurden sie in Bialystok in ein großes Gefängnis gesperrt. Zuerst wurden Frauen und Männer getrennt untergebracht; später drängten sich ganze Familien in den Zellen. Es gab weder genug Decken noch ausreichend Essen, und viele, vor allem Kinder und Alte, erlagen den sich schnell ausbreitenden Krankheiten. Die Männer mussten unter der Bewachung polnischer SS-Männer außerhalb des Gefängnisses arbeiten, wobei manchen die Flucht gelang; einige wurden für »sozial angepasst« befunden und freigelassen.[105]

Wie viele Todesfälle es in Bialystok gegeben hat, ist nicht bekannt. Als die ostpreußischen Zigeuner im Herbst 1942 in ein früheres Lager für russische Kriegsgefangene in Brest-Litowsk verlegt wurden, gab ein auf den 12. Oktober datierter Bericht der deutschen Polizei ihre Zahl mit achthundert an.[106] Anfang 1943, nachdem die Juden der Stadt getötet worden waren, wurden die Zigeuner im früheren jüdischen Ghetto untergebracht. Die Männer arbeiteten unter Bewachung bei der Reichsbahn. Am 31. Dezember 1942 berichtete der deutsche Gebietskommissar, die Zigeuner aus Bialystok hätten den Typhus nach Brest-Litowsk eingeschleppt, doch die Ausbreitung der Krankheit sei gestoppt worden.[107] Ein halbes Jahr darauf, am 24. Juni 1943, hörten sich seine Klagen über die Zigeuner bedrohlicher an. Deren Anwesenheit wirke sich verheerend aus: »Betteln und Stehlen ist die Hauptbeschäftigung dieser Landplage. Ich halte es für dringend notwendig, daß diese Tagediebe wie die Juden behandelt werden und bitte um entsprechende Vollmacht.«[108] Weniger als ein Jahr später wurde der Wunsch des Gebietskommissars erfüllt. Am 16. April 1944 verzeichnet ein Eintrag im amtlichen Register des Konzentrationslagers Auschwitz-Birkenau die Ankunft von 852 Zigeunern aus Ostpreußen.[109] Zu diesem Zeitpunkt waren bereits Tausende anderer Zigeuner aus anderen Teilen Deutschlands nach Auschwitz deportiert worden.

Die Schaffung gesellschaftlicher Aussenseiter

Das Vorhaben, deutsche Zigeuner ins Generalgouvernement abzuschieben, hatte zur Deportation von nicht mehr als 2500 Menschen geführt. Den im Reich verbliebenen 30 000 Zigeunern[1] war die Bewegungsfreiheit genommen, und nach und nach kamen weitere Restriktionen hinzu, die zumeist auf in Berlin gefällte Entscheidungen zurückgingen, gelegentlich aber auch auf Druck der Bevölkerung von kommunalen Behörden verhängt wurden.

Der Ruf nach durchgreifenden Maßnahmen

Von etwa 1936 an war eine deutliche Verschärfung der zigeunerfeindlichen Propaganda zu verzeichnen. Der Kriegsausbruch und die Festsetzung der Zigeuner brachten eine neue Welle von Forderungen nach radikaleren Maßnahmen gegen diese unglückliche Minderheit mit sich. So beklagte sich zum Beispiel der Bürgermeister von Heinsheim in Baden am 9. November 1939 beim Landrat in Mosbach über eine von der Polizei in seiner Gemeinde angesiedelte Gruppe von fünfundzwanzig Zigeunern: »Wenn Arbeit da ist, drücken sie sich. Ist keine Arbeit vorhanden, dann kommen sie aufs Rathaus und wollen solche oder Unterstützung. Im Dorf wird gebettelt. Baumstutzen werden gestohlen und verbrannt usw.«[2] Eine ähnliche Klage erreichte den Landrat vom Rittersbacher Bürgermeister, der am 8. Dezember schrieb, seine Stadt habe sich in den vergangenen Jahren nie mit der Anwesenheit von Zigeunern auseinander setzen müssen. Am 27. Oktober habe die Polizei jedoch einer durchziehenden Zigeunerfamilie mit acht Kindern verboten, die Stadt zu verlassen. Die Familie stelle eine ständige Belästigung für ihn und die Bürger seiner Stadt dar. Deshalb bitte er den Landrat darum, »daß die Zigeuner in irgendeinem Internierungslager untergebracht werden«.[3]

Der Landrat muss aus anderen Gemeinden ähnliche Schreiben erhalten haben, denn am 9. Juli 1940 wandte er sich an die Karlsruher Kripo um Hilfe. Die festgesetzten Zigeuner seien eine »unerträgliche Plage« geworden, schrieb er. Es sei keine Arbeit für sie zu finden; kein Arbeitgeber wolle sie anstellen, weil niemand erwarten könne, dass andere Arbeitnehmer mit ihnen zusammenarbeiten würden.[4] Das RKPA antwortete einen Monat später in gereiztem Ton auf diese und ähnliche Klagen, andernorts würden Zigeuner gut mit ihren Kollegen zusammenarbeiten; weitere Umsiedlungen ins Generalgouvernement seien gegenwärtig nicht geplant, und »die Errichtung von Zigeuner-Konzentrationslagern ist aus praktischen und aus finanziellen Gründen nicht möglich«.[5]

Der Landrat von Mosbach ließ sich jedoch nicht so leicht abweisen. Am 11. März 1941 beklagte er sich erneut bei der Karlsruher Kripo. Die festgesetzten Zigeuner, erklärte er, seien eine schwere Last für die Landgemeinden. Viele männliche Zigeuner seien zum Militär eingezogen worden, und die zurückbleibenden Frauen seien weitgehend unbeaufsichtigt, da es aufgrund des Krieges nicht genügend Gendarmen gebe. Daher sei sowohl aus Sicherheitsgründen als auch im Interesse der kleinen Landgemeinden eine »endgültige Lösung der Zigeunerfrage … dringend erforderlich«. Aufgrund ihrer mangelnden Disziplin, fügte der Landrat hinzu, seien Zigeuner, solange sie nicht strengstens überwacht würden, für die Arbeit in der Landwirtschaft nicht zu gebrauchen.[6]

Am 28. Juli 1941 folgte ein Treffen mit dem Zigeunerbeauftragten der Karlsruher Kripo, der den Landräten Hoffnungen machte, dass in nächster Zukunft eine endgültige Lösung der »Zigeunerfrage« zu erwarten sei. Im Augenblick sei es jedoch unmöglich, die gesamte Zigeunerbevölkerung umzusiedeln. Einzelne Zigeuner, die sich »asozial« verhielten, könnten in ein Konzentrationslager eingewiesen werden, aber nicht ganze Familien. Der Kripobeamte empfahl, die Zigeuner beim Straßenbau und ähnlichen Projekten einzusetzen. Wer die Arbeit ablehne, bettele oder unmäßig trinke, könne dann als »Asozialer« verhaftet werden.[7]

Auch größere Städte sahen Grund zur Klage. So stellte der Bürgermeister von Ludwigsburg fest, dass die auf dem Land schikanierten Zigeuner in den Städten Zuflucht suchten. Er forderte seinen Polizeipräsidenten auf, »durchgreifende Maßnahmen gegen die Zigeunerplage« zu ergreifen. Die Bevölkerung sei »sehr aufgebracht«.[8] Klare Schritte gegen die »Zigeunerplage« wurden auch im Dortmunder Raum gefordert. Am 21. April 1941 ersuchte der Polizeichef von Beverungen die Dortmunder Kripo darum, zwei Zigeunerfamilien, die infolge des Festsetzungserlasses von 1939 in seiner Stadt lebten, anderswo unterzubringen. Insbesondere die Frauen bettelten und stählen und ließen sich auch durch wiederholte Verwarnungen nicht davon abbringen. Die Klagen der Bevölkerung häuften sich, während eine angemessene Überwachung der Zigeuner nach wie vor unmöglich sei.[9]

Sowohl ein bedeutender Bürger der Stadt, der sich selbst als langjähriges Parteimitglied vorstellte, als auch der Bürgermeister unterstützten die Bitte des Polizeichefs, aber die Dortmunder Kripo wies sie zurück. Gemäß dem Erlass vom 10. Oktober 1939, erläuterte sie, hätten die Zigeuner an dem Ort zu bleiben, an dem sie sich 1939 aufgehalten hätten. Zweck des Erlasses sei es, das Umherziehen der Zigeuner zu beenden, eine besonders in Kriegszeiten wichtige Maßnahme. Die Festsetzung der Zigeuner werde von allen betroffenen Gemeinden als belastend und störend empfunden, und man bemühe sich darum, die Bevölkerung von dieser »Landplage« zu befreien; doch dies könne nicht sofort geschehen. Die einzige Erleichterung bestehe darin, Zigeuner, die sich »asozial« verhielten und konkrete Bestimmungen verletzten, in Vorbeugungshaft zu nehmen. Die örtliche Polizei sei bei der Strafverfolgung zu nachlässig vorgegangen und habe bei verschiedenen Straftaten nicht ausreichend ermittelt.[10]

Im weiteren Fortgang der Korrespondenz warfen beide Seiten sich gegenseitig vor, nicht scharf genug gegen das »Zigeunerunwesen« vorzugehen. Schließlich mischte sich das RKPA in die Kontroverse ein und schlug vor, die Zigeuner aus Beverungen ins Zigeuner-Konzentrationslager von Lodz (Litzmannstadt) zu bringen. Dieses wurde jedoch Anfang 1942 geschlossen, nachdem die Insassen in Gaswagen getötet worden waren, worauf die Dortmunder Kripo dem Regierungspräsidenten in Minden am 16. April 1942 mitteilte, dass die »Umsiedlung« derzeit nicht stattfinden könne. Sobald ein anderer Zielort gefunden sei, werde man sie aber ohne weitere Verzögerung durchführen.[11] Ein halbes Jahr später, am 14. Oktober, fügte sie hinzu, Himmler habe »für die Dauer des Krieges« jede weitere Umsiedlung von Zigeunern untersagt.[12] Das war zwei Monate, bevor Himmler die Deportation von Tausenden von Zigeunermischlingen nach Auschwitz anordnete. Es lässt sich nicht sagen, ob die Dortmunder Kripo eine Mitteilung aus Berlin missverstanden oder Himmler tatsächlich seine Meinung über die Deportation der Zigeuner nach Osten geändert hatte.

Der durch die Festsetzung der Zigeuner hervorgerufene Unmut wurde durch die seit Jahren verbreitete und unvermindert fortgesetzte Verunglimpfung der Zigeuner als »artfremder« und »asozialer« Elemente verstärkt. In einer bayerischen Zeitung beispielsweise wurden sie im März 1940 als »fremdrassige Parasiten« bezeichnet, die wie die Juden behandelt werden sollten.[13] Häufig stand die örtliche Parteigliederung an der Spitze derjenigen, die versuchten, die jeweilige Gemeinde von Zigeunern zu »säubern«. So bemerkte der Kreisgeschäftsführer der NSDAP von Vaihingen bei Stuttgart im Mai 1940, dass in seiner Geschäftsstelle regelmäßig Beschwerden der Bevölkerung über die »Zigeunerplage« eingingen. Gegen dieses »Gesindel« müsse etwas unternommen werden.[14] Druck kam auch von der Kripo selbst. Zusammen mit anderen Teilen des Staatsapparats drängte sie auf die Verabschiedung eines Gesetzes zur Regelung der »Zigeunerfrage«, um ein einheitliches Vorgehen herbeizuführen. Doch das viel beschworene Zigeunergesetz trat nie in Kraft. Statt sich durch ein Gesetz die Hände binden zu lassen, zog es die Führung des Regimes vor, mit Ad-hoc-Erlassen gegen die Zigeuner vorzugehen.

Vorbereitungen für ein »Reichszigeunergesetz« und ein »Gesetz über Gemeinschaftsfremde«

Von einem Zigeunergesetz ist erstmals im März 1936 die Rede. Der Beamte des Innenministeriums Karl Zindel hatte den Auftrag erhalten, einen Entwurf für ein solches Gesetz auszuarbeiten, und in einem Aktenvermerk an Staatssekretär Hans Pfundtner einige inhaltliche Vorschläge dargelegt. Nach seinen Vorstellungen sollte nur genuinen Zigeunern erlaubt sein, über Land zu ziehen, während alle anderen Landfahrer zur Sesshaftigkeit gezwungen werden sollten. Ausländische Zigeuner seien auszuweisen und unzuverlässige Elemente in Arbeitshäuser und Konzentrationslager einzuliefern. Man dürfe »keinerlei Schwäche und Milde« zeigen. Alle Zigeuner müssten streng überwacht werden.[15]

Die Arbeit am Zigeunergesetz ging weiter. Im März 1938 schickte Heydrichs Stellvertreter Werner Best dem bayerischen Innenminister einen diesbezüglichen Entwurf zu. Das in Vorbereitung befindliche Gesetz, erklärte er in seinem Schreiben, würde »die endgültige Lösung der Zigeunerfrage nach rassischen Gesichtspunkten« einleiten.[16] Ein im Dezember desselben Jahres verfasster Brief von RuSHA-Chef Günther Pancke an Himmler enthielt weitere Einzelheiten des Gesetzes, das beim RKPA erarbeitet wurde. Danach sollte jede »Vermischung zwischen Zigeunern und Deutschblütigen« verboten werden; »reinrassige« Zigeuner sollten von Zigeunermischlingen unterschieden und letztere durch »Sterilisierung und Isolierung« ausgesondert werden.[17]

Anfang 1939 erwähnte der Zigeunerbeauftragte der Karlsruher Kripo das in Vorbereitung befindliche Gesetz in einem Vortrag, in dem er die Bedeutung einer reichseinheitlichen Grundlage für die Behandlung der Zigeuner unterstrich. Von dem vorgeschlagenen Gesetz betroffen seien vor allem Mischlinge und nach Zigeunerart umherziehende Personen. Weiter sagte er: »Man wird wohl ... zukünftig Konzentrationslager errichten und zur Sterilisation greifen müssen, um ein allmähliches Aussterben dieser asozialen Elemente auf diese Weise zu erreichen.«[18]

Heydrich hatte in den im März 1939 herausgegebenen Ausführungsbestimmungen zum Runderlass vom 8. Dezember 1938 auf ein zu verabschiedendes Zigeunergesetz als »notwendiger Rechtsgrundlage« für die gegen die Zigeuner zu ergreifenden Maßnahmen verwiesen.[19] Und doch war es gerade die Furcht davor, die zigeunerfeindlichen Maßnahmen von solch einer »Rechtsgrundlage« abhängig zu machen, die das Gesetz nicht über das Planungsstadium hinauskommen ließ. Während die Staatsbürokratie auf ein ordnungsgemäßes, einheitliches Verfahren drängte, war die NS-Führung mehr darauf bedacht, ihre Handlungsfreiheit zu bewahren. Daher blieb es wie im Fall des nationalsozialistischen Euthanasieprogramms bei Erlassen und Polizeiaktionen. Ein Zigeunergesetz, ganz gleich, wie streng es gewesen wäre, hätte einen Handlungsrahmen bestimmt, denn jede gesetzliche Begrenzung von Rechten hätte gleichzeitig eine Garantie der unangetastet gebliebenen Rechte bedeutet; alles nicht ausdrücklich Verbotene wäre erlaubt gewesen. Deshalb zogen Himmler und seine Handlanger es vor, sich des Polizeiapparats zu bedienen. Auf diese Weise konnten sie die radikalsten Maßnahmen ergreifen, ohne fürchten zu müssen, mit einem

Gesetz und den Behörden, die seine Einhaltung überwachten, in Konflikt zu geraten.[20]

Auch Ritters Forschungsstelle war in die Arbeit an dem geplanten Zigeunergesetz einbezogen. In einem Entwurf, der wahrscheinlich von Ende 1940 oder Anfang 1941 stammt, schlug sie vor, Zigeuner vom Militärdienst auszuschließen und ihre Möglichkeiten der Eheschließung zu beschränken.[21] Ritter scheint sich allerdings im Klaren darüber gewesen zu sein, dass das Zigeunergesetz nicht zustande kommen würde, und er begann als Ersatz über ein Gesetz gegen »Gemeinschaftsfremde« nachzudenken. Er interessierte sich seit langem für alle Fragen, die mit »Asozialen« zu tun hatten, und die Verabschiedung eines »Gemeinschaftsfremdengesetzes«; so spekulierte er wahrscheinlich, würde neue finanzielle Zuwendungen an seine Forschungsstelle nach sich ziehen. Aber auch dieses Gesetz, das seit 1939 im Gespräch war, sollte nie in Kraft treten. Es scheiterte an unüberbrückbaren Differenzen zwischen den beteiligten Institutionen, denn es war wesentlich weiter gefasst als das Zigeunergesetz. Die Kategorie der »Gemeinschaftsfremden« war äußerst unbestimmt und ihre Wirkung auf die Öffentlichkeit daher nicht abzuschätzen.

Das Streben der Nationalsozialisten nach einer homogenen, harmonischen Gesellschaft – einer wahren »Volksgemeinschaft« – brachte sie dazu, nicht nur die »Fremdblütigen«, sondern auch alle unberechenbaren und angeblich asozialen Elemente auszusondern. Wie bereits geschildert, betraf dieses Vorhaben außer den Zigeunern auch eine ganze Bandbreite von anderen Menschen: Bettler, Prostituierte, Landstreicher und andere nonkonforme Teile der Bevölkerung. Die Verfolgung begann mit Sterilisation und polizeilicher Vorbeugungshaft, doch wie in anderen Bereichen des nationalsozialistischen Programms setzte auch hier bald ein Radikalisierungsprozess ein. Verschiedene Parteigliederungen und Staatsbehörden suchten sich in ihrem Bemühen um die neue, vollkommene utopische Gesellschaft gegenseitig auszustechen, so dass bald die Forderung nach umfassenderen und radikaleren Maßnahmen laut wurde.

Das erste Mal wird ein »Gesetz über Gemeinschaftsfremde« in einem Schriftwechsel zwischen Heydrich und Himmler vom 13. April 1939 erwähnt.[22] Im selben Jahr entstand im RKPA der Entwurf zu einem solchen Gesetz, nach dem folgende Personengruppen zu den »Gemeinschaftsfremden« gezählt werden sollten:

1. Nichtsesshafte, die kein regelmäßiges Einkommen nachweisen konnten;
2. Sesshafte, die ihren Lebensunterhalt auf illegale Weise erwarben;
3. Arbeitsscheue;
4. Personen, deren Lebensweise das moralische Leben anderer gefährdete;
5. aus Gefängnissen oder Konzentrationslagern Entlassene, die nicht nachweisen konnten, dass sie ein geregeltes Leben aufgenommen hatten, und
6. Minderjährige, die als Schwererziehbare aus Heimen hinausgeworfen worden waren.

Diese »Gemeinschaftsfremden« sollten in Konzentrationslagern interniert und jene von ihnen, die »unerwünschten Nachwuchs« zeugen könnten, sterilisiert werden.[23]

Es folgten zahlreiche weitere Entwürfe, doch es kam zu keiner Verabschiedung. Haupthindernis war das Kompetenzgerangel zwischen RKPA und Justizministerium, das eine Schwächung der Stellung der Justiz fürchtete, denn nach den Gesetzentwürfen des Innenministeriums sollte die Polizei entscheiden, wer unter die neue Verordnung fiel. Außerdem betrachtete das Justizministerium die Definition der »Gemeinschaftsfremden« als zu vage; es wollte die Entscheidungen über Zwangssterilisationen weiterhin den »Erbgesundheitsgerichten« vorbehalten und verlangte bei Einlieferungen in Konzentrationslager ein Vetorecht für Staatsanwälte.[24]

Nach dem Tod von Justizminister Franz Gürtner am 29. Januar 1941 glaubte das RKPA, dass ein großes Hindernis aus dem Weg sei. Doch sein Nachfolger Otto Thierack war zwar ein fanatischer Nationalsozialist, aber genauso unnachgiebig auf die Wahrung seiner Position bedacht. Auch andere Minister erhoben Einspruch wie der mit Himmler verfeindete Hans Frank, der den Titel eines Reichsministers trug. Er hielt die Vorstellung, dass der Polizei derart weit reichende Befugnisse übertragen werden sollten, für unannehmbar. Göring äußerte sich ähnlich. Die Polizei, erklärte er, sollte mit den Zuständigkeiten auskommen können, die sie bereits besitze. Später zog er seine Bemerkung allerdings zurück.[25]

Es folgten weitere Schriftwechsel und Besprechungen auf höchster Ebene, um die Differenzen auszuräumen. Mitte 1944 war endlich ein Kompromiss gefunden; das »Gesetz über Gemeinschaftsfremde« sollte am 1. April 1945 in Kraft treten. Doch der Krieg holte das Vorhaben ein. Am 1. August 1944 untersagte das RKPA die Weiterarbeit an allen Fragen, die nicht unmittelbar die innere Sicherheit im Reich betrafen, und Thierack stoppte am 8. August »wegen des totalen Kriegseinsatzes« sämtliche Gesetzesreformen.[26] In den letzten Kriegstagen wurden sogar die in Konzentrationslagern festgehaltenen Zigeuner für Hitlers dezimierte Armeen gebraucht.

In Ermangelung eines Gesetzes zur Regelung der »Zigeunerfrage« brach sich der eskalierende Druck, eine Ausgrenzung herbeizuführen, in Form von Erlassen und lokalen Initiativen Bahn, die kaum Rücksicht auf ein einheitliches Vorgehen nahmen. Die Verwirrung in der Frage des Schulbesuchs von Zigeunerkindern ist ein Beispiel dieses administrativen Durcheinanders.

Der Ausschluss aus den Schulen

Die Forderung, den Kontakt zwischen Zigeunerkindern und ihren »deutschblütigen« Altersgenossen zu verhindern, kam für gewöhnlich von lokalen Beamten und Parteifunktionären. So zum Beispiel die Bemühungen österreichischer Beamter, Zigeunerkinder von den Schulen zu verweisen, von denen schon berichtet wurde. Im Februar 1939 ordnete der Oberbürgermeister von Köln auf Vorschlag des Rassenpolitischen Amts der NSDAP an, in den Grundschulen separate Klassen für Zigeunerkinder einzurichten. Damit seien diese, frohlockte der *Völkische Beobachter* am 9. März 1939, »ähnlich wie Judenkinder, aus dem Zusammenleben mit der deutschen Jugend ausgeschaltet worden«. Der Erinnerung eines Lehrers zufolge kamen in Köln schließlich alle Zigeunerkinder in eine eigene Schule.[27]

Vom Kölner Vorbild angespornt, schlug die Hamburger Schulverwaltung im selben Monat vor, den gleichen Schritt zu erwägen.[28] Schließlich mussten alle Zigeunerkinder Hamburgs die Schule abbrechen, was durch eine Verordnung vom Mai 1942 mit dem Argument, Zigeunerkinder würden »deutschblütige Kinder in Gefahr bringen«,[29] gerechtfertigt wurde. Hintergrund war der im Zusammenhang mit den Vorgängen in Österreich bereits erwähnte Erlass des Reichsministers für Wissenschaft, Erziehung und Volksbildung vom 15. Juni 1939. Danach hatten die Kinder deutscher Zigeuner im Prinzip das Recht, die Schule zu besuchen, konnten aber vom Schulbesuch ausgeschlossen werden, sofern man der Meinung war, sie stellten »in sittlicher oder sonstiger Beziehung für ihre deutschblütigen Mitschüler eine Gefahr« dar.[30] Am 21. November 1941 wurde dieser Erlass vom RKPA als fürs ganze Reich gültige Bestimmung veröffentlicht.[31] Städte wie Hamburg nutzten diese Verordnung, um die Zigeunerkinder von ihren Schulen zu entfernen, und es musste kein besonderer Beweis für die Behauptung erbracht werden, sie stellten eine Gefahr für ihre »deutschblütigen« Klassenkameraden dar.

In Frankfurt am Main folgten die Ereignisse dem gleichen Muster. Am 6. Mai 1940 verlangte ein Stadtrat und Mitarbeiter des Rassenpolitischen Amts der NSDAP vom Oberbürgermeister, die »verlausten, verwahrlosten und völlig bildungsunfähigen Zigeunerkinder« von den Schulen zu verweisen. Der Oberbürgermeister sträubte sich zunächst, diese Forderung zu erfüllen. Laut Gesetz, entgegnete er dem Stadtrat, seien Zigeunerkinder zum Schulbesuch verpflichtet; im Übrigen säßen sie in mehreren Frankfurter Schulen bereits von den anderen Kindern getrennt. Doch ein Jahr später obsiegte der Parteifunktionär, zweifellos gestärkt durch die Veröffentlichung des Ministererlasses, der die Entfernung der Zigeunerkinder gestattete, mit dem Ergebnis, dass in ganz Frankfurt alle diese Kinder von den Schulen verwiesen wurden.[32]

Auch in Düsseldorf und Berleburg wurden Zigeunerkinder von den Schulen genommen.[33] Andererseits konnten in München und Wiesbaden Zigeunerkinder bis zu ihrer Deportation im Jahr 1943 die Schule besuchen.[34] Gelegentlich war das Fehlen einer einheitlichen Regelung also auch ein Segen.

Zwangsarbeit

Die Kriegsanstrengungen brachten eine verstärkte Reglementierung der Arbeit mit sich. Den Arbeitsplatz zu verlassen wurde zu einer Straftat, und langsam zu arbeiten konnte als Sabotage ausgelegt werden. Doch die Zigeuner wurden besonderen Schikanen unterworfen. Zur Sesshaftigkeit gezwungen, wurden viele von ihnen zu Hilfsarbeiten im Hoch- und Straßenbau herangezogen. In anderen Fällen gab es an dem Ort, an den sie gebunden waren, keine Arbeit, oder sie bekamen keine Stellen, weil die deutschen Arbeiter sich weigerten, mit ihnen zusammenzuarbeiten.[35] Die Folge waren Bettelei und andere verbotene Aktivitäten. In Magdeburg zum Beispiel wurde am 1. Februar 1941 die achtzehnjährige Elisabeth F. wegen unerlaubten Hausierens festgenommen. In ihrer Aussage erklärte sie, dass sie allein für den Lebensunterhalt ihrer Familie aufkommen müsse; ihr Vater sei in einem Konzentrationslager, und ihre Mutter sei krank. Da sie nicht betteln wollte, habe sie mit Knöpfen gehandelt. Die Polizei zeigte ungewöhnliches Mitgefühl mit ihrer Lage. Auf Anfrage bestätigte das örtliche Arbeitsamt, dass es äußerst schwer sei, für Zigeunerinnen eine Arbeit zu finden, da andere Frauen nicht mit ihnen im selben Raum arbeiten wollten. Die Haft endete mit einer Verwarnung. Ein Bußgeld zu verhängen sei zwecklos, hieß es in dem Polizeibericht, da die junge Frau es nicht bezahlen könne.[36]

Arbeitgeber beklagten sich häufig über die Arbeitsgewohnheiten der bei ihnen beschäftigten Zigeuner. Solche Beschwerden konnten unangenehme Folgen haben. Der siebzehnjährige Kurt A. aus Magdeburg, zum Beispiel, war 1938 während der »Aktion Arbeitsscheu« verhaftet, ein paar Monate später aber freigelassen und einer Baufirma zugeteilt worden. Im Juni 1940 beschwerte sich die Firma bei der Deutschen Arbeitsfront (DAF) über A.s unregelmäßiges Erscheinen bei der Arbeit. »Es kann doch nicht angehen«, empörte man sich, »daß die deutsche Jugend auf dem Schlachtfeld verbluten muß, während diese Nichtarier hier in der gewählten Heimat ein Bummelleben führen und nur nach Belieben arbeiten.« A. wurde am 8. November verhaftet und gestand, dass er wiederholt nicht zur Arbeit gegangen sei. Im Juli habe er seine Tätigkeit bei der Baufirma ganz aufgegeben, weil die Entlohnung nicht angemessen gewesen sei. Seine Mutter werde in einem Konzentrationslager festgehalten, und er müsse für drei jüngere Geschwister sorgen. Zwischen Juli und November habe er daher verschiedene Gelegenheitsarbeiten angenommen. Er versprach, wieder zu der Baufirma zu gehen und gewissenhaft zu arbeiten. Doch im Mai 1942 wurde er erneut wegen ständigen Fehlens festgenommen. Nachdem er mit einer ernsten Verwarnung freigelassen worden war, wurde er schließlich mit anderen Zigeunern zusammen nach Auschwitz deportiert.[37]

Der einunddreißigjährige Walter L., der bei derselben Baufirma arbeitete, wurde im November 1940 verhaftet, weil er der Arbeit ferngeblieben war. Er gab zu, eine Salbe auf sein Bein gestrichen zu haben, um eine Infektion vorzutäuschen und krankgeschrieben zu werden. In einer Erklärung, die er unterzeichnete, bestätigte er: »Mir ist eröffnet worden, wenn ich die Arbeit bei Rennwanz [der Baufirma] nicht sofort aufnehme, habe ich damit zu rechnen, daß ich in polizeiliche Vorbeugungshaft genommen werde.« Einige Monate später wurde er wieder wegen Bummelei festgenommen und auf unbestimmte Zeit in ein Arbeitslager eingewiesen.[38] Nach einem Erlass Himmlers bestand die Aufgabe dieser »Arbeitserziehungslager« nicht in Bestrafung, sondern in Erziehung und Ausbildung: »Die Häftlinge sind zu strenger Arbeit anzuhalten, um ihnen ihr volksschädigendes Verhalten eindringlich vor Augen zu führen, um sie zu geregelter Arbeit zu erziehen und um anderen durch sie ein abschreckendes und warnendes Beispiel zu geben.«[39] Verfehlte ein mehrwöchiger Aufenthalt in einem »Arbeitserziehungslager« seine Wirkung und erschien der ehemalige Insasse wiederum nur unregelmäßig zur Arbeit, musste er darauf gefasst sein, in ein Konzentrationslager gesteckt zu werden. L.s weiteres Schicksal ist nicht bekannt. Zwei Zigeunerinnen aus Magdeburg, die im August 1942 verhaftet worden waren, weil sie mehrmals zu spät oder gar nicht zur Arbeit gekommen waren, wurden für vier Wochen in ein »Arbeitserziehungslager« geschickt.[40]

In den Arbeitslagern wurden nicht nur Zigeuner, sondern auch ausländische und deutsche Arbeiter »erzogen«. Doch Zigeuner wurden besonders leicht zu Erziehungsfällen. Neben mangelnder Erfahrung mit der Arbeitsdisziplin hatten sie noch mit einem anderen Handicap zu kämpfen: mit der Schwierigkeit, ihre Arbeitsstelle zu erreichen, denn vielerorts war es ihnen verboten, öffentliche Verkehrsmittel zu benutzen. So war es durchaus keine Seltenheit, dass sie mehrere Kilometer zu Fuß zurücklegen mussten.[41] Manchmal erhielten sie eine Sondererlaubnis, mit der sie eine bestimmte Bus- oder Straßenbahnlinie benutzen durften, jedoch, wie ausdrücklich vermerkt war, nur für den Arbeitsweg. Ernst K. wurde am 24. Februar 1943 in Magdeburg verhaftet, weil er mit einer Straßenbahn gefahren war, obwohl seine Sondererlaubnis am 31. Dezember 1942 ausgelaufen war. Sein elfjähriger Sohn, der ihn begleitete, besaß überhaupt keine

Genehmigung. Bevor die beiden jedoch dafür bestraft werden konnten, wurde ihre Familie von der Deportation nach Auschwitz erfasst, wo K. am 18. Dezember 1943 starb.[42] Obwohl der Vorsatz der Festsetzung und Einbindung der Zigeuner in die Kriegswirtschaft im März 1941 bekräftigt wurden, erhielten Zigeuner, die zu alt oder zu krank waren, um in der Bauindustrie zu arbeiten, gelegentlich die Genehmigung, ein Wandergewerbe zu betreiben. Laut einer Anweisung der Münchener Kripo vom 26. November 1941 durfte Personen, die ein kriegswichtiges Wandergewerbe ausübten, wie etwa das Körbeflechten oder das Schärfen von Sägen, eine Genehmigung für dieses Gewerbe ausgestellt werden. Erwähnenswert ist, dass diese Anweisung nicht nur für Zigeuner und Zigeunermischlinge, sondern auch für »alle übrigen nach Zigeunerart umherziehenden Personen« galt,[43] obwohl letztere im »Festsetzungserlass« vom Oktober 1939 nicht genannt worden waren. Die Münchener Polizei hatte immer darauf beharrt, dass die »weißen Zigeuner« mindestens so gefährlich wie die »reinrassigen« Zigeuner seien, und sie blieb, auch ohne ausdrückliche Ermächtigung aus Berlin, bei ihrer harten Linie.

Auch in Bezug auf Genehmigungen für einen Wechsel des Wohnorts hatte sich die Uneinheitlichkeit der Zigeunerpolitik bemerkbar gemacht. Dies führte dazu, dass das RKPA am 13. Juli 1942 einen Erlass verbreitete, der die strikte Befolgung der Arbeitspflicht am zugewiesenen Wohnort einforderte. Genehmigungen für einen Wechsel des Wohnorts seien nur in Ausnahmefällen zu erteilen, denn die Zigeuner würden jede sich bietende Gelegenheit nutzen, um ihre frühere unstete Lebensweise wieder aufzunehmen.[44]

In den Jahren der Zwangsarbeit verschlechterten sich die Bedingungen in den städtischen Zigeunerlagern erheblich. Für Instandhaltung und Reparatur der Wohnwagen und Hütten wurde kein Geld zur Verfügung gestellt, und die hygienischen Zustände, die nie gut gewesen waren, verschlechterten sich noch mehr. In manchen Fällen wurden Zigeuner, die noch in ihren eigenen

Wohnungen wohnten, gezwungen, in ein Lager umzuziehen, was zur Folge hatte, dass es dort noch enger wurde. Im Zigeunerlager in der Frankfurter Dieselstraße hielten sich im Juli 1939 zwanzig Familien mit zusammen genommen 119 Personen auf. Bis zum Oktober war diese Zahl auf 146 gestiegen, darunter 16 Zigeuner, die aus Mainz dorthin verlegt worden waren, und im Mai 1941 lebten 160 Personen in dem Lager. Am 15. Mai 1941 meldete das Fürsorgeamt zufrieden, dass praktisch alle Zigeuner produktiver Arbeit zugeführt worden seien. Von den 160 Insassen seien nur sechs so alt oder krank, dass sie Unterstützung erhalten mussten.[45]

Der Vater von Herbert Adler hatte eine gute Arbeit bei der Frankfurter Post und wohnte mit seiner Familie in einer Fünfzimmerwohnung. Dennoch musste die Familie 1940 ins Zigeunerlager umziehen, wo man ihr einen umgebauten Umzugswagen zuwies. Die primitive Unterkunft verfügte weder über Elektrizität noch über fließend Wasser. Nachdem das Lager 1942 in die Kruppstraße verlegt worden war, mussten sogar die Kinder arbeiten, und Adler erinnert sich, dass er und sein damals neunjähriger kleiner Bruder Lastwagen mit Ziegel- und Natursteinen für den Straßenbau zu beladen hatten. Von den neunundzwanzig Angehörigen der Familie Adler überlebten nur drei die Deportation nach Auschwitz.[46]

Im Zigeunerlager Berlin-Marzahn befanden sich im Juli 1939 fast achthundert Personen. Nach Kriegsausbruch achtete man darauf, dass jeder eine Arbeit hatte – in Fabriken, auf dem Bau oder in einer nahe gelegenen Kiesgrube. Andererseits wurde der Plan, alle Berliner Zigeuner in das Lager zu verbringen, nicht umgesetzt, und manche Familien konnten in ihren Wohnungen bleiben.[47]

Das Zigeunerlager in Köln wurde nach der Deportation der Insassen ins Generalgouvernement im Mai 1940 geschlossen. Die wenigen zurückgebliebenen Zigeuner lebten in der Stadt verstreut und waren, wie die Behörden feststellten, »fast restlos in den Arbeitsprozeß eingereiht«.[48] In Düsseldorf blieb das Zigeunerlager bestehen. Nach dem Mai 1940 lebten dort noch etwa siebzig Personen, die, einschließlich der älteren Kinder, in Rüstungsfabriken, auf Baustellen und in einer nahe gelegenen Wollfabrik arbeiten mussten. Die meisten waren jedoch in einer ebenfalls in der Nähe des Lagers befindlichen Glasfabrik beschäftigt. Die Lagerinsassen wurden morgens und abends gezählt und mussten sofort nach der Arbeit zurückkehren. Das Lager blieb bis zum Ende des Krieges in Betrieb.[49]

Ähnliches galt für das schon seit 1928 bestehende Königsberger Zigeunerlager am Continer Weg. Nach Kriegsausbruch mussten alle Arbeitsfähigen eine regelmäßige Arbeit annehmen; diese Bestimmung wurde durch eine Anweisung des RKPA vom 22. Juli 1941 bekräftigt. Offenbar hatte die örtliche Kripo beim RKPA angefragt, ob es möglich sei, die Zigeuner in die neu eroberten Gebiete im Osten abzuschieben. Aus Berlin kam daraufhin der Bescheid, dass eine »allgemeine und endgültige Lösung der Zigeunerfrage ... im Augenblick nicht erfolgen« könne. Man solle doch ein neues Lager errichten oder ein bestehendes vergrößern. Wer arbeitsfähig sei, solle zur Arbeit in Königsberg oder der Umgebung der Stadt eingesetzt werden, ordnete das RKPA an und fügte hinzu: »Arbeitsverweigerung oder -vernachlässigung hat Einweisung in ein Konzentrationslager zur Folge.« Damit jeder seinen produktiven Beitrag leiste, seien Zigeunern, die für eine geregelte Beschäftigung ungeeignet seien, und älteren Kindern Arbeiten im Lager zuzuweisen.[50] In dem Lager lebten während des Krieges im Durchschnitt etwa zweihundert Personen. Es blieb bis Kriegsende bestehen.[51]

Doch nicht alle deutschen Städte hatten Lager für »ihre« Zigeuner errichtet. In München, beispielsweise, lebten 1941 etwa zweihundert Zigeuner in verschiedenen Teilen der Stadt in Wohnungen oder Wohnwagen, ohne dass man sie zwang, in ein Lager umzuziehen. Sie stünden unter polizeilicher Überwachung, hieß es in einem Aktenvermerk der Münchener Kripo vom 29. Oktober 1941, und fast alle von ihnen würden arbeiten.[52] Zur

Zwangsarbeit scheinen Zigeuner demnach überall herangezogen worden zu sein, unabhängig davon, ob sie in einem Lager oder in Privatwohnungen lebten.

Entlassung aus der Wehrmacht

In amtlichen Kommentaren zu den Nürnberger Gesetzen von 1935 wurden Zigeuner als »Fremdblütige« eingestuft, und der Zugang zur deutschen Staatsbürgerschaft wurde ihnen verwehrt. Dennoch – und das ist kennzeichnend für die Verwirrung über die Rechtsstellung der Zigeuner – wurden die meisten der im Land lebenden Zigeuner weiterhin als deutsche Staatsbürger betrachtet, die der Wehrpflicht unterlagen. Zwar wurde in dem am 21. Mai 1935 verabschiedeten Wehrgesetz als Voraussetzung für den Dienst in der Wehrmacht eine »arische Abstammung« verlangt, aber in der Neufassung des Gesetzes vom 26. Juni 1936 wurde das Wort »Nichtarier« durch das Wort »Jude« ersetzt. Diese Änderung geschah auf Drängen des Außenministeriums und aufgrund von Unmutsäußerungen von Seiten der Verbündeten des Dritten Reichs; so hatte Japan verschnupft auf die Verunglimpfung von »Nichtariern« reagiert. Im Gegensatz zu Juden wurde daher von Zigeunern erwartet, dass sie ihre Wehrpflicht erfüllten.[53]

In den deutschen Streitkräften galten Zigeuner seit langem als unzuverlässig. Man sagte ihnen nach, dass sie versuchten, sich vor dem Wehrdienst zu drücken, und sofort desertieren würden, wenn man sie einzog.[54] Daher ist es nicht überraschend, dass die Militärführung nach dem Machtantritt des NS-Regimes daranging, den Wehrdienst von Zigeunern einzuschränken. Vertrauliche Richtlinien über den Dienst an der Waffe von »nichtjüdischen fremdblütigen deutschen Staatsangehörigen« vom 22. November 1937 sahen den Ausschluss von »vollblütigen Zigeunern und Personen mit auffälligem Einschlag von Zigeunerblut (Zigeunermischlinge)« vor. Diese Personen erfüllten aufgrund ihres

»fremdrassigen Bluteinschlags« in Bezug auf »Erscheinung und Haltung, Charakter und Wesen« nicht die an einen deutschen Soldaten gestellten Anforderungen und seien deshalb in die Reserve zu versetzen.[55] Am 21. Juli 1939 wurde die Gültigkeit dieser Richtlinien auf Zigeuner, die in den österreichischen Streitkräften gedient hatten, ausgedehnt.[56]

Offenbar blieben trotz dieser Maßgaben nicht wenige Zigeuner weiterhin in der Wehrmacht. Viele wurden von ihren Kommandeuren geschützt, wahrscheinlich mehr aus soldatischer Solidarität als aus bewusster Ablehnung des Rassismus.[57] Philomena Franz erinnert sich, dass ihr Bruder Johann, der zur Kavallerie eingezogen worden war, eine Zeit lang vom Kommandeur seiner Einheit gedeckt wurde. Johann verstand viel von Pferden und war bei seinen Kameraden beliebt. Er kämpfte in Polen, Frankreich und Russland, bevor er schließlich entlassen und nach Hause geschickt wurde.[58] Bis weit ins Jahr 1942 hinein wurden Zigeuner, die noch nicht von Ritters Forschungsstelle klassifiziert worden waren und deren äußere Erscheinung nicht dem Stereotyp entsprach, zum Wehrdienst eingezogen.

Am 11. Februar 1941 verlangte das OKW, dem die Missachtung der Richtlinien von 1937 aufgefallen war, deren strikte Einhaltung. Die Einberufung von Zigeunern und Zigeunermischlingen habe zu unterbleiben, und jene, die bereits Dienst täten, seien »wegen mangelnder Eignung aus dem aktiven Wehrdienst zu entlassen«. Das RKPA werde die Wehrmacht auf Anweisung Himmlers über die rassische Klassifizierung der Betroffenen in Kenntnis setzen.[59] Am 24. April informierte das RKPA die Kriminalpolizeistellen von dieser Anordnung und forderte die entsprechenden Angaben über den gerade zur Einberufung anstehenden Jahrgang 1923 an.[60] In den folgenden Jahren lieferte die Kripo anhand der von Ritters Forschungsstelle ausgestellten Gutachten regelmäßig Informationen über die rassische Zugehörigkeit junger Wehrdienstpflichtiger.

Auch in der NSDAP drängte man darauf, Zigeuner aus der Wehrmacht zu entfernen. In einem an die Parteikanzlei adressierten Brief vom 26. September 1941 brachte ein Beamter des Propagandaministeriums diese Frage zur Sprache. In der Bevölkerung, bemerkte er, werde oft nicht verstanden, »dass Fremdvölkische ebenfalls deutsche Soldaten sein können«. Er habe die Namen mehrerer Zigeuner erhalten, die immer noch im aktiven Wehrdienst stünden, und frage sich, was in dieser Angelegenheit zu tun sei. Die Parteikanzlei antwortete einige Tage darauf, dass sie solche Informationen sammle und ans OKW weiterleite.[61]

Hitler war ebenfalls ungehalten darüber, dass in seiner Wehrmacht auch Zigeuner dienten. Soweit bekannt, hat er sich nur zweimal kurz zur »Zigeunerfrage« geäußert, und beide Male ging es um den Wehrdienst. Sein Adjutant Major Gerhard Engel, der als Verbindungsoffizier zum Oberkommando des Heeres (OKH) fungierte, schrieb am 2. Mai 1940 in sein Tagebuch:

»Wieder einmal große Aufregung und Krach. F[ührer]. hat entweder von Bormann oder dem Reichsführer [Himmler] Unterlagen erhalten, daß Zigeuner ihrer Wehrpflicht genügen, und zwar im Heer. Es soll sich um sogenannte ›seßhafte‹ Zigeuner aus der Umgebung von Nürnberg handeln. In diesem Zusammenhang stellt F. sehr erregt Schm. [Engels Vorgesetzter Rudolf Schmundt] und mir gegenüber fest, Zigeuner seien artfremd und wären bezüglich der Ausnahmegesetze in gleicher Weise wie Juden zu behandeln. Reichsführer SS habe ganz bestimmte Weisungen für die Behandlung dieser Volksgruppe, und von dort würden sie auch erfaßt. Hier würde es sich sicher wieder um eine der üblichen Mogeleien handeln, um – wie schon bei vielen Judenabkömmlingen – zu versuchen, dieselben im Heer verschwinden zu lassen und sie mit dem Mantel christlicher Nächstenliebe zuzudecken. Dieser Eintritt für Mischlinge und ähnliche Gesellschaft würde ihm überhaupt zuviel, und er würde darüber mit Keitel sprechen.«[62]

Am nächsten Tag notierte Engel, die Angelegenheit sei geklärt worden. Die fraglichen Zigeuner besäßen einwandfreie deutsche Pässe und seien daher völlig zu Recht eingezogen worden. »Die ganze Sache kam durch gemeine Angaben aus der Bevölkerung an Parteidienststellen ins Rollen. Anscheinend, wie dann immer, mit geschäftlichem Hintergrund, denn diese ehemaligen Zigeunerfamilien sind reich und haben gutgehende Geschäfte.« Am Abend trug Engel den Fall Hitler vor. »Es gefiel F. nicht, jedoch schwieg er und sagte mir, daß er Weiteres veranlassen würde.«[63]

Bei einem Abendessen mit Heydrich am 10. Februar 1941 äußerte sich Hitler erneut über das Thema der in der Wehrmacht dienenden Zigeuner. Wie sein Adjutant Werner Koeppen berichtet, wies Heydrich darauf hin, dass »einige Zigeuner, die unsere Staatsangehörigkeit haben, zum Wehrdienst eingezogen worden« seien. Feldmarschall Keitel wolle »das sofort abstellen«. Nach seiner Erfahrung, fügte Heydrich hinzu, seien Mischlinge zwischen Zigeunern und Deutschen die »asozialsten Elemente«. Hitler seinerseits hielt die Zigeuner für »die größte Plage der bäuerlichen Bevölkerung«.[64] Und am nächsten Tag bekräftigte das OKW dann auch seine Richtlinien von 1937, nach denen Zigeuner und Zigeunermischlinge nicht zum Wehrdienst eingezogen werden durften.

Gelegentlich versuchten Zigeuner, ihre Entlassung aus der Wehrmacht zu erreichen, indem sie sich als solche zu erkennen gaben. So Hermann P., der seit 1938 in der Wehrmacht diente. Er war als »Zigeunermischling mit vorwiegend deutschem Blutsanteil« klassifiziert worden, und als er 1941 unter Hinweis auf seine Herkunft beantragte, aus der Wehrmacht entlassen zu werden, wurde er mit der Begründung abgewiesen, der Anteil an »Zigeunerblut« sei bei ihm minimal.[65] Ein anderer, Peter L., führte an, seine sieben Kinder erhielten aufgrund seiner Einstufung als Zigeuner keinerlei staatliche Unterstützung. Er wurde am 30. Dezember 1941 aus der Wehrmacht entlassen und im März 1943 nach Auschwitz deportiert.[66]

Der Ausschluss der Zigeuner aus den Streitkräften setzte sich

1942 fort. Am 7. Februar verbot Göring in seiner Eigenschaft als Luftfahrtminister und Oberbefehlshaber der Luftwaffe Zigeunern und Zigeunermischlingen, Luftschutzdienst auszuüben.[67] Das OKW bekräftigte am 10. Juli erneut seine Weisung, Zigeuner, selbst wenn sie sich freiwillig meldeten, nicht in die Wehrmacht aufzunehmen. Zigeunermischlinge waren in die Reserve zu versetzen. Neu war die Bestimmung, »vollblütige« Zigeuner ganz zu entlassen.[68] Wiederum wurde die Kripo beansprucht, um die Zigeuner ausfindig zu machen, die noch in der Wehrmacht dienten. Am 28. August informierte das RKPA die Kripodienststellen von der Verfügung des OKW und betonte, dass jetzt auch diejenigen vom Dienst ausgeschlossen werden sollten, deren äußere Erscheinung nicht dem typischen Bild des Zigeuners entsprach. Fälle, in denen es nicht zur Entlassung kam, sollten dem RKPA gemeldet werden. Die Entlassenen sollten in Zusammenarbeit mit den Arbeitsämtern produktiver Arbeit zugeführt werden.[69]

Manche Zigeuner versuchten, in der Wehrmacht zu bleiben – vermutlich, um sich selbst und ihre Familien zu schützen. Gustav F. hatte sich im Oktober 1938 freiwillig zum Militärdienst gemeldet. Nachdem er am 5. Mai 1942 entlassen worden war, weil er Zigeuner war, ersuchte er um Reaktivierung, wurde aber abgewiesen. In einem Aktenvermerk der Kölner Kripo wurde betont, dass keine Ausnahme von der Regel gemacht werden dürfe.[70] Julius H. war 1941 als »Zigeunermischling mit vorwiegend deutschem Blutsanteil« eingestuft worden, aber Mitglied der NSDAP geblieben. Vermutlich war er völlig assimiliert und betrachtete sich selbst nicht mehr als Zigeuner. Im März 1942 erkundigte sich die Gauleitung Franken beim Rassenpolitischen Amt der NSDAP, ob H. in die Wehrmacht eintreten könne; man erwarte in den nächsten Wochen seine Einberufung. H. habe wiederholt den Wunsch geäußert, Wehrdienst zu leisten. »Nachdem H. 1919 schon als Freiwilliger gegen den Bolschewismus gekämpft hat«, schrieb der Parteifunktionär, »bin ich der Ansicht, daß man der Bitte entsprechen könnte.«[71] Der Ausgang des Falls ist nicht bekannt.

Julius H. war offenbar nicht der einzige Zigeuner, der als Deutscher angesehen werden wollte, denn am 22. September 1943 gab das OKW eine weitere Weisung heraus, die sich mit Personen ähnlicher Herkunft und Weltanschauung befasste. Danach durften Zigeunermischlinge, die nach »Gesamtführung, Charakter, Persönlichkeit sowie weltanschaulicher Einstellung volle Gewähr für die unbedingte Zuverlässigkeit« boten und ihre Einsatzbereitschaft im Angesicht des Feindes unter Beweis gestellt hatten, im aktiven Dienst verbleiben. Ihre Einheiten sollten entsprechende Anträge stellen; Ausnahmen vom grundsätzlichen Ausschluss würden jedoch nur unter besonderen Umständen gestattet. Mit dieser Weisung trug man wahrscheinlich der großen Anzahl von Anfragen kommandierender Offiziere Rechnung, die die Zigeuner in ihren Verbänden behalten wollten. Doch sie blieb nicht einmal ein Jahr in Kraft. Am 12. Juli 1944 wurde sie durch eine Verordnung ersetzt, durch die mit Zigeunerinnen verheiratete Deutsche und Zigeunermischlinge vom Wehrdienst ausgeschlossen wurden.[72]

Dass die Wehrdienstbestimmungen trotz erheblicher Personalknappheit verschärft wurden, zeigt, in welchem Ausmaß die Militärführung von rassistischem Denken beherrscht wurde. Gleichzeitig mit dem Ausschluss aus der Wehrmacht wurden Zigeuner auch aus dem Reichsarbeitsdienst entfernt. Die Dienstpflicht in dieser Organisation war am 26. Juli 1935 eingeführt worden. Für Juden galt sie von Anfang an nicht, während Zigeuner erst 1942 ausgeschlossen wurden, als man auch die Regelungen des Militärdienstes enger fasste.[73]

Vorschriften über Eheschließungen und sexuelle Beziehungen

Nach den Gesetzen von 1935 waren sowohl Eheschließungen als auch außereheliche Beziehungen zwischen »Deutschblütigen« und Personen »artfremden Blutes« verboten. Um dies durchzusetzen und die »Reinheit des deutschen Blutes« zu erhalten, waren verschiedene Verfahren eingeführt worden. So hatten Erlasse von 1935 und 1936 deutlich gemacht, dass das Verbot nicht nur für Juden galt, sondern auch für Zigeuner, auch wenn bei letzteren die Kontrolle über dessen Einhaltung bis etwa 1941 nur lax durchgeführt worden zu sein schienen.

Manche Paare umgingen das Gesetz, indem sie an einem anderen Ort heirateten, und nicht wenige zum Wehrdienst eingezogene Zigeuner nutzten die Möglichkeit der Kriegstrauung, bei der die »Ehetauglichkeit« der Partner weniger wichtig war. Von den kommandierenden Offizieren, die auf das Wohlergehen und die Moral ihrer Einheiten bedacht waren, wurden solche Hochzeiten häufig sogar befürwortet.[74] Angesichts dessen erinnerte der Regierungspräsident von Arnsberg die Standesbeamten seines Bezirks am 18. Juni 1941 daran, dass sie verpflichtet waren, eine Ehetauglichkeitsbescheinigung zu verlangen, wenn einer der Brautleute Zigeuner, Zigeunermischling oder nach Zigeunerart Umherziehender war.[75]

In einem Erlass des Reichsinnenministers vom 20. Juni 1941 wurde festgestellt, dass erfahrungsgemäß »Zigeunerblut die Reinerhaltung des deutschen Blutes in hohem Maße gefährdet«. Die Standesbeamten sollten deshalb besondere Vorsicht walten lassen, wenn einer der künftigen Eheleute »Zigeunerblut« in sich habe oder wenn der Verdacht bestand, dass dies der Fall sei. Durch den Erlass wurde auch die Bestimmung vom 3. Januar 1936 annulliert, nach der »Deutschblütige« und Zigeuner mit einem Anteil von einem Viertel oder weniger an »fremdem Blut« heiraten durften.[76]

Die Nürnberger Gesetze bezogen sich auf Ehen zwischen »Deutschblütigen« und »Fremdblütigen«; Ehen unter Zigeunern waren nicht betroffen. Doch das Fehlen einer gesetzlichen Regelung hinderte Beamte, die der Fortpflanzung der Zigeuner Einhalt gebieten wollten, nicht daran, auch solche Eheschließungen zu unterbinden. So empfahl zum Beispiel der Landrat im baden-württembergischen Hechingen dem Standesbeamten im nahe gelegenen Burladingen am 11. August 1941, die Heirat zweier Zigeuner nicht zu gestatten. Beide seien Zigeunermischlinge und würden daher unter den Erlass des Reichsinnenministers vom 20. Juni fallen.[77] Am 24. Dezember 1942 betonte das Innenministerium in einem förmlichen Schreiben, dass Eheschließungen zwischen Zigeunermischlingen nicht wünschenswert seien und verhindert werden müssten.[78]

Lebte ein solches Paar zusammen, lief es Gefahr, in ein Konzentrationslager geschickt zu werden. Am 25. Oktober 1941 gab das RKPA eine Anweisung über »Konkubinate« heraus, die sich als Rechtsgrundlage auf den Erlass über die vorbeugende Verbrechensbekämpfung vom Dezember 1937 berief. Der Anweisung zufolge verhielten sich Paare, die ohne Trauschein zusammenlebten, wenn ihre Eheschließung auf juristische Hindernisse stieß, »asozial«, da sie den Zweck des Gesetzes durchkreuzten. Die Schuldigen seien davor zu warnen, dass sie auf unbestimmte Zeit in ein Konzentrationslager eingewiesen werden würden, wenn sie sich nicht trennten und jeglichen Geschlechtsverkehr unterließen. Wenn sie trotz dieser Warnung auf ihrer außerehelichen Beziehung beharrten, sollten sie in polizeiliche Vorbeugungshaft genommen, das heißt in ein Konzentrationslager gebracht werden.[79]

Zigeuner, die heiraten wollten, befanden sich also in einer Zwickmühle. Sie konnten, wie bei ihnen üblich, nach ihren eigenen Riten heiraten, ohne aufs Standesamt zu gehen. Doch während die deutschen Behörden die Zigeunerehe schon immer geringschätzig betrachtet hatten – in ihren Augen war sie kaum besser als ein »Konkubinat« –, wurden Zigeuner nun daran gehindert, ihre Eheschließungen durch eine Heirat nach deutschem Recht formell bestätigen zu lassen. Und wenn sie, nachdem ihnen die standesamtliche Trauung verweigert worden war, nach Zigeunerbrauch zusammenlebten, drohte ihnen die Einweisung in ein Konzentrationslager.

Wie oft der Erlass gegen das »Konkubinat« angewendet wurde, ist nicht bekannt, aber er kam auch bei Beziehungen zwischen Zigeunern und »Deutschblütigen« zum Einsatz. Der Zigeuner Wilhelm H., zum Beispiel, war Musiker und lebte in Köln mit einer Frau namens Anna S. in einer von der Kripo so genannten »Zigeunerehe« zusammen. Am 23. Juli 1941 wurde er verhaftet und gezwungen, eine Erklärung zu unterschreiben, in der er versprach, das Zusammenleben mit Anna S. aufzugeben und weder mit ihr noch mit einer anderen »deutschblütigen« Frau Geschlechtsverkehr zu haben. Auch Anna S. sagte zu, die Beziehung zu beenden und nie wieder sexuellen Kontakt mit einem Zigeuner oder Zigeunermischling aufzunehmen. Danach tauchten beide unter. Die Polizei vermutete, dass sie nach Danzig gezogen waren, und bat die dortigen Behörden, nach ihnen zu fahnden. Anna S. wurde am 29. Januar 1942 in Oldenburg aufgegriffen; H. wurde am 16. April in Köln festgenommen und am 10. Juni ins KZ Buchenwald gebracht, wo er am 6. März 1945 verstarb, wenige Wochen vor der Befreiung des Lagers durch amerikanische Truppen.[80]

Der ebenfalls aus Köln stammende Händler Josef P. hatte mehr Glück. Nach seiner Festnahme am 12. August 1941 musste er versprechen, die Verbindung zu Katharina P., einer »deutschblütigen« Geschiedenen, zu beenden und keine neue Beziehung zu einer »deutschblütigen« Frau aufzunehmen. Dennoch befand er sich unter dem Vorwurf, sich mit einer anderen »deutschblütigen« Frau eingelassen zu haben, bald wieder in Haft. Nachdem er sich erneut verpflichtet hatte, solche Beziehungen zu unterlassen, wurde er wegen verschiedener Delikte in Bezug auf seine Tätigkeit als Händler belangt. Am 15. Februar 1944 befand man ihn für »asozial« und verbrachte ihn ins KZ Natzweiler. Er überlebte die KZ-Haft.[81]

Die meisten dieser Beziehungen waren solche zwischen Zigeunern und »deutschblütigen« Frauen, doch es gab auch Ausnahmen. Am 9. Januar 1942 wurde der »deutschblütige« Karl H. verhaftet und gab zu, seit vier Jahren mit der Zigeunerin Christine L. zusammenzuleben. 1939 hatte das Paar ein Kind bekommen; ein zweites wurde kurz nach H.s Verhaftung am 28. März 1942 geboren. Er kam mit dem Versprechen davon, die Beziehung zu beenden, während Christine L. als »Asoziale« nach Auschwitz deportiert wurde, wo sie am 28. März 1944 starb. Auch ihre beiden Kinder kamen in das Todeslager; das jüngere war noch keine zwei Jahre alt. Ihr weiteres Schicksal ist unbekannt.[82] Die »deutschblütigen« Partner in solchen Beziehungen kamen nicht immer ungeschoren davon. Am 11. September 1942 war der Kölner Zigeuner Arono F. aufgefordert worden, seine Beziehung zu der »deutschblütigen« Anna R. aufzugeben. In einem Schreiben an die örtliche Gestapostelle schlug die Kölner Kripo am 23. September vor, R. zu bestrafen. Das Gesetz, räumte die Kripo ein, sehe keine Strafen für die »deutschblütigen« Partner solcher Beziehungen vor; doch Anna R. habe durch ihr Verhalten die Ehre der deutschen Frau beschmutzt und sollte daher für zwei Wochen in Schutzhaft genommen werden. Die Gestapo folgte dem Vorschlag. F. wurde nach Auschwitz gebracht; er überlebte.[83]

Der Krieg lieferte einen weiteren Grund für die Einschränkung der Eheschließungen von Zigeunern. Am 3. März 1942 verfügte der Reichsinnenminister mit »Rücksicht auf die kriegsbedingte Notwendigkeit, die Verwaltungsarbeit einzuschränken«, keine Anträge auf Ausnahme vom »Gesetz zum Schutze des deutschen Blutes«, um eine »fremdblütige« Person zu heiraten, mehr anzunehmen.[84] Ein halbes Jahr später wurde diese Anweisung auf Anträge auf Eheschließung zwischen Zigeunern und Zigeunermischlingen ausgedehnt.[85] Zigeunern, die sich sterilisieren ließen, wurde jedoch gestattet, zu heiraten beziehungsweise verheiratet zu bleiben. Darauf wird weiter unten näher eingegangen.

Bei der Aufgabe von Verwaltungsverfahren, die nicht mehr erwünscht waren, wurde gern auf Personalknappheit verwiesen, doch für die Überwachung des sexuellen Verhaltens von Zigeunern schien die Kripo ausreichend Kapazitäten zu haben. Nach den noch vorhandenen Polizeiakten zu urteilen, war eine Menge Schnüffelei nötig, um herauszufinden, wer mit wem zu-

sammenlebte, und die »Verunreinigung des deutschen Blutes«
zu verhindern. Diese Einmischung in die Privatsphäre setzte
sich während des ganzen Krieges fort und ist sogar noch für die
letzten Kriegsmonate belegt. Offenbar überwog die Besessenheit vom Gedanken der »Rassenreinheit« alle anderen Überlegungen.

Arbeitsgesetz und Sozialgesetze: Auf einer Stufe mit den Juden

1942 sahen sich die Zigeuner mit weiteren Restriktionen und
Verpflichtungen konfrontiert, insbesondere was die Arbeit betraf. Zigeuner, hieß es in einem Lehrbuch über »Rassen- und
Erbpflege«, seien »Fremdblütige im Sinne der deutschen Rassengesetzgebung« und müssten daher ebenso wie die Juden vom
deutschen Volk abgesondert werden, obwohl »zahlreiche gegen
Juden speziell erlassene Maßnahmen gegen sie nicht notwendig«
seien.[86]

Am 13. März 1942 ordnete Reichsarbeitsminister Franz Seldte
an, dass für Zigeuner vom 1. April an die gleichen arbeitsrechtlichen Vorschriften wie für Juden gelten sollten.[87] Das bedeutete,
dass sie getrennt von anderen Arbeitern oder in gesonderten
Gruppen beschäftigt werden mussten. Sie konnten nicht mehr in
die Lehre gehen, die Schutzbestimmungen für Kinder von vierzehn bis achtzehn Jahren galten für sie nicht, sie hatten kein
Recht auf die Unterstützung für Großfamilien, sie konnten ohne
Vorankündigung entlassen werden und erhielten kein Kranken-
geld. Am 26. März verfügte der Reichsfinanzminister, dass auch
Zigeuner, wie Polen und Juden, eine fünfzehnprozentige Son-
dersteuer, die so genannte »Sozialausgleichsabgabe«, zu entrich-
ten hatten. Gerechtfertigt wurde dies damit, dass Zigeuner im
Unterschied zu Deutschen keinen Beitrag zur DAF zu leisten
hätten.[88] Diese Erlasse galten für Zigeuner und Zigeunermischlinge, von deren Großeltern mindestens zwei Zigeuner waren.

Die Kripo wurde aufgefordert, den Arbeitsämtern die Namen der betroffenen Personen mitzuteilen.[89]

Außerhalb Österreichs wurden die Familien von Zigeunern, die in Konzentrationslager eingewiesen worden waren, bis 1942 vom Fürsorgeverband der NSDAP, der Nationalsozialistischen Volkswohlfahrt (NSV), unterstützt. Diese Hilfe war gelegentlich widerstrebend oder überhaupt nicht erteilt worden, aber theoretisch stand sie den Familien zu. Im Juni 1942 wurde die NSV, die für staatliche Hilfsprogramme wie das jährliche Winterhilfswerk verantwortlich war, von der Pflicht, Zigeuner zu unterstützen, befreit. Am 8. Juni teilte das RKPA allen Kriminalpolizeistellen mit, dass Angehörige von Zigeunern und Zigeunermischlingen – außer »Viertelzigeunern« – fortan keine Hilfsleistungen der NSV mehr erhalten würden.[90] In einem weiteren Rundschreiben erklärte das Amt einige Monate später, »asozialen« Familien solle keine Unterstützung gewährt werden, weil sie eine große Gefahr für das deutsche Volk darstellten. Dies ändere sich auch nicht, wenn das Oberhaupt der Familie inhaftiert sei.[91]

Die örtlichen Behörden reagierten unterschiedlich auf die verschärfte Ausgrenzung der Zigeuner. Der Oberbürgermeister von Berlin ordnete aufgrund ihrer neuen arbeitsrechtlichen Stellung am 13. Mai 1942 an, keine zusätzlichen Lebensmittelkarten für Schwer- oder Nachtarbeit mehr an sie auszugeben.[92] Dagegen war man in Wien der Ansicht, dass Zigeuner, die eine anstrengende Tätigkeit in der Landwirtschaft ausübten, ihre Arbeit nicht richtig ausführen konnten, wenn sie nur die Rationen von Juden erhielten.[93] Am 4. November diskutierten Beamte des Reichsministeriums für Ernährung und Landwirtschaft und Vertreter des RKPA auf einer Sitzung in Berlin die Lebensmittelzuteilung an Zigeuner, und das Ergebnis wurde dem Wiener Landesernährungsamt und dem Haupternährungsamt der Stadt Berlin mitgeteilt. Himmler, hoben die Kripobeamten hervor, habe angeordnet, die Behandlung der Zigeuner auf eine neue Grundlage zu stellen. Dies werde höchstwahrscheinlich die Abschiebung von etwa 20000 Zigeunern nach sich ziehen; für die verbleibenden 5000 bis 8000 Zigeuner würden keine Sondervorschriften benötigt. Im Übrigen könne man zuverlässige nur schwer von unzuverlässigen Zigeunern unterscheiden, und es sei unsinnig, prominente Zigeuner, wie etwa bekannte Geiger, auf reduzierte Rationen zu setzen. Deshalb wurde das Berliner Haupternährungsamt aufgefordert, seine Entscheidung zurückzunehmen.[94]

Himmlers Vertreibungspläne führten im März 1943 zur Deportation Tausender von Zigeunern in ein gesondertes Zigeunerlager in Auschwitz. Dem waren über Monate hinweg verschiedenste Restriktionen vorausgegangen, auch wenn, wie gesehen, nicht alle Schritte der örtlichen Behörden von den Entscheidungsträgern in Berlin gutgeheißen wurden. Ein ähnlicher wie oben geschilderter Fall ist aus Minden bekannt. Dort wurde der Polizeipräsident am 30. Juli 1942 von einem Parteifunktionär darauf aufmerksam gemacht, dass noch fünfundneunzig Zigeuner in der Stadt lebten. Wiederholt, schrieb er, hätten sich Hausfrauen darüber beschwert, dass sie beim Lebensmittelhändler und in anderen Geschäften mit Zigeunerinnen in einer Schlange stehen mussten. Um diese »unerträgliche Situation« zu beenden, schlage er spezielle Einkaufszeiten und Geschäfte für Zigeuner vor. In anderen Städten seien solche Vorkehrungen bereits getroffen worden, und die Wirtschaftsgruppe Einzelhandel unterstütze diese Idee.[95] Doch der Polizeipräsident war anderer Meinung. Zigeuner und Juden, führte er in seinem Antwortschreiben aus, seien arbeitsrechtlich in der Tat den Juden gleichgestellt, in allen anderen Belangen habe die Regierung jedoch noch keine einschlägigen Regelungen getroffen. Er könne daher »mangels einer Rechtsgrundlage z. Zt. [dem] Antrage vom 17.8.42 nicht ... entsprechen«.[96]

1942 hatte es das NS-Regime bereits weitgehend aufgegeben, so zu tun, als würde es rechtsstaatlich regieren, doch gelegentlich hielten örtliche Behörden an geregelten Verwaltungsverfahren fest. Vermutlich beriefen sich Kommunalbeamte nur dann auf solche rechtlichen Vorbehalte, wenn es ihnen zupass kam. Dennoch belegen solche Vorfälle die merkwürdige Koexistenz von NS-Willkür und Resten einer Rechtsordnung, die es dem Staat verbot, gegen einen Einzelnen vorzugehen, wenn das Gesetz ihn nicht ausdrücklich dazu ermächtigte. In einer 1941 veröffentlichten Analyse der NS-Diktatur hat der emigrierte deutsche Politologe Ernst Fraenkel den Begriff des »Doppelstaats« geprägt, für einen Staat, der eine gewaltige, von keinem Gesetz eingeschränkte Machtfülle mit bestimmten begrenzten Schutzmaßnahmen basierend auf gesetzlich abgesicherten Rechten und Privilegien verbindet.[97] Dass das NS-Regime das »Zigeunerproblem« nicht mit einer abschließenden Gesetzgebung, sondern mit Ad-hoc-Erlassen zu lösen versuchte, hatte, wie bereits ausgeführt, seinen Grund eben darin, dass die aus dem Prinzip der Rechtsordnung folgende Annahme, was nicht verboten ist, sei erlaubt, umgangen werden sollte.

Die Einführung von Maßnahmen, welche die Zigeuner ihrer rechtlichen Gleichstellung beraubten, wurde bis zur Deportation im Jahr 1943 fortgesetzt. Am 24. Dezember 1942 verfügte der Reichsfinanzminister, dass Zigeuner vom 1. April 1943 an nicht mehr berechtigt waren, Steuerabzüge geltend zu machen.[98] Wie alle anderen Vorschriften galt auch diese Verordnung für Zigeuner und Zigeunermischlinge, die zwei oder mehr Zigeuner als Großeltern hatten. Die rassische Klassifikation jedes einzelnen Falls war vom RKPA vorzunehmen, das sich dabei auf die Gutachten von Ritters Forschungsstelle stützte.

Rassische Klassifizierung

Das Reichsinnenministerium hatte, wie oben dargestellt, im Frühjahr 1936 eigens eine gesonderte Forschungsstelle eingerichtet, um die rassische Zusammensetzung der in Deutschland lebenden Zigeunerbevölkerung zu klären. Nach der Verabschiedung der auf rassischen Kriterien beruhenden Nürnberger Gesetze war die Frage, wer als Zigeuner anzusehen war, besonders dringlich geworden. Die Hauptaufgabe der Rassenhygienischen und Bevölkerungsbiologischen Forschungsstelle bestand, wie Ritter es 1940 formulierte, darin, »wissenschaftliche und praktische Unterlagen für die staatlichen Maßnahmen der Erb- und Rassenpflege zu schaffen«.[99]

Am 7. August 1941 gab das RKPA detaillierte Anweisungen über die Auswertung von rassenbiologischen Gutachten heraus. Anhand der Sachverständigengutachten, so der Erlass, werde das RKPA die betreffende Person als Zigeuner, Zigeunermischling oder nach Zigeunerart Umherziehenden identifizieren und das Ergebnis den Kriminalpolizeileitstellen mitteilen. Diese Mitteilungen würden eine »Rassendiagnose« und Angaben darüber enthalten, welchem Stamm der Begutachtete angehörte. Da es unmöglich sei, den genauen Grad der Rassenmischung festzustellen, solle das folgende vereinfachende Schema verwendet werden:

1. Z   »Vollzigeuner« beziehungsweise »stammechter Zigeuner«
2. ZM+ »Zigeunermischling mit vorwiegend zigeunerischem Blutsanteil«
3. ZM »Zigeunermischling mit gleichem zigeunerischem und deutschem Blutsanteil«
    (1) ZM 1. Grades: eine Person mit einem »deutschblütigen« und einem Vollzigeuner als zweitem Elternteil
    (2) ZM 2. Grades: eine Person mit einem »deutschblütigen« Elternteil und ZM 1. Grades als zweitem Elternteil
4. ZM- »Zigeunermischling mit vorwiegend deutschem Blutsanteil«
5. NZ »Nichtzigeuner«

Ferner sollten Angaben über die Stammeszugehörigkeit enthalten sein, die es in den meisten Fällen ermöglichen würden, zu

176

bestimmen, ob der betreffende Zigeuner Deutscher oder Ausländer sei. Als ausländische Zigeuner seien die Angehörigen der folgenden Stämme zu betrachten: »Rom« aus Ungarn (»ein Händlerschlag, der bestimmte rassische Merkmale mit den Juden gemeinsam hat«), Gelderari, Lowari, Lalleri und bestimmte »balkanische Sippen«. Viele ausländische Zigeuner trügen jetzt deutsche Namen und besäßen unberechtigterweise deutsche Ausweispapiere. Diese Papiere seien einzuziehen und die betreffenden Zigeuner als Ausländer zu behandeln. Angehörige des Stammes der Sinti seien Deutsche; viele von ihnen lebten schon seit Generationen in Deutschland.[100]

Die Gutachten waren von der Kripo den Einwohnermeldeämtern und Volkskarteien zuzuleiten, damit diese und andere Ämter darauf basierend entscheiden konnten, ob einem Zigeuner die Eheschließung gestattet werden sollte, ob er aus der Wehrmacht zu entlassen war und so weiter. Genauere Anweisungen über die Verwendung der Gutachten folgten am 20. September. Bemerkenswert an diesem Runderlass ist eine Bestimmung über die Jenischen. Im Oktober 1939 waren offenbar einige »weiße Zigeuner« irrtümlicherweise als genuine Zigeuner eingestuft worden, und man hatte ihnen daher verboten, ihren Aufenthaltsort zu verlassen. Wenn sich jetzt herausstellte, dass sie Nichtzigeuner waren und die »Festsetzung« demzufolge aufgehoben werden musste, war die Kripo angehalten, sie gemäß dem neuen Erlass als »Asoziale« zu betrachten und nach den entsprechenden Verordnungen zu behandeln.[101]

Auch in Bezug auf mit »Deutschblütigen« verheiratete »Zigeunermischlinge mit vorwiegend deutschem Blutsanteil« hatte man sich die Anwendung nichtrassischer Kriterien vorbehalten. In diesen Fällen hing die Klassifizierung des RKPA – wie die Praxis vor und nach 1941 zeigte – davon ab, ob die betreffende Person das Zigeunerleben ihres Ehepartners teilte oder als »sozial angepasst« galt.[102] So wollte Ritters Forschungsstelle im Januar 1940 von den Behörden im hessischen Dillenburg wissen, ob bestimmte Zigeuner sesshaft waren und einer geregelten Ar-

Raſſenhygieniſche Forſchungsſtelle
des Reichsgeſundheitsamtes
Leiter: Dr. phil., Dr. med. habil. R. R i t t e r

Berlin=Dahlem, den
Unter den Eichen 82-84   2 2. Nov. 1943

Gutachtliche Äußerung.

Nr. 22537

Auf Grund der Unterlagen, die ſich in dem Zigeunerſippenarchiv*) der Forſchungsſtelle
befinden, wird als Ergebnis der bisher durchgeführten raſſenkundlichen Sippenunter=
ſuchungen

für ▮▮▮▮▮▮▮ , Selma   "Rupa"

geb.   15.5.1903 Potsdam

Sohn - Tochter des   "Wurscha",

der fälſchlich den deutſchen Namen Johann ▮▮▮▮ , al. Karl Kiefer, führt
geb. 1847, gest.

und der   "Tutorana",

die fälſchlich den deutſchen Namen Elise ▮▮▮▮ , geb.?, gest. 1921,   führt

die Raſſendiagnoſe: Z i g e u n e r ("Róm" aus Ungarn)

geſtellt.

Obige(r) "Róm"=Zigeuner(in) gehört einem Händlerſchlag an, welcher beſtimmte
raſſiſche Merkmale mit den Juden gemeinſam hat.

Verh. mit Max ▮▮▮ , geb. 27.12.1898

Wohnh. n Berlin
Nicht erfasst

Dr. Ritter.

*) Das Zigeunerſippenarchiv wurde im Auftrag und mit Mitteln des Reichsausſchuſſes für Volksgeſundheitsdienſt angelegt.

Von Robert Ritter angefertigtes Rassengutachten eines Rom-Zigeuners beit nachgingen oder staatliche Unterstützung benötigten.[103] Manchmal wurden die Betreffenden auch persönlich zur Kripo bestellt, um über ihre Lebensführung Auskunft zu geben.[104] Wer diese Prüfung bestand, konnte von den gröbsten Vorschriften für Zigeuner ausgenommen werden, etwa von der Einschränkung der Bewegungsfreiheit. Dies galt auch für Zigeunermischlinge zweiten Grades – von deren Großeltern nur einer Zigeuner war. Nach einem Erlass des RKPA vom 16. Juli 1940 konnten sie von den Zigeunervorschriften befreit werden, wenn sie mit sesshaften »deutschblütigen« Personen verheiratet und im Allgemeinen »sozial angepasst« waren.[105]

Das gleiche Prinzip wurde in Bezug auf die Jugenddienstpflicht von Zigeunerkindern angewandt. Nach einem mit Hilfe des RKPA formulierten Erlass des Reichsjugendführers vom 15. Mai 1942 waren Zigeuner und Zigeunermischlinge von diesem Dienst ausgeschlossen. Davon ausgenommen waren Kinder, deren Eltern vom RKPA als »Zigeunermischlinge mit vorwiegend deutschem Blutsanteil« und »sozial angepasst« eingestuft worden waren. Das RKPA verteilte diesen Erlass an die Kriminalpolizeistellen mit der Aufforderung, Auskunft über die »soziale Anpassung« der von dieser Regelung betroffenen Eltern zu erteilen. Der Bericht sollte Einschätzungen der örtlichen Polizei und der lokalen Parteiorganisation, Beurteilungen von Arbeitgebern und Informationen über eventuelle Vorstrafen enthalten.[106]

Die Rassenhygienische und Bevölkerungsbiologische Forschungsstelle hatte seit 1936 Informationen über die rassische Zusammensetzung der deutschen Zigeunerbevölkerung gesammelt, aber individuelle Gutachten zu erstellen war eine langwierige und arbeitsaufwendige Tätigkeit. Die rassische Einordnung hing jeweils von der rassischen Zugehörigkeit von vier Großeltern ab. Ein »Vollzigeuner« musste, zum Beispiel, mindestens drei »Vollzigeuner« als Großeltern haben,[107] und das ließ sich nicht so leicht feststellen. Viele Zigeuner benutzten neben ihrem Romani-Namen noch mehrere andere, die sie in schwierigen Situationen, etwa bei Verhaftungen oder der Desertion aus der Armee, angenommen hatten; andere besaßen mehrere christliche Taufscheine, die jeweils auf einen anderen Namen ausgestellt waren.[108] Die schwierige Arbeit seiner Forschungsstelle, bemerkte Ritter in einem im Februar 1941 erschienenen Artikel, sei dadurch erleichtert worden, dass die Zigeuner seit Oktober 1939 an einen bestimmten Ort gebunden sowie gezählt und den Behörden in Berlin gemeldet worden seien. Die Gesamtzahl der im Deutschen Reich lebenden Zigeuner belaufe sich auf etwa 30 000, doch bis zu diesem Zeitpunkt seien nur etwas mehr als 10 000 Gutachten erstellt worden. Man werde schätzungsweise noch anderthalb Jahre benötigen, um diese Aufgabe zu erledigen.[109] Ein gutes Jahr später, im März 1942, hatte sich die Zahl der Gutachten nur auf 13 000 erhöht, und man schätzte, dass die Klassifizierung aller im Land lebenden Zigeuner noch etwa ein Jahr in Anspruch nehmen würde.[110]

Schon die Deportation der Zigeuner aus dem westlichen Grenzgebiet im Mai 1940 war durch das Fehlen von Rassengutachten verzögert worden, und auch in den folgenden zwei Jahren hatte dieses Problem die Durchführung der beschlossenen zigeunerfeindlichen Maßnahmen behindert. Auf eine Anfrage aus München hin ordnete das RKPA deshalb im Juli 1942 an, noch nicht begutachtete Personen bis zum Beweis des Gegenteils als Zigeuner zu behandeln.[111]

Im November 1942 war die Zahl der erstellten Gutachten auf 18 922 gestiegen,[112] und im März 1943 berichtete Ritter, dass praktisch alle im Altreich und in der Ostmark[113] lebenden Zigeuner klassifiziert worden seien. Man war inzwischen bei 21 498 Gutachten angekommen. »Nach Beendigung der Sichtung«, vermeldete Ritter, »konnten bisher über 9000 Zigeunermischlinge von der Polizei in einem besonderen Zigeunerlager im Sudetenland konzentriert werden.«[114] Gemeint war das Zigeunerlager in Auschwitz, auch wenn dieses im Warthegau, dem annektierten Teil Polens, und nicht im Sudetenland lag. Im März 1944 konnte Ritter den Abschluss der Arbeit verkünden: 23 822 Zigeuner und Zigeunermischlinge seien erfasst worden.[115] Zu diesem Zeitpunkt waren viele der ehemals 30 000 Zigeuner im Reich nicht mehr am Leben; Tausende waren infolge von Misshandlungen und Unterernährung in Auschwitz gestorben, und in Kulmhof waren mehr als 5000 burgenländische Zigeuner in Gaswagen ermordet worden. Der näher rückende Sieg der Alliierten setzte dem peniblen Bemühen Ritters und seiner Mitarbeiter, die rassische Zugehörigkeit jedes Zigeuners im Großdeutschen Reich zu bestimmen und so zur Lösung des »Zigeunerproblems« beizutragen, ein Ende. Am 24. November 1944 vermerkte die Berliner Kripo, dass »aus kriegsbedingten Gründen keine Gutachten [mehr] gestellt werden« könnten.[116]

Ritters umfassenderes Interesse galt der Kriminalbiologie, weshalb er sich neben den Zigeunern auch mit »anderen asozialen und kriminellen Gruppen« befasste.[117] Dazu gehörten die Jenischen oder nach Zigeunerart Umherziehenden sowie Familien, in denen es besonders viele Straftäter gab. Diese breitere Perspektive von Ritters Tätigkeit spiegelte sich in mehreren Namensänderungen seines Instituts wider, das schließlich als Kriminalbiologische Forschungsstelle firmierte. Von Dezember 1941 an leitete er zudem das auf Himmlers Anregung gegründete Kriminalbiologische Institut der Sicherheitspolizei, das durch die Erforschung der erbbiologischen Wurzeln des Verbrechens dazu beitragen sollte, »die Maßnahme der vorbeugenden Verbrechensbekämpfung in Zukunft auch erb- und lebensgesetzlich auszurichten«.[118] Besondere Aufmerksamkeit widmete Ritter dabei jugendlichen Delinquenten. Finanziert wurden seine Forschungen von verschiedenen Institutionen, unter anderem vom Reichsgesundheitsamt, vom RKPA und vom Reichsinnenministerium. Trotzdem mangelte es stets an Geld, so dass er für die Verwirklichung seiner weitgespannten Vorhaben auf Zuwendungen von Nichtregierungsorganisationen wie der Deutschen Forschungsgemeinschaft angewiesen war. Offenbar von den Zigeunern fasziniert, eignete er sich sogar die Anfangsgründe des Romani an.[119] Hans-Joachim Dörings Behauptung, Ritter und

RKPA-Chef Nebe hätten 1941 das Interesse an der Zigeunerforschung verloren, weil sie mit Himmlers Haltung zum »Zigeunerproblem« nicht einverstanden waren, entbehrt jeder Grundlage.[120]

Die zwischen 1939 und 1942 betriebene Ausgrenzung der deutschen Zigeuner folgte aus einem rassistischen Denken, das nichtrassische Faktoren weitgehend ausklammerte. Ritters Forschungsstelle hatte Zigeunermischlinge stets als die verdorbensten und kriminellsten Elemente betrachtet und diverse repressive Maßnahmen empfohlen; »Vollzigeuner« waren in seinen Augen weniger gefährlich. Im Widerspruch zu dieser Auffassung wurden jedoch »Vollzigeuner« durch viele der in diesen Jahren ergangenen Erlasse mit schärfsten Restriktionen belegt, während für Mischlinge mit geringem Anteil an »zigeunerischem Blut«, die als »sozial angepasst« galten, bisweilen Ausnahmen gemacht wurden. Unnötig zu sagen, dass beide Positionen auf pseudowissenschaftlichen Kategorien und dubiosen Gedankengängen beruhten und sich moralisch kaum voneinander unterschieden. Ende 1942 wurden, wie noch ausgeführt werden wird, die Prioritäten wieder genau andersherum gesetzt, als Himmler »Vollzigeunern« eine bevorzugte Behandlung angedeihen ließ, indem er sie unter anderem von der Deportation ausnahm. Offensichtlich hatte das Regime auch nach zehnjähriger Beschäftigung mit der »Zigeunerfrage« keine eindeutige politische Vorgehensweise entwickelt, auch wenn sich eine Radikalisierung abzeichnete, die für die Zukunft Schlimmes ahnen ließ.

INTERNIERUNG UND DEPORTATION
AUS DER »OSTMARK«

Beim Anschluss Österreichs an das Deutsche Reich im Jahr 1938 lebten 11 000 Zigeuner in der so genannten Ostmark. 8000 von ihnen führten im Burgenland ein sesshaftes Leben, während viele der verbleibenden 3000 zwar die Wintermonate in festen Unterkünften verbrachten, aber im Sommer mit ihren Wohnwagen durch das Land zogen. Dem setzte der Festsetzungserlass vom Oktober 1939 ein Ende, doch das genügte denjenigen, die strengere Maßnahmen im Kampf gegen die »Zigeunerplage« forderten, nicht.

Forderungen nach radikalen Lösungen

In einem Bericht vom 9. Oktober 1939 informierte der SD die Behörden in Berlin darüber, dass die österreichische Bevölkerung ein energisches Vorgehen gegen die Zigeuner verlange. Diese »asozialen Elemente«, die mit den schlimmsten ansteckenden Krankheiten infiziert seien, müssten in geschlossene Lager gesperrt werden. Darüber hinaus bestehe die Gefahr, dass die Zigeuner, die schon immer Schmuggler gewesen seien, für fremde Mächte spionierten.[1]

Einige Funktionsträger in Österreich hielten die Errichtung von Konzentrationslagern nicht für ausreichend. Nach Ansicht des Grazer Generalstaatsanwalts Meissner ging von den Zigeunern eine ernste rassische und wirtschaftliche Gefahr aus, insbe-

183

sondere im burgenländischen Bezirk Oberwart, wo etwa vier-
tausend von ihnen lebten, die sich angeblich fast ausschließlich
mit Betteln und Stehlen über Wasser hielten. Die Zigeuner in
Arbeitslager einzusperren sei keine Lösung, schrieb er im Februar 1940 nach Berlin. Sie stellten ein »rassisch minderwertiges«
Element dar, das sich rasch vermehre und die übrige Bevölkerung zu vergiften drohe. Die einzige wirkungsvolle Methode,
die Menschen im Burgenland von »dieser Plage« zu erlösen, bestehe darin, alle Zigeuner *»ausnahmslos* zu sterilisieren«.[2]

Auch Kommunalpolitiker sprachen sich für harte Maßnah-
men aus. Am 3. Februar 1940 beklagte sich der Bürgermeister
von Schwarzbach beim Gauleiter in Salzburg über Bettelei und
Diebstähle der Zigeuner. Es müsse etwas getan werden, um »die
Gemeinde von dieser Landplage zu befreien«.[3] Unter Hinweis
auf das »Zigeunerunwesen« in Schwarzbach bat die Salzburger
Kripo den Landeshauptmann, sich an das RKPA zu wenden und
auf eine »endgültige Lösung der Zigeunerfrage« zu drängen.[4]
Ähnliche Schreiben sind von Vertretern von Pongau und Zell am
See überliefert.[5]

Nachdem man den Zigeunern im Burgenland die Bewegungsfreiheit genommen hatte, brachte man viele von ihnen in Konzentrationslager. Die Wiener SD-Dienststelle berichtete im Februar 1940, dass sich diese Maßnahme zwar positiv auswirke, die
Zigeuner jedoch weiterhin eine Belastung darstellten: »Was den
Zigeunerinnen nicht durch die Unterstützung der Gemeinde zu-
kommt, stehlen sie selbst. Es gibt im Burgenland Gemeinden, in
denen die Bauern von vornherein wissen, daß ein Drittel ihrer
Ernte von den Zigeunern gestohlen wird.« Die Bevölkerung, die
seit Jahren unter der »Zigeunerplage« leide, warte ungeduldig
auf eine »endgültige Lösung der Zigeunerfrage«. Vielleicht sei es
möglich, außerhalb Deutschlands einen Platz für diese »asozialen Elemente« zu finden.[6]

Zwei Monate später, am 15. April, berichtete der SD aus Wien,
man spreche davon, dass die Zigeuner der Ostmark »in naher
Zukunft« nach Polen umgesiedelt werden sollten. Dieser Hin-

weis auf eine Deportation in den Osten erfolgte keine zwei Wochen, bevor Heydrich einen Schnellbrief in Umlauf brachte, in dem er die Deportation von zweitausendfünfhundert deutschen Zigeunern ins Generalgouvernement anordnete. Die Schwierigkeiten mit den Zigeunern, schrieb der SD weiter, hätten mit Anbruch des warmen Wetters zugenommen. Viele von ihnen würden jetzt betteln und auf dem Schwarzmarkt handeln. Wegen des Krieges gebe es nicht genügend Polizisten, um Verhaftungen vorzunehmen und dieses Verhalten zu unterbinden. Insbesondere Zigeunerfrauen könnten nur schwer in Haft gehalten werden, da die meisten von ihnen entweder schwanger seien oder Babys hätten. Die Polizei habe vorgeschlagen, ein Zigeunerlager zu errichten, aber dieser Plan habe sich zerschlagen, weil man sich nicht darüber habe einigen können, wer die Verpflegungskosten tragen solle. Eine wirkliche Lösung des Problems, schloss der Bericht, sei nur durch ein Nullwachstum der Zigeunerbevölkerung oder durch deren Umsiedlung zu erreichen.[7]

Die österreichischen Zigeuner wurden zwar nicht von der Deportation im Mai 1940 erfasst, aber Anfang Juli konnte die Salzburger Kripo ankündigen, dass die Mehrheit von ihnen in der zweiten Augusthälfte nach Polen »umgesiedelt« werde. In der Zwischenzeit sollten sie in einem bereits existierenden Lager in Salzburg konzentriert werden, wo die notwendige medizinische Untersuchung an ihnen vorgenommen werden könne. Das Lager solle von der Polizei bewacht werden, um zu verhindern, dass sich die Insassen der Umsiedlung entzögen.[8] In Vorbereitung auf die Deportation wurden die örtlichen Polizeistellen aufgefordert, die Zahl der in ihrem Zuständigkeitsbereich lebenden Zigeuner zu melden und die Namen jener aufzulisten, die einer geregelten Arbeit nachgingen oder größere Eigentumswerte wie Häuser, Nutztiere oder Maschinen besaßen.[9]

Der Plan, österreichische Zigeuner in den Osten zu deportieren, fiel den gleichen logistischen Problemen zum Opfer, die der Vertreibung der deutschen Zigeuner ein Ende gesetzt hatten. Am 23. August, drei Tage vor dem Termin des ersten Transports, kam aus Wien die Mitteilung, »daß infolge plötzlich eingetretener Transportschwierigkeiten die Schubaktionen nicht durchgeführt werden können und die Zigeuner an den bisherigen Orten bis auf weiteres und zwar bis Kriegsende zu verbleiben hätten«.[10] Verursacht wurden diese Schwierigkeiten von den Engpässen aufgrund der Abschiebung von dreihunderttausend Polen ins Generalgouvernement, durch die für die zuwandernden Baltendeutschen Platz geschaffen werden sollte. Da dieser Bevölkerungsaustausch Hitler und Himmler besonders am Herzen lag und Priorität vor allen anderen Umsiedlungsvorhaben hatte, wurde den österreichischen wie den deutschen Zigeunern Aufschub gewährt.

Zigeunerlager

Am 31. Oktober gab das RKPA einen Erlass über die Behandlung der Zigeuner der Ostmark heraus, in dem es hieß, dass die geplante Umsiedlung ins Generalgouvernement unterbleibe, »weil nach dem Kriege eine andere Regelung der gesamten Zigeunerfrage vorgesehen« sei. Dennoch erfordere die gegenwärtige Situation unverzüglich Beachtung. Für den kommenden Winter müssten erträgliche Lebensbedingungen geschaffen werden, und den Kommunalbehörden müsse die Last der Fürsorge für die Zigeuner abgenommen werden. Anschließend wurden für die annähernd 6000 Zigeuner im Burgenland, darunter zwei Drittel Frauen und Kinder, und die 700 Zigeuner in der übrigen Ostmark leicht voneinander abweichende Maßnahmen erläutert.[11] Man rechnete also mit 6700 Zigeunern in der Ostmark; zum Zeitpunkt des Anschlusses ans Dritte Reich waren es noch schätzungsweise 11000 gewesen. Bekannt ist, dass im Juli 1938 1000 Männer und Frauen aus dem Burgenland als »Arbeitsscheue« und »Asoziale« festgenommen und in Konzentrationslager gebracht worden waren, und in den folgenden zwei Jahren gab es ohne Zweifel weiterhin zahlreiche solcher Verhaftungen.

Doch die Diskrepanz zwischen den beiden Zahlen bleibt erheblich und ungeklärt.

Die burgenländischen Zigeuner sollten in bewachten »Siedlungen« untergebracht werden, die sie nur unter Aufsicht verlassen durften. Um die Kosten für die Allgemeinheit so gering wie möglich zu halten, sollten alle männlichen Zigeuner – außer den bereits Erwerbstätigen – in besonderen Arbeitslagern bei Linz und Eisenerz konzentriert werden. Diese Lager sollten von einem Kriminalpolizisten geleitet werden, und den einzelnen Baracken sollte je ein zu diesem Zweck aus einem Konzentrationslager geholter Zigeuner vorstehen. Mit den Löhnen der Insassen war die Verpflegung zu bezahlen und der Rest nach Abzug eines Taschengelds in Höhe von zehn Prozent des Lohns dem Fürsorgeamt zu übergeben, um die Familien der Arbeiter zu unterhalten. Frauen und ältere Kinder sollten mit Heimarbeit beschäftigt werden. Auch in der übrigen Ostmark sollten die Zigeuner zur Arbeit herangezogen werden, wobei die Arbeitenden die Arbeitsunfähigen zu unterstützen hatten. Öffentliche Mittel sollten nur dann eingesetzt werden, wenn ein »notdürftiges Existenzminimum« auf andere Weise nicht gestellt werden konnte. Arbeitsfähige Frauen waren für die Straßenreinigung und Schneebeseitigung einzusetzen, willentliche Übertretungen der Vorschriften mit polizeilicher Vorbeugungshaft zu ahnden.[12]

Es sind einige Lager bekannt, die mehr oder weniger nach den Richtlinien des Erlasses vom 31. Oktober betrieben wurden. Im Salzburger Stadtteil Leopoldskron bestand schon seit Mai oder Juni 1939 ein solches, das den städtischen Zigeunerlagern im Altreich entsprach und anfangs etwa 130 Insassen hatte. Im August 1940 wurde es vergrößert, um Zigeuner aufnehmen zu können, die für die Deportation ins Generalgouvernement auf der Salzburger Trabrennbahn zusammengezogen worden waren. Fortan belief sich die Zahl der Lagerinsassen auf 300 bis 400. Das Lagergelände war eingezäunt und wurde von der Salzburger Kripo geleitet. Um das Lager zu verlassen, brauchte man eine Genehmigung, Post wurde zensiert, und abends um acht Uhr gingen die Lichter aus. Nachts wurde das Lager von bewaffneten Wachposten kontrolliert. Die männlichen Insassen wurden beim Straßenbau, beim Hochwasserschutz und für ähnliche Arbeiten eingesetzt. Die Frauen flochten Körbe, säuberten das Lager, kochten und versorgten die Kranken. Im Oktober 1940 wurden dreiundzwanzig Zigeuner als Komparsen für Leni Riefenstahls Film *Tiefland* abgestellt. Die Bezahlung für die verschiedenen Arbeiten ging für den Unterhalt des Lagers an die Behörden; die Insassen erhielten nur ein Taschengeld.[13]

Alles in allem scheinen die Zustände im Salzburger Lager nicht allzu schlecht gewesen zu sein. So erinnerte sich ein Polizist, der dort Dienst getan hatte, daran, dass Verstöße gegen die Lagerordnung zwar gelegentlich mit körperlicher Züchtigung oder der Unterbringung in einem Strafbunker geahndet wurden, aber keine unnatürlichen Todesfälle vorkamen.[14] Im März und April 1943 wurden die meisten Insassen ins Zigeunerlager in Auschwitz deportiert. Eine kleinere Gruppe kam ins Zigeunerlager Lackenbach im Burgenland.

Am 23. November 1940 hatten die Behörden mehrerer burgenländischer Kreise auf der Grundlage des RKPA-Erlasses vom 31. Oktober beschlossen, in Lackenbach ein Zigeunerlager zu errichten. Das im Bezirk Oberpullendorf auf einem heruntergekommenen ehemaligen Anwesen des Grafen Esterhazy geschaffene Lager verfügte am Anfang über keine Baracken, so dass viele Zigeuner in Ställen mit undichten Dächern wohnen mussten. Etwas besser hatten es jene, die mit einem eigenen Wohnwagen ins Lager gekommen waren. Es herrschte Wassermangel, und die sanitäre Ausstattung war extrem schlecht. Im April 1941 hatte das Lager 591 Insassen; die höchste Belegung wurde im November desselben Jahres erreicht, als sich 2335 Zigeuner dort drängten. Schließlich wurden Baracken gebaut, und die Situation verbesserte sich ein wenig. Doch die unzureichende Ernährung und die schlechte medizinische Versorgung hatten viele Todesfälle zur Folge. Ende 1941 brach eine Typhusepidemie aus, der etwa zweihundertfünfzig bis dreihundert

Menschen zum Opfer fielen, darunter der erste Lagerleiter, Hans Kollross.[15]

Das Lager unterstand der Wiener Kripo. Im Februar 1941 wurde SS-Obergruppenführer Franz Langmüller zum Lagerkommandanten ernannt, was er bis zum September 1942 blieb. Unter seiner Leitung waren die Insassen all jenen Grausamkeiten ausgesetzt, die man gemeinhin mit NS-Konzentrationslagern verbindet. Als er im Oktober 1948 der Folter und Verletzung der Menschenwürde angeklagt und vor Gericht gestellt wurde, berichteten die Zeugen von den unter seiner Herrschaft begangenen Gräueln. Langmüller wurde vorgeworfen, persönlich für den Tod von 287 Insassen verantwortlich zu sein. Mütter waren gezwungen worden, barfuß durch den Schnee zu laufen, wenn sich ihre Kinder im Freien erleichterten; Männer hatten mit bloßen Händen die Toiletten reinigen und Erwachsene wie Kinder hatten schwere Steine für den Bau des Lagers schleppen müssen. Wer dabei erwischt wurde, dass er sich vor der Arbeit drückte, wurde brutal geschlagen und mit Essensentzug bestraft. Wenn jemand aus dem Lager floh, wurde eine Kollektivstrafe verhängt, und die Insassen mussten stundenlang zum Zählappell im Freien stehen. Zwei eigens aus Konzentrationslagern geholte Zigeuner, die als Kapos dienten, verhielten sich häufig ebenso brutal wie die Wachmannschaften.[16]

Unter dem neuen Lagerkommandanten Julius Brunner verbesserten sich die Zustände im Spätsommer 1943 etwas. Viele Insassen arbeiteten jetzt außerhalb des Lagers und erhielten eine bessere Verpflegung. Einige wurden beim Straßenbau eingesetzt, andere in der Landwirtschaft. Ihre Löhne wurden von der Lagerverwaltung kassiert, während sie selbst nur ein Taschengeld erhielten. Am 1. Februar 1943 verbot die Kripostelle des Lagers den Insassen ausdrücklich, auf dem Weg zur Arbeit zu trödeln und Restaurants, Cafés, Theater oder Kinos zu besuchen.[17]

Ursprünglich war das Lager Lackenbach für burgenländische Zigeuner gedacht gewesen, aber schon bald wurden auch Zigeuner aus anderen Landesteilen eingewiesen. So ist im erhalten gebliebenen Lagertagebuch für den 4. Juli 1941 die Ankunft von hundert Zigeunern aus Wien verzeichnet.[18] Andere wurden in das Lager gebracht, weil sie sich angeblich der Arbeit entzogen oder kürzlich eine Haftstrafe abgesessen hatten.[19] Als das Lager im März 1945 befreit wurde, hatte es immer noch etwa drei- bis vierhundert Insassen; alle anderen waren in den Osten verschleppt worden oder im Lager verstorben.

Über das Leben anderer österreichischer Zigeuner in jenen Jahren ist wenig bekannt. Aus dem Bezirk Oberwart im Burgenland sind mehrere Verordnungen überliefert, die den dort lebenden Zigeunern verschiedene Restriktionen auferlegten. Anfang Juli 1941 wurde männlichen Zigeunern der Konsum von Zigaretten auf täglich drei beschränkt; an Zigeunerkinder und -frauen sollten angesichts der herrschenden Knappheit überhaupt keine Tabakprodukte verkauft werden. Andere rare, wenn auch nicht rationierte Waren wie Südfrüchte durften generell nicht mehr an Zigeuner verkauft werden. Der Landrat hielt es für die »selbstverständliche Pflicht eines jeden Gewerbetreibenden, daß sie die deutschen Volksgenossen gegenüber Zigeunern bevorzugt behandeln«.[20] Im September bemängelte derselbe Beamte, dass Zigeuner immer wieder von der Arbeit fernbleiben würden, und ordnete an, solche Missetäter für ein Wochenende einzusperren und auf Brot und Wasser zu setzen.[21] Am 7. November wurde Zigeunern verboten, öffentliche Verkehrsmittel zu benutzen; die Eisenbahn war davon allerdings ausgenommen.[22]

Deportation nach Lodz (Litzmannstadt)

Nachdem sich der Plan, österreichische Zigeuner gen Osten zu verschleppen, im Sommer 1940 zerschlagen hatte, fand Ende 1941 schließlich doch eine groß angelegte Deportation statt, die tödliche Folgen haben sollte. Dass Zigeuner ins jüdische Ghetto in Litzmannstadt verbracht werden sollten, wurde erstmals im September 1941 in einem Brief des Oberbürgermeisters der

Stadt erwähnt. Anfangs hatte man offenbar beabsichtigt, 60 000 Juden aus Deutschland und dem Protektorat (der früheren Tschechoslowakei) in das bereits überfüllte Ghetto zu bringen. Infolge eines Protests des Reichsstatthalters des Warthegaus, Arthur Greiser, war diese Zahl auf 20 000 Juden und 5000 Zigeuner reduziert worden. Aber die Verwaltung von Litzmannstadt stand dem Vorhaben weiterhin ablehnend gegenüber.

Am 24. September erläuterte Oberbürgermeister Werner Ventzki in einem Brief an Friedrich Uebelhör, dem Regierungspräsidenten des Regierungsbezirks, seine Bedenken. Der geplante Zustrom von 20 000 Juden und 5000 Zigeunern werde ernste Probleme mit sich bringen. Die Bevölkerungsdichte werde sich drastisch erhöhen, man müsse mit einem auch für den Rest der Stadt bedrohlichen Typhusausbruch rechnen, und für die Fabriken im Ghetto würden besonders die Zigeuner eine Gefahr darstellen. Diese seien Aufwiegler und »Brandstifter schlimmster Sorte« und hätten generell verbrecherische Neigungen. Es sei fraglich, ob sie wie die Juden in der Lage sein würden, einen Vertreter zu benennen, der für sie sprechen könne. Darüber hinaus brauche man mindestens zwei bis drei Monate, um die Aufnahme der Zigeuner vorzubereiten.[23] Uebelhör leitete den Brief zusammen mit einer Darstellung seiner eigenen Befürchtungen am 4. Oktober an Himmler weiter. In der Umgebung des Ghettos, schrieb er, lebten 120 000 Deutsche, die beim beinahe unvermeidlichen Ausbruch einer Epidemie gefährdet wären. Selbst wenn es möglich sei, die Produktion kriegswichtiger Güter aufrechtzuerhalten, müsse man mit Brandstiftungen durch die Zigeuner rechnen, von denen »eine dauernde Gefahr für die Sicherheit und Ordnung des Ghettos« ausgehen werde. Falls die Verlegung von Juden und Zigeunern nach Litzmannstadt entgegen seinem Rat durchgeführt werden sollte, würde er die Verantwortung für die Folgen ablehnen müssen.[24]

Himmler wies die Bedenken am 10. Oktober zurück mit der Begründung, dass die Gefahr einer Epidemie übertrieben werde und die Anforderungen der Kriegsproduktion zu einem weit verbreiteten Einwand gegen jedes neue Vorhaben geworden sei. Was die Zigeuner angehe, so könne Brandstiftungen leicht vorgebeugt werden, indem man ihnen deutlich mache, dass im Fall eines Brandes, ganz gleich, wie er entstanden sei, zehn von ihnen erschossen würden. Danach werde man in den Zigeunern die besten Feuerwehrleute haben.[25] Doch der Streit setzte sich fort. In einem Fernschreiben an Himmler beschwerte sich Uebelhör darüber, dass Eichmann nach einem Besuch im Ghetto ihm, Himmler, die dortigen Zustände absichtlich falsch dargestellt habe. Solche Praktiken erinnerten an die Rosstäuscherei von Zigeunern. Himmler hielt Uebelhör daraufhin vor, er habe sich im Ton vergriffen und vergessen, dass er, Himmler, sein Vorgesetzter sei. Er möge daran denken, »daß Litzmannstadt und Ihr Regierungsbezirk zum Deutschen Reich gehören und daß erst das Interesse des Reiches kommt und dann erst Ihr Regierungsbezirk«.[26]

Auch Einwände des Wehrwirtschafts- und Rüstungsamts des OKW schob Himmler beiseite,[27] und am 16. Oktober trafen die ersten Transporte mit Juden in Litzmannstadt ein. Am 5. November folgte der erste Zug mit Zigeunern aus der Ostmark, und bis zum 9. November waren insgesamt 4996 Zigeuner in das Ghetto eingeliefert worden, 1130 Männer, 1188 Frauen und 2689 Kinder; elf Zigeuner waren auf der Fahrt gestorben.[28] Die Mehrheit dieser Menschen stammte aus dem Burgenland; mit zwei Transporten wurden Insassen des Zigeunerlagers Lackenbach nach Litzmannstadt gebracht. Dort wie anderswo scheint die Arbeitsfähigkeit das Kriterium der Selektion für den Abtransport gewesen zu sein; daher die große Zahl von Älteren und Kindern, die mit den fünf Transporten in den Warthegau deportiert wurden.[29]

Über die nachfolgenden Ereignisse gibt eine von den Bewohnern des Ghettos von Lodz verfasste Chronik Auskunft, die erhalten geblieben ist. Die österreichischen Zigeuner wurden in einigen hoffnungslos überfüllten Häusern untergebracht, die durch einen Stacheldrahtzaun vom jüdischen Teil des Ghettos abgetrennt waren. In den Häusern gab es keine Möbel, noch nicht einmal Betten, und die sanitäre Ausstattung war katastrophal.[30] Ob die Deutschen jemals genaue Pläne darüber hatten, was mit diesen Zigeunern geschehen sollte, lässt sich nicht sagen. So forderte zwar das Arbeitsamt von Posen am 22. November für eine ortsansässige Rüstungsfabrik hundertzwanzig Arbeiter an,[31] aber ob Zigeuner dorthin entsandt wurden, ist nicht bekannt, und durch die tödliche Typhusepidemie, die bald darauf im Lager ausbrach, wurden alle eventuell vorhandenen Absichten, die Zigeuner zur Arbeit heranzuziehen, hinfällig.

Die jüdische Ghettoverwaltung wurde angewiesen, Verpflegung und medizinische Versorgung für das Zigeunerlager bereitzustellen. In den ersten sechs Tagen nach ihrer Ankunft wurden den Zigeunern Suppe und Kaffee geschickt; danach richtete man im Lager zwei Küchen ein, die jedoch weiterhin vom jüdischen Ghetto beliefert wurden. Die jüdischen Leichenbestatter mussten die Verstorbenen abtransportieren und begraben, und deren Zahl belief sich am 12. November, nur wenige Tage nach Eröffnung des Lagers, bereits auf zweihundertdreizehn. Täglich wurden die vorgenommenen Beerdigungen der örtlichen Kripo, die das Lager leitete, gemeldet.[32]

Die deutschen Behörden in Litzmannstadt hatten vorausgesagt, dass die Unterbringung derart vieler Menschen auf engstem Raum und ihre kärgliche Ernährung zu Epidemien führen würden, und die Zustände im Zigeunerlager machten daraus rasch eine sich selbst erfüllende Prophezeiung. Zu den Opfern der im Lager wütenden Typhusepidemie gehörten auch der deutsche Lagerkommandant, ein Kripobeamter namens Eugenius Jansen, der Ende Dezember verstarb, und mindestens einer der jüdischen Ärzte, die zur Arbeit ins Zigeunerlager abgestellt worden waren. In der Chronik des Ghettos von Litzmannstadt ist unter dem Datum des 29. Dezembers 1941 verzeichnet, dass Doktor Karol Boehm aus Prag im Alter von fünfzig Jahren im Krankenhaus an Typhus verstorben sei, nachdem er sich bei der Arbeit im Zigeunerlager angesteckt hatte. Vier weitere jüdische Ärzte infizierten sich ebenfalls und mussten stationär behandelt werden, aber nur einer von ihnen starb. Auch ein jüdischer Leichenbestatter zog sich die Krankheit zu.[33]

Die Verbreitung von Typhus wird durch beengte, primitive Wohnverhältnisse ohne ausreichende Waschmöglichkeiten, saubere Handtücher und Seife gefördert, und der Krankheitsverlauf wird durch Hunger und Erschöpfung beschleunigt. Da dies genau die Bedingungen waren, welche die Deutschen vielen ihrer Gefangenen, einschließlich der Zigeuner, zumuteten, war es kein Wunder, dass sich die Epidemie rasch ausbreitete. Zudem war im zweiten Quartal von 1941 unter der Zivilbevölkerung des Generalgouvernements eine Typhusepidemie ausgebrochen, und im Lauf des Jahres erkrankten auch viele deutsche Soldaten. Allein im Dezember 1941 wurden über neunzigtausend solcher Fälle verzeichnet.[34] Unter diesen Umständen waren die Deutschen nur zu bereit, radikale Maßnahmen zu ergreifen, um den Typhus zu bekämpfen.

Bis Ende Dezember hatte die Epidemie im Zigeunerlager sechshundertdreizehn Opfer gefordert. Die medizinische Versorgung der Kranken erschöpfte sich offenbar darin, sie von den Gesunden zu trennen. Dass nicht nur Juden, sondern auch ein hochrangiger deutscher Beamter zu den Toten zählte, war vermutlich der Grund für die Entscheidung, das Lager aufzulösen und seine verbliebenen Insassen umzubringen. Für die erste Woche des Januars 1942 verzeichnet die Chronik des Ghettos von Litzmannstadt, dass seit zehn Tagen Zigeuner mit Lastwagen fortgebracht würden. »Das Lager, das jetzt praktisch verlassen ist, wird bis zum Ende der Woche zweifellos völlig geleert sein. Offenbar wurde seine Schließung von der Notwendigkeit diktiert, denn es bestand die Gefahr, daß sich der Typhus ausbreitet.«[35]

Es war weder das erste noch das letzte Mal, dass die Nationalsozialisten zum Mittel des Mordes griffen, um eine Epidemie unter Nichtdeutschen zu bekämpfen, die außer Kontrolle zu geraten drohte. Juden, Zigeuner und andere »Artfremde« galten als natürliche Träger todbringender Parasiten wie Läuse,[36] und es war fast so etwas wie die Standardreaktion, drakonische Maßnahmen zu ergreifen, um Epidemien, die unter ihnen ausgebrochen waren, zu beenden. »Die NS-Methoden der ›Bekämpfung‹ von Infektionskrankheiten«, schreibt Isaiah Trunk, »waren allgemein bekannt und ebenso gefürchtet wie die Epidemien selbst.«[37] Eine der mobilen Tötungseinheiten, die hinter den deutschen Truppen in die Sowjetunion vorrückten, das Einsatzkommando 9 der Einsatzgruppe B, berichtete am 23. September 1941, im Judenghetto von Janowitschi hätte sich eine fiebrige ansteckende Krankheit ausgebreitet, und da ein »Übergreifen der Krankheit auf die Stadt und die Landbevölkerung zu befürchten war, wurden die Insassen des Ghettos in einer Stärke von 1025 Juden sonderbehandelt«,[38] das heißt umgebracht. In einem anderen Bericht aus Weißrussland wurde mitgeteilt, dass zwischen dem 23. und 29. Januar 1942 aufgrund der »Ausbreitung der Fleckfieberepidemie … zur Bereinigung der Gefängnisse 311 Personen in Minsk erschossen« worden seien.[39] Einsatzgruppe A meldete am 24. April 1942, sie habe 1272 Personen exekutiert, darunter »983 Juden, die ansteckende Krankheiten hatten oder derart alt und gebrechlich waren, dass sie für einen Arbeitseinsatz nicht mehr in Frage kamen«.[40]

Die deutsche Verwaltung von Litzmannstadt hatte die Zigeuner nur unter Protest aufgenommen, und der Ausbruch von Typhus machte jegliche Chance zunichte, durch Zwangsarbeit die Kosten für ihren Unterhalt wieder hereinzubekommen, was selbst für die Nichtinfizierten einem Todesurteil gleichkam. Die Entscheidung, der Epidemie durch die Liquidation des Zigeunerlagers Einhalt zu gebieten und alle Insassen zu töten, fiel wahrscheinlich Ende Dezember 1941. Anfang Januar 1942 wurden die Zigeuner nach Chelmno (Kulmhof) gebracht, einem siebzig Kilometer nordwestlich von Litzmannstadt gelegenen Dorf, wo seit dem 8. Dezember 1941 ein Zentrum zur Tötung von Juden mit Hilfe von Gaswagen in Betrieb war. Die übliche Praxis war, eine gewisse Anzahl von Juden zu ermorden, wenn das Ghetto in Litzmannstadt zu voll wurde, und jetzt nutzte man dieses Vernichtungslager dazu,[41] das Problem der unter den Zigeunern ausgebrochenen Typhusepidemie zu »lösen«.

Das Tötungszentrum in Chelmno, wo über dreihunderttausend Juden ermordet werden sollten, wurde anfangs von einem SS-Sonderkommando unter dem Befehl von Herbert Lange geleitet. Die dort verwendeten Gaswagen waren zuvor in Ostpreußen und den annektierten Ostgebieten für NS-Euthanasievorhaben benutzt worden. In dem Prozess vor einem deutschen Gericht, der 1963 mit der Verurteilung von sechs Angehörigen des Sonderkommandos endete, sind viele Einzelheiten über die Tötungen ans Licht gekommen. Die Opfer wurden mit Lastwagen zu einem kleinen Schloss in Chelmno gebracht, das renoviert und eingezäunt worden war. Dort wurde ihnen gesagt, sie sollten sich ausziehen, um ein Bad zu nehmen, bevor man sie zu einem Arbeitseinsatz nach Deutschland transportieren würde. Anschließend trieb man sie in einen anderen Lastwagen, in dem sich angeblich das Bad befand. War der Lastwagen voll – für gewöhnlich mit fünfzig Menschen –, wurde die Tür verriegelt und das Abgas des Motors in den Laderaum geleitet. Wenn keine Geräusche mehr aus dem Innern drangen, fuhr man mit dem Wagen in einen Wald, wo die Leichen verscharrt wurden. Im Frühjahr 1942 wurde dann ein Krematorium errichtet, um die Leichen zu verbrennen. Drei Gaswagen waren in Betrieb, in denen täglich etwa tausend Menschen ermordet wurden. Zur Unterstützung der SS-Einheit war eine hundert Mann starke Abteilung der Orpo abgestellt, und für die Beseitigung der Leichen wurden siebzig jüdische Arbeiter eingesetzt.[42]

Im Januar 1942 wurden etwa viertausendvierhundert Zigeuner aus Litzmannstadt in den Kulmhofer Gaswagen getötet. Doch Zeugen gibt es wenige. Einige in der Nähe wohnende Polen erzählten, dass sie auf den Lastwagen, die Opfer zum Tötungszentrum brachten, Zigeuner gesehen hätten.[43] Ein Angehöriger des Sonderkommandos Lange, der zehnmal für die regulären Gaswagenfahrer eingesprungen war, behauptete, dass die meisten Transporte aus Juden bestanden hätten, doch es seien »auch einmal Zigeuner« dabei gewesen. Und einer seiner Kameraden erinnerte sich, dass Zigeuner aus den Gaswagen getragen wurden.[44] Mehr ist über die letzten Tage der dem Tod geweihten Zigeuner nicht bekannt. Es gab keine Überlebenden.

Im Zusammenhang mit der Deportation und dem Tod der burgenländischen Zigeuner bleibt vieles im Dunkeln, und auch über den Entscheidungsprozess, der zur Verschleppung der Zigeuner und zu ihrer Ermordung in den Gaswagen führte, ist so gut wie nichts bekannt. Der Beschluss, fünftausend österreichische Zigeuner in den Osten zu deportieren, wurde zu einem Zeitpunkt gefasst, als keine anderen größeren Deportationen von Zigeunern geplant waren oder durchgeführt wurden. Vermutlich war er eine Reaktion auf den Druck von Behörden und Parteigliederungen der Ostmark, die schon seit langem verlangt hatten, »das Burgenland zigeunerfrei« zu machen. Dass die Tötung der deportierten Zigeuner von Anfang an geplant war, ist unwahrscheinlich. Es wurde zwar wiederholt angeregt, sie zu sterilisieren und in Lager zu sperren, aber ihre physische Auslöschung wurde nicht gefordert. Die Behörden in Berlin, die den Befehl zur Deportation erteilten, wollten vermutlich vor allem ein lästiges Dauerproblem loswerden und hatten sich wenig Gedanken über das weitere Schicksal der verschleppten Zigeuner gemacht. Die Entscheidung, das Lager zu schließen und alle noch lebenden Insassen zu töten, wurde vor Ort getroffen als Reaktion auf die Typhusepidemie und war gewiss keine Maßnahme im Rahmen eines Gesamtplans zur Vernichtung aller Zigeuner. Dass ein solches »medizinisches« Motiv die Morde nicht weniger verbrecherisch und verabscheuenswert macht, muss nicht extra betont werden.

In einem Schreiben an die Bürgermeister und Gendarmerieposten seines Bezirks vom 11. November 1941 erklärte der Landrat in Oberwart, durch die Deportation von zweitausend Zigeunern in der vorangegangenen Woche sei »in der Lösung der Zigeunerfrage ... ein großer Fortschritt erzielt« worden. Er ordnete die Auflösung mehrerer Zigeunerlager an, in denen sich nur noch wenige Insassen befanden; die Einkünfte aus der Verwertung von zurückgelassenem Eigentum sollten vorläufig in einen von den kommunalen Behörden verwalteten Treuhandfonds eingezahlt werden. Mit weiteren Deportationen sei zu rechnen, kündigte der Landrat an.[45] Anfang 1942 empfahl er angesichts zu erwartender weiterer Maßnahmen zur »Lösung der Zigeunerfrage«, grundbesitzende Zigeuner zum Verkauf ihres Landes aufzufordern. »Dies hat aber derart zu geschehen«, fügte er hinzu, »daß keine Beunruhigung eintritt und Zigeuner nicht zu der Meinung kommen, daß ihnen ein Abtransport heute oder morgen bevorstehe.«[46]

Dem Schreiben vom 11. November zufolge hatten sich viele Zigeuner freiwillig zum Abtransport gemeldet, um bei ihren verhafteten Angehörigen zu bleiben. Doch diese Anträge wurden allesamt abgelehnt. Anfragen über das Ergehen der ins Ghetto von Litzmannstadt umgesiedelten Zigeuner, verfügte der Landrat am 19. März 1942, seien an die Grazer Kripo zu stellen, die sie ans RKPA weiterleiten würde.[47] Zu diesem Zeitpunkt war keiner der deportierten Zigeuner mehr am Leben. Am 28. Dezember 1942 bemerkte das RKPA in einem Schreiben an die Kriminalpolizeistellen, dass einige Zigeuner selbst herauszufinden versuchten, was aus den im Mai 1940 und November 1941 in den Osten Abtransportierten geworden sei. Solche Reisen seien streng verboten.[48]

Beim Anschluss Österreichs ans Dritte Reich hatten knapp 8000 Zigeuner im Burgenland gelebt. Nach einer 1952 durchgeführten Volkszählung waren es nur noch 870 – 281 Männer, 372 Frauen und 217 Kinder. Die große Mehrheit von ihnen – 636 Personen – hatte einige Zeit in einem Konzentrationslager verbracht.[49] Ohne Zweifel haben die burgenländischen Zigeuner weit mehr unter dem NS-Regime gelitten als jede andere Gruppe unter den deutschen oder österreichischen Zigeunern.

Die Ermordung von »Spionen« und Geiseln im deutsch besetzten Europa

Am 22. Juni 1941 fielen Hitlers Armeen in die Sowjetunion ein, und im Verlauf des langen Krieges, der folgte, töteten die Nationalsozialisten auch eine große Anzahl von Zigeunern. Die meisten dieser Morde wurden von Spezialeinheiten, den so genannten Einsatzgruppen, begangen, die den vorrückenden Truppen nachfolgten und ursprünglich die Aufgabe hatten, den rückwärtigen Raum der kämpfenden Truppe zu schützen – hauptsächlich durch die Erschießung tatsächlicher oder potenzieller Feinde. In der Sowjetunion wurden die Zigeuner zum ersten Mal offen mit dem Tod bedroht, während die deutschen Zigeuner zwar verschiedensten Repressalien ausgesetzt waren und man sie zu gesellschaftlich Geächteten machte, ihr Leben jedoch nicht in Gefahr gewesen war. Worin lag der Grund für diese unterschiedliche Behandlung?

Sowjetische Zigeuner als Spione und Partisanen

Die Einsatzgruppen traten zum ersten Mal während der Annexion Österreichs und der Tschechoslowakei in Erscheinung. Eine größere Rolle spielten sie dann 1939 während des Polenfeldzugs. Ihre Aufgabe war es, die polnische Intelligenz auszuschalten, die Hauptstütze der nationalen Identität der Polen und eine potenzielle Bedrohung der deutschen Herrschaft über die slawischen »Untermenschen«. Bis zum Mai 1941 hatte Heydrich für den Russlandfeldzug vier Einsatzgruppen gebildet, die jeweils 500 bis 990 Männer umfassten und in mehrere Einsatz- und Sonderkommandos unterteilt waren. Die Gesamtstärke der Einsatzgruppen belief sich auf 3000 Mann.

Vor dem Angriff auf die Sowjetunion wurden die Leiter der Einsatzgruppen zu einer Reihe von Vorbereitungstreffen versammelt, bei denen man sie über ihre künftigen Aufgaben in Kenntnis setzte. Die Vorträge wurden von Reinhard Heydrich und Bruno Streckenbach, dem Personalchef des RSHA, gehalten, und der Erinnerung mehrerer Teilnehmer zufolge wurde darin mitgeteilt, dass der Führer die Liquidierung von Juden, kommunistischen Funktionären und Zigeunern angeordnet habe, weil diese die Sicherheit der Truppe gefährdeten.[1] Ein schriftlicher Befehl Heydrichs vom 2. Juli, allgemein »Erschießungsbefehl« genannt, bestätigte die mündlichen Instruktionen.[2] Und während seines Prozesses im Jahr 1948 beschrieb der Chef der Einsatzgruppe D, Otto Ohlendorf, Heydrichs Befehl als Anweisung zur Tötung von »Juden, Zigeunern, kommunistischen Funktionären, aktiven Kommunisten und allen Personen, die die Sicherheit gefährden könnten«.[3] Zigeuner, erläuterte er im Kreuzverhör, hätten als nichtsesshafte Personen schon seit den Zeiten des Dreißigjährigen Krieges Spionage betrieben. In seinem Einsatzgebiet, fügte er hinzu, hätten sie sich außerdem am Partisanenkrieg beteiligt.[4] Der Angabe des Kommandeurs eines Einsatzkommandos, Otto Bradfisch, zufolge war durch den Führerbefehl die Liquidierung von Juden und »anderen rassisch minderwertigen Elementen« angeordnet worden.[5] Vorausgesetzt, diese Aussagen sind zutreffend, deuten die Formulierungen auf ein zusätzliches, ein rassistisches Motiv für die Ermordung der Zigeuner hin.

Während die den Einsatzgruppen erteilten Befehle in Bezug auf die Ermordung von Juden umstritten sind,[6] gibt es hinsichtlich der Order zur Behandlung der Zigeuner kaum Zweifel. Umherziehende Zigeuner wurden wieder einmal als Spione angesehen und als solche auf die Liste der zu eliminierenden Feinde gesetzt. Der Unterschied zu anderen Verfolgungen dieser Art bestand in der Härte der gegen sie ergriffenen Maßnahmen. In früheren Krisenzeiten und Kriegen hatte man Zigeuner des Landes verwiesen oder ihnen das Wanderleben verboten, doch der Krieg gegen die Sowjetunion war nach Ansicht Hitlers und seiner Gefolgsleute ein ideologischer Kampf gegen zwei Todfeinde Deutschlands: die Juden und die Bolschewiken. Wie die Befehle an die Truppe immer wieder bestätigten, war er als Vernichtungskrieg gegen alle politischen und rassischen Gegner zu führen, in dem keine Gnade gewährt wurde. Zigeuner, die generell als Spione betrachtet wurden, waren schonungslos zu töten – Frauen und Kinder ebenso wie Männer.

Die ständig wachsende Zahl von Partisanenangriffen machte die Deutschen nervös und schießwütig und verstärkte die Rücksichtslosigkeit, mit der der Krieg von Anfang an geführt worden war. Bald galt jeder, der »außerhalb von Behausungen« angetroffen wurde oder durch »Umherstreifen« auffiel, als verdächtig und lief Gefahr, erschossen zu werden. Die 18. Panzerdivision beispielsweise hatte, ähnlich wie andere Truppenteile, den Befehl, jeden, der Widerstand leistete, ohne als Armeeangehöriger erkennbar zu sein, und alle Zivilisten, die im Verdacht standen, »Freischärler« unterstützt zu haben, zu erschießen. Wie Omar Bartov dazu anmerkt, »schien der Begriff ›Partisan‹ als Rechtfertigung für brutales Vorgehen nicht auszureichen, speziell dann, wenn es sich bei den Opfern offensichtlich um wehrlose Zivilisten handelte. Deshalb griff die Armee gelegentlich zu dem Euphemismus ›Spion‹ oder ›Agent‹, einem ungemein nützlichen Begriff, weil ihm die Annahme zugrunde lag, daß Harmlosigkeit das beste Indiz für Schuld sei.«[7] Willkürliche Erschießungen wegen Spionageverdachts nahmen derart zu, dass schließlich der Befehl erging, Verdächtige zum Verhör zu einem zuständigen Offizier zu bringen, anstatt sie auf der Stelle zu exekutieren. Doch die Einsatzgruppen fuhren fort, umherziehende Zigeuner als Partisanen oder Spione zu behandeln und jeden hinzurichten, der aufgegriffen wurde. In einer im November 1941 abgehaltenen Besprechung mit Armeeoffizieren und Militärpolizisten über das Thema der Landstreicherei führte der Leiter des der Heeresgruppe Mitte zugeordneten Einsatzkommandos 8 aus, Männer im wehrtauglichen Alter, die an einem Kontrollpunkt keine ausreichenden Personalpapiere vorweisen könnten und seit Kriegsbeginn über Land gezogen seien, sollten als Partisanen eingestuft und als »Asoziale« und die öffentliche Sicherheit Gefährdende liquidiert werden.[8]

Eine der Hauptinformationsquellen über die Ermordung sowjetischer Zigeuner sind die von den Einsatzgruppen regelmäßig nach Berlin geschickten »Ereignismeldungen«, in denen ihre Aktivitäten festgehalten waren. Als Grund für die Erschießungen wurden hier gelegentlich Verbrechen genannt, die die Zigeuner begangen haben sollen, doch dies kann ebenso gut zur Tarnung geschehen sein, für den Fall, dass die Berichte in falsche Hände geraten sollten. So erschoss man am 30. August 1941 sechs Zigeuner als Plünderer,[9] und am 23. September wurden 23 Zigeuner – 13 Männer und zehn Frauen – getötet, weil sie angeblich »die Landbevölkerung terrorisiert und zahlreiche Diebstähle ausgeführt hatten«.[10] Laut einer anderen, einige Tage später verfassten Meldung waren sechs Zigeuner als »asoziale Elemente« eingestuft und hingerichtet worden.[11]

In vielen anderen Fällen wurden die ermordeten Zigeuner einfach neben Juden, Kommunisten und anderen als eigene Opfergruppe separat vermerkt. Beispielsweise begründete die Einsatzgruppe B im März 1942 die »Sonderbehandlung« von Russen mit Vorwürfen wie provokativen Äußerungen, versuchtem Giftmord, Sabotage und Zugehörigkeit zu einer Partisanenbande, während für Juden und Zigeuner keine konkreten Gründe angegeben wurden.[12] Anscheinend waren diese beiden Gruppen in den Befehlen an die Einsatzgruppen an sich als Bedrohung gekennzeichnet worden – wenn auch unterschiedlicher Art –, die es auszuschalten galt, und eine weitere Rechtfertigung für ihre Ermordung wurde nicht für nötig erachtet.

Von Polizeieinheiten unterstützt, durchsuchten die Einsatzgruppen systematisch Städte und Dörfer, um alle Juden, die sie fanden, mitzunehmen und zu töten. Hin und wieder kämmten sie auch in groß angelegten Aktionen Wälder und andere Zufluchtsorte untergetauchter Juden durch. Zigeuner waren dagegen nur selten das Ziel solcher Großrazzien; sie standen in der Hierarchie der Feinde nicht an oberster Stelle.[13] Zigeuner wurden getötet, wenn sie von anderen Militäreinheiten übergeben wurden oder wenn man sie in einem Dorf, einer Stadt oder auf dem Land zufällig aufgriff. So stieß das Einsatzkommando 4a im Oktober 1941 bei der Verlegung seines Standorts auf eine Gruppe von zweiunddreißig Zigeunern. Da sie keine Ausweise hatten und nicht erklären konnten, woher die deutsche Ausrüstung in ihrem Wagen stammte, »wurde [die Bande] exekutiert«, wie es in der Ereignismeldung heißt.[14] Auch manche Heereseinheiten hatten den ständigen Befehl, Zigeuner zu töten. So hatte der Militärkommandant in Weißruthenien, einem Teil Weißrusslands, am 10. Oktober 1941 angeordnet: »Zigeuner sind beim Aufgreifen sofort an Ort und Stelle zu erschießen.«[15]

Weitere Tötungseinheiten, die Jagd auf Zigeuner machten, standen unter dem Kommando der Höheren SS- und Polizeiführer (HSSPF). Für die besetzten sowjetischen Gebiete hatte Himmler drei solcher Offiziere ernannt, die SS- und Polizeifunktionen erfüllten. In einem Bericht des HSSPF Russland Mitte wurde die Erschießung von 35 Zigeunern zwischen dem 12. und 14. Oktober 1941 gemeldet (neben 62 sowjetischen Soldaten, vier Kommunisten und zehn Juden).[16] Auch die Gendarmerie stellte spezielle Einheiten auf, die sich an der Befriedung der ländlichen Gebiete beteiligten. Ein bei Lemberg stationierter Gendarm erwähnte in einem Brief vom Juni 1942, dass derartige Expeditionen regelmäßig durchgeführt würden: »Wöchentlich 3–4 Aktionen. Einmal Zigeuner und ein andermal Juden, Partisanen und sonstiges Gesindel.« Die Zusammenarbeit mit dem SD funktioniere ausgezeichnet.[17] Andererseits stellte sich die 281. Sicherungsdivision im Oktober 1943 auf den Standpunkt, eine »Mitwirkung militärischer Dienststellen bei etwa durch den

S.D. vorzunehmenden Liquidierungen von Zigeunern und Juden als politische Maßnahme« sei »nirgends vorgesehen« und werde »abgelehnt«. Die Zuständigkeit des Militärs beschränke sich darauf, Zigeuner und Juden dem SD zu übergeben, der nach seinen eigenen Vorschriften mit ihnen verfahre.[18] Die gleiche Rolle spielte auch die Geheime Feldpolizei (GFP). In einem GFP-Monatsbericht für den März 1942 ist vermerkt, dass 55 Personen, darunter 51 Zigeuner, einem Sonderkommando des SD »zur weiteren Veranlassung« ausgeliefert worden seien, eine Phrase, die als Synonym für Hinrichtungen verwendet wurde.[19]

Am 21. November 1941 erteilte der Kommandierende General des rückwärtigen Heeresgebietes Nord einen Befehl, der sesshafte Zigeuner, die seit mindestens zwei Jahren einen festen Wohnsitz hatten und keiner kriminellen oder politischen Vergehen verdächtig waren, von der Exekution ausnahm.[20] Ob dieser Befehl aus eigener Initiative des Generals oder auf Anweisung von oben erging, ist nicht bekannt. Laut einer nach dem Krieg gemachten Aussage des Kommandeurs eines Einsatzkommandos hatte Himmler ein besonderes Interesse an den Zigeunern, weshalb »Zigeunerstämme nicht beseitigt werden durften«,[21] und ein Mitglied der Einsatzgruppe D sagte aus, Himmler habe im November oder Dezember 1941 befohlen, die Hinrichtung von Zigeunern in der Sowjetunion zu beenden.[22] Möglicherweise verwechselten beide Männer in der Erinnerung die am 21. November 1941 verfügte teilweise Ausnahme mit einem vollständigen Verbot weiterer Exekutionen. In den baltischen Staaten gab es, wie noch geschildert werden wird, ähnliche Ausnahmebefehle, doch inwieweit unbescholtene sesshafte Zigeuner tatsächlich dem Tod entgingen, lässt sich nicht sagen, zumal in vielen Fällen nicht genügend Informationen vorliegen, um festzustellen, ob die ermordeten Zigeuner sesshaft waren oder nicht.

Es ist zumindest ein Fall bekannt, in dem der Schutzbefehl vom 21. November 1941 insoweit befolgt wurde, als ein Verstoß gegen ihn mit einer – allerdings milden – Rüge geahndet wurde. Im Mai 1942 wurden von der Ortskommandantur von Noworschew (281. Sicherungsdivision, rückwärtiges Heeresgebiet Nord) auf Drängen der GFP 128 Zigeuner erschossen, die beschuldigt wurden, Partisanen unterstützt zu haben. Aus unbekannten Gründen wurde danach eine Untersuchung eingeleitet, in deren Verlauf ein Befehl der Feldkommandantur 822 vom 12. Mai zutage gefördert wurde, dem zufolge »Zigeuner *stets* wie Partisanen zu behandeln« waren. Daraufhin machte der stellvertretende Kommandeur der 281. Sicherungsdivision, der die Untersuchung leitete, die Feldkommandantur darauf aufmerksam, dass dieser Befehl demjenigen des Kommandeurs des rückwärtigen Heeresgebietes Nord vom 21. November 1941 widerspreche und deswegen aufzuheben sei. Die Feldkommandantur möge sich künftig an Letzteren halten. In ihrem Bericht über den Vorfall an das Kommando des rückwärtigen Heeresgebietes Nord vertrat die 281. Sicherungsdivision die Ansicht, die Erschießung der verdächtigen Zigeuner sei zwar durch keine gültigen Bestimmungen gedeckt gewesen, könne aber als gerechtfertigt angesehen werden. Die Erfahrungen der Vergangenheit hätten gezeigt, »daß bei Zigeunern fast immer Partisanenverdacht gegeben ist und wohl auch im vorliegenden Falle angenommen werden konnte«, obwohl er nicht schlüssig nachgewiesen worden sei. Überdies sei die verhängte Strafe auch durch das Ergebnis gerechtfertigt, denn seit der Erschießung der Zigeuner habe es in Noworschew keine Überfälle mehr gegeben.[23]

Da dies die vorherrschende Haltung war, verwundert es nicht, dass die Ermordung der Zigeuner in den besetzten sowjetischen Gebieten unvermindert weiterging. Ständiger Propaganda und Indoktrination ausgesetzt, glaubten die deutschen Soldaten zunehmend, dass sie Heimat und Familie gegen die Bedrohung durch jüdisch-bolschewistische asiatische »Untermenschen« verteidigten. Auch die Anspannung des Kampfes spielte eine Rolle, insbesondere die Furcht vor der Zunahme an Partisanenangriffen und Hinterhalten. Dies hatte, so Bartov, zur Folge, dass »Anweisungen, die Morde auf bestimmte Gruppen von Menschen zu begrenzen und später mit Rücksicht auf die veränderte Lage weiter einzuschränken, von der Truppe weitgehend ignoriert wurden«. Feine Unterschiede zwischen verschiedenen Opfergruppen zu machen war nicht ihre Sache, und es kam zu einer allgemeinen Barbarisierung, die zu wahllosen Erschießungen in großem Umfang führte.[24]

So bewahrte auch die Tatsache, dass viele von ihnen sesshaft waren, die auf der Krim lebenden Zigeuner nicht vor dem Tod. Kurz nachdem die Einsatzgruppe D im November 1941 auf der Krim eingetroffen war, meldete sie die Liquidierung einer großen Zahl von Zigeunern. Zwischen dem 16. November und 15. Dezember gelang es ihr, 624 Zigeuner zu ermorden;[25] vom 16. bis 28. Februar 1942 tötete sie weitere »421 Zigeuner, Asoziale und Saboteure«,[26] und in der zweiten Märzhälfte fielen ihr 1501 Menschen zum Opfer, darunter »261 Asoziale, einschließlich Zigeuner«. Voller Genugtuung meldete sie, dass es, abgesehen von einigen kleinen Gruppen im Norden, auf der Krim keine Zigeuner mehr gebe.[27] Bis zum 8. April 1942 massakrierte die Einsatzgruppe D insgesamt 92 000 Menschen: Juden, Krimtschaken – eine Bevölkerungsgruppe auf der Krim, die von den Nationalsozialisten zu den Juden gezählt wurde – und Zigeuner.[28] Ein Bericht vom 22. Mai, also einige Wochen danach, wies darauf hin, dass die Einbeziehung von Krimtschaken und Zigeunern in die Aktionen gegen die Juden bei der Bevölkerung keine besondere Aufmerksamkeit erregt habe.[29]

Auch in anderen Teilen der besetzten Gebiete in der Sowjetunion ging die Ermordung von Zigeunern unvermindert weiter. Am 6. Mai 1942 wurden alle in dem ukrainischen Dorf Siwaschi lebenden Zigeuner – etwa dreißig Männer, Frauen und Kinder – von unbekannten Männern in SS-Uniformen erschossen.[30] Die Einsatzgruppe B berichtete in einer Ereignismeldung, dass zwischen dem 1. und 14. September insgesamt 301 Zigeuner »sonderbehandelt« worden seien.[31] Im Dezember 1942 führte eine von Brigadeführer Kurt von Gottberg befehligte Sondereinheit der Polizei, auch Einsatzgruppe Gottberg genannt, eine Reihe von Operationen im »Bandenkampf« durch. Laut Marschbefehl für das »Unternehmen Hamburg« im Gebiet von Slonim in Weißrussland war »jeder Bandit, Jude, Zigeuner und Bandenverdächtige« als Feind anzusehen und daher zu vernichten. Der Aktion fielen 2658 Juden und 30 Zigeuner zum Opfer. Während des »Unternehmens Altona« im Gebiet um Kossow-Byten tötete die Einheit 126 Juden und 24 Zigeuner.[32] Doch zweifellos wurden weit mehr Zigeuner umgebracht, als dokumentiert ist.

Die extreme Grausamkeit dieser Mordaktionen macht das Vorgehen der Einsatzgruppe B deutlich, die im April 1942 aus dem Gebiet um Smolensk meldete, dass sie zwischen dem 6. und 30. März 45 Zigeuner erschossen habe.[33] 1965 wurde der Kommandeur des Sonderkommandos 7a, Albert Rapp, der für die Morde verantwortlich war, wegen Kriegsverbrechen vor ein deutsches Gericht gestellt. Wie den Zeugenaussagen zu entnehmen ist, hatte Rapp die blutige Aufgabe voller Hingabe erledigt. Juden und Zigeuner waren in seinen Augen »niedrige, heruntergekommene, asoziale, verseuchte und verdreckte Völker, die ausgerottet werden müssen«. Bei einer Erschießung im März 1942 waren die Opfer überwiegend Frauen und Kinder gewesen, die sich trotz des kalten Wetters bis auf die Unterwäsche hatten entkleiden müssen, bevor sie erschossen wurden. Mütter hatten ihre Babys zu dem als Massengrab ausgehobenen Graben zu tragen, wo die Henker sie ihnen entrissen, um sie auf Armeslänge von sich zu halten, mit einem Genickschuss zu töten und dann in den Graben zu werfen. Augenzeugen zufolge ging die Erschießung in solchem Tempo vonstatten, dass viele der Opfer noch am Leben waren, als sie in die Grube fielen oder gestoßen wurden: »Der Stapel der wirr in der Grube gehäuften Opfer blieb in Bewegung und hob und senkte sich.« Rapp wurde des Mordes schuldig befunden und zu zehnmal lebenslänglich verurteilt.[34]

Frauen und Kinder zu ermorden war durchaus üblich. Wenn man nur einen »Teil der Verdächtigen und der Partisanenbegünstigung überführten Zigeuner« bestrafe, wurde diese Praxis Ende Juli 1942 in einem Bericht über die Tätigkeit der GFP gerechtfertigt, »würde der verbleibende Teil der deutschen Wehrmacht nur noch feindlicher gegenüberstehen und sich noch mehr als bisher den Partisanen zur Verfügung stellen«. Es sei daher »notwendig, derartige Banden *rücksichtslos auszurotten*«.[35] Ohlendorf brachte nach dem Krieg vor Gericht eine ähnliche Rechtfertigung für die Ermordung von Kindern vor. Seine Befehle, erklärte er, hätten nicht nur eine »momentane«, sondern eine »dauernde Sicherung« bewirken sollen, denn wären die Zigeunerkinder herangewachsen, hätten sie als »Kinder von Eltern, die getötet waren«, für die Deutschen »keine geringere Gefahr als die Eltern selbst« dargestellt.[36] Und am 16. Dezember 1942 verbreitete OKW-Chef Keitel einen Führerbefehl, dem zufolge der Kampf gegen Partisanen »mit den brutalsten Methoden« zu führen war, ohne Rücksicht auf Frauen und Kinder, wenn dies Erfolg versprach.[37] Manche sowjetischen Zigeuner unterstützten die Partisanen oder schlossen sich ihnen an, aber diese Tatsache rechtfertigte kaum die pauschale Ermordung von Frauen und Kindern.

Die Situation unter der Zivilverwaltung

Während die deutschen Truppen tiefer in sowjetisches Territorium vordrangen, nahmen zivile Behörden dem Militär die Verwaltungsarbeit ab. Ihr Chef war Alfred Rosenberg, der neu ernannte Minister für die besetzten Ostgebiete. Seinen Zuständigkeitsbereich hatte man in zwei Teile aufgeteilt – das Reichskommissariat Ostland, das aus den drei Baltenrepubliken und Weißrussland bestand, und das Reichskommissariat Ukraine –, an deren Spitze jeweils ein Reichskommissar stand und die ihrerseits in Generalbezirke unter Leitung eines Generalkommissars unterteilt waren. SS und Polizei arbeiteten zwar formell mit der Zivilverwaltung zusammen, waren ihr aber in der Praxis nicht angegliedert. Hitler hatte in seinem Erlass vom 17. Juli 1941, mit dem Rosenberg die Verantwortung für die Ostgebiete übertragen worden war, alle Sicherheitsfragen Himmler vorbehalten, der ermächtigt wurde, den Reichskommissaren direkte Befehle zu erteilen.[38] Die Höheren SS- und Polizeiführer waren den Reichskommissaren persönlich unterstellt, erhielten aber auch Befehle von Himmler, und die Befehlshaber der Einsatzgruppen A und C leiteten gleichzeitig die Sicherheitspolizei und den SD in ihrem Operationsgebiet. Ihre Anweisungen bekamen sie sowohl vom jeweiligen HSSPF als auch vom RSHA.[39] Dass diese komplizierte Organisationsstruktur zu Kompetenzgerangel führte, liegt auf der Hand, wenngleich die Vorherrschaft Himmlers und seines SD stets gewahrt blieb.

Für die Zigeuner bedeutete der Wechsel in den Zuständigkeitsbereich der Zivilverwaltung keine Verbesserung. In Lettland, über das es die meisten Informationen gibt, lebte mit 3839 Angehörigen im Jahr 1935 die größte Zigeunerbevölkerung in den baltischen Staaten. Viele der Zigeuner waren sesshaft; sie besaßen oder pachteten Grund und Boden oder betrieben ein Gewerbe wie den Transport mit Pferdewagen.[40] Die Einsatzgruppen waren angewiesen, sich der Hilfe örtlicher Sympathisanten zu vergewissern; so soll eine Sondereinheit unter Führung von Viktor Arajs, die als litauische Hilfssicherheitspolizei firmierte, in Lettland zwischen Juli und September 1941 viele Zigeuner ermordet haben.[41] Anlass für die erste große Tötungsaktion lettischer Zigeuner von Seiten der deutschen Besatzer war vermutlich das von den deutschen Behörden ausgesprochene Verbot für Zigeuner, an der Küste zu wohnen. Am 5. Dezember nahm die lettische Polizei in der Hafenstadt Libau 103 in der Stadt wohnende Zigeuner fest – 24 Männer, 31 Frauen und 48 Kinder – und übergab 100 von ihnen der deutschen Ordnungspolizei unter Führung des SS- und Polizeiführers Fritz Dietrich. Bei der lettischen Polizei gab es einen deutschen Verbindungsoffizier, und sie folgte für gewöhnlich den Anweisungen der Deutschen. In diesem Fall wusste sie zweifellos, weshalb die Verhaftungen vorgenommen wurden. In dem Aktenvermerk über die Übergabe der Gefangenen heißt es, die Zigeuner seien der deutschen Polizei »zur weiteren Veranlassung« übergeben worden. Dietrich meldete seinen Vorgesetzten am 13. Dezember, am 5. des Monats seien die »Zigeuner von Libau, insgesamt 100 Personen, evakuiert und in der Nähe von Frauenburg exekutiert« worden.[42]

Am 4. Dezember 1941 legte der Reichskommissar Ostland, Hinrich Lohse, der bereits seit 1924 NSDAP-Mitglied war, in einem Erlass seine Zigeunerpolitik dar. Die »im Lande umherirrenden Zigeuner«, hieß es darin, seien »Überträger von ansteckenden Krankheiten, insbesondere von Fleckfieber«, und »unzuverlässige Elemente«, die sich weder den Vorschriften der deutschen Behörden beugten noch gewillt seien, »eine nutzbringende Arbeit zu verrichten«. Darüber hinaus bestehe der »begründete Verdacht«, dass sie »durch Nachrichtenübermittlungen im feindlichen Sinne der deutschen Sache« schadeten. Er, Lohse, bestimme daher, »daß sie in der Behandlung den Juden gleichgestellt werden«.[43] Der Erlass war auf dem Briefpapier der Abteilung für »Gesundheit und Volkspflege« des Reichskommissariats Ostland geschrieben, doch aus nachfolgender Korrespondenz geht hervor, dass er auf Drängen von Bruno Jedicke, dem Befehlshaber der Orpo (BdO) in den baltischen Staaten, verfasst worden war. Mutmaßungen zufolge ist das Schreiben zurückdatiert worden, um die Ermordung der Libauer Zigeuner nachträglich zu rechtfertigen.[44] Jedicke verteilte Lohses Text jedenfalls am 12. Januar 1942 an seine Kommandeure und forderte diese auf, »das Erforderliche zu veranlassen«.[45]

Wie sesshafte Zigeuner behandelt werden sollten, hatte Lohse nicht gesagt. Auf diese Frage ging eine Weisung ein, die wahrscheinlich am 27. Januar vom Kommandeur der Sipo und des SD (KdS) in Lettland abgesegnet worden war. Sie ordnete die Verhaftung aller Zigeuner sowie die Beschlagnahmung ihres Eigentums an. Ausgenommen werden sollten jedoch »seßhafte Zigeuner, die einer geordneten Arbeit nachgehen, sofern sie nicht in politischer oder krimineller Hinsicht eine Gefahr für die Allgemeinheit darstellen«. Die Formulierungen dieses Erlasses weisen verblüffende Übereinstimmungen mit dem Befehl des Kommandierenden Generals des rückwärtigen Heeresgebiets Nord vom 21. November 1941 auf, was den Schluss nahe legt, dass beide auf eine Anordnung aus Berlin zurückgehen, sesshafte Zigeuner von den Erschießungen auszunehmen. In einer am 3. April in Umlauf gebrachten Klarstellung zum Erlass vom 27. Januar wurde noch einmal betont, dass der Festnahmebefehl »nur vagabundierende Zigeuner« betreffe.[46]

Einer Meldung des SS- und Polizeiführers von Libau vom 18. Mai zufolge wurden in dem nicht näher angegebenen Berichtszeitraum 173 »nicht seßhafte Zigeuner aus den Kreisen Libau und Goldingen« hingerichtet.[47] Im Kriegstagebuch desselben Offiziers ist die Ermordung von »19 vagabundierenden Zigeunern« aus dem Kreis Hasenputh am 21. Mai 1942 vermerkt.[48] In vielen anderen Fällen ist es nicht möglich festzustellen, ob es sich bei den Getöteten um fahrende oder sesshafte Zigeuner handelte. Am 24. April 1942 meldete die Einsatzgruppe A die Exekution von 1272 Personen, darunter 71 Zigeuner.[49] Laut Aussage des früheren Gefängniswärters Alberts Karlowitsche wurden im selben Monat etwa 50 Zigeuner aus dem Gefängnis von Wolmar (Walmiera) – überwiegend Frauen und kleine Kinder – in einen Wald gebracht und erschossen.[50] Auch aus den Städten Bauska und Tukums liegen Berichte über Tötungsaktionen vor.[51]

Gelegentlich hing das Schicksal der Zigeuner in Lettland von den Launen örtlicher Befehlshaber ab. Im lettischen Kurland gab es zwei Zigeunersiedlungen. Die eine war ein Lager, das eine große Gruppe ehemals umherziehender Zigeuner, die nun in einer Sägemühle bei Talssen beschäftigt war, 1941 vor Wintereinbruch errichtet hatte und in dem sie unbehelligt lebte.[52] Die andere befand sich in Frauenburg. Im März 1942 wandten sich elf der hier lebenden Zigeuner, die ihren Lebensunterhalt mit dem Transport von Holz verdienten, an den Reichskommissar um Hilfe. Sie seien anständige Leute, schrieben sie in ihrer Petition; sie besäßen kleine Häuser, und ihre Kinder besuchten in Frauenburg die Grundschule und das Gymnasium. Doch jetzt befän-

den sie sich in einer Notlage, denn sie wären durch die Beschlagnahmung ihrer Pferde der Möglichkeit beraubt worden, ihren
Lebensunterhalt zu verdienen. Die Bittsteller zeigten sich bereit,
jede Arbeit anzunehmen, die sich in Frauenburg und Umgebung
für sie finden mochte.[53]

Die Abteilung Politik des Reichskommissariats Ostland, bei
der das Schreiben eingegangen war, wandte sich daraufhin an
den HSSPF Ostland, um herauszufinden, nach welchen Prinzipien die Zigeuner zu behandeln waren. Es dauerte einige Zeit,
bis dessen Antwort eintraf. Darin stellte der HSSPF fest, dass die
»Zigeunerfrage« laut einer Übereinkunft zwischen ihm und dem
Reichskommissar von der Polizei »in eigener Zuständigkeit« zu
lösen sei. Einzelheiten könnten schriftlich nicht mitgeteilt werden. Als die Beamten den Reichskommissar selbst um eine genauere Auskunft ersuchten, wurde ihnen Lohses Erlass vom
4. Dezember 1941 gesandt, und dem Generalkommissar von
Lettland, der eine ähnliche Anfrage gestellt hatte, wurde auf die
gleiche Weise geantwortet. Der Reichskommissar, hieß es, beabsichtige nicht, die getroffenen Vereinbarungen zu ändern.[54]

Die Zivilverwaltungen des Reichskommissariats Ostland waren nicht die einzigen, die bei der Formulierung der Zigeunerpolitik außen vor blieben, auch das Ministerium für die besetzten Ostgebiete, dem sie unterstanden, war im Dunkeln belassen
worden. Am 11. Juni 1942 teilte Otto Bräutigam von der Politischen Abteilung des Ostministeriums dem Reichskommissar
Ostland mit, das Ministerium habe vor, »die Frage der künftigen
Behandlung der Zigeuner in den besetzten Ostgebieten« zu klären. Um eine faktische Grundlage für die politische Entscheidung zu haben, bat er um Informationen über den Stand der
Dinge. Insbesondere interessierte ihn, ob »die Zigeuner hinsichtlich ihrer Behandlung den Juden gleichzustellen sind«. Weiterhin waren »Angaben darüber erwünscht, in welcher Weise die
dortigen Zigeuner leben, ob es sich um seßhafte oder fahrende
Zigeuner handelt, ob und welche Berufe von ihnen ausgeübt
werden und ob die Zahl der Zigeuner erheblich ist«.[55] Eine gleich

lautende Anfrage erhielt der Reichskommissar Ukraine. In seiner Antwort vom 2. Juli ging der Reichskommissar Ostland nicht direkt auf die Frage ein, ob die Zigeuner wie die Juden behandelt werden sollten, verwies aber auf Lohses Erlass vom 4. Dezember 1941. Ferner schilderte er, welche Last die verbliebenen Zigeuner in den baltischen Staaten, insbesondere in Kurland, darstellten. Die Ausführungen konnten als Plädoyer für die Erschießung auch der sesshaften Zigeuner verstanden werden.[56]

Im Juli 1942 wurde in Rosenbergs Ministerium ein Erlass entworfen, der diesen Standpunkt übernahm und bestätigte, dass die Zigeuner in den besetzten Ostgebieten, sofern sie keine ausländische Staatsangehörigkeit besaßen, »wie Juden zu behandeln« waren. Weiter heißt es darin: »Ein Unterschied zwischen seßhaften und fahrenden Zigeunern ist nicht zu machen. Zigeunermischlinge sind in der Regel den Juden gleichzustellen, insbesondere dann, wenn sie nach Zigeunerart leben oder sonst sozial sich nicht einfügen.« Ob jemand Zigeuner sei, solle »entweder auf Grund eines eigenen Bekenntnisses des Betreffenden oder eines anderen Sippenangehörigen zum Zigeunertum oder der Lebensweise und der sozialen Verhältnisse« entschieden werden. In einigen Fällen seien »Ermittlungen über die Abstammung« angeraten, wobei auch die äußere Erscheinung des Betreffenden und seiner »Sippenangehörigen« ins Gewicht falle.[57] In diesem und anderen Aktenvermerken benutzten die NS-Bürokraten auf den ersten Blick harmlose Phrasen wie die, Zigeuner seien »wie Juden zu behandeln«, um die Realität des kaltblütigen Mordens zu verschleiern – vielleicht sogar vor sich selbst.

Aus unbekannten Gründen zog sich die Diskussion über den Erlass bis zum Mai 1943 hin. In einer überraschenden Volte wurde im nächsten erhalten gebliebenen Entwurf die Vorstellung der Auslöschung aller Zigeuner aufgegeben und stattdessen bestimmt, sie »in besonderen Lagern und Siedlungen zusammenzuziehen und dort unter Aufsicht zu halten. Eine Gleichstellung der Zigeuner in der Behandlung mit Juden erfolgt nicht.«

Auch sei kein Unterschied zwischen sesshaften und fahrenden Zigeunern zu machen, und »Zigeunermischlinge« seien »in der Regel wie Zigeuner zu behandeln, insbesondere dann, wenn sie nach Zigeunerart leben oder sonst sich sozial nicht einfügen«. Die Umsetzung des Erlasses, zumal die Entscheidung darüber, ob jemand als Zigeuner anzusehen war, sollte Aufgabe der Generalkommissare sein. Die Befehlshaber der Sipo und des SD sollten Vorschläge über die erforderlichen Maßnahmen vorbringen.[58] Wie es zu diesem radikalen Umschwung gekommen war, ist nicht bekannt. Im Mai 1943 war die Mehrheit der deutschen Zigeuner bereits ins Zigeunerlager in Auschwitz deportiert worden, und möglicherweise hoffte das Ostministerium, Himmlers Zustimmung leichter zu erhalten, wenn es seine Politik der des RSHA anpasste. Die Rivalität zwischen Rosenberg und Himmler war offenkundig, aber Rosenberg wusste, dass Himmler in Fragen der Sicherheit immer das letzte Wort haben würde.

Sofern bis zum 14. Juni keine Einwände erhoben wurden, wollte das Ministerium den Erlass in Kraft setzen. Am 11. Juni teilte der lettische Generalkommissar dem Reichskommissar Ostland mit, dass er keine Bedenken gegen die vorgeschlagene Maßnahme habe. Nach seiner Ansicht konnte die »Unterbringung sämtlicher Zigeuner in Arbeitslagern … nur begrüßt werden, zumal das Zigeunertum im Generalbezirk Lettland nicht allein ein arbeitsscheues, sondern auch kriminell und politisch belastetes Element darstellt«.[59] Die Sipo dagegen ignorierte die Aufforderung, sich zu dem Entwurf zu äußern – vermutlich auf Anweisung aus Berlin. Der Kommandeur der Sipo und des SD in Lettland schrieb dem Generalkommissar in Riga am 12. Juni, er habe, da die Sipo bei der Umsetzung des Erlasses federführend sein werde, gegenwärtig keinen Anlass, den Entwurf zu kommentieren, zumal zur »Frage der Behandlung der Zigeuner in den besetzten Ostgebieten … demnächst Weisungen des Reichssicherheitshauptamtes ergehen« würden.[60] Die Verachtung, die Himmlers Männer für Rosenbergs Ministerium empfanden, hätte kaum deutlicher ausgedrückt werden können.

Am 19. Oktober teilte der BdS für das Ostland dem Reichskommissar mit, das RKPA habe ihn auf seine Anfrage hin über
Himmlers Pläne für die Zigeuner in Kenntnis gesetzt. Danach
seien sesshafte Zigeuner und Zigeunermischlinge wie alle anderen Bewohner der besetzten Gebiete zu behandeln. Fahrende
Zigeuner und Zigeunermischlinge seien jedoch den Juden
gleichzustellen und in Konzentrationslagern unterzubringen.
Laut Auskunft des RKPA werde auch der zu erwartende Erlass
des Ministeriums für die besetzten Ostgebiete diese Grundsätze
enthalten. Nach dessen Inkraftsetzung werde das RSHA die nötigen Ausführungsbestimmungen herausgeben. Bis dahin gebe
es nichts weiter zu tun.[61] Als die lange hinausgezögerte ministe-
rielle Verordnung am 15. November 1943 schließlich erlassen
wurde, folgte sie praktisch wörtlich Himmlers Beschluss:

»Zigeuner und Zigeuner-Mischlinge, die ihren Wohnsitz oder
gewöhnlichen Aufenthalt in den besetzten Ostgebieten haben
und seßhaft sind, sind wie Landeseinwohner zu behandeln.
    Alle umherziehenden Zigeuner und Zigeuner-Mischlinge
in den besetzten Ostgebieten sind den Juden gleichzustellen
und in Konzentrationslagern unterzubringen.«

Die Umsetzung, einschließlich der Entscheidung darüber, wer
als Zigeuner einzustufen war, wurde der Sipo und dem SD in
Zusammenarbeit mit der Abteilung Politik des Generalkommissariats übertragen. »Die erforderlichen Durchführungsanwei-
sungen erläßt das Reichssicherheitshauptamt.«[62]
    Trotz seiner langwierigen Entstehungsgeschichte enthielt der
Erlass nichts wirklich Neues. Er übersetzte nur die aktuelle Situation in die Amtssprache: Aufgegriffene fahrende Zigeuner
wurden in der Regel erschossen, während sesshafte Zigeuner
eine Chance hatten, zu überleben. Außerdem schrieb der Erlass
eine etwas kompliziertere Prozedur für die Entscheidung darüber vor, wer als Zigeuner anzusehen und als solcher zu behandeln war, auch wenn die peinlich genauen genealogischen Nach-

forschungen, die Ritters Forschungsstelle in Deutschland anstellte, augenscheinlich nicht praktikabel waren. Bei einem Treffen am 29. März 1944 einigte sich ein Vertreter der Sipo mit der Abteilung Politik des Generalkommissariats von Lettland darauf, dass die Sipo diese über jeden einzelnen aufgegriffenen Zigeuner informieren werde, das heißt über seine Abstammung, darüber, ob er ein Fahrender war und so weiter, und dass die Einweisung des Betreffenden in ein Konzentrationslager »oder eine andere Behandlung« erst erfolgen werde, nachdem die Abteilung Gelegenheit gehabt hatte, sich zu dem Fall zu äußern.[63]

Ob diese Vereinbarung beachtet wurde, ist nicht bekannt, auf jeden Fall ließ der Kriegsverlauf alle diese Regelungen bald hinfällig werden. Im Zuge ihrer am 10. Juni begonnenen Sommeroffensive rückte die Rote Armee binnen weniger Wochen bis an die Grenze von Ostpreußen vor und kesselte fünfzig deutsche Divisionen in den baltischen Staaten ein. Das NS-Kolonialreich im Osten zerfiel zusehends, und die lange Leidenszeit der Zigeuner im besetzten Teil der Sowjetunion ging zu Ende.

Über die Gesamtzahl der von den Einsatzgruppen und anderen deutschen Militäreinheiten im Osten ermordeten Zigeuner gibt es keine verlässlichen Angaben.[64] Zu den Erschossenen kommt eine unbekannte Anzahl von Zigeunern hinzu, die in einem Euthanasiezentrum in Kiew starben, wo Angehörige »minderwertiger Rassen« durch Verabreichung tödlicher Morphiumdosen umgebracht wurden.[65] Man schätzt, dass knapp die Hälfte der lettischen Zigeuner den nationalsozialistischen Terror überlebten.[66] In der Sowjetunion sollen 1926 etwa 60 000 Zigeuner gelebt haben, von denen die Hälfte unter der NS-Herrschaft ums Leben kam.[67] Ungewiss ist allerdings, auf welcher Grundlage diese Schätzungen angestellt worden sind, und deshalb lässt sich auch nicht sagen, wie nah sie der wirklichen Zahl der Opfer kommen. Anfangs wurden die Zigeuner – wie Juden und kommunistische Funktionäre – pauschal als Gruppe erfasst und ausnahmslos zur Vernichtung vorgesehen. Doch der wichtigste Grund, weshalb sie zu den Hauptfeinden gezählt wurden, war ihre angebliche Neigung zur Spionage. In der Praxis bildete sich zudem ein Unterschied in der Behandlung von Fahrenden einerseits und Sesshaften andererseits heraus, der in zahlreiche Erlasse übernommen wurde, und viele sesshafte und »sozial angepasste« Zigeuner überlebten die NS-Herrschaft. Dass Zigeuner als Angehörige einer fremden, minderwertigen und verachtenswerten Rasse betrachtet wurden, erhöhte zweifellos die Bereitschaft deutscher Soldaten, sie zu töten, aber der rassische Aspekt scheint eine untergeordnete Rolle gespielt zu haben. »Vollzigeuner« und »Zigeunermischlinge« wurden im Allgemeinen gleich behandelt. Offensichtlich folgten die Nationalsozialisten mit der Ermordung der sowjetischen Zigeuner keinem Generalplan zur Auslöschung aller Zigeuner.

Geiselerschießungen in Serbien

Am 6. April 1941 griff die deutsche Wehrmacht mit Unterstützung ungarischer und italienischer Verbände Jugoslawien an, und am 17. April kapitulierten die jugoslawischen Streitkräfte. In Kroatien war noch vor dem Ende der Kampfhandlungen eine Quislingregierung gebildet worden; Serbien kam zum größten Teil unter deutsche Kontrolle. Als die deutsche Präsenz in Jugoslawien sichtlich schwächer wurde, da in Vorbereitung auf den Angriff auf die Sowjetunion viele deutsche Einheiten abgezogen wurden, begann der von den Kommunisten angeführte Widerstand seine Aktivitäten zu verstärken. Am 12. Juli, etwa drei Wochen nach dem deutschen Überfall auf die Sowjetunion, verbreitete der serbische Widerstand einen Aufruf zum Aufstand. Die deutschen Besatzungsbehörden reagierten mit Vergeltungsmaßnahmen und exekutierten Geiseln – in immer größerer Anzahl, je mehr die Partisanenbewegung an Stärke und Aggressivität gewann. Die Opfer waren vor allem Kommunisten, Juden und Zigeuner.

Anders als in der Sowjetunion gingen die Geiselerschießungen in Serbien nicht auf Befehle der zentralen Stellen in Berlin zurück, sondern waren überwiegend von den örtlichen Kommandeuren zu verantworten. An der Spitze des kompliziert aufgebauten deutschen Besatzungsregimes stand der Militärbefehlshaber in Serbien, dem zwei Stäbe zugeordnet waren. Der Verwaltungsstab unter Staatsrat und SS-Gruppenführer Harald Turner war unter anderem für die Aktivitäten der unter dem Kommando von SS-Standartenführer Wilhelm Fuchs stehenden Einsatzgruppen zuständig. Dem Kommandostab unter Oberstleutnant Gravenhorst oblagen die militärischen Angelegenheiten. Daneben gab es einen Generalbevollmächtigten für die Wirtschaft und einen Bevollmächtigten des Auswärtigen Amtes. Mehrere dieser Männer waren, wie unten näher ausgeführt wird, auf die eine oder andere Weise in die Ausarbeitung und Umsetzung der harten Vergeltungspolitik verwickelt, die viele Zigeuner das Leben kostete.[68]

Am 31. Mai gab der Militärbefehlshaber eine Verordnung bekannt, die sowohl Juden als auch Zigeunern eine Reihe von Einschränkungen auferlegte. Von einigen Vorschriften, zum Beispiel der Entlassung von Rechtsanwälten, Ärzten und Apothekern sowie aller Inhaber öffentlicher Ämter, waren die Zigeuner vermutlich weniger betroffen als von anderen. So mussten sie eine gelbe Armbinde mit der Aufschrift »Zigeuner« tragen; Männer wie Frauen zwischen dem vierzehnten und sechzigsten Lebensjahr wurden zu Zwangsarbeit verpflichtet; der Besuch von Theatern, Kinos, Schwimmbädern, Restaurants und öffentlichen Märkten war verboten; zwischen acht Uhr abends und sechs Uhr früh bestand ein Ausgehverbot, und der Wohnort durfte ohne Genehmigung der deutschen Kreiskommandantur nicht verlassen werden. Als Zigeuner galt, wer mindestens drei Zigeuner unter seinen Großeltern hatte. »Zigeunermischlinge« waren wie Zigeuner zu behandeln; gemeint waren damit alle, »die von einem oder zwei zigeunerischen Großelternteilen abstammen und mit einer Zigeunerin verheiratet sind oder mit einer Zigeunerin die Ehe eingehen«.[69]

Infolge einer Intervention der serbischen Marionettenregierung und um »gewisse Härten« zu vermeiden, wurde diese Definition am 11. Juli insofern revidiert, als dass jetzt auch der soziale Status berücksichtigt wurde. Wer serbischer Staatsbürger war und nachweisen konnte, dass seine Familie seit 1850 sesshaft war und er selbst einen »geachteten Beruf« ausübte und einen »ordentlichen Lebenswandel« aufweisen konnte, wurde von den Restriktionen der Verordnung vom 31. Mai ausgenommen. Die Sesshaftigkeit war vom Bürgermeister des Wohnorts zu bestätigen.[70] Konnte man eine solche Bescheinigung nicht vorweisen, musste man damit rechnen, zu Zwangsarbeit herangezogen oder in ein Konzentrationslager eingeliefert zu werden. Bis Mitte September wurden in Belgrad und Sabac zwei Lager für Juden und Zigeuner errichtet. Offenbar hatte die Militärverwaltung vor, in großem Umfang Geiseln zu erschießen.[71]

Während die Partisanenaktivitäten weiter zunahmen, wurde am 16. September General Franz Böhme zum Militärbefehlshaber in Serbien ernannt. Am 21. September empfahl Turner in seinem ersten Bericht an Böhme, das Tempo der Verhaftung von Juden und Zigeunern zu erhöhen.[72] Mittlerweile waren drakonische Vergeltungsmaßnahmen die Regel geworden, und der Bestand an Geiseln, die erschossen werden konnten, musste vergrößert werden. Am 2. Oktober geriet eine deutsche Einheit in der Nähe der Stadt Topola in einen Hinterhalt, und einundzwanzig Soldaten kamen ums Leben. Besondere Wut löste die Tatsache aus, dass diejenigen, die sich ergeben hatten, aus nächster Nähe mit Maschinengewehrgarben niedergestreckt worden waren.[73] Zwei Tage darauf befahl Böhme als »Sühnemaßnahme« für die Ermordung von 21 Soldaten die Erschießung von 2100 Insassen der Konzentrationslager in Belgrad und Sabac.[74] Die Mehrheit der Opfer waren Juden, doch es waren auch 200 Zigeuner unter ihnen. Am 9. Oktober meldete die Sipo nach Berlin, man sei dabei, ein weiteres Lager für 50 000 Insassen zu errichten.[75]

Böhmes Erschießungsbefehl vom 4. Oktober beruhte auf

einer am 16. September erlassenen Direktive, mit der OKW-Chef Keitel Hitlers Forderung nachkam, mit »schärfsten Mitteln« gegen kommunistische Aufrührer in den besetzten Gebieten vorzugehen. Die Order gestattete die Exekution von fünfzig bis hundert Kommunisten als Sühne für den Tod eines deutschen Soldaten.[76] Am 10. Oktober gab Böhme Richtlinien zur Vergeltungspolitik heraus, die an alle Einheiten verteilt wurden. Darin ordnete er die Verhaftung aller Kommunisten – tatsächlicher wie vermeintlicher –, aller Juden und einer gewissen Anzahl demokratisch gesinnter Einwohner an. Für jeden getöteten deutschen Soldaten sollten hundert und für jeden Verwundeten fünfzig Geiseln exekutiert werden. Soweit möglich, sollten die Hinrichtungen von den Einheiten durchgeführt werden, die die Verluste erlitten hatten.[77]

In den darauf folgenden zwei Wochen wurden Schätzungen nach neuntausend Juden, Zigeuner und andere zivile Geiseln ermordet.[78] Über eine Erschießungsaktion, die am 30. Oktober von einem Kommando der 704. Infanteriedivision durchgeführt wurde, liegt der Bericht des kommandierenden Offiziers, Oberleutnant Hans-Dietrich Walther, vor. Demzufolge waren die Geiseln – Juden und Zigeuner aus dem Lager in Belgrad – mit Lastwagen zur Hinrichtungsstätte gefahren worden. Dort war die meiste Zeit auf das Ausheben der Gruben verwandt worden, »während das Erschießen selbst sehr schnell geht (100 Mann 40 Minuten)«. Weiter schrieb er:

»Das Erschießen der Juden ist einfacher als das der Zigeuner. Man muß zugeben, daß die Juden sehr gefaßt in den Tod gehen – sie stehen sehr ruhig –, während die Zigeuner heulen, schreien und sich dauernd bewegen, wenn sie schon auf dem Erschießungsplatz stehen. Einige sprangen sogar vor der Salve in die Grube und versuchten sich tot zu stellen.«

Anfangs seien seine Soldaten von der Massenerschießung unbeeindruckt gewesen. Doch am zweiten Tag habe sich bemerkbar

220

gemacht, dass der eine oder andere nicht die Nerven besaß, längere Zeit an solchen Erschießungen teilzunehmen.[79] Walther selbst ersuchte darum, nicht weiter für derartige Aktionen eingesetzt zu werden, nachdem seine Einheit noch eine dritte Erschießung durchgeführt hatte. Sie hatte in gut einer Woche etwa 600 Juden und Zigeuner hingemetzelt.[80]

Diese Massenerschießungen waren nach dem internationalen Kriegsrecht ohne jeden Zweifel illegal, auch wenn dieses unter bestimmten Umständen Vergeltungsmaßnahmen und Geiselnahmen als zulässig ansieht. Nach dem Ende des Zweiten Weltkriegs hat ein amerikanischer Gerichtshof, vor dem die Geiselerschießungen verhandelt wurden, anerkannt, dass als letztmögliche Maßnahmen, um Ruhe und Ordnung in einem besetzten Gebiet aufrechtzuerhalten, sogar die Tötung von Geiseln und die Vergeltung an Gefangenen gerechtfertigt sein können.[81] Doch solche Maßnahmen müssen zu den Vergehen in einem angemessenen Verhältnis stehen, und Artikel 50 der Haager Landkriegsordnung stellt unmissverständlich fest: »Keine Strafe ... darf über eine ganze Bevölkerung wegen der Handlungen einzelner verhängt werden, für welche die Bevölkerung nicht als mitverantwortlich angesehen werden kann.«[82]

Im Fall Serbiens wurde nie irgendein Beweis dafür erbracht, dass die erschossenen Juden und Zigeuner etwas mit dem bewaffneten Kampf gegen die deutschen Besatzer zu tun hatten. Und obwohl es unter den Partisanen gewiss auch Juden und Zigeuner gab, standen die Massenerschießungen von Angehörigen dieser beiden Bevölkerungsgruppen dazu in keinem Verhältnis. Juden und Zigeuner wurden aufgrund einer tief sitzenden Feindseligkeit als Opfer ausgewählt und deshalb in flagranter Verletzung der Gesetze und Gepflogenheiten des Krieges mit Kollektivstrafen belegt. Für die deutschen Befehlshaber war es ausgemachte Sache, dass Juden Kommunisten und daher Feinde Deutschlands waren, und Zigeuner wurden ebenso pauschal als Spione angesehen. Infolge dessen hatten sie keine Skrupel, sie zum Ziel ihrer drakonischen Vergeltungsmaßnahmen zu machen. Und schließlich ist es höchst zweifelhaft, dass die Massenerschießungen eine abschreckende Wirkung auf die Bevölkerung ausübten. Wahrscheinlich vergrößerten sie nur die Bereitschaft der Serben, sich den Partisanen anzuschließen, womit den Vergeltungsmaßnahmen sogar hinsichtlich der deutschen Kriegsanstrengungen jeglicher Nutzeffekt abging.

Einige der Männer, die maßgeblich an der Anordnung der Erschießungen beteiligt waren, taten dies mit ambivalenten Gefühlen. Doch das hielt sie nicht davon ab, ihre tödliche Mission fortzusetzen. Am 17. Oktober schrieb Turner, seine eigene Rolle übertreibend, an einen Freund:

> »Vor 5 Wochen ungefähr hatte ich bereits die ersten von 600 an die Wand gestellt, seitdem haben wir bei einer Aufräumungsaktion etwa wieder 2000 umgelegt, bei einer weiteren wieder etwa 1000 und zwischendurch habe ich dann in den letzten 8 Tagen 2000 Juden und 200 Zigeuner erschießen lassen nach der Quote 1:100 für bestialisch hingemordete deutsche Soldaten und weitere 2200, ebenfalls nur Juden, werden in den nächsten 8 Tagen erschossen. Eine schöne Arbeit ist das nicht! Aber immerhin muß es sein, um einmal den Leuten klar zu machen, was es heißt, einen deutschen Soldaten überhaupt nur anzugreifen und zum andern löst sich die Judenfrage auf diese Weise am schnellsten.«[83]

Turner war sich bewusst, dass die Erschießungen von unschuldigen Menschen die Haltung der Serben gegenüber der deutschen Besatzung weiter verschlechtern würden. Nach zwei Massakern an einer großen Anzahl wahllos aufgegriffener serbischer Bürger gab die deutsche Verwaltung am 25. Oktober neue Richtlinien für Vergeltungsmaßnahmen heraus, die die Hinrichtung von Serben, die keine Aufständischen waren, untersagten.[84] Juden und Zigeuner galten jedoch generell nicht als unschuldig. In einem Schreiben vom 26. Oktober erläuterte Turner:

»Grundsätzlich ist festzuhalten, daß Juden und Zigeuner ganz allgemein ein Element der Unsicherheit und damit Gefährdung der öffentlichen Ordnung und Sicherheit darstellen. Es ist der jüdische Intellekt, der diesen Krieg heraufbeschworen hat und der vernichtet werden muß. Der Zigeuner kann auf Grund seiner inneren und äußeren Konstruktion kein brauchbares Mitglied einer Völkergemeinschaft sein. Es ist festgestellt worden, daß das jüdische Element an der Führung der Banden erheblich beteiligt und gerade Zigeuner für besondere Grausamkeiten und den Nachrichtendienst verantwortlich sind. Es sind deshalb grundsätzlich in jedem Fall alle jüdischen Männer und alle männlichen Zigeuner als Geisel der Truppe zur Verfügung zu stellen.«[85]

Die Anzahl der Geiseln erhöhte sich, als am 29. Oktober in Belgrad weitere 250 Zigeuner festgenommen wurden, doch bald war der Bestand an Gefangenen wieder erschöpft. Einer von den deutschen Besatzungsbehörden angefertigten Statistik der Vergeltungsmaßnahmen vom 5. Dezember 1941 zufolge waren bis zu diesem Zeitpunkt mindestens 11 164 Menschen erschossen worden, 20 174 weniger, als man aufgrund der Anzahl der deutschen Opfer von Partisanenangriffen annehmen könnte.[86] Da wahllose Exekutionen ausgeschlossen waren und der Nachschub an Juden und Zigeunern erschöpft war, ließen sich die Quoten nicht mehr erfüllen. Deshalb wurden sie am 22. Dezember auf fünfzig zu eins für getötete und fünfundzwanzig zu eins für verwundete deutsche Soldaten herabgesetzt. Was die Opfergruppen anging, gab es keine Änderungen. Es blieb dabei, dass »nicht mit der Waffe betroffene Kommunisten, Zigeuner, Juden, Verbrecher u. dergl.« als Geiseln für Vergeltungsmaßnahmen zu nehmen waren.[87]

Bis Ende Oktober waren die meisten männlichen Juden und eine große Anzahl männlicher Zigeuner ermordet worden. Am 3. November ordnete Turner an, den Abtransport von Frauen und Kindern – die Familien der Erschossenen – in ein Lager bei

Belgrad vorzubereiten.[88] Anfang Dezember befanden sich mehrere tausend jüdische Frauen und Kinder sowie 292 Zigeunerinnen und Zigeunerkinder im Lager Sajmiste (von den Deutschen Semlin genannt). Die Lebensbedingungen dort waren furchtbar; es fehlte an Nahrung wie an ausreichender Heizung. Im Februar 1942 traf ein Gaswagen ein, und im März fing man an, die jüdischen Frauen und Kinder zu töten. Die Zigeuner waren ein paar Tage, bevor die Vergasung der jüdischen Lagerinsassen begann, entlassen worden.[89]

Im August 1942 machte sich Turner Notizen für seinen Vortrag beim neuen Militärbefehlshaber in Serbien, in denen er die einzigartigen Leistungen der bisherigen Verwaltung hervorhob: »Serbien einziges Land, in dem Judenfrage und Zigeunerfrage gelöst.«[90] Vor dem Krieg sollen in Serbien 150000 Zigeuner gelebt haben; die Schätzungen der Zahl der von den Nationalsozialisten Ermordeten reichen von 1000[91] bis 12000.[92] Viele wurden als Zwangsarbeiter nach Deutschland oder in deutsche Konzentrationslager deportiert. Sicher ist, dass zahlreiche männliche Zigeuner als Geiseln erschossen wurden, aber darüber hinaus liegt vieles im Dunkeln: Wie viele Zigeuner wurden als Sesshafte eingestuft, und wurden sie weiterhin anders als die Fahrenden behandelt? Warum blieb den Zigeunerfrauen und -kindern im Lager Sajmiste das Schicksal der jüdischen Lagerinsassen erspart? Niemand kennt die Antworten auf diese Fragen.

Christopher Browning hat überzeugend argumentiert, dass die Erschießungen der männlichen Juden in Serbien im Herbst 1941 im Zuge einer Vergeltungspolitik stattfanden, »die als Reaktion auf den Partisanenaufstand entwickelt wurde und nicht Teil des europaweiten Genozidprogramms war, das sich auf jeden Fall noch im Planungsstadium befand, wenngleich die Wehrmacht mit jüdischen Geiseln, nur weil sie Juden waren, in der Tat anders umging als mit Serben«.[93] Gleiches gilt auch für die serbischen Zigeuner. Sie wurden als Geiseln und Opfer der Erschießungen ausgewählt, weil sie Zigeuner waren und weil die deutschen Befehlshaber annahmen, sie seien geborene Spione und würden den Feind unterstützen. Doch auch in diesem Fall ist anzumerken, dass die Erschießungen, wie verbrecherisch und moralisch verwerflich sie auch waren, aus einer Politik resultierten, die auf spezifische örtliche Gegebenheiten reagierte. Sie waren nicht Teil eines Generalplans, der die Auslöschung aller Zigeuner vorgesehen hätte.

TEIL III

EINE ZERSTÖRTE GEMEINDE
(1943–1945)

Die Deportation nach Auschwitz

Zweimal, 1939 und 1940, war der Versuch fehlgeschlagen, alle Zigeuner aus dem Reich nach Osten zu deportieren. Zwar hatte man 1940 beziehungsweise 1941 über 2500 deutsche und 5000 österreichische Zigeuner ins Generalgouvernement und in den Warthegau abgeschoben, aber die meisten Zigeuner lebten noch immer in den Wohnorten, die man ihnen bei Kriegsausbruch zugewiesen hatte. Dies war die Situation, als Himmler am 16. Dezember 1942 den so genannten Auschwitz-Erlass herausgab, der die Deportation von 13000 deutschen Zigeunern, als »minderwertige Mischlinge« eingestuft, in ein gesondertes Zigeunerlager in Auschwitz-Birkenau nach sich zog. Diese Massendeportation begann im März 1943, und für die meisten Verschleppten sollte es eine Reise ohne Rückkehr werden. Der Entscheidungsprozess, der zu dieser Maßnahme führte, ist nicht in allen Einzelheiten bekannt, aber die Behörden und Personen, die eine Schlüsselrolle in ihm spielten, können benannt werden.

Die Ausnahme der »reinrassigen« Zigeuner

Nach dem Erlass »Bekämpfung der Zigeunerplage« vom 8. Dezember 1938 waren »reinrassige« Zigeuner und »Zigeunermischlinge« bei der Lösung der »Zigeunerfrage« unterschiedlich zu behandeln. Dieser Unterschied war von Ritter hervorgehoben worden, der, wie oben dargelegt, die Auffassung ablehnte,

229

die Zigeuner seien, weil sie aus Indien stammten und ihre Sprache mit dem Sanskrit verwandt war, als »Arier« zu betrachten. Für Himmler andererseits, der lebhaftes Interesse an den arischen Ursprüngen der Germanen hatte, besaßen die »reinrassigen« Zigeuner offenbar eine besondere Faszination, und er regte 1942 neue Forschungen über deren Lebensweise an.

1935 hatte Himmler das »Ahnenerbe« gegründet, ein SS-Forschungsinstitut zum Studium von Geist und Erbe der indogermanischen nordischen Rasse, das die ideologischen Annahmen der SS wissenschaftlich untermauern sollte. Zum Reichsgeschäftsführer wurde SS-Standartenführer Wolfram Sievers ernannt, der später wegen seiner Beteiligung an medizinischen Experimenten in Konzentrationslagern zu zweifelhafter Berühmtheit gelangen sollte. Am 12. Mai 1939 hielt der bekannte Indogermanist und frisch gebackene Kurator des Ahnenerbes Walther Wüst in einer Sondersitzung der Deutschen Akademie an der Universität München einen Vortrag mit dem Titel »Deutsche Frühzeit und arische Geistesgeschichte«. Darin führte er aus, dass die Legenden der Zigeuner in einer »indoarischen Mundart« erzählt würden und daher »unverfälschtes arisches Denk- und Vorstellungsgut« enthielten.[1] Himmler mit seiner unersättlichen Neugier auf alles Arische scheint unter anderem durch diese Bemerkung zu der Überzeugung gelangt zu sein, »reinrassige« Zigeuner seien Nachkommen des indogermanischen Urvolkes oder zumindest eng mit ihm verwandt.

1942 hatte das mittlerweile zu Himmlers persönlichem Stab gehörende Ahnenerbe 197 Mitarbeiter.[2] Am 20. April 1942 notierte der SS-Führer nach einem Telefongespräch mit Heydrich in seinem Kalender: »Keine Vernichtung d. Zigeuner«.[3] In welchem Zusammenhang dieser rätselhafte Eintrag stand, ist nicht bekannt, aber er passt zu Himmlers Grundhaltung gegenüber den deutschen Zigeunern. Am 16. September 1942 wies er das Ahnenerbe an, in Zusammenarbeit mit Kripo-Chef Nebe »zu den noch in Deutschland lebenden Zigeunern eine nähere und sehr positive Verbindung aufzunehmen …, um die Zigeunersprache studieren zu können und sich darüber hinaus über zigeunerische Sitten zu unterrichten«.[4] Wenig später verbreitete das RKPA, der Reichsführer SS habe »weitere Umsiedlungen für die Dauer des Krieges untersagt«.[5] Himmlers Erlass vom 16. September ist nicht erhalten, aber er wird in einem Schreiben erwähnt, das Sievers am 14. Januar 1943 an die Wiener Kripo richtete. Darin erklärte er, dass Johann Knobloch, ein Assistent von SS-Hauptsturmführer Professor V. Christian, dem Dekan der Philosophischen Fakultät der Universität Wien, auf Anweisung Himmlers die Sprache der burgenländischen Zigeuner als Thema seiner Dissertation gewählt habe. Die Kripo möge Knobloch bei seinen Forschungen unterstützen und ihm Zugang zum Konzentrationslager Lackenbach gewähren, damit er die dort festgehaltenen Zigeuner befragen könne.[6] Knobloch, der darauf aufmerksam gemacht wurde, dass seine Forschungsobjekte möglicherweise bald »umgesiedelt« würden, arbeitete unter Hochdruck und stellte seine Dissertation mit dem Titel »Romani-Texte aus dem Burgenland« noch im selben Jahr fertig.[7]

Am 13. Oktober 1942, keinen Monat, nachdem Himmler die Aufnahme näherer Verbindung zu den Zigeunern verlangt hatte, teilte das RKPA den Kripostellen neue Richtlinien für die Behandlung »reinrassiger« Zigeuner mit. Nach Jahren der Diskriminierung, in denen diese häufig die schlimmsten Benachteiligungen hatten ertragen müssen, während »Zigeunermischlinge« hin und wieder besser behandelt wurden, bedeuteten die neuen, von Nebe unterzeichneten Richtlinien eine erstaunliche Kehrtwende:

»Der Reichsführer-SS beabsichtigt, den reinrassigen Sinte-Zigeunern … für die Zukunft eine gewisse Bewegungsfreiheit zu gestatten, so daß sie in einem bestimmten Gebiet wandern, nach ihren Sitten und Gebräuchen leben und einer arteigenen Beschäftigung nachgehen können. Der Reichsführer-SS setzt dabei voraus, daß sich die in Frage kommenden Zigeuner in jeder Beziehung einwandfrei verhalten und zu keinerlei Beanstandungen Anlaß geben.

Zigeunermischlinge, die im zigeunerischen Sinne gute Mischlinge sind, sollen einzelnen reinrassigen Sinte-Zigeunersippen wiederzugeführt und damit den reinrassigen Zigeunern gleichgestellt werden, wenn sie ihre Aufnahme in eine reinrassige Sippe beantragen und diese keinen Einspruch erhebt.

Die Behandlung der restlichen Zigeunermischlinge und der Rom-Zigeuner wird durch die beabsichtigte Neuregelung nicht berührt.«[8]

Anschließend wurden die Namen von acht »Zigeunerobmännern« oder Sprechern aufgezählt, die für verschiedene Landesteile ernannt worden waren; ein neunter sollte die Lalleri, einen Stamm mit großem Zusammenhalt aus dem deutschsprachigen Teil der Tschechoslowakei, im gesamten Reich vertreten. Die Sprecher hatten die »reinrassigen« Zigeuner in ihrem Gebiet über die geplanten Maßnahmen zu informieren und sie dazu anzuhalten, ein ordentliches Leben zu führen; Gesetzesübertretungen sollten sie dem nächsten Polizeirevier melden, und zwar nicht nur die von »rassereinen« Zigeunern. Außerdem sollten sie für das RKPA eine Liste der »reinrassigen« Zigeuner anlegen. Sie konnten sich in ihrem Gebiet frei bewegen und ihre Arbeitsstelle aufgeben, um wieder ihrem »arteigenen Gewerbe« nachzugehen, während die unter ihrer Obhut stehenden Zigeuner ihre Wohnorte nicht verlassen durften und bis auf weiteres die ihnen zugewiesene Arbeit verrichten mussten. Als Anlage war der Weisung das Muster eines Sonderausweises für die Sprecher beigelegt, der diese als Verbindungsmänner zwischen den »reinrassigen« Zigeunern ihrer »Sippe« und der Polizei auswies. Außerdem war vermerkt, dass der Ausweisinhaber die Aufgabe habe, darauf zu achten, dass die Zigeuner, für die er zuständig war, nach ihrem eigenen »Rassegesetz« lebten und jeden Geschlechtsverkehr mit »Deutschblütigen« oder »Zigeunermischlingen« unterließen.[9]

Die Anweisung, mit der Himmler »reinrassigen« Zigeunern einen besonderen Status einräumte, enthielt einige Schlüsselideen, die zuerst von Ritter ins Gespräch gebracht worden waren. Der Vorkämpfer der Zigeunerforschung hatte die kleine Gruppe der verhältnismäßig »reinrassigen« Zigeuner, deren Anteil an der Gesamtheit der Zigeuner er auf zehn Prozent schätzte, immer als die bessere betrachtet und sich dafür ausgesprochen, ihr das Recht einzuräumen, weiterhin ein Wanderleben zu führen – wenngleich unter strenger Aufsicht –, das sie in gebührendem Abstand zur »deutschblütigen« Bevölkerung halten würde. Auch der Vorschlag, aus ihren Reihen Sprecher auszuwählen, welche die Verbindung zu den Behörden aufrechterhalten sollten, stammte von ihm.[10] Andererseits waren, wie sich Ritters Assistentin Eva Justin nach 1945 erinnerte, viele der in Friedenszeiten gemachten Anregungen unter Kriegsbedingungen nicht mehr praktikabel. Die meisten Zigeuner besaßen keinen Wohnwagen mehr, und in einer Zeit, in der sogar die Bauern ihre Tiere abgeben mussten, wäre es schwierig gewesen, ihnen Pferde zur Verfügung zu stellen. Und wie sollten sich die fahrenden Zigeuner angesichts der Lebensmittelrationierung ernähren? Wie sollten sie sich ihren Lebensunterhalt verdienen? Die Untersuchungen zum »Zigeunerproblem« waren viele Jahre lang Ritters Forschungsstelle vorbehalten gewesen, und er dürfte kaum erfreut darüber gewesen sein, dass Himmlers Ahnenerbe ihm seine Domäne streitig machte. Vor dem Hintergrund dieser Rivalität zog Justin die Notwendigkeit in Zweifel, einen Außenstehenden (Knobloch) mit der Erforschung von Sprache und Gebräuchen der Zigeuner zu beauftragen. Sie vermutete, dass Himmler von Laien beeinflusst worden war, also von Leuten außerhalb von Ritters Forschungsstelle und des RKPA, wo man ihrer Meinung nach eine realistischere Sicht des »Zigeunerproblems« hatte.[11]

Laut Justin hatte Nebe erklärt, dass er keine andere Wahl habe, als Himmlers phantastischen Plan zu verkünden, auch wenn er zu nichts führen würde. Damit sollte er insofern Recht behalten, als dass es den Zigeunern nie gestattet wurde, wieder umherzufahren. In der Weisung vom 13. Oktober war das Gebiet, in dem sie sich künftig frei bewegen können sollten, nicht näher bestimmt worden. Rudolf Höß, der Kommandant von Auschwitz, nannte in seinen nach dem Krieg verfassten Aufzeichnungen die Gegend um den Neusiedler See an der österreichisch-ungarischen Grenze als die damals für die »reinrassigen« Zigeuner vorgesehene Region,[12] doch dafür gibt es keine weiteren Belege. Das RKPA dachte angeblich an ein »Reservat« im Generalgouvernement und soll sogar vorgeschlagen haben, »reinrassigen« Zigeunern zu gestatten, sich einer aus kriegsgefangenen Indern bestehenden »indischen Legion« anzuschließen. Aber auch für diese Pläne fehlen genauere Angaben.[13] Am 10. Februar 1943 erörterten Sievers und Nebe in einer gut halbstündigen Unterredung die Frage der »Ansiedlung der reinrassigen Zigeuner«.[14] Weitere Hinweise auf dieses Thema sind in den dokumentarischen Quellen nicht zu finden.

Von den neun Zigeunerobmännern hatten, einem Schreiben des RKPA an die Kripoleitstellen zufolge, bis Anfang 1943 erst fünf eine Liste mit Namen von als »reinrassig« anzusehenden Zigeunern eingereicht. Die Leitstellen sollten diese nun sorgfältig prüfen, um auszuschließen, dass sich unter den aufgeführten Personen vorbestrafte »Zigeunermischlinge« befanden. Anschließend sollte die Kripo die Zigeunerobmänner zu sich bestellen und ihnen erläutern, warum die Betreffenden aus der Liste gestrichen worden waren. Wo keine Liste vorlag, sollte die Kripo auf der Grundlage ihrer Akten selbst die Namen heraussuchen und nach Anhörung der zuständigen Obmänner ihre Entscheidung treffen. Gegen den Einwand der Sprecher sollte niemand in das Verzeichnis der »reinrassigen« Zigeuner aufgenommen werden.[15]

In dem Schreiben war der Kripo von Frankfurt am Main, Köln und Düsseldorf zudem mitgeteilt worden, dass die von ihrem Zigeunerobmann, Johann Lehmann, erstellte Liste »ungeeignet« sei. Lehmann sei durch Jakob Reinhardt ersetzt worden; offenbar hatte Ersterer Geld von Zigeunern genommen, die in die Liste aufgenommen werden wollten.[16] Dies war nicht der einzige Fall angeblichen Fehlverhaltens. Gregor Lehmann, der

Sprecher der Lalleri, wurde nach dem Krieg von Überlebenden bei den Russen denunziert, weil er Bestechungsgelder kassiert haben soll, und verschwand daraufhin im Gulag.[17] Auch dem Sprecher der Zigeuner im Stuttgarter Raum, Konrad Reinhardt, wurde vorgeworfen, Geld erpresst zu haben. Er wurde im Zuge der Untersuchungen von Kriegsverbrechen verhört, doch eine Entscheidung in seinem Fall ist nicht dokumentiert.[18] Andererseits wurde der Sprecher für Berlin und Breslau, Heinrich Steinbach, nach dem Krieg für seine Integrität geehrt.[19] Nicht alle mögen die Konsequenzen, die es hatte, wenn man nicht in die Liste der »reinrassigen« Zigeuner aufgenommen wurde, in vollem Umfang ermessen haben, aber angesichts der Erfahrungen in den vorangegangenen Jahren gab es sicherlich Anlass, Schlimmes zu befürchten, und da der Begriff des »guten Mischlings« nicht definiert worden war, verfügten die Zigeunerobmänner über enorme Macht. So kann es wohl kaum überraschen, dass bei der Auswahl gelegentlich Korruption im Spiel war; schließlich war der Einsatz sehr hoch.

Es ist ein Fall bekannt, in dem ein deutscher Beamter eine Zigeunerfamilie zu schützen versuchte, indem er sich bemühte, den Ausnahmestatus für sie zu erwirken. Am 18. November 1942 fragte der Landrat in Wolmirstedt bei Magdeburg beim RKPA an, ob es möglich sei, die Mischlingsfamilie von Oskar B. einer »reinrassigen« Sippe zuzuteilen. Offenbar wurde er abschlägig beschieden, denn einige Monate später wurde die Familie mitsamt ihren acht Kindern nach Auschwitz deportiert. Eine der Töchter, die sechzehnjährige Marie B., starb im Oktober 1944 im KZ Ravensbrück; das Schicksal der anderen Familienmitglieder ist nicht bekannt.[20]

Wahrscheinlich glaubte Himmler tatsächlich an die pseudowissenschaftliche Mär von der arischen Abstammung der Zigeuner und wollte die »reinrassigen« Vertreter dieser Gruppe als potenziell wertvolle Ergänzung des Reservoirs an arischem Blut erhalten. In Polen verfolgte er eine Politik der »Wiedereindeutschung«, das heißt der Einverleibung »wertvollen deutschen

Bluts«, wo immer es sich fand,[21] und es scheint, als hätte er in Bezug auf die Zigeuner Ähnliches beabsichtigt. Vorläufig war es den »reinrassigen« Zigeunern zwar nicht erlaubt, sich mit »Deutschblütigen« zu »vermischen«, aber das Ahnenerbe war angewiesen, ihre Sprache und Gebräuche zu erforschen, und falls diese Untersuchungen ergaben, dass sie arischen Ursprungs waren, sollten sie vermutlich in das Reservoir von deutschem Blut aufgenommen oder wenigstens als den Ariern eng verwandtes Volk geschützt werden. Die Forschungen von Johann Knobloch sollten diese Frage ebenso beleuchten wie die von Georg Wagner, einem früheren Mitarbeiter von Ritters Kriminalbiologischer Forschungsstelle.

1942 hatte Wagner in mehreren Konzentrationslagern, einschließlich Mauthausens, Zigeunerzwillinge untersucht,[22] und 1943 mit einer Arbeit über »Rassenbiologische Beobachtungen an Zigeunern und Zigeunermischlingen« promoviert.[23] Im September des gleichen Jahres war Wagner zum Ahnenerbe gegangen, um die indogermanischen Wurzeln der Zigeuner zu erforschen. Sein Arbeitsort war Königsberg, von wo aus er Reisen in die baltischen Staaten und nach Finnland unternahm. Dabei benutzte er eine Bescheinigung, die ihn als Rassenbiologen auswies, der »im Auftrag des Reichsführers-SS Forschungsaufgaben besonderer und vordringlicher Art, über die Einzelheiten hier nicht bekanntgegeben werden dürfen«, durchführte. Sämtliche Zivilbehörden, Polizeistellen sowie SS- und Militäreinheiten wurden gebeten, ihm jede erdenkliche Unterstützung zu gewähren.[24] Aufgrund der sich verschlechternden Kriegssituation und der knapper werdenden Personalressourcen hatte das Ahnenerbe seine Tätigkeit einschränken müssen, doch Wagners Anstellung war nicht gefährdet. »Was jetzt noch an Männern und Abteilungen im ›Ahnenerbe‹ tätig ist, geht auf die persönliche Entscheidung des Reichsführers-SS zurück«, versicherte Geschäftsführer Sievers im Mai 1943. Rein wissenschaftliche Arbeiten würden eingestellt und nur politisch ausgerichtete Projekte mit Bezug auf die Kriegsanstrengungen weitergeführt.[25]

Auch wenn Sievers übertrieben haben mag, um sein Revier zu schützen, spricht Wagners Anstellung und Weiterbeschäftigung in dieser Zeit der Kürzungen für die Bedeutung, die Himmler dessen Forschungen beimaß. Wagner führte sie bis zum Zusammenbruch des NS-Regimes fort. Am 9. Januar 1945 wurde ihm eine neue Bescheinigung ausgestellt, der zufolge er einen »kulturell vordringlichen Auftrag« erfüllte, der »seiner Wichtigkeit entsprechend besonderer Förderung aller Dienststellen« bedurfte.[26] Himmler, der zu diesem Zeitpunkt zweifellos anderes im Kopf hatte, erhielt nie eine Antwort auf die Frage nach den arischen Ursprüngen der Zigeuner, nach der er so lange gesucht hatte. Er hatte jedoch eine große Anzahl von Zigeunern vor der Deportation und wahrscheinlich dem Tod bewahrt.

Der Auschwitz-Erlass

Am 3. Dezember 1942 beschwerte sich Martin Bormann, der Chef der Parteikanzlei und »Sekretär des Führers«, bei Himmler über die neuen Richtlinien hinsichtlich der »reinrassigen« Zigeuner. Er habe von seinem zuständigen Sachbearbeiter, der mit Nebe gesprochen habe, von dem Plan gehört. Offenbar sollten diese Zigeuner »die Erlaubnis erhalten, ›Sprache, Ritus und Brauchtum‹ zu pflegen«, und sogar frei im Land herumziehen und in besonderen Einheiten Wehrdienst tun dürfen. Dies werde als gerechtfertigt angesehen, weil sich diese Zigeuner im Allgemeinen nicht asozial verhielten und »in ihrem Kult wertvolles germanisches Brauchtum überliefert« sei. Diese Auffassung sei überspitzt. Die »Sonderbehandlung der sogenannten reinrassigen Zigeuner würde ein grundsätzliches Abweichen von den derzeitigen Maßnahmen zur Bekämpfung der Zigeunerplage bedeuten und keinesfalls von der Bevölkerung oder von den Unterführern der Partei verstanden werden. Auch der Führer würde es nicht billigen, wenn man einem Teil der Zigeuner seine alten Freiheiten wiedergäbe.« Bormann schloss sein Schreiben mit der Bemerkung, dass ihm die angeführten Vorschläge »unwahrscheinlich« erschienen, und bat um baldige Klärung.[27]

Im bürokratischen Chaos des NS-Regimes war Bormann der aufgehende Stern und seine Beschwerde bei Himmler ein Zeichen der Macht, die er beanspruchte und ausübte. Seit Rudolf Heß im Mai 1941 verschwunden war, kontrollierte Bormann in zunehmendem Maß den Zugang zu Hitler. Er war derjenige, über den dessen schwindende Kontakte zur Außenwelt liefen, während er selbst über die Stimmung im Land gut informiert war. Sein Einwand, Himmlers neuer Plan für die Zigeuner werde auf den unteren Ebenen der Parteiführung und in der Bevölkerung auf wenig Gegenliebe stoßen, war wahrscheinlich stichhaltig. Seit Jahren hatten viele Stimmen innerhalb und außerhalb der NSDAP gefordert, harte Maßnahmen gegen die »Zigeunerplage« zu ergreifen, und auch nur einem Teil dieser verachteten Gruppe gesellschaftlicher Außenseiter besondere Privilegien zu verleihen war gewiss keine populäre Idee.

Himmler traf am Nachmittag des 6. Dezember mit Hitler und am Abend desselben Tages mit Bormann zusammen.[28] Über den Inhalt der Gespräche sind keine Aufzeichnungen überliefert, doch es gibt einen handschriftlichen Vermerk Bormanns zu Himmlers Brief: »Führer. Aufstellung wer sind Zigeuner.« Damit wollte er sich vermutlich daran erinnern, dass er für das Treffen mit Hitler Informationen über die Zigeuner benötigte. Anscheinend war Himmler in der Lage, Bormanns Einwände und Hitlers möglicherweise vorhandene Zögerlichkeit zu überwinden, denn der Erlass vom 13. Oktober wurde nie widerrufen, und es blieb dabei, dass »reinrassige« Zigeuner von der Deportation nach Auschwitz ausgenommen waren.

In einem Aktenvermerk des Justizministeriums vom 27. Februar 1943 wird zwar eine Mitteilung aus Bormanns Reichskanzlei erwähnt, der zufolge neuere Forschungen ergeben hätten, »daß sich unter Zigeunern rassisch wertvolle Elemente befinden«.[29] Aber es gibt weder einen Beleg für die Behauptung, Himmlers Auschwitz-Erlass sei »auf Bormanns Drängen und wahrscheinlich Hitlers Befehl« ergangen, noch für die Mutmaßung, er sei gezwungen gewesen, »seine Entschlossenheit zu zeigen, indem er rasch gegen alle übrigen Zigeuner vorging«.[30] Bekannt ist, dass schon seit einiger Zeit geplant war, die »Zigeunermischlinge« zu deportieren. Der Termin der Umsetzung dieses Vorhabens hing möglicherweise damit zusammen, dass Ritter im März 1943 die rassische Kategorisierung der deutschen und österreichischen Zigeuner praktisch abgeschlossen hatte. Von der allgemein Auschwitz-Erlass genannten Order vom 16. Dezember 1942 ist nicht eine Kopie überliefert. Anscheinend bestand sie nur aus der einen kurzen Anweisung Himmlers, die Deportation der »Zigeunermischlinge« einzuleiten, die nie die Mauern des RuSHA in Berlin verließ, und die Einzelheiten wurden dann später ausgearbeitet. Man weiß von einer solchen Sitzung, die am 15. Januar 1943 abgehalten wurde und der Frage gewidmet war, was mit den nicht deportierten Zigeunern geschehen sollte. Neben vier Beamten des RKPA waren auch Ritter und Justin sowie je ein Vertreter des SD und des RuSHA zugegen. Die Diskussion drehte sich zum größten Teil um das Thema der Sterilisation, das weiter unten ausführlich dargestellt wird.[31]

Die genauen Einzelheiten der geplanten Deportation wurden den beteiligten Stellen am 29. Januar 1943 bekannt gegeben. In Umsetzung des Befehls des Reichsführers SS vom 16. Dezember 1942 verschickte das RKPA einen Schnellbrief, in dem es verfügte, dass »Zigeunermischlinge, Rom-Zigeuner und nicht deutschblütige Angehörige zigeunerischer Sippen balkanischer Herkunft« festzunehmen und »ohne Rücksicht auf den Mischlingsgrad familienweise in das Konzentrationslager (Zigeunerlager) Auschwitz« einzuweisen seien. Davon auszunehmen seien folgende Personengruppen:

1. »Reinrassige Sinte- und Lalleri-Zigeuner«;
2. »Zigeunermischlinge, die im zigeunerischen Sinne gute Mischlinge« waren und gemäß den Erlassen vom 13. Oktober 1942 und 11. Januar 1943 »einzelnen reinrassigen Sinte

und als reinrassig geltenden Lalleri-Zigeunersippen zugeführt« wurden;

3. Zigeuner, die mit »Deutschblütigen« verheiratet waren;
4. »sozial angepasste« Zigeuner, die schon vor der allgemeinen
   Erfassung der Zigeuner (1939) eine geregelte Arbeit und einen festen Wohnsitz gehabt hatten; die Entscheidung darüber, wer zu dieser Gruppe gehörte, war in Absprache mit
   der NSDAP, einschließlich solcher Institutionen wie dem
   NSV und dem Rassenpolitischen Amt, sowie dem Arbeitgeber und der zuständigen Krankenkasse von der örtlichen
   Kripostelle zu treffen;
5. Personen, die vom RKPA von den für Zigeuner geltenden
   Bestimmungen ausgenommen worden waren;
6. Zigeuner, die noch in der Wehrmacht dienten oder verwundet oder mit Auszeichnungen aus dem Wehrdienst entlassen
   worden waren;
7. Zigeuner mit kriegswichtiger Arbeit;
8. die Ehegatten und Kinder der unter 3 bis 7 aufgeführten Personen;
9. Zigeuner, bei denen nach Ansicht der Kripo eine Ausnahme
   angebracht war;
10. ausländische Staatsbürger.[32]

Offenbar hatte das RKPA wenig Vertrauen in die Fähigkeit der
Zigeunerobmänner, die für die Realisierung des Auschwitz-Erlasses erforderlichen Informationen zu liefern, denn die Entscheidung über die rassische Einordnung sollte nicht auf der
Grundlage der von diesen eingereichten Listen geschehen, sondern anhand der Gutachten von Ritters Forschungsstelle. War
kein solches verfügbar, sollte die Kripo aufgrund dessen, was
über Abstammung, Lebensweise und Sprachgebrauch des betreffenden Zigeuners bekannt war, entscheiden. Die Ausnahmeregelung galt grundsätzlich nicht für vorbestrafte Zigeuner und
solche, die »umherziehend angetroffen« wurden. Zweifelsfälle
waren dem RKPA vorzutragen.[33]

| Staatliche Kriminalpolizei | | |
| Kriminalpolizei(leit)stelle | Essen , am 10.3.1943 |

Nr. 22/43 (g)

1. Auf Grund des Befehls des Reichsführers-♦; vom 16. 12. 1942 wird der nachstehend genannte Zigeunermischling in das Zigeunerlager (KL Auschwitz) überführt:

Zuname: ▮▮▮▮▮ (bei Frauen Geburtsname): ▮▮▮▮▮

Vorname: Selma Zigeunername: Tauba

Geburtszeit: 23.10.1910 Geburtsort: Bischofswerder

Letzter Aufenthaltsort: Luisburg, ▮▮▮▮▮

Bei Minderjährigen Personalien

des Vaters: _____

der Mutter: _____

2. Mit 2 Anlagen
an die Kommandantur des Konzentrationslagers

Auschwitz
I. A.

Abdruck des rechten Zeigefingers des Häftlings:

Einweisung eines »Zigeunermischlings« ins KZ Auschwitz

Abgesehen von »reinrassigen« Zigeunern und »guten Mischlingen« waren alle von der Deportation Ausgenommenen, die über zwölf Jahre alt waren, dazu zu bewegen, sich sterilisieren zu lassen. In der Sitzung vom 15. Januar hatte man sich darauf geeinigt, dass im Falle der Weigerung die Einweisung in ein Konzentrationslager in Erwägung gezogen werden sollte. Die Deportation sollte am 1. März beginnen und bis zum Monatsende abgeschlossen sein. Um Fluchtbewegungen zu verhindern, sollte das Vorhaben geheim gehalten werden; nach Beendigung der Aktion war keine Geheimhaltung mehr erforderlich. Die Deportierten durften Kleidung und Nahrung für die Reise mit sich nehmen; sonstiges Eigentum war zurückzulassen.[34]

Anscheinend hatte das RKPA, nachdem es durch Himmler grünes Licht bekommen hatte, die Ausführungsbestimmungen vom 29. Januar weitgehend in eigener Regie ausgearbeitet. Terminologie und Inhalt der Weisung spiegelten das Denken von Ritter und Nebe wider, die bekanntermaßen eng zusammenarbeiteten.[35] Insbesondere Ritter war schon seit längerem ein Verfechter der Idee, »Zigeunermischlinge« – die er als schädlichste Gruppe unter den Zigeunern ansah – in Konzentrationslagern unterzubringen. Außerdem befürwortete er schon seit langem Zwangssterilisationen[36] und hatte, wie schon erwähnt, an der Besprechung über die geplanten Sterilisationsmaßnahmen vom 15. Januar teilgenommen. Im Großen und Ganzen ließen die Ausführungsbestimmungen zum Auschwitz-Erlass der Kripo erheblichen Spielraum bei der Selektion der Zigeuner, die deportiert oder von der Deportation ausgenommen werden sollten. Es stand ihr frei, rassische Kriterien anzulegen, aber sie hatte auch die Möglichkeit, die Kategorie des »sozial angepassten« Zigeuners anzuwenden. Wenn kein Rassengutachten vorlag, konnte die rassische Einstufung aufgrund von sozialen Kriterien wie der Lebensweise vorgenommen werden. Auf jeden Fall lag die Entscheidung darüber, wer deportiert wurde und wer davon verschont blieb, im Gegensatz zur zentralisierten Praxis der vorangegangenen Jahre, bei der örtlichen Kripo. In den Ausführungsbestimmungen hieß es ausdrücklich: »Eine Haftbestätigung ist beim Reichskriminalpolizeiamt nicht zu beantragen.«[37]

Die Deportation

Die Vorbereitungen für die groß angelegte Deportation begannen unmittelbar nach Erhalt des Schnellbriefs vom 29. Januar. So wies die Karlsruher Kripo am 5. Februar alle Polizeidienststellen des Landes Baden an, die erforderlichen Listen zu erstellen, und teilte ihnen die dabei anzuwendenden Kriterien mit. Das Schreiben war als »Geheim! Eilt!« gekennzeichnet, und die Antworten sollten bis zum 15. Februar eingehen.[38] In einem Bericht von Polizisten, die einen Transport von Baden nach Auschwitz begleitet hatten, wurde festgestellt, dass alles »ordnungsgemäß« verlaufen sei; die drei Tage und zwei Nächte dauernde Fahrt sei jedoch hart gewesen, weil man »zusammen mit diesem Volk und ihrer [sic!] Ausdünstung während der Fahrt zusammenleben mußte«.[39] Bedauern empfanden die Wachen nur für sich selbst, nicht aber für ihre Opfer.

Der Anteil der von der Deportation Ausgenommenen schwankte, und in manchen Gegenden, wie dem Raum Magdeburg, wurden praktisch alle Zigeuner deportiert. Im April 1941 war Kurt L. aus dem Gefängnis entlassen worden, nachdem er eine fünfjährige Haftstrafe abgesessen hatte, die er erhalten hatte, weil er einen anderen Zigeuner im Streit getötet hatte. Laut einem Polizeibericht, der einen Monat später angefertigt wurde, war er verheiratet und lebte in einer »sehr sauberen« Wohnung. Sowohl er als auch seine Frau hätten eine feste Arbeit. Weiter wurde vermerkt: »Sie wird als fleißige Frau geschildert. Beide machen einen sauberen Eindruck. ... Die verbüßte Strafe hat auf L. sichtlich eingewirkt und ihn auch mürbe gemacht. Es ist nicht zu vermuten, daß L. wieder straffällig wird.« Doch obwohl man angesichts dieser Beurteilung annehmen könnte, Kurt L. und seine Frau wären als »sozial angepasste« Zigeuner von der Deportation ausgenommen worden, wurden sie am 1. März 1943 beide verschleppt. Kurt L. starb am 13. März 1944 in Auschwitz; er war siebenunddreißig Jahre alt.[40] Meliza L. behauptete, türkische Staatsbürgerin zu sein, konnte es aber nicht beweisen und wurde zusammen mit ihren sechs Kindern deportiert; ihr weiteres Schicksal ist nicht bekannt.[41] In einem Aktenvermerk der Magdeburger Kripo vom 11. März 1943 wurde festgehalten, dass die Zigeuner aus der Stadt am 2. März nach Auschwitz abtransportiert worden seien, und hinzugefügt: »Eine Rückkehr nach Magdeburg ist wenig wahrscheinlich.«[42]

Alles in allem gibt es nur vereinzelt Informationen über den Selektionsprozess. So wurden von den 25 in Gießen lebenden »Zigeunermischlingen« 14 verschleppt, während die anderen unter die Ausnahmeregelung fielen.[43] Die etwa 200 Münchener Zigeuner waren sesshaft und relativ wohlhabend; sie wohnten überwiegend in Einfamilienhäusern oder Privatwohnungen. Am 8. März und an den darauf folgenden Tagen wurden 141 von ihnen verhaftet und am 13. März in einen Zug nach Auschwitz gesetzt. Unter den Deportierten waren ein fünf Monate altes Baby und eine neunundsiebzig Jahre alte Frau.[44] Dagegen stellten sich die Einwohner von Oldenburg schützend vor die Zigeuner ihrer Stadt, mit dem Ergebnis, dass von den 81 Registrierten nur vier deportiert wurden.[45]

Wie in Magdeburg versuchten die lokalen Behörden auch anderswo häufig, so viele Zigeuner wie möglich loszuwerden. Der Bürgermeister der kleinen Gemeinde Breitscheid, die zum Zuständigkeitsbereich der Kripo von Frankfurt am Main gehörte, hatte schon im März 1941 versucht, die 38 Zigeuner Breitscheids ins Frankfurter Zigeunerlager abzuschieben, war aber mit der Auskunft abgewiesen worden, das Lager sei voll.[46] Anfang März 1943 wurden zur Genugtuung des Bürgermeisters und des Landrats in Dillenburg 21 Zigeuner nach Auschwitz gebracht. Die Gemeinde hatte den Abtransport aller Zigeuner verlangt, aber die Frankfurter Kripo hatte ihr mitgeteilt, dass drei Familien (insgesamt 15 Personen) als »reinrassig« gälten und daher von der Deportation ausgenommen seien.[47] Der Landrat gab sich noch nicht geschlagen. Die Zigeuner von Breitscheid, schrieb er an die Kripo, stellten für die Gemeinde eine große Belastung dar und könnten nicht angemessen überwacht werden. Keiner von ihnen verrichte eine kriegswichtige Arbeit, und das örtliche Arbeitsamt habe keine Einwände gegen ihre Abschiebung. Jetzt, wo sie abtransportiert werden sollten, gäben sich plötzlich alle als »reinrassig« aus. Aber dass »es sich bei den vorgenannten Familien um reinrassige Zigeuner handeln soll, war bis dahin hier noch nicht bekannt. Dies ist nach dem Verhalten der Zigeuner auch kaum anzunehmen.«[48] Zwei Monate später wurden die drei Familien ins Frankfurter Zigeunerlager eingewiesen. »Durch diese Maßnahme wird der Kreis frei von Zigeunern«, bemerkte der Dillenburger Landrat zufrieden.[49]

Zu den wenigen Deutschen, die gegen die Deportation der Juden Einspruch erhoben, gehörten Unternehmer, die angesichts des Mangels an Arbeitskräften keine Arbeiter verlieren wollten, die für die Kriegsproduktion benötigt wurden. »Die Industriellen«, schreibt David Bankier, »wollten ihre mit geringstem Gehalt entlohnten jüdischen Arbeiter behalten, denen auch keine Arbeitsrechte zustanden.«[50] Das Gleiche geschah in Breitscheid in Bezug auf die Zigeuner. Die Firma Eduard Pfaff, die Bauten für die nahe gelegene Dynamitfabrik in Würgendorf errichtete, protestierte beim Landrat, dass der plötzliche Verlust von fünf Arbeitern den Bauplan gefährde und damit die Kriegsanstrengungen schädige. Trotz gegenteiliger Versprechungen konnte der Baufirma kein Ersatz gestellt werden. Schließlich kehrten drei der fünf ins Frankfurter Zigeunerlager abgeschobenen Arbeiter, die als »reinrassig« eingestuft worden waren, nach Breitscheid zurück, wo ihnen die Firma Wohnraum zur Verfügung stellte und sie ihre Arbeit wieder aufnahmen. Die anderen beiden wurden als »Zigeunermischlinge« eingeordnet und nach Auschwitz deportiert.[51]

In Berlin begab sich ein leitender Angestellter des Elektrokonzerns AEG zur Kripo, um sich für Hugo R., der als »Zigeunermischling mit überwiegend zigeunerischem Blut« klassifiziert worden war, einzusetzen. In einem nachfolgend eingereichten Brief seines Arbeitgebers vom 13. März 1943 wurde R. als »fleißiger und pünktlicher« Arbeiter charakterisiert, der nie Anlass zu Klagen geboten habe. »Bei dem Mangel an jüngeren, gesunden, deutsch-sprechenden Transportarbeitern«, resümierte der Vertreter der AEG die Haltung seines Unternehmens, »wäre uns außerordentlich daran gelegen, R., der uns mitteilte, daß er evakuiert werden soll, zu behalten.« Am 6. April entschied die Kripo, dass R. als »sozial angepasst« zu gelten habe und von der Abschiebung auszunehmen sei.[52]

In vielen Fällen war die Deportation von bemerkenswerter Rücksichtslosigkeit geprägt. Nach dem Abschiebungserlass vom Mai 1940 hatten gebrechliche Personen von über siebzig Jahren und Frauen, die mindesten im siebenten Monat schwanger waren, verschont werden können. Diesmal gab es solche Ausnahmen nicht. Mathilde K. war Ende 1942 zu einem Jahr

Gefängnis verurteilt worden, weil sie sich abfällig über Hitler geäußert hatte. Nachdem sie am 5. Februar 1943 aufgrund ihrer Schwangerschaft freigelassen worden war, wurde sie am 26. März nach Auschwitz deportiert, wo sie am 16. Oktober starb.[53] Im Jahr 1939 hatte der Künstler Richard F. ein Kind gerettet, das in den Rhein gestürzt war. Dafür war er vom Oberbürgermeister von Köln »im Namen des Führers« öffentlich belobigt worden. Im Juni 1940 war F. zum Wehrdienst eingezogen worden; dennoch wurde er am 11. März 1943 nach Auschwitz verschleppt. Sein weiteres Schicksal ist unbekannt.[54]

Nach dem Schnellbrief vom 29. Januar 1943 hatte die Polizei alle Zigeunerkinder, die sich in Kinderheimen oder bei Pflegeeltern befanden, festzunehmen, und die Kripo führte diese Anordnung, ohne zu zögern, aus. Ein Teil der Kinder wurde mit den großen Transporten im März 1943 nach Auschwitz geschickt, andere wurden erst später gefunden und mit erheblicher Verzögerung deportiert. Am 6. März machte der katholische Bischof von Hildesheim, Joseph Godehard Machens, den Vorsitzenden der Fuldaer Bischofskonferenz, Kardinal Adolf Bertram, auf die Verhaftungen in katholischen Heimen aufmerksam. In den letzten Tagen, schrieb Machens, seien an vier Orten in seiner Diözese katholische Zigeunerkinder verhaftet worden. Und er fuhr fort:

»Man befürchtet, daß ihr Leben in Gefahr ist. ... Ich frage mich seit Tagen beklommenen Herzens, was kann geschehen, um unsere Glaubensbrüder zu schützen und zugleich vor unseren Gläubigen deutlich genug herauszustellen, daß wir weit von solchen Maßnahmen abrücken, die nicht nur Gottes- und Menschenrechte mißachten, sondern das moralische Bewußtsein im Volke untergraben und Deutschlands Namen schänden. ... Die armen Opfer dürfen nicht den Vorwurf erheben können, daß nicht alles geschehen sei. Es darf in der deutschen Öffentlichkeit nicht der Eindruck entstehen, als wagten wir nicht laut das ›Non licet tibi‹ [Das ist dir nicht erlaubt] zu sprechen ...«[55]

Bertram ignorierte die Bitte um Intervention zugunsten der Zigeunerkinder, vielleicht auch deshalb, weil er wusste, wie gleichgültig den Deutschen das Schicksal der Zigeuner war. Zwei Wochen später beschloss die katholische Bischofskonferenz auf einer Tagung in Paderborn, der Anfrage des Reichsinnenministeriums um Listen der in katholische Einrichtungen aufgenommenen Personen nicht nachzukommen, weil man befürchtete, sie könnten bei einer Wiederaufnahme der »Euthanasie« von Geisteskranken verwendet werden.[56] Natürlich waren diese Patienten Deutsche, und in der Frage der Tötung von Geisteskranken hatten die Bischöfe die öffentliche Meinung auf ihrer Seite. Die Zigeuner dagegen waren eine verachtete Gruppe von Außenseitern, und man fand offenbar, dass es das Risiko nicht wert war, zu ihren Gunsten die Stimme zu erheben.

Im Januar 1944 forderte das RKPA alle Kinderheime auf, zu prüfen, ob unter ihren Zöglingen Zigeuner waren. Die Namen wurden anschließend zur »weiteren Veranlassung« an die örtliche Kripo geschickt. Daraufhin ordnete die Kripo von Nürnberg und Fürth im Mai 1944 die Festnahme von zehn Kindern zwischen neun und sechzehn Jahren an, die im Kinderheim Eltmann lebten, und ließ sie nach Auschwitz deportieren. In dem Befehl war in kühler bürokratischer Sprache vom Abtransport »zigeunerischer Personen« die Rede.[57] Aus dem katholischen Heim der St. Josephspflege im württembergischen Mulfingen, in dem Ritters Assistentin Eva Justin im Frühjahr 1942 sechs Wochen gearbeitet und über dessen Kinder sie ihre Dissertation geschrieben hatte,[58] wurde eine noch größere Gruppe verschleppt. Am 9. Mai 1944 wurden 39 Kinder und Jugendliche zwischen neun und neunzehn Jahren – 20 Jungen und 19 Mädchen – aus dem Heim abgeholt und nach Auschwitz geschickt. Nur vier von ihnen überlebten.[59]

Die Kripo ging bei der Deportation der Zigeunerkinder ausgesprochen gründlich vor. Die fünfzehnjährige Karoline L. war als vier Wochen altes Baby von einer Pflegefamilie aufgenommen worden. Ihre Pflegeeltern – ein »Deutschblütiger« und eine

Zigeunerin – lebten, wie die örtliche Kripo im April 1943 in einem Schreiben ans RKPA feststellte, in »rechtsgültiger Ehe« und waren »sozial angepasst«. Karoline habe die Grundschule mit guten Noten absolviert – Betragen: sehr gut, Aufmerksamkeit: gut, Anwesenheit: regelmäßig. Allerdings sehe sie wie eine »typische Zigeunerin« aus, und nachdem das RKPA mitgeteilt habe, dass sie eine Rom-Zigeunerin sei, habe die Kölner Kripo ihre Deportation beschlossen. Im Interesse der »Lösung des Zigeunerproblems« sei es »zweckmäßig, daß die L. in das Lager Auschwitz eingewiesen wird, wenn ihre Eltern sich bereits in diesem KZ-Lager befinden«. Wie sich herausstellte, waren Karolines leibliche Eltern am 1. März aus Leipzig nach Auschwitz abtransportiert worden. Ihre Tochter folgte ihnen am 13. Dezember. Über ihr weiteres Schicksal und die Reaktion der Pflegeeltern ist nichts bekannt.[60]

Helene K. wurde im Februar 1944 in Köln festgenommen und anschließend nach Auschwitz gebracht. Im Juni hatte die Kripo endlich die Adresse ihrer beiden, zwölf und dreizehn Jahre alten Kinder herausgefunden, die in der Nähe von Paderborn bei Pflegeeltern lebten, und ersuchte um ihre Festnahme. Daraufhin bat der gesetzliche Vormund einen Jugendrichter um Anweisungen, der sich seinerseits an die Essener Kripo wandte und von ihr wissen wollte, ob der Deportationsbefehl endgültig sei. Die Kinder, erläuterte der Richter, seien seit vier Jahren in Pflege und hätten keinerlei verbrecherische oder sonstige negative Neigungen gezeigt. Das ältere Kind habe sich zu einem guten Arbeiter entwickelt, und der Bauer sei mit beiden Kindern sehr zufrieden. Am 25. Juli 1944 antwortete die Essener Kripo in gereiztem Tonfall, dass die beiden »Zigeunermischlinge« aufgrund eines Erlasses des Reichsführers SS nach Auschwitz zu bringen seien und »die Anordnung eine endgültige und rein politische Maßnahme« sei, »gegen die es kein Rechtsmittel« gebe. Man bitte, »nunmehr energisch die Anordnung des Erlasses zur Durchführung zu bringen«.[61] Der Ausgang dieses Falls ist nicht bekannt. Wahrscheinlich entgingen die Kinder der Deportation nach Auschwitz, da das dortige Zigeunerlager wenige Tage nach Versendung dieses Schreibens geschlossen wurde. Ob die Kripo einen anderen Ort fand, um die Kinder einzusperren, ist nicht aktenkundig. Sogar Kleinkinder blieben nicht verschont. Gertrud H. war noch nicht einmal ein Jahr alt, als die Kölner Kripo im Dezember 1943 ihre Deportation beschloss. Eine Zigeunerfrau, die in die Reihen der »reinrassigen« Sinti aufgenommen worden war, wurde beauftragt, das Baby nach Auschwitz zu bringen, und erhielt für die Reise eine Sonderbescheinigung. Die Herkunft des Kindes und sein weiteres Schicksal sind nicht bekannt.[62]

Wie im Fall der Deportationen ins Generalgouvernement im Jahr 1940 wurde das Eigentum der verschleppten Zigeuner konfisziert. Noch vor dem Beginn des Abtransports gab der Reichsinnenminister am 26. Januar 1943 einen Erlass heraus, dem zufolge die betroffenen Zigeuner »volks- und staatsfeindlich« eingestellt seien und ihr Eigentum daher an den Staat falle. Das RKPA unterrichtete die Kripostellen über diesen Grundsatz und wies sie an, den örtlichen Stellen der Staatspolizei (Stapo) – sie war der ausführende Arm der Gestapo – entsprechende Anweisungen zu erteilen.[63] Die Stapo ihrerseits teilte den Finanzämtern die Namen der deportierten Zigeuner mit. In Berlin meldete sie die »Evakuierung« von 252 Zigeunern und die Beschlagnahme von 12 951,39 Reichsmark. Die Liste wurde in einem Amtsblatt veröffentlicht.[64]

Die Abwicklung der Konfiskation des zurückgelassenen Vermögens nahm geraume Zeit in Anspruch. In Berlin verwendeten die Finanzämter ein Formular, das für die Einziehung des Eigentums deportierter Juden benutzt worden war, und ersetzten lediglich das Wort »Jude« durch »Zigeuner«. In einigen Fällen fügten sie aus reiner Gewohnheit dem Namen von Zigeunerfrauen sogar den Vornamen Sara hinzu – nach einem Erlass vom 17. August 1938 waren Namen von Juden, die nicht als jüdisch genug angesehen wurden, durch den Vornamen Sara beziehungsweise Israel zu ergänzen. Unter den erhalten gebliebenen Formularen befindet sich eines, auf dem ein und dieselbe Person sowohl als Jude als auch als Zigeuner bezeichnet wird.[65] Entweder hatten es die Beamten sehr eilig, oder Juden und Zigeuner waren für sie austauschbare Kategorien.

In den folgenden Monaten forderten Berliner Hausbesitzer vom Staat Miete für die Wohnungen deportierter Zigeuner und verlangten die Abholung der Möbel aus den versiegelten Wohnungen, damit sie diese neu vermieten konnten. Das Gasunternehmen wollte die Kosten eines beschädigten Gaszählers ersetzt haben. Eine Frau erkundigte sich bei der Polizei sogar nach einem Kleid, das sie einer Arbeitskollegin geliehen hatte, einer Zigeunerin, die »ganz plötzlich nicht mehr zurückkam«. Es sei ihr »unmöglich, über das Kleid hinwegzukommen«, da sie »selbst nicht viel anzuziehen« habe.[66] Alle Welt wollte Schulden eintreiben. Das plötzliche Verschwinden vieler Zigeuner war also nicht unbemerkt geblieben, doch es gibt keinen Bericht darüber, dass sich jemand um sie gesorgt hätte. »Sozial angepasste« Zigeuner, die sich an die »deutschblütige« Bevölkerung assimiliert hatten, könnten unter anderem deshalb von der Deportation ausgenommen worden sein, weil man Protestreaktionen vermeiden wollte.[67]

Die Folgen des Auschwitz-Erlasses für die Zigeuner im Reich

Seit den späten dreißiger Jahren waren immer mehr Stimmen laut geworden, die forderten, das »Zigeunerproblem« zu lösen, indem man die Zigeuner in Lagern internierte und die Fortpflanzungsfähigen unter ihnen sterilisierte. Im März 1943 ging man nach mehreren Fehlversuchen schließlich ernsthaft daran, das Programm umzusetzen. In diesem Monat wurden 13 000 deutsche und österreichische Zigeuner in gesonderte Zigeunerlager in Auschwitz deportiert, und viele der von der Deportation Ausgenommenen wurden der Zwangssterilisation unterzogen. Im

Unterschied zu 1940 waren die Zigeuner jetzt so weit marginalisiert, dass kein Fall bekannt ist, in dem ein Rechtsanwalt den Deportationsbefehl in Frage gestellt hätte. Wie viele deutsche Zigeuner waren von dem Auschwitz-Erlass und seinen Ausführungsbestimmungen betroffen? Im November 1942 hatte das RKPA die Zahl der »reinrassigen« Zigeuner mit 1097 angegeben; dazu, so nahm man an, würden schätzungsweise 3000 »gute Mischlinge« kommen, so dass etwas mehr als 4000 Zigeuner unter die Schutzklauseln des Erlasses vom 13. Oktober fallen würden.[68] Das war sicherlich nicht nur eine Hand voll, wie häufig versichert worden war. Von Himmler heißt es, er habe nur einige wenige »reinrassige« Zigeuner am Leben erhalten wollen, wie »seltene Tiere« in einer Art lebendigem Museum. Keinesfalls aber sollten sie mehr sein als eine unbedeutende Ausnahme von seinem Plan, das Volk der Zigeuner zu vernichten.[69] Aber wenn er tatsächlich nur eine Hand voll Zigeuner hatte retten wollen, warum hatte er dann die komplizierte Bestimmung über die Aufnahme »guter Mischlinge« in Sippen »reinrassiger« Zigeuner abgesegnet? Wie zwei hochrangige RKPA-Beamte Anfang November 1942 erklärt hatten, hatte Himmler das RSHA angewiesen, »die Behandlung der Zigeuner im Reiche neu zu regeln«. Diesem Plan zufolge sollten etwa 20000 Zigeuner abgeschoben werden, wonach sich noch »ungefähr 5–8000 im Reich aufhalten« würden, für die keine speziellen Verwaltungsvorschriften mehr erforderlich seien.[70] Diese Zahlen stimmen mit anderen Schätzungen überein.[71]

Wenn man die Anzahl der zum Zeitpunkt des Auschwitz-Erlasses im Deutschen Reich lebenden Zigeuner zu jener der nach Auschwitz deportierten in Beziehung setzt, erhält man einen Anhaltspunkt darüber, wie viele Zigeuner tatsächlich von der Verschleppung ausgenommen wurden. Im November 1942 meldete das RKPA, dass 28627 Zigeuner im Reich lebten.[72] Nach dem Hauptbuch des Zigeunerlagers in Auschwitz – das von Häftlingen, die als Schreibkräfte beschäftigt waren, vergraben und so gerettet wurde – trafen mit mehreren Transporten insgesamt 13 080 Zigeuner aus Deutschland und Österreich in Auschwitz ein.[73] Das würde bedeuten, dass nach der Massendeportation vom März 1943 etwa 15 000 Zigeuner im Reich verblieben waren. Doch diese Zahl ist nicht verlässlich, denn in vielen Fällen beruhte die Angabe über die Nationalität der Häftlinge nur auf deren Namen. Zudem war das Hauptbuch, als es 1949 ausgegraben wurde, stark durchfeuchtet, so dass einige Seiten schwer beschädigt und unleserlich waren.[74] Die Zahl der nach Auschwitz Deportierten könnte also größer gewesen sein und die der Zurückgebliebenen dementsprechend kleiner. Doch ganz gleich, ob man wie das RKPA von 5000 bis 8000 oder aufgrund der Einlieferungen in Auschwitz von 15 000 Ausnahmefällen ausgeht, gewiss ist, dass mehr als nur eine Hand voll Zigeuner in Deutschland verblieben waren.

Ein Großteil der Literatur zum Thema betont, dass die Ausnahmeregelungen des Auschwitz-Erlasses weitgehend ignoriert und im März 1943 praktisch alle in Deutschland und Österreich lebenden Zigeuner nach Auschwitz deportiert wurden.[75] Dies war auch die quasi offizielle Auffassung deutscher Regierungsmitglieder. In einer Sondersitzung des Bundesrates am 16. Dezember 1994 aus Anlass des Jahrestages des Auschwitz-Erlasses erklärte Bundesratspräsident Johannes Rau, aufgrund dieses Erlasses habe die SS »alle Sinti und Roma nach Auschwitz verschleppt, deren [sie] habhaft werden konnte«.[76] Angesichts der verfügbaren Beweise ist diese Ansicht unhaltbar. Doch es versteht sich von selbst, dass die Frage, ob die Deportationen von 1943 so gut wie alle oder »nur« etwa die Hälfte der deutschen und österreichischen Zigeuner umfassten, den verbrecherischen Charakter und die Niederträchtigkeit der nationalsozialistischen Handlungsweise, die zur Entwurzelung und zum Tod von Tausenden von Zigeunern führte, in keiner Weise schmälert.

Deportationen aus dem Reichsprotektorat Böhmen und Mähren

Nachdem das Deutsche Reich 1938 Österreich und das Sudetenland annektiert hatte, suchten viele Zigeuner in der Tschechoslowakei Zuflucht. 1939 lebten dort etwa 6500 Zigeuner. Nach der Besetzung der »Resttschechei« im Jahr 1939 schuf Hitler das so genannte Reichsprotektorat Böhmen und Mähren, während die Slowakei zu einem »unabhängigen« Staat unter Führung einer Quislingregierung wurde. Ruthenien, der östlichste Teil der Tschechoslowakei, wurde Ungarn zugeschlagen. Im Protektorat unterwarfen die deutschen Besatzer die Zigeuner nach und nach den gleichen Kontrollmaßnahmen und Restriktionen wie in Deutschland und Österreich, und diese Entwicklung kulminierte schließlich auch hier in ihrer Deportation nach Auschwitz.

Durch einen Erlass der Protektoratsverwaltung vom 28. April 1939 wurde die Errichtung von Zwangsarbeitslagern für »Arbeitsscheue« und Personen ohne regelmäßiges Einkommen angeordnet. Diese Lager waren für »Asoziale« und nicht speziell für Zigeuner gedacht. 70 bis 80 Prozent der im Protektorat lebenden Zigeunern waren sesshaft, und die ersten zigeunerfeindlichen Maßnahmen betrafen nur jene, die ein Wanderleben führten. Am 9. Mai 1939 wurde Zigeunern verboten, in »Horden« zu reisen, und am 30. November wurde das Umherziehen generell untersagt; binnen zwei Monaten hatten sich alle Zigeuner einen festen Wohnsitz zu suchen. Wer nach Ablauf dieser Frist keinen solchen nachweisen konnte, würde festgenommen und in ein Arbeitslager eingewiesen werden. Insbesondere in zwei im August 1940 errichtete Lager – Lety bei Pisek in Böhmen und Hodonin bei Kunstat in Mähren – sollten große Gruppen von Zigeunern und nach Zigeunerart Umherziehenden eingeliefert werden.[77]

Die Funktionsweise der Lager Lety und Hodonin ähnelte der des Zigeunerlagers Lackenbach in Österreich. Die Männer wurden ohne Bezahlung in Steinbrüchen, beim Straßenbau, in der

Landwirtschaft und für ähnliche Arbeiten eingesetzt. Es war einer strengen Disziplin zu folgen, und jede Verletzung der Lagerregeln wurde hart bestraft. Sowohl in Lety als auch in Hodonin waren die Wachen jedoch keine Deutschen, sondern tschechische Polizisten.[78] Die Bedingungen verschlechterten sich in den Lagern, nachdem die Protektoratsregierung am 9. März 1942 einen Erlass über die »vorbeugende Verbrechensbekämpfung« herausgegeben hatte. Bis zu ihrer Schließung im Jahr 1943 wurden zwischen 2600 und 2800 Personen für unterschiedliche Zeitspannen in den Lagern festgehalten – Bettler und andere »Asoziale«, Zigeuner und »Zigeunermischlinge« ebenso wie »weiße Zigeuner«, das heißt nach Zigeunerart Umherziehende. Sie durften nur zwei Briefe im Monate schreiben, die darüber hinaus der Zensur unterlagen. Es war verboten, Karten zu spielen oder Romani zu sprechen. Die Verpflegung war ungenügend, die Baracken waren überfüllt, und Infektionskrankheiten wie Typhus breiteten sich rasch aus. In Lety gab es 327 Todesfälle, in Hodonin 197.[79]

Wegen einer Straftat verurteilte »asoziale Elemente« kamen nach Auschwitz. Den Polizeiakten von Brünn (Brno) zufolge wurden zwischen dem 29. April 1942 und dem 24. Februar 1944 vierzehn Transporte organisiert, um solche Personen – darunter 177 Zigeuner – nach Auschwitz zu bringen. Nach Errichtung des Zigeunerfamilienlagers in Auschwitz-Birkenau wurden diese Häftlinge aus dem zentralen Lager dorthin verlegt.[80]

Bei einer Zählung der Zigeunerbevölkerung im Protektorat am 2. August 1942 wurden insgesamt 5830 Zigeuner und »Zigeunermischlinge« erfasst; etwa 4000 von ihnen waren sesshaft. Wie die Zigeuner im Reich mussten auch sie eine Erklärung unterschreiben, in der sie sich verpflichteten, ihren Wohnort nicht zu verlassen, und bestätigen, dass man sie darüber aufgeklärt hatte, dass sie verhaftet würden, wenn sie ihren Arbeitsplatz verließen oder ihre Kinder nicht regelmäßig zur Schule schickten. Am 10. Oktober 1941 hatte Heydrich in einer Sitzung über die »jüdische Frage« den Vorschlag gemacht, die tschechischen Zigeuner zu Franz Stahlecker, dem Kommandeur der Einsatzgruppe A, nach Riga zu schicken,[81] doch daraus wurde nichts. Nachdem aber Himmlers Auschwitz-Erlass ergangen war, wurden schließlich auch die sesshaften Zigeuner deportiert. Dem Hauptbuch des Zigeunerlagers in Auschwitz zufolge, das mit einem Eintrag für den 7. März 1943 begann, trafen dort sechs große und mehrere kleine Transporte aus dem Protektorat ein. In der ersten Phase wurden bis zum 19. März 2679 Männer, Frauen und Kinder in Auschwitz eingeliefert. Laut der Polizei von Brünn wurden bis Anfang Mai fast alle in Freiheit lebenden Zigeuner deportiert. Am 7. Mai trafen 417 Insassen des Lagers Lety in Auschwitz ein, zwei Wochen später, am 22. August, 767 Häftlinge aus dem Lager Hodonin. Bis zum 19. Oktober wurden insgesamt 4386 Zigeuner aus dem Protektorat nach Auschwitz verschleppt. Nach diesen großen Deportationen wurden die beiden tschechischen Lager nicht mehr benötigt. Lety wurde am 21. Mai, Hodonin am 1. Dezember 1943 geschlossen.[82]

Die letzte Phase der Deportationen wurde Anfang 1944 abgeschlossen und betraf Zigeuner, die in Krankenhäusern gelegen oder in Gefängnissen gesessen hatten oder nach einer Flucht wieder aufgegriffen worden waren. Dabei handelte es sich um 175 Personen. Insgesamt 4493 tschechische Zigeuner sind im Hauptbuch des Zigeunerlagers verzeichnet, und unter den im Lager geborenen Kindern trugen 342 tschechische Namen. Damit waren die Zigeuner aus dem Protektorat nach denen aus dem Reich die größte nationale Gruppe im Lager.[83]

Leben und Tod im Zigeunerfamilienlager in Auschwitz

Am 6. Februar 1943 erreichte der erste große Transport Auschwitz. Er umfasste etwa zweihundert Zigeuner aus dem KZ Buchenwald, die in Birkenau II e untergebracht wurden, einem noch nicht fertig gestellten Teil des zweiten Bauabschnitts (B II) des Lagerkomplexes Birkenau. Ein zweiter Transport traf am 1. März ein; danach verringerten sich die Abstände zwischen den Transporten. Bis Ende 1943 waren 18 736 Zigeuner, von denen die meisten bis Ende Mai eingeliefert worden waren, namentlich registriert. Es sollten schließlich 23 000 Zigeuner für unterschiedliche Zeitspannen in dem Lager festgehalten werden.[1]

Die Tortur des Lagerlebens

Im Unterschied zu den Juden und anderen Opfern des Todeslagers Auschwitz wurden die ankommenden Zigeuner nicht selektiert, das heißt, sie wurden nicht entweder der Gaskammer oder der Sklavenarbeit zugeteilt. Stattdessen kamen sie in das neu errichtete Zigeunerfamilienlager, das so genannt wurde, weil dort die Familien zusammenbleiben durften. Das einzige andere Familienlager, das in Auschwitz eingerichtet wurde, entstand im September 1943 für etwa 18 000 Juden aus Theresienstadt. Da die Nationalsozialisten zu jener Zeit offenbar eine Inspektion des Roten Kreuzes befürchteten, wurden die Neuankömmlinge gezwungen, Briefe zu schreiben, in denen sie versicherten, sie wür-

Blick auf Auschwitz-Birkenau mit dem Zigeunerlager rechts im Hintergrund

den gut behandelt. Die meisten dieser Juden wurden schließlich in den Gaskammern ermordet, und im Juli 1944 wurde das jüdische Familienlager aufgelöst.[2] Hinsichtlich der Zigeuner spielten derartige Erwägungen keine Rolle. Man muss vielmehr Yehuda Bauer Recht geben, wenn er schreibt: »Daß die Deutschen die Zigeuner fast anderthalb Jahre lang am Leben ließen, und das in Familiengruppen, ohne die Männer von den Frauen zu trennen, läßt darauf schließen, daß noch keine Entscheidung über ihr Schicksal gefällt worden war, als man sie in das Lager einwies. Wenn es einen Plan gegeben hätte, der ihre Ermordung vorsah, hätte die SS nicht so lange gebraucht, ihn zu verwirklichen.«[3]

Das Zigeunerfamilienlager befand sich in der Nähe der Rampe, auf der die Selektion für die Gaskammern vorgenommen wurde, und der Rauch der keine hundertzwanzig Meter entfernt gelegenen Krematorien hing ständig über ihm. Als die ersten Zigeuner in Auschwitz eintrafen, war das Lager noch nicht fertig gestellt. Die Verwaltungsbaracken befanden sich noch im Bau,

257

Blick in eine Baracke des Zigeunerlagers in Auschwitz

und der Stacheldrahtzaun um das Lager war noch nicht errichtet. Die Häftlinge wurden in Holzbaracken untergebracht, die ursprünglich als Pferdeställe gedacht gewesen waren und keine Fenster hatten, sondern nur schmale Lüftungsschlitze in den Dächern. Zweiunddreißig solcher Baracken dienten jeweils etwa fünfhundert Menschen als Unterkunft. Jeder Familie wurde eins der in drei Reihen angeordneten Etagenbett zugewiesen. Indem sie ihr Bett mit Tüchern verhängten, versuchten sie sich ein Minimum an Privatsphäre zu bewahren, doch im Lauf der Zeit wurden die Baracken derart überfüllt, dass zeitweise bis zu tausend Menschen in ihnen zusammengepfercht waren. Anfangs bestand der Untergrund aus nackter Erde, doch manche Insassen konnten sich Ziegel oder Zement beschaffen und einen solideren Fußboden bauen. In jeder Baracke gab es einen Ofen, aber es fehlte an Brennmaterial, und in den Wintermonaten drang die Kälte durch die dünnen Holzwände herein. Einige abseits stehende Baracken dienten als Waschräume, aber die Wasserversorgung war unzuverlässig und das Wasser häufig verdreckt. Die Latrinen bestanden aus zehn Meter langen Betonblöcken, in die Löcher geschnitten waren. Die hygienischen Zustände im Lager verschlechterten sich rasch und führten zum Ausbruch von Krankheiten.[4] Rudolf Höß, der erste Kommandant des Todeslagers Auschwitz, schrieb nach dem Krieg: »Nun waren die allgemeinen Verhältnisse in Birkenau alles andere – nur nicht für ein Familienlager geeignet. Es fehlte dazu jegliche Voraussetzung, wenn man beabsichtigte, diese Zigeuner nur für die Dauer des Krieges aufzubewahren.«[5]

Nach ihrer Ankunft wurde den Zigeunern eine Häftlingsnummer mit vorangestelltem Z auf den Arm tätowiert, und sie wurden kahl geschoren und desinfiziert. Danach durften sie sich jedoch die Haare wieder wachsen lassen. Außerdem konnten sie ihre eigene Kleidung behalten, an der ein aufgenähtes schwarzes Dreieck sie als »Asoziale« auswies. Sie wurden nicht zu regelmäßiger Arbeit gezwungen, obwohl in der Anfangszeit Gruppen aus Männern, Frauen und Kindern, die älter als zehn Jahre waren, beim Bau einer Lagerstraße halfen und Steine und anderes Material heranschafften. Einige der Männer verlegten auch Eisenbahngleise. Laut Tadeusz Szymanski, einem polnischen Arzt, der im Zigeunerlager Dienst getan hat, gab es »für die Zigeuner im Gegensatz zu anderen Häftlingen in Auschwitz keine Zwangsarbeit. Wenn sie etwas arbeiteten, dann nur, indem sie ihr Lager saubermachten, Kräuter für die Lagersuppe sammelten und gewisse Verwaltungsfunktionen ausführten.«[6] Wie in anderen Lagern hatten auch hier Häftlinge verschiedene Posten in der von der SS organisierten Selbstverwaltung inne. Die meisten dieser Funktionshäftlinge, insbesondere jene mit kriminellem Hintergrund, erwiesen sich bei der Erfüllung ihrer Aufgaben als ausgesprochen grausam und bösartig; nur wenige versuchten zu helfen, so gut sie konnten.[7] Es liegen Meldungen von SS-Wachmännern vor, denen zufolge sie Zigeuner vor Übergriffen der Kapos beschützen mussten.[8]

Die Verpflegung war sowohl in Bezug auf die Menge als auch

die Qualität vollkommen unzureichend. Den Häftlingen waren täglich 1600 Kalorien zugedacht, kaum genug, um einen nicht arbeitenden Menschen am Leben zu erhalten.[9] Doch diese Menge wurde nie erreicht, und die Häftlinge litten fast unablässig unter Hunger. Wie in anderen Lagern wurde ein Teil der Lebensmittel offenbar von der SS gestohlen. Eine Zeit lang war es den Insassen erlaubt, Lebensmittelpakete zu empfangen, aber dem wurde schließlich ein Ende gesetzt. Der deutsche Arzt Ernst B., den Robert Lifton als »menschliches Wesen in SS-Uniform« charakterisiert, hat behauptet, im Zigeunerlager seien »bestimmt so viel [Lebensmittel] angeliefert worden ..., daß alle hätten überleben können«, aber höher gestellte Zigeuner hätten einen großen Teil der Lieferungen abgezweigt und den anderen vorenthalten, einschließlich der hungernden Kinder. Doktor B. hat angeblich gesehen, wie Väter und Mütter aßen, während ihre Kinder hungerten. Infolge solcher Beobachtungen habe er, wie er Lifton anvertraute, »die allerschlechteste Meinung von den Zigeunern« gewonnen.[10] Andere Belege für seine Erlebnisse gibt es nicht, wenngleich zumindest ein ehemaliger Auschwitz-Häftling davon berichtet, dass ein verzweifelter, halb verhungerter Vater seinem Sohn Essen stahl.[11] Angesichts der extremen Entbehrungen, die den Insassen aller Lager zugemutet wurden, kann solche Missachtung traditioneller moralischer Normen kaum überraschen.

Anfang April 1943, kurz nach der Errichtung des Zigeunerfamilienlagers, beantragte Höß bei Oswald Pohl, dem Chef des SS-Wirtschafts-Verwaltungshauptamts (WVHA), das das KZ-System verwaltete, eine Sonderration Lebensmittel für schwangere Frauen, Säuglinge und Kleinkinder. Pohl fragte daraufhin beim Chef von Himmlers persönlichem Stab, Rudolf Brandt, an, was er tun solle. Die Verwaltung des Lagers Auschwitz habe das Verlangen nach Sonderrationen damit begründet, »daß der Reichsführer-SS dies wünsche, weil er etwas Besonderes mit den Zigeunern vorhabe«. Pohl führte verschiedene Möglichkeiten von Rationen auf, und bat Brandt, ihm Himmlers Wünsche zu übermitteln. Am 15. April teilte Brandt ihm dessen Entscheidung mit. Danach sollten Schwangere die gleichen Rationen wie zur Zwangsarbeit nach Deutschland verschleppte Frauen aus dem Osten erhalten; die Rationen für Kinder sollten etwa in der Mitte zwischen der für Zwangsarbeiterinnen und jener für deutsche Kinder liegen.[12] Laut Höß wurden die Sonderrationen bald nicht mehr geliefert, da »vom Ernährungsministerium jegliche Kindernahrungsmittel für KL abgelehnt wurden«.[13]

Infolge der unzureichenden Ernährung und der schlechten hygienischen Zustände breiteten sich Krankheiten aus. Ein bei Robert Lifton zitierter Arzt, Doktor B., hat das Zigeunerlager als »selbst für Auschwitz außerordentlich schmutzigen und unhygienischen« Ort beschrieben, wo »Säuglinge, Kinder und Erwachsene hungerten«.[14] Anfangs dienten zwei gewöhnliche Baracken als Krankenrevier; im Juli waren es bereits fünf, und schließlich kam noch eine sechste hinzu. In jeder von ihnen wurden unter primitivsten Bedingungen vierhundert bis sechshundert Patienten behandelt. Es gab weder Bettpfannen noch Urinale, so dass Bewusstlose und Schwerkranke, die nicht zur Toilette gehen konnten, in ihren Exkrementen lagen. Zuzeiten befanden sich nicht weniger als zweitausend Patienten in den Krankenhausbaracken, die von etwa dreißig Ärzten und gut sechzig Hilfskräften versorgt wurden. Doch es gab, wie Doktor Szymanski berichtet, »weder die richtige Ausrüstung noch Essen oder Arzneimittel in ausreichender Menge und richtiger Auswahl. Und selbst wenn die richtigen Arzneimittel vorhanden waren, konnte nicht viel für den Gesundheitszustand der Zigeunergemeinde getan werden, denn an eine prophylaktische Kampagne war im Lager nicht zu denken.«[15]

Die meisten Toten forderte der Typhus. Seine Ausbreitung wurde von den katastrophalen hygienischen Verhältnissen und der schlechten Ernährung der Lagerinsassen begünstigt, und im Mai 1943 hatte die Krankheit epidemische Formen angenommen. Das Zigeunerlager wurde unter Quarantäne gestellt, und mehrere Monate wurden keine Neuzugänge aufgenommen.

Einmal im Monat wurden die Insassen in der so genannten Sauna entlaust, doch damit konnte der Typhus nicht eingedämmt werden; dreißig bis vierzig Prozent der Erkrankten starben. Andere Krankheiten mit hoher Sterblichkeitsrate waren Diarrhöe und Krätze mitsamt ihren Folgeinfektionen. Nach Szymanskis Ansicht hätten die Erkrankten »ihre Gesundheit wiedererlangen können, wenn sie eine ausreichende Ernährung und eine gute, individuelle Behandlung erhalten hätten, aber das war natürlich völlig ausgeschlossen«.[16] Lucie Adelsberger, eine jüdische Ärztin, die im Krankenrevier des Zigeunerlagers arbeitete, erinnert sich daran, wie frustrierend es war, Hunderte von Patienten behandeln zu müssen, ohne über genügend Medikamente zu verfügen. Viele waren bis auf die Knochen abgemagert, andere durch den Hunger angeschwollen. Oft konnten die Ärzte nicht mehr für die Kranken tun, als sie zu beruhigen. Doch davon »wurde den Patienten nicht besser; sie starben wie die Fliegen«.[17]

Zusätzlich zu Hunger und Krankheiten litten die Insassen unter der Grausamkeit von Kapos und SS-Wachen. Im Auschwitz-Prozess, der von Dezember 1963 bis August 1965 in Frankfurt am Main stattfand, berichteten Überlebende von diesen Misshandlungen. Weitere Einzelheiten kamen während des Verfahrens gegen SS-Rottenführer Ernst-August König, einen Blockführer im Zigeunerlager, ans Licht. Am 18. September 1991, acht Monate, nachdem er zu lebenslänglicher Haft verurteilt worden war, nahm sich König in seiner Gefängniszelle das Leben. Wie die Aussagen zahlreicher Zeugen enthüllt hatten, waren die Lagerinsassen erniedrigenden Grausamkeiten, häufig mit Todesfolge, ausgesetzt gewesen. So ließ man sie beispielsweise »Sport« treiben, das heißt, sie wurden zu Körperübungen angehalten und dabei mit Schlägen traktiert, die oftmals zum Tod führten. Betrunkene Wachen holten sich Zigeunerfrauen, auch verheiratete, und schlugen und traten sie, wenn sie nicht mit ihnen schlafen wollten. Schon kleine Verstöße gegen die Vorschriften konnten schwere Strafen nach sich ziehen.[18]

Aber so furchtbar das alles war, so wurden die Insassen des

Zigeunerlagers von Häftlingen aus anderen Teilen Auschwitz',
die mit ihnen in Kontakt kamen, doch beneidet. Denn die Zigeuner, schreibt Olga Lagyel in ihren Erinnerungen an Auschwitz,
»genossen verschiedene Freiheiten, die den anderen Internierten
vorenthalten wurden«.[19] Viele hatten ihre Musikinstrumente
mitgebracht und durften kleine Kapellen bilden, denen die SS-
Wachen mit Vergnügen zuhörten. Der polnische Auschwitz-
Überlebende Wieslaw Kielar erzählt über das Leben im Zigeunerlager:

»Die Kinder ... waren hungrig, verlassen, unheimlich schmutzig und zerlumpt, wie übrigens ihre Eltern auch, die stundenlang vor den Baracken saßen und in ihren zerschlissenen An-
zügen und Kleidern nach Läusen suchten. Man sah aber auch
gut angezogene Zigeuner und Zigeunerinnen, besonders die
jungen und schönen. Sie brauchten nicht an die Drähte unse-
res Lagers zu gehen und um ein Stück Brot oder eine Zigarette
zu betteln. Sie saßen in den Zimmern der Blockältesten in
Boudoirs, wo Musik spielte, die Mädchen tanzten, wo der
Schnaps floß und die freie Liebe blühte. Die Rassenunterschiede verwischten sich im Verlauf der Orgien und der Trink-
gelage, an denen die ganze High-Society teilnahm, also die
Funktionshäftlinge des Zigeunerlagers, tja! sogar die SS-Männer mit dem Rapportführer Plagge ... an der Spitze, der jetzt
fast nicht wiederzuerkennen war, verwandelt, milde, fast
freundschaftlich. Er hatte hier auch eine Geliebte, soff tüchtig
und füllte seinen Geldbeutel mit leicht zu erbeutenden
Schmuckstücken. Da ich ein so enger Nachbar war, wußte ich
von allem, was bei den Zigeunern geschah.«[20]

Auch zwei Insassen, deren Schlosserwerkstatt unmittelbar neben dem Zigeunerlager lag, berichten davon, dass »die schönen
Zigeunerinnen ... den SS-Männern den Kopf« verdrehten.[21] All
dies traf natürlich nicht nur für das Zigeunerlager zu. Der katastrophale Zustand, in dem sich alle KZ-Insassen befanden, för-

derte überall Prostitution und andere zuvor unannehmbare Verhaltensweisen.

Die Berichte von Nichtzigeunern, die Auschwitz überlebt haben, sind allerdings nicht immer ganz zuverlässig, und es ist nicht zu bestreiten, dass die große Mehrheit der Zigeuner unter extremen Entbehrungen litt, denen Tausende von ihnen erlagen. Doch gemessen am Elend, das in der Todesfabrik Auschwitz herrschte, stellte das Zigeunerfamilienlager nicht die unterste Stufe dar, und es ist daher verständlich, dass manche Mitgefangene die Zigeuner um ihr »buntes Leben« beneideten.[22] Allein schon die Tatsache, dass die Familien zusammenbleiben durften, bedeutete eine enorme moralische Stütze für sie.

Deutsche und österreichische Zigeuner bildeten die bei weitem größte Gruppe im Lager; mit annähernd 14000 Personen stellten sie fast zwei Drittel der Insassen. Aus dem Protektorat Böhmen und Mähren kamen etwa 4500 Häftlinge. Polnische Zigeuner waren mit 1300 Personen die drittgrößte Gruppe. Die übrigen Insassen kamen aus anderen deutsch besetzten Ländern Europas.[23] Den Berichten Überlebender zufolge fiel es tschechischen Zigeunern im Allgemeinen leichter als deutschen, sich dem Lagerleben anzupassen. Die Zigeuner aus dem Protektorat betrachteten sich als tschechische Patrioten, die das Schicksal des gesamten tschechischen Volks teilten. Dagegen verstanden viele deutsche Zigeuner nicht, warum sie nach Auschwitz gekommen waren. Es gibt zahlreiche Berichte über Zigeuner, die in ordensgeschmückten Militäruniformen im Zigeunerlager eintrafen. Einer von ihnen, ein Offizier und Träger des Eisernen Kreuzes Erster Klasse, salutierte bei der Ankunft in Auschwitz mit dem Hitlergruß.[24] Höß erinnerte sich:

»Man hatte vielfach Fronturlauber verhaftet, die hohe Auszeichnungen hatten, die mehrfach verwundet waren, deren Vater oder Mutter oder Großvater usw. aber Zigeuner oder Zigeuner-Mischlinge waren. Sogar ein uralter Parteigenosse war darunter, dessen Großvater als Zigeuner in Leipzig zugewandert war, er selbst hatte ein großes Geschäft in Leipzig und war mehrfach ausgezeichneter Weltkriegs-Teilnehmer. Auch war eine Studentin, die in Berlin BdM-Führerin war, darunter. Und dergleichen Fälle mehr.«[25]

Viele Zigeuner versuchten, aus Auschwitz zu fliehen, was aber nur wenigen gelang. Den Lagerakten zufolge wurden zweiunddreißig Zigeuner auf der Flucht erschossen. Ab Anfang Juli 1943 war der Stacheldrahtzaun um das Zigeunerlager mit Starkstrom geladen, doch auch das konnte nicht verhindern, dass weiter Fluchtversuche unternommen wurden. Wieder eingefangene Flüchtlinge wurden entweder erschossen oder in eine Strafkompanie gesteckt, in der die meisten Arbeiten im Laufschritt verrichtet werden mussten. Von den Häftlingen, die diese Strafe erhielten, haben nur wenige überlebt.[26]

Medizinische Experimente

Eine der berüchtigtsten Figuren des Todeslagers Auschwitz war SS-Hauptsturmführer Josef Mengele. Nach Aussage Überlebender war er, wenn er an der Selektionsrampe Dienst tat, besonders eifrig dabei, Opfer für die Gaskammern auszuwählen. Außerdem war er aktiv an medizinischen Experimenten an Lagerinsassen, darunter auch an vielen Zigeunern, beteiligt.

Der 1911 geborene Mengele promovierte im Alter von vierundzwanzig Jahren in München im Fach Anthropologie. 1938 erlangte er als Assistent bei dem berühmten Genetiker Otmar von Verschuer am Frankfurter Institut für Erbbiologie und Rassenhygiene mit einer Arbeit über erbbiologische Ursachen des Wolfsrachens seinen zweiten Doktorgrad. Als Verschuer 1942 als Direktor des Kaiser-Wilhelm-Instituts für Anthropologie nach Berlin ging, folgte ihm Mengele und setzte seine Zwillingsforschungen in der Reichshauptstadt fort. Die nationalsozialistischen Rassenhygieniker waren überzeugt, dass rassische und soziale Unterschiede erbbiologische Ursachen hatten. Studien über das Verhalten eineiiger Zwillinge in unterschiedlichen Umgebungen sollten die ausschlaggebende Bedeutung der Natur gegenüber der der Erziehung beweisen. Im Mai 1943 wurde Mengele zum Chefarzt im Zigeunerfamilienlager in Auschwitz ernannt.[27]

Neben seinen Pflichten im Krankenrevier des Zigeunerlagers und auf der Rampe fand er noch die Zeit, Forschungen an eineiigen Zwillingen zu betreiben, wofür er unter sämtlichen Insassen von Auschwitz Probanden aussuchte. Seine Assistentin, die polnische Gefangene und Anthropologin Martyna Puzyna, hat nach eigener Aussage Messungen an zweihundertfünfzig Zwillingspaaren vorgenommen; die Gesamtzahl der in die Experimente einbezogenen Zwillinge war jedoch wesentlich größer. Mengele interessierte sich außerdem für Physiologie und Pathologie der Kleinwüchsigkeit und für missgebildete Kinder. Während der mitunter stundenlangen Messungen mussten die Untersuchten nackt in einem ungeheizten Raum stehen. Mengele machte häufig Fotos von diesen Kindern und ließ eine tschechisch-jüdische Gefangene, die Malerin Dina Gottlieb (heute Babbitt), Zeichnungen von Körperteilen und einzelnen Probanden anfertigen. Unter den erhalten gebliebenen Skizzen befinden sich mehrere Porträts von Zigeunern.[28]

Nachdem die Zwillinge untersucht worden waren – anthropometrisch, morphologisch, röntgenologisch und psychiatrisch –, wurden viele von ihnen mit Phenolinjektionen ins Herz getötet, die Mengele selbst oder einer seiner Assistenten vornahm. Anschließend wurden die Leichen von mehreren Gefangenen, die Ärzte waren, seziert. Einer dieser Häftlinge war Miklos Nyiszli, ein jüdischer Pathologe aus Ungarn, der überlebte und ein Buch über seine grässlichen Erlebnisse schrieb. Sein Labor und der Sektionssaal befanden sich im Gebäude des Krematoriums II und waren mit den modernsten Apparaten ausgestattet. Als Todesursache hatte er in den Sektionsprotokollen verschiedene Krankheiten einzutragen.[29]

266

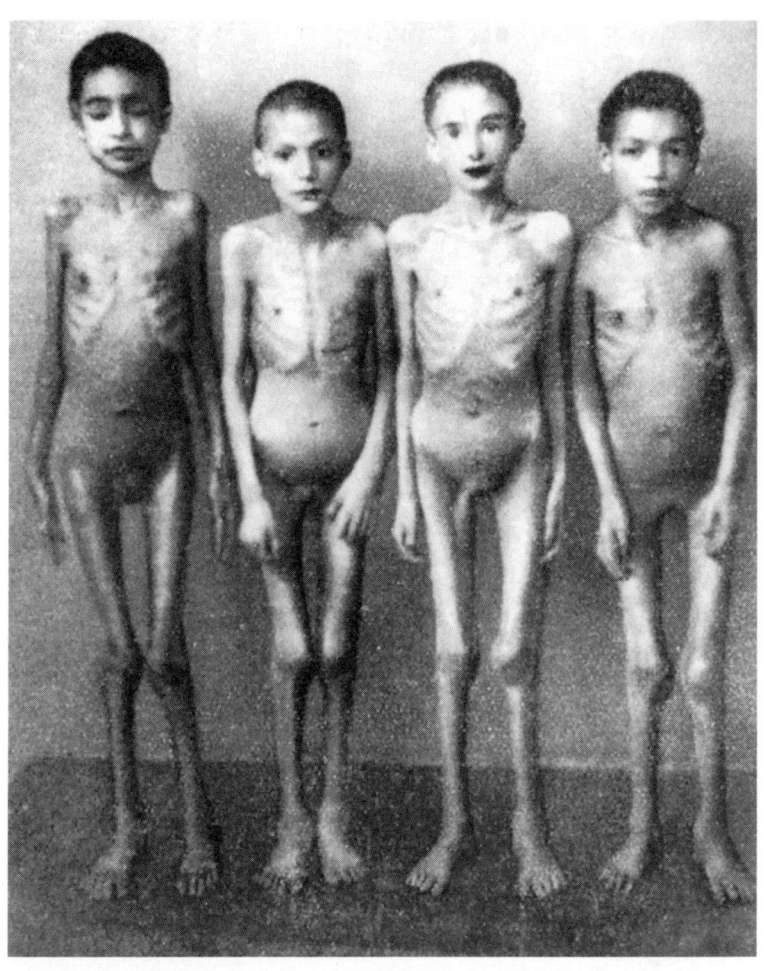

Von Josef Mengele für seine medizinischen Experimente missbrauchte Zigeunerzwillinge

Mengele teilte die Ergebnisse der Sektionen Verschuers Institut mit. Außerdem schickte er in Alkohol eingelegte Organe von besonderem wissenschaftlichem Interesse nach Berlin. Diese Pakete waren als eilig und kriegswichtig gekennzeichnet, so dass sie mit Vorrang befördert wurden. Eins von Mengeles Projekten betraf die Untersuchung der Erbfaktoren in Bezug auf die Augenfarbe, wobei ihn besonders Fälle von Heterochromie, das heißt Verschiedenfarbigkeit der Iris, interessierten. Doktor Nyiszli erinnert sich, dass er bei einer Gelegenheit bei sechs Zwillingspaaren, die er sezieren sollte, Heterochromie (ein blaues und ein braunes Auge) festgestellt hatte. Ein andermal wurde eine ganze achtköpfige Familie umgebracht, um ihre heterochromen Augen nach Berlin schicken zu können.[30]

Großes Interesse zeigte Mengele auch an Zigeunerkindern. Im Sommer 1943 ließ er im Zigeunerlager in den Baracken 29 und 31 einen Kindergarten für Kinder unter sechs Jahren einrichten. Die Wände wurden geweißt und mit bunten Bildern geschmückt, auf denen Märchenszenen zu sehen waren, und vor Baracke 31 wurde ein Spielplatz mit Sandkasten, Wippen und anderen Spielgeräten angelegt. In diesem Kindergarten hielten sich zwischen acht und vierzehn Uhr Hunderte von Kindern auf, die von mehreren weiblichen Häftlingen betreut wurden. Kurzzeitig erhielten sie dort Milch, Butter, Weißbrot, Fleischbrühe und sogar Marmelade und Schokolade. Mengele war freundlich zu den Kindern; er brachte ihnen Spielzeug und Süßigkeiten mit, und sie vertrauten ihm und nannten ihn »Onkel« oder »Vater«.[31]

Der Kindergarten war ein Vorzeigeprojekt für die Propaganda, das häufig Besuch von hochrangigen SS-Offizieren und Zivilbeamten erhielt, die die Kinder fotografierten und filmten. Eigentlich diente er jedoch als Reservoir von Versuchskaninchen für Mengeles Experimente, aus dem er die Probanden für seine Zwillingsforschungen und die Untersuchung heterochromer Augen auswählte. Wie viele Zigeunerkinder sein Labor durchliefen, ist nicht genau bekannt. Laut Aussage eines Häftlings, der als Schreiber gearbeitet hatte, gab es anfangs mehr als sechzig Zwillingspaare im Zigeunerlager. Als es am 1. August 1944 geschlossen wurde, waren nur noch sieben am Leben.[32] Dem Hauptbuch des Zigeunerlagers ist zu entnehmen, dass fast 6000 Kinder unter vierzehn Jahren in dem Lager festgehalten wurden, darunter 363 Säuglinge, die dort zur Welt gekommen waren. Im Sommer 1943 trat im Zigeunerlager die seltene Krankheit Noma (Wasserkrebs) auf, und Kinder und Jugendliche wurden am schwersten von ihr heimgesucht. Die Symptome sind Geschwüre in Mund und Gesicht, die klaffende Löcher in die Wangen fressen, die Hauptursache ist vollkommene Entkräftung aufgrund von Unterernährung; viele Zigeunerkinder waren damals nur noch Haut und Knochen. Im Herbst 1943 beschloss Mengele, die Ursachen von Noma zu untersuchen, um eine Behandlungsmethode zu finden. Die Erkrankten wurden in Baracke 22 untergebracht, und Berthold Epstein, ein renommierter Kinderarzt, der an der Prager Universität gelehrt hatte, wurde aus dem Buna-Abschnitt von Auschwitz geholt, um die Leitung dieser Forschungen zu übernehmen. Die Patienten erhielten Medikamente und eine Sonderverpflegung, woraufhin sich ihr Zustand verbesserte. Dann wurde ihnen die Sonderverpflegung wieder entzogen, und ihr Befinden verschlechterte sich rasch wieder. Sogar Mengele, der eigentlich nach erbbiologischen oder rassischen Ursachen von Noma gesucht hatte, war schließlich kurz davor, zuzugeben, dass die unzureichende Lagerverpflegung und die verheerenden hygienischen Bedingungen Verursacher der Krankheit waren. Den Häftlingsärzten war dies von Anfang an klar gewesen. Auch von diesen Untersuchungen wurde anatomisches Material zur Analyse verschickt. So wurde der Kopf eines zwölfjährigen Zigeunerkindes mit der von Mengele unterschriebenen Anweisung, histologische Schnitte vorzunehmen, an ein SS-Labor gesandt. Ob das Kind getötet wurde oder an Noma gestorben war, ist nicht bekannt.[33]

Ein anderer Forschungsgegenstand war die Malaria. Dieses Projekt stand unter der Leitung von Doktor Heinz Thielo, der im Herbst 1943 zwanzig Zigeunern aus Lublin Blut injizierte, das Malariakranken abgenommen worden war, als deren Fieber am höchsten war. Mengele war offenbar auch an diesen Forschungen beteiligt, denn als er im Februar 1944 eine Auszeichnung in Anerkennung seiner Arbeiten über die »Rassenzugehörigkeit der Zigeuner« erhalten sollte, hatte er sich anscheinend sowohl Typhus als auch Malaria zugezogen.[34]

Seine Forschungen in Auschwitz stellten eine seltsame Mischung aus Wissenschaft und ideologisch motivierter Pseudowissenschaft dar. Er war der typische NS-Wissenschaftler, der keinerlei moralische Skrupel kannte und die Verfügbarkeit menschlicher Versuchskaninchen in vollem Umfang für seine Forschungen nutzte. Seine Bereitschaft, Probanden zu töten, um ihre Organe untersuchen zu können, entsprach seinem Ruf als einem der fanatischsten und rücksichtslosesten SS-Ärzte, die auf der Selektionsrampe Dienst taten. Manchmal soll er Zwillingspaare nur deshalb getötet und die noch warmen Körper seziert haben, um einen Disput über eine Diagnose zu beenden.[35] Überlebende berichten, er habe sich gegenüber körperlichen Schmerzen ausgesprochen gleichgültig gezeigt oder sei sogar von ihnen fasziniert gewesen.[36]

Doch Mengele scheint auch eine andere Seite gehabt zu haben, die sich in gelegentlichen freundlichen Taten insbesondere gegenüber Zigeunern zeigte. Die Zuneigung, die er den Kindergartenkindern entgegenbrachte, ist bereits erwähnt worden. Berta R., eine deutsche Zigeunerin, die als Pflegerin im Krankenrevier des Zigeunerlagers arbeitete, sagte 1973 in einer Gerichtsverhandlung aus, Mengele habe dafür gesorgt, dass manche an Diphtherie erkrankte Patienten eine Sonderverpflegung erhielten, und ihnen damit das Leben gerettet.[37] Im Auschwitz-Prozess sagten mehrere andere frühere Lagerinsassen Ähnliches aus.[38] Iancu Vexler, ein jüdischer Arzt aus Frankreich, der ebenfalls im Krankenrevier des Zigeunerlagers gearbeitet hatte, erklärte: »Es ist unbestreitbar, daß Doktor Mengele sich bemühte, das Leben der Zigeuner erträglicher zu machen.«[39] Angeblich hatte Mengele einen Liebling unter den Zigeunerjungen, einen immer weiß gekleideten Knaben von etwa vier Jahren, mit dem er einen ganzen Sommer lang durch das Lager spaziert sein soll.[40] Dass Mengele es zuließ, dass auch dieser Junge im August 1944 in die Gaskammern kam, offenbart, wie dicht beide Seiten seines Charakters beieinander lagen. Er konnte sowohl freundlich als auch bodenlos grausam zu seinen Opfern sein. Alles in allem muss man ihm jedoch einen von Grund auf verdorbenen Charakter attestieren.

Ein anderer NS-Arzt, der medizinische Experimente mit Insassen des Zigeunerlagers in Auschwitz durchführte, war Carl Clauberg, ein Gynäkologe aus Königshütte in Oberschlesien. Himmler hatte großes Interesse an einer billigen und schnellen Sterilisationsmethode geäußert. Mit deren Hilfe, so hoffte er, würde es gelingen, die Arbeitskraft der aus »minderwertigen« Rassen wie Juden und Slawen rekrutierten Zwangsarbeiter bestmöglich zu nutzen und gleichzeitig deren Fortpflanzung zu verhindern. Clauberg kam im Dezember 1942 nach Auschwitz und begann im April 1943 mit seinen Experimenten, die darin bestanden, dass er weiblichen Häftlingen eine ätzende Flüssigkeit in den Uterus injizierte, und zwar ohne Betäubung. Am 7. Juni prahlte er in einem Brief an Himmler damit, dass ein Arzt und zehn Hilfskräfte mit dieser Methode an einem Tag tausend Frauen sterilisieren könnten. Die Experimente seien an Jüdinnen und Zigeunerinnen vorgenommen worden. Telford Taylor stellte 1946 in seinem Eröffnungsplädoyer im Ärzteprozess fest: »Mit dieser Methode wurden in Auschwitz mehrere tausend Juden und Zigeuner sterilisiert.«[41] Noch im Juli 1944 erhielt Clauberg die Genehmigung, die Gebäude, in denen die Experimente stattfanden, zu vergrößern.[42] Zwei Jahre nach seiner Entlassung aus sowjetischer Kriegsgefangenschaft im Jahr 1955 verstarb Clauberg, während er in Kiel auf die Eröffnung seines Prozesses wartete.

Die Auflösung des Zigeunerfamilienlagers

Der erste Massenmord an Zigeunern in Auschwitz fand am 23. März 1943 statt. An diesem Tag wurden etwa 1700 Zigeuner – Männer, Frauen und Kinder – aus dem Gebiet von Bialystok, unter denen sich angeblich Typhuskranke befanden, zu den Gaskammern geführt und getötet. Die Opfer waren erst wenige Tage zuvor im Lager angekommen und in den Baracken 20 und 22 isoliert worden. Über ihr Schicksal muss bereits bei ihrer Ankunft entschieden worden sein, denn sie wurden weder registriert, noch erhielten sie Häftlingsnummern. Eine zweite Tötungsaktion folgte am 25. Mai, als 1035 Zigeuner vergast wurden, die entweder an Typhus erkrankt waren oder im Verdacht standen, sich infiziert zu haben. Unter den Opfern befanden sich Lagerinsassen, die am 12. Mai aus Bialystok und Österreich eingetroffen waren. Szymanski zufolge strich das Lagerbüro »die vergasten Zigeuner aus der Aufzählung der Häftlinge auf der Lagerliste, und zwar als infolge einer Krankheit eines natürliches Todes Verstorbene, wobei die Todesdaten über die nächsten Wochen verteilt wurden«. Während die Lagerärzte verzweifelt versuchten, die Ausbreitung des Typhus aufzuhalten, ging die SS daran, das Problem durch Eliminierung zu lösen – eine einfache und probate Methode der Bekämpfung von Epidemien unter Juden, Zigeunern und anderen »minderwertigen Völkern«.[43]

Unter denen, die im Mai 1943 in den Tod geschickt wurden, war auch eine Gruppe von Tuberkulosekranken. An einem Abend im Spätherbst des gleichen Jahres wählte Mengele etwa sechzig an dieser Krankheit leidende Zigeuner aus. Sie mussten sich bis auf die Unterwäsche ausziehen, bekamen Decken, um sich zu verhüllen, und wurden auf Lastwagen verladen, die sie zu den Gaskammern brachten. Danach erschien, wie Szymanski sich erinnert, nie wieder ein Zigeuner mit Brustschmerzen bei den Ärzten im Krankenrevier.[44]

Im Frühjahr 1943 war der Arbeitsmarkt in Deutschland extrem angespannt, und in den folgenden Monaten wurden immer mehr KZ-Insassen zur Produktion von Waffen und anderem kriegswichtigen Gerät eingesetzt. Davon waren auch die Zigeuner in Auschwitz betroffen. Zwischen April und Juli 1944 wurden etwa 3500 als arbeitsfähig Eingestufte in verschiedene Konzentrationslager in Deutschland verlegt. Am 15. April wurden 884 Männer nach Buchenwald und 473 Frauen nach Ravensbrück gebracht,[45] denen in den nächsten Monaten Hunderte weitere Zigeuner folgten.

Am 16. Mai wurde ein erster Versuch unternommen, das Zigeunerlager aufzulösen, der jedoch scheiterte. Zu diesem Zeitpunkt hatte es noch sechstausend Insassen. Um neunzehn Uhr wurde eine Ausgangssperre verkündet, und mit Maschinengewehren ausgerüstete SS-Männer umzingelten das Lager. Doch offenbar hatte der Lagerführer, der deutschstämmige Georg Bonigut, dem Häftlingsschreiber Tadeusz Joachimowski von der geplanten Vergasung erzählt, der seinerseits die Zigeuner gewarnt hatte. Diese hatten beschlossen, sich zu wehren, und sich mit Messern, Spaten, Brechstangen und Steinen bewaffnet. Als ihnen nun befohlen wurde, die Baracken zu verlassen, weigerten sie sich. Ohne Zweifel hätte die schwer bewaffnete SS den Widerstand der Zigeuner brechen können, aber man entschied sich dafür, der Konfrontation auszuweichen und das Ziel auf andere Weise zu erreichen.[46]

Es folgten weitere Selektionen von Arbeitsfähigen für den Einsatz in Deutschland. So gewann man nicht nur dringend benötigte Arbeitskräfte, sondern verringerte auch die Zahl jüngerer Zigeuner, die bei der beabsichtigten Schließung des Zigeunerlagers Widerstand leisten konnten. Joachimowski wurde angewiesen, eine Liste jener deutschen und österreichischen Zigeuner und ihrer Familien anzulegen, die im Militär gedient und Auszeichnungen erhalten hatten. Angeblich sollten jene, die sich mit ihrer Sterilisation einverstanden erklärten, entlassen werden. Am 23. Mai wurden über 1500 Personen ins Hauptlager Auschwitz I geschickt, und am nächsten Tag wurden 144 Frauen nach Ravensbrück und 82 Männer nach Flossenbürg auf den Weg gebract. Sie waren zwischen siebzehn und fünfundzwanzig Jahre alt.[47]

Die Einbeziehung dekorierter Kriegsveteranen und das Erfordernis der Sterilisation entsprachen den Ausnahmeregelungen des Deportationserlasses des RKPA vom Januar 1943. Möglicherweise also hatte das RKPA auch jetzt, bei der Entscheidung über die Schließung des Zigeunerlagers, seine Hand im Spiel. Wie einem Brief, den Reichsarzt Ernst Robert von Grawitz, der oberste SS-Arzt, am 28. Juni an Himmler richtete, zu entnehmen ist, hatte Nebe dem SS-Führer vorgeschlagen, gesunde, aber nicht arbeitsfähige Zigeuner aus Auschwitz für medizinische Experimente heranzuziehen, und hinzugefügt: »Ich werde dieser zigeunerischen Menschen [vermutlich meinte er jene, die nicht für medizinische Experimente benutzt wurden] wegen demnächst dem Reichsführer einen besonderen Vorschlag unterbreiten …«[48] Wie dieser Vorschlag aussah, ist nicht überliefert, aber er könnte die Empfehlung enthalten haben, auf die bei der Deportation im Jahr 1943 angewandten Ausnahmekriterien zurückzugreifen. Danach hätten Zigeuner, die militärische Auszeichnungen erhalten hatten, gar nicht erst deportiert werden dürfen.[49]

Ende Juli wurden weitere Kriegsveteranen, ihre Familien und andere körperlich leistungsfähige Zigeuner nach Auschwitz I verlegt. Den Zurückbleibenden wurde gesagt, diese Gruppe werde vorgeschickt, um ein neues, besseres Zigeunerlager zu errichten. Am 31. Juli stand ein Eisenbahnzug mit tausendsechshundert Zigeunern stundenlang an der Rampe von Birkenau. Ein Überlebender dieses Transports erinnert sich, dass die Insassen des Zigeunerlagers nah genug waren, um sich mit Rufen und Gesten mit den Menschen im Zug verständigen zu können.[50] Der Anblick der Zigeuner in dem Zug verlieh dem, was man den nicht Ausgewählten über ihre eigene Verlegung in ein anderes Lager gesagt hatte, Glaubwürdigkeit. Als der Zug um sechzehn Uhr Auschwitz mit Ziel Deutschland verließ, waren die letzten Stunden des Zigeunerfamilienlagers gekommen.

Am 2. August wurde im Zigeunerlager nach dem abendlichen Zählappell eine Ausgangssperre verhängt; zu diesem Zeitpunkt befanden sich noch 2898 Menschen, überwiegend Kranke, Alte und Kinder, dort. Dann umstellten schwer bewaffnete SS-Männer die Baracken. Was danach geschah, schildert Mengeles Assistent Nyiszli so:

»Eine große SS-Mannschaft mit Hunden geht in Stellung. Die Zigeuner werden aus den Baracken getrieben und müssen antreten. Die Unglücklichen sind der Meinung, sie werden in ein anderes Lager gebracht, und obwohl sie seit zwei Jahren im KZ sind, glauben sie daran. Die Brot- und Wurstration wird ausgegeben. Jeder erhält drei Portionen, das Essen für einen Weg von drei Tagen. Das ist eine einfache, aber sehr wirkungsvolle Art der Täuschung. Die Betrogenen denken nicht einmal an Krematorien. Schließlich erhält man für den Weg dahin keine Verpflegung.

Doch es ist nicht der Gedanke, die in den Tod Gehenden zu schonen, der die SS so handeln läßt. Vielmehr ist es das einfache Ziel dieses Manövers, eine große Menschenmenge ... von einer relativ kleinen Begleitmannschaft ohne Zeitverzug und ohne Widerstand in die Gaskammern führen zu lassen.

So geschieht es auch jetzt. Die ganze Nacht speien die Schornsteine der Krematorien II und III Flammen. Ihr Licht erhellt das ganze Lager. Das einst quirlige Zigeunerlager liegt verlassen und stumm.«[51]

Andere Augenzeugen berichten von Schlägen. Manche Zigeuner wiesen darauf hin, dass sie Deutsche seien und für Deutschland gekämpft hätten. Einige Kinder, die sich versteckt hatten, wurden am nächsten Tag gefunden und umgehend in den Tod geschickt. Auf Anweisung Mengeles wurden die Leichen von zwölf Zwillingen nicht verbrannt, sondern zur Sektion zu Doktor Nyiszli gebracht.[52]

Es gibt keine schlüssigen Belege darüber, wann und durch wen die Entscheidung gefällt wurde, das Zigeunerlager zu liquidieren. Vieles deutet jedoch darauf hin, daß Höß eine wichtige Rolle dabei spielte. Nach einer Abwesenheit von mehreren Monaten hatte er am 8. Mai mit dem speziellen Auftrag, die Ermordung der ungarischen Juden vorzubereiten, wieder das Kommando über Auschwitz übernommen. Am 16. Mai traf der erste Transport mit ungarischen Juden ein, und danach wurden bis zum 24. Mai über hunderttausend Juden vergast. Doch Gaskammern und Krematorien stießen an die Grenzen ihrer Kapazität, so dass für jene, die nicht sofort getötet werden konnten, eine vorübergehende Unterkunft gefunden werden musste. Offenbar wurde das Zigeunerlager aufgelöst, um für die ungarischen Juden Platz zu schaffen. Dass diese im früheren Zigeunerlager untergebracht wurden, ist durch mehrere Zeugenaussagen belegt.[53]

In seinen Erinnerungen versuchte Höß, von seiner eigenen Rolle in dieser mörderischen Sache abzulenken. Obwohl er »viel Ärger« mit den Zigeunern gehabt habe, schrieb er, seien sie seine »liebsten Häftlinge« gewesen. Als Himmler »im Juli 1942« Auschwitz besuchte, habe er ihm das Zigeunerlager »eingehend« gezeigt. Der Reichsführer-SS habe sich alles gründlich angesehen: »Er ... sah die vollgestopften Wohnbaracken, die ungenügenden hygienischen Verhältnisse, die vollbelegten Krankenbaracken ... Er sah alles genau und wirklichkeitsgetreu – und gab uns den Befehl, sie zu vernichten, nachdem die Arbeitsfähigen wie bei den Juden ausgesucht« worden waren.[54]

Auch Pery Broad, vormaliger SS-Offizier in der Politischen Abteilung der Lagerverwaltung und Verteidiger im Frankfurter Auschwitz-Prozess, hat Himmler für die Entscheidung, die Zigeuner zu ermorden, verantwortlich gemacht.[55] Doch selbst wenn dies zutreffen sollte, ist Höß' Darstellung von Himmlers Zutun nicht plausibel. Himmlers Besuch in Auschwitz fand im Juli 1943 statt; ein Jahr zuvor hatte das Zigeunerlager noch nicht existiert. Wichtiger ist jedoch die Tatsache, dass der erste Versuch, das Lager zu liquidieren, erst am 16. Mai 1944 unternommen wurde, fast ein Jahr nach Himmlers Besuch und seinem angeblichen Befehl, die Zigeuner zu vernichten. Wenn Himmler an der Entscheidung über den Mord an den Zigeunern beteiligt war, dann möglicherweise in Form einer mündlichen Anweisung, die er Höß vor dessen Abreise nach Auschwitz Anfang Mai 1944 gab. Laut einem Mitarbeiter seines Stabes erteilte Himmler wichtige Befehle in Bezug auf die Lager häufig auf diese Weise.[56]

Knapp 23 000 Zigeuner, die als »asoziale Zigeunermischlinge« galten, wurden ins Zigeunerfamilienlager in Auschwitz eingeliefert, ohne dass man sich vorher Gedanken darüber gemacht hätte, was aus ihnen werden sollte. Ihr Aufenthalt war auf Dauer angelegt, und eine Freilassung war in der Regel ausgeschlossen. Als die Schwiegermutter einer im Lager verstorbenen Zigeunerin im April 1944 um die Entlassung der Kinder ihrer Schwiegertochter ersuchte, wurde sie von der Essener Kripo mit der Auskunft beschieden, dass »Entlassungen von zigeunerischen Personen aus dem Zigeunerlager ... grundsätzlich nicht« erfolgten.[57] Doch die Internierung im Zigeunerlager kam trotz der katastrophalen Zustände, die eine extrem hohe Sterblichkeitsrate mit sich brachten, weder einer Todesstrafe gleich, noch war sie so gemeint. Die Zigeuner waren nach Auschwitz geschickt worden, weil man sie loswerden wollte, nicht weil sie umgebracht werden sollten. Wenn die Absicht bestanden hätte, sie zu ermorden, warum hätte man dann über ein Jahr damit warten sollen? Warum hätte man, wenn auch nur kurzzeitig, Schwangeren und Kindern Sonderrationen zugestehen sollen? Die Zigeuner siebzehn Monate am Leben zu erhalten kostete sowohl knappe Ressourcen als auch Arbeitskraft, und das mitten im Krieg. Sogar Kenrick und Puxon, die im Allgemeinen die Parallelen der Behandlung von Juden und Zigeunern hervorheben, mussten zugeben, es könne

»nicht uneingeschränkt behauptet werden, daß die Roma zur direkten physischen Vernichtung nach Auschwitz geschickt wurden. Die Arbeitsunfähigen wurden bei der Ankunft nicht sofort vergast, und nur wenige Roma mußten während der ersten Monate arbeiten, es gab also keine Vernichtung durch Arbeit. Auch wurden die Roma-Häftlinge in anderen KZs nicht nach Auschwitz verlegt.«[58]

Seit dem Erscheinen des Buchs von Kenrick und Puxon ist nichts bekannt geworden, das eine Revision dieser Einschätzung erfordert hätte. Die Deportation nach Auschwitz war kein Bestandteil eines Mordplans, vielmehr dürfte sie der kleinste gemeinsame Nenner gewesen sein, auf den sich die verschiedenen mit der »Zigeunerfrage« befassten Stellen verständigen konnten. Angesichts der zunehmend zigeunerfeindlichen Einstellung in allen Teilen der Bevölkerung hatten die Entscheidungsträger nach und nach einen radikaleren Standpunkt eingenommen und sich der Auffassung angeschlossen, dass entschiedene Maßnahmen zur Lösung des »Zigeunerproblems« ergriffen werden müssten.

Laut Höß sollten die Zigeuner bis Kriegsende in Auschwitz untergebracht und dann entlassen werden,[59] und ein solches Szenario ist nicht gänzlich aus der Luft gegriffen. Man weiß, dass einige an der Formulierung der Zigeunerpolitik Beteiligte erwogen hatten, die Zigeuner in nicht für deutsche Siedler benötigte Gebiete im Osten abzuschieben. Als 1942 über die Deportation nach Auschwitz entschieden wurde, schien ein militärischer Sieg im Osten und die anschließende Verfügbarkeit riesiger neuer Territorien noch im Bereich des Möglichen zu liegen. Die Abschiebung von zweitausendfünfhundert deutschen Zigeunern ins Generalgouvernement im Jahr 1940 hatte zu Turbulenzen geführt, da die meisten Deportierten schließlich ihre Bewegungsfreiheit wiedererlangten. Solche Probleme wurden vermieden, wenn man die verschleppten Zigeuner in ein Lager sperrte, wie Ritter und andere es seit langem vorgeschlagen hatten. Die Frage, wie viele die Härten des Lagerlebens überstehen würden, interessierte niemanden, denn die betroffenen Menschen galten als »asoziale« und »rassisch minderwertige Elemente«, deren Tod jedermann unbeeindruckt ließ.

Obwohl das Hauptbuch des Zigeunerlagers erhalten geblieben ist, lässt sich die genaue Zahl der Opfer nicht feststellen. Es gibt keine vollständigen Angaben darüber, wie viele fliehen konnten, entlassen wurden oder in andere Lager kamen. Im Hauptbuch sind 20943 Namen verzeichnet; hinzu kommen die 1700 Zigeuner aus Bialystok, die vergast worden sind, ohne dass man sie vorher registriert hatte. Von diesen 22643 Menschen wurden über 5600 in den Gaskammern umgebracht und etwa 3500 in andere Lager verlegt. Damit bleiben knapp 14000 übrig, die im Zigeunerlager an Krankheiten, medizinischen Experimenten oder Misshandlungen starben oder von Wachen ermordet wurden. Insgesamt starben also mindestens 85 Prozent der in Auschwitz eingelieferten Zigeuner im Zuge ihrer Internierung.[60]

Die Gesamtzahl der Zigeuner, die infolge der Deportationen nach Auschwitz starben, ist sogar noch größer. Viele der 3500, die in andere Konzentrationslager gebracht worden waren, überlebten die Lagerhaft nicht. Ein Transport mit 800 Häftlingen wurde aus Buchenwald nach Auschwitz zurückgeschickt, wo er am 5. Oktober 1944 eintraf. Die meisten dieser Zigeuner waren Kinder und Jugendliche, die offenbar nicht als geeignete Arbeitskräfte angesehen wurden. Sie wurden am 10. Oktober vergast.[61] Damit erhöht sich die Zahl der Zigeuner, die der Todesfabrik Auschwitz zum Opfer fielen, auf über 20000. Wie viele von ihnen aus Deutschland und Österreich kamen, kann nur vermutet werden. Von den etwa 13000 Zigeunern aus dem Reich, die nach Auschwitz verschleppt wurden, haben wahrscheinlich nicht mehr als 2000 überlebt. Von den 4493 Zigeunern, die als aus dem Protektorat Böhmen und Mähren stammend registriert wurden, waren bei der Befreiung des Lagers noch 583 am Leben.[62]

Zigeuner in anderen Konzentrationslagern

Die erste große, Zigeuner betreffende Verhaftungswelle, die auf deren Einweisung in Konzentrationslager hinauslief, war die »Aktion Arbeitsscheu« im Jahr 1938. In den Kriegsjahren wurden einzelne Zigeuner in die Lager eingeliefert, weil ihnen verschiedene Vergehen vorgeworfen wurden, die unter dem Begriff »asoziales Verhalten« zusammengefasst wurden. Lagerinsassen wurden sowohl für Sklavenarbeit eingesetzt als auch für medizinische Experimente benutzt. Die Gesamtzahl der in Konzentrationslager verbrachten Zigeuner ist nicht bekannt. 1938/39 wurden zwischen 1500 und 2000 als »Asoziale« festgenommen, und etwa 3500 wurden aus Auschwitz nach Deutschland verlegt. Das bedeutet, dass mindestens 5000 Zigeuner für verschiedene Zeiträume in anderen Konzentrationslagern als Auschwitz festgehalten wurden.

Trotz der proklamierten Absicht, die Häftlinge »bessern« zu wollen, sowie des Drucks von oben, sich ihre Arbeitskraft zunutze zu machen, war die Sterblichkeitsrate in den Lagern aufgrund von systematisch vorgenommenen Misshandlungen, mangelnder Ernährung und Krankheiten stets extrem hoch. Längerfristig zu überleben hing davon ab, ob man auf eine besondere Position gelangte, etwa einen Posten in der Küche, in einer Werkstatt oder als Schreiber. Wer nicht das Glück hatte, eine solche Nische zu finden, hatte zwischen 1934 und 1944 eine Lebenserwartung von ein bis zwei Jahren, und in manchen Jahren lag sie noch niedriger. Aus den erhalten gebliebenen Akten geht hervor, dass im zweiten Halbjahr 1942 nicht weniger als 60 Prozent der Insassen starben – 57 503 von 95 000.[1] Eine unbekannte Anzahl von KZ-Häftlingen wurden im Rahmen eines Euthanasieprogramms mit der Bezeichnung »14 f 13« getötet, das sich gegen diejenigen richtete, die nicht mehr arbeitsfähig waren.[2] Insgesamt haben nach Schätzung von Wolfgang Sofsky »rund zwei Drittel der Häftlinge die Zeit im Konzentrationslager nicht überlebt«.[3]

In einem Brief an Himmler vom 30. April 1942 sprach Oswald Pohl, der als Verwaltungschef der SS für die Versorgung der Konzentrationslager zuständig war, davon, dass es aufgrund der Kriegserfordernisse notwendig sei, die Lager »aus ihrer früheren einseitigen politischen Form in eine den wirtschaftlichen Aufgaben entsprechende Organisation« zu überführen.[4] In der Realität wurde dieses Ziel nie erreicht. Für das System der Konzentrationslager, resümiert Hermann Kaienburg, galt »im allgemeinen nicht das Primat der Ökonomie, sondern das Primat der Politik«.[5] Angesichts eines ständigen Zustroms neuer Häftlinge behielt der Terror die Oberhand über wirtschaftliche Erwägungen. Die Lagerinsassen wurden von der SS stets als Staatsfeinde behandelt, was für sie ein Höchstmaß an Qualen und schließlich den Tod bedeutete.

»Vernichtung durch Arbeit«

Am 20. August 1942 ernannte Hitler den fanatischen Nationalsozialisten Otto Thierack zum neuen Justizminister und beauftragte ihn damit, »eine nationalsozialistische Rechtspflege aufzubauen«. Thierack wurde ermächtigt, »alle dafür erforderlichen Maßnahmen zu treffen«, wobei er auch »von bestehendem Recht abweichen« konnte.[6] Zu den ersten Schritten, die er einleitete, gehörte ein radikaleres Vorgehen gegen »Asoziale«. Seiner Ansicht nach war es absurd, dass Kriminelle sicher in Gefängnisses saßen, während anständige Deutsche an der Front ihr

281

Leben einsetzten. Am 14. September traf er mit Goebbels zusammen, der vorschlug, alle Juden und Zigeuner sowie Polen mit Gefängnisstrafen von mehr als drei bis vier Jahren und Tschechen und Deutsche, die zum Tod oder zu lebenslanger Haft verurteilt waren, zu vernichten, wobei der »Gedanke der Vernichtung durch Arbeit ... der beste« sei.[7] Thierack griff den Vorschlag auf und legte ihn Himmler zur Entscheidung vor.

Bei einem Treffen am 18. September einigten sich Himmler und Thierack auf die »Auslieferung asozialer Elemente aus dem Strafvollzug an den Reichsführer-SS zur Vernichtung durch Arbeit«. Eingeschlossen sein sollten alle Juden, Zigeuner, Russen und Ukrainer sowie Polen mit Gefängnisstrafen von über drei Jahren und Tschechen und Deutsche, die zu mehr als acht Jahren Haft verurteilt waren. Außerdem wurde vereinbart, in den eingegliederten Ostgebieten lebende Juden, Polen, Zigeuner, Russen und Ukrainer, die straffällig wurden, künftig nicht mehr vor ein ordentliches Gericht zu stellen, sondern in den Gewahrsam von Himmlers Polizeiapparat zu geben, das heißt in ein Konzentrationslager einzuliefern.[8]

Am 29. September hielt Thierack auf einer Konferenz von Staatsanwälten in Berlin eine Rede zu diesem Thema, in der er erklärte, über siebentausendsechshundert Strafgefangene, die »unwertes Leben in höchster Potenz« darstellten, würden an Orten mit Arbeiten beschäftigt, an denen sie verenden würden. Von diesem Tage an würden Polen, Juden, Russen, Ukrainer und Zigeuner deutschen Gerichten nicht mehr zur Last fallen. Die Polizei würde sich um sie kümmern.[9] In einem am 13. Oktober zugestellten Brief an Bormann bat Thierack den Leiter der Parteikanzlei, Hitlers Zustimmung zu diesem Vorhaben zu erwirken, das er mit folgenden Worten beschrieb:

»Unter dem Gedanken der Befreiung des deutschen Volkskörpers von Polen, Russen, Juden und Zigeunern und unter dem Gedanken der Freimachung der zum Reich gekommenen Ostgebiete als Siedlungsland für das deutsche Volkstum beabsichtige ich, die Strafverfolgung gegen Polen, Russen, Juden und Zigeuner dem Reichsführer SS zu überlassen. Ich gehe hierbei davon aus, daß die Justiz nur in kleinem Umfange dazu beitragen kann, Angehörige dieses Volkstums auszurotten. Zweifellos fällt die Justiz jetzt sehr harte Urteile gegen solche Personen, aber das reicht nicht aus, um wesentlich zur Durchführung des oben angeführten Gedankens beizutragen. Es hat keinen Sinn, solche Personen Jahre hindurch in deutschen Gefängnissen und Zuchthäusern zu konservieren, selbst dann nicht, wenn, wie das heute weitgehend geschieht, ihre Arbeitskraft für Kriegszwecke ausgenutzt wird.

Dagegen glaube ich, daß durch die Auslieferung solcher Personen an die Polizei, die sodann frei von gesetzlichen Straftatbeständen ihre Maßnahmen treffen kann, wesentlich bessere Ergebnisse erzielt werden.«

Thierack schlug bestimmte Bedingungen für die Einbeziehung von Polen und Russen in dieses Arrangement vor. Andererseits, fügte er hinzu, könne die Polizei Juden und Zigeuner ohne Rücksicht auf solche Vorbehalte verfolgen.[10]

Thieracks Feststellung, dass die Gerichte gegen Zigeuner besonders strenge Urteile verhängten, traf zu. Es sind mehrere Fälle bekannt, in denen Zigeuner für relativ geringfügige Vergehen die Todesstrafe erhielten. Im November 1942 verurteilte ein Gericht in Stuttgart vier Zigeuner, die Lebensmittel und ein Fahrrad gestohlen hatten, zum Tod, obwohl drei von ihnen nicht vorbestraft und zwei noch minderjährig waren.[11] Der neunzehnjährige Eduard H. aus Ingolstadt wurde am 26. März 1943 hingerichtet, weil er mehrere Einbrüche verübt hatte. In der Urteilsbegründung hatte das Gericht angemerkt, dass aufgrund der »rassischen Minderwertigkeit« des Täters und der von dieser ausgehenden Gefahr für die Allgemeinheit eine besonders schwere Strafe angezeigt sei.[12] Doch laut Thierack war kein Verlass darauf, dass alle Gerichte derart drakonische Strafen aussprachen. Deshalb waren drastischere Maßnahmen erforderlich.

Am 5. November unterrichtete das RSHA die Kripo und den SD über die Vereinbarung zwischen Himmler und Thierack. Auch Hitler hatte dem Schnellbrief zufolge seine Zustimmung gegeben.[13] Doch wie Thierack am 16. November Bormann und Himmler mitteilte, meldeten die Gauleiter der Ostgebiete Bedenken an. Wenn man mit Polen generell außergerichtlich verfahre, so ihr Einwand, würde dies Unruhe hervorrufen und die Bereitschaft verringern, freiwillig eine Arbeit in Deutschland anzunehmen. Gegen die Auslieferung von Juden und Zigeunern, fuhr Thierack fort, habe dagegen niemand etwas einzuwenden gehabt. Sie könne also unverzüglich beginnen.[14]

Doch Thierack wusste offenbar nichts von Himmlers besonderen Plänen für die Zigeuner, die zur selben Zeit Gestalt annahmen, als der eifrige Justizminister daran dachte, die Zigeuner sich buchstäblich zu Tode arbeiten zu lassen. Wie schon erwähnt, traf Himmler am 6. Dezember zu getrennten Besprechungen mit Hitler und Bormann zusammen, in denen er sein Vorhaben, »reinrassige« Zigeuner am Leben zu erhalten, darlegte und Bormanns Einwände gegen diesen neuen Kurs ausräumte. Wahrscheinlich hat er auch von der geplanten Deportation der »Zigeunermischlinge« nach Auschwitz berichtet, die er dann am 16. Dezember verfügte. Vor diesem Hintergrund teilte er Thierack am 14. Dezember mit, dass zwar die Übergabe jüdischer Strafgefangener stattfinden könne, in Bezug auf die Zigeuner aber noch einige Fragen offen seien. Er bat Thierack daher, »insoweit die Angelegenheit zurückzustellen«, bis er »nähere Nachricht« erhalte.[15] Diese klärende Information wurde jedoch nie übermittelt, so dass die Frage der Auslieferung der Zigeuner in der Schwebe blieb.[16]

Im Winter 1942/43 wurden insgesamt 12 658 Gefängnisinsassen in Himmlers Konzentrationslager verlegt, und am 1. April 1943 war fast die Hälfte von ihnen – 5953 Häftlinge – nicht mehr am Leben. In einem nach dem Krieg eingeleiteten Gerichtsverfahren wurde festgestellt, dass viele dieser Gefangenen unmittelbar nach der Ankunft in den Lagern ermordet worden waren;

andere fielen Thieracks Plan der »Vernichtung durch Arbeit« zum Opfer. Die meisten waren ins KZ Mauthausen geschickt worden, ein Konzentrationslager der Stufe III, das heißt eines mit besonders strenger Führung, von dem nicht erwartet wurde, dass die Häftlinge es überlebten. In 3337 Fällen ist das Schicksal der Strafgefangenen bekannt. 645 von ihnen starben binnen eines Monats nach der Einlieferung. Insgesamt wurden etwa 75 Prozent der Verlegten entweder im herkömmlichen Sinn ermordet, oder sie starben während des Lageraufenthalts. Die Einteilung in verschiedene Häftlingskategorien ist für 3139 Insassen belegt. Unter ihnen waren 13 Zigeuner, die trotz fehlender amtlicher Vollmacht aus dem Gefängnis überführt worden waren.[17]

In den Akten der Magdeburger Polizei finden sich Angaben über mehrere solcher Fälle. Der dreißigjährige Korbflechter Peter M., zum Beispiel, war am 3. Juli 1939 als »gefährlicher Gewohnheitsverbrecher« zu einer Haftstrafe von fünf Jahren und einem Monat verurteilt worden. Seine Straftaten umfassten mehrere Diebstähle sowie jeweils einen Fall von Landstreicherei und unberechtigtem Angeln. M.s Haftstrafe wäre am 6. April 1944 zu Ende gewesen, doch er wurde am 10. Juni 1943 ins KZ Neuengamme abtransportiert. Auf einem Formular in seiner Akte ist vermerkt, dass die Verlegung aufgrund einer »Vereinbarung zwischen dem Reichsminister der Justiz und dem Reichsführer-SS und Chef der Deutschen Polizei« erfolgt sei. Sein weiteres Schicksal ist unbekannt.[18] Ein anderer Zigeuner, der am 2. Mai 1939 zu vier Jahren Gefängnis verurteilt worden war, wurde am 13. Februar 1943 nach Neuengamme gebracht, wo er am 2. April desselben Jahres an »Kreislaufschwäche und Lungenentzündung« verstarb. Er war zweiunddreißig Jahre alt.[19]

Wie viele Zigeuner von Thieracks Säuberung der Gefängnisse erfasst wurden, lässt sich nicht sagen. Es gibt lediglich Angaben über Zigeuner, die nach Verbüßung ihrer Haftstrafe in »polizeiliche Vorbeugungshaft« genommen wurden, das heißt in ein Konzentrationslager kamen. Der Zigeuner Friedrich L., zum Beispiel, war am 15. Juli 1940 wegen mehrerer Einbrüche und

Insassen des KZ Neuengamme bei der Arbeit

Diebstähle zu achtzehn Monaten Gefängnis verurteilt worden und wurde nach Ablauf seiner Haftstrafe von der Kripo von Frankfurter am Main »wegen seines kriminellen und asozialen Lebenswandels« auf unbefristete Zeit ins KZ Dachau eingewiesen.[20] In anderen Fällen ging es um geringfügige Vergehen. Ludwig L. aus Gießen hatte 1940 unerlaubt seine Arbeit gekündigt und war dafür zu sechs Monaten Haft verurteilt worden. Nachdem er seine Strafe abgesessen hatte, war er am 24. April 1941 in Vorbeugungshaft genommen und nach Dachau geschickt worden.[21] Am 16. Januar 1940 war Alois W. aus Nürnberg in einem Eisenbahnzug nach Würzburg aufgegriffen worden, und da er weder die Erlaubnis gehabt hatte, Nürnberg zu verlassen, noch einen Fahrschein vorweisen konnte, hatte man ihn für sechs Wochen ins Gefängnis gesteckt. Nach seiner Entlassung am 3. Mai wurde er als »Asozialer« ins KZ Dachau eingeliefert, von wo er am 16. August nach Mauthausen verlegt wurde.[22] Ob diese drei Männer den Lageraufenthalt überlebten, ist nicht bekannt. Nach

der großen Anzahl von Akten über die Verhängung von Vorbeugungshaft zu urteilen, muss es eine weit verbreitete Praxis gewesen sein, Zigeuner nach verbüßter Haftstrafe in ein Konzentrationslager einzuweisen.

Bei Kriegsende befanden sich in so gut wie jedem deutschen
Konzentrationslager Zigeuner. Welches Schicksal sie dort erlitten, ist zum Teil in den Lagerakten nachzulesen, doch wie viele
Zigeuner in den Lagern festgehalten wurden, kann man nur
schätzen. In manchen Fällen sind die Akten nicht erhalten, in
anderen waren sie nicht als Zigeuner, sondern als »Asoziale« registriert. Nur wenige wurden mit dem braunen Dreieck als Zigeuner gekennzeichnet, während die meisten das schwarze Dreieck der »Asozialen« tragen mussten.[23]

Dachau

In Dachau, dem vor den Toren Münchens gelegenen ersten
deutschen Konzentrationslager, waren zwischen 1933 und 1945
über 200 000 Männer interniert, von denen, soweit bekannt,
31 591 ums Leben kamen.[24] Darüber hinaus wurden mehrere
tausend Männer erschossen, die nie registriert worden waren.
Im Juni 1939 wurden Hunderte von burgenländischen Zigeunern nach Dachau gebracht, und während des Krieges kamen
weitere einzeln eingelieferte Zigeuner hinzu. 1945 befanden sich
in München-Riem, einem der vielen Außenlager des KZ Dachau, etwa 200 Zigeuner. Die Zustände in diesen Außenlagern
waren häufig noch schlechter als im Hauptlager. In München-
Riem gab es weder genügend Essen noch ein Krankenrevier, und
Insassen, die auf dem zwei Kilometer langen Marsch zur Arbeit
zusammenbrachen, wurden von den Wachen einfach erschossen.[25]

In Dachau gefangen gehaltene Zigeuner wurden für medizi-
sche Experimente benutzt. 1942 und 1943 führte Doktor Sig-
mund Rascher Versuche über die Möglichkeiten der Wiederbe-

lebung unterkühlter Menschen durch die Körperwärme anderer durch. Auftraggeber war die Luftwaffe, die eine Behandlungsmethode für über dem Atlantik abgeschossene Piloten suchte, die lange Zeit in eisigem Wasser zugebracht hatten. Am 3. Oktober 1942 forderte Rascher vier Zigeunerfrauen für seine Abkühlungs- und Erwärmungsexperimente an.[26] Auch Doktor Schilling, der über Malaria forschte, griff für seine Experimente auf Zigeuner zurück.[27]

Genaue Informationen liegen über 1944 in Dachau durchgeführte Versuche zur Trinkbarmachung von Meerwasser vor, für die die Luftwaffe vierzig gesunde Insassen als Versuchspersonen anforderte. Nebe schlug vor, »asoziale Zigeunermischlinge« dafür heranzuziehen, und Himmler stimmte dem zu, obwohl Reichsarzt Grawitz befürchtete, die »fremdrassigen« Eigenschaften der Zigeuner könnten die Ergebnisse der Experimente für »Deutschblütige« unbrauchbar machen.[28] Anfang August wurden im KZ Buchenwald aus einer größeren Gruppe von Freiwilligen vierundvierzig kurz zuvor aus Auschwitz eingetroffene Zigeuner für diese Experimente ausgewählt. Ihnen war gesagt worden, sie würden in ein »besseres Arbeitskommando« kommen, und erst in Dachau erfuhren sie, worin die ihnen zugedachte »Arbeit« tatsächlich bestand. Wiederum sollen sie ihre Einwilligung zur Teilnahme an den Experimenten gegeben haben, doch angesichts der repressiven Bedingungen in den Konzentrationslagern hat diese Zustimmung nicht viel zu besagen.[29]

Aus den Aussagen von Überlebenden, Mitgefangenen und Häftlingsärzten ergibt sich ein recht gutes Bild vom Verlauf der Experimente. Die menschlichen Versuchskaninchen wurden auf Notrationen der Luftwaffe gesetzt und dann in mehrere Gruppen aufgeteilt. Eine Gruppe musste hungern und dürsten, eine zweite bekam reines Meerwasser, eine dritte Meerwasser, dem ein Mittel beigemengt war, das den Salzgeschmack verringerte, und eine vierte Meerwasser, dessen Salzgehalt durch den Zusatz von Silbernitrat neutralisiert worden war. Das auf zwölf

Wilhelm Beiglböck, der im KZ Dachau an internierten Zigeunern
Experimente mit zwangsverabreichtem Meerwasser durchführte

Tage angesetzte Experiment dauerte tatsächlich zwischen sechs
und zehn Tagen. In dieser Zeit wurde den Probanden Blut ent-
nommen, und sie wurden einer Leberpunktion unterzogen.
Nach Aussage von Ignaz Bauer, einem französischen Lagerinsassen, der im Krankenrevier beschäftigt war, zeigten die Opfer
bald Symptome von Hunger und starkem Durst. Sie verloren
rasch an Gewicht und wurden immer unruhiger; diejenigen, die
zu schreien und zu toben begannen, wurden an ihr Bett gefes-
selt. Wenn sie dem Tode nahe waren, wurde ihnen ein Mittel
injiziert, das ihr Hinscheiden verhindern sollte. Doch nur die
Tatsache, dass Mithäftlinge Essen und Trinken hereinschmug-
gelten, soll den an diesen Folterexperimenten Beteiligten das
Leben gerettet haben.[30] Hermann Becker-Freyseng und Wilhelm Beiglböck, die deutschen Ärzte, die das Experiment angeordnet beziehungsweise durchgeführt hatten, wurden von einem alliierten Militärgericht zu zwanzig respektive fünfzehn
Jahren Haft verurteilt.[31]

Nach der Befreiung der Konzentrationslager erhob eine Gruppe von Zigeunern, die das KZ Dachau überlebt hatten, den Vorwurf, privilegierte politische Häftlinge des Lagers, insbesondere Kommunisten, hätten Zigeuner misshandelt, um Vorteile für sich zu erlangen. In ihrer Funktion als Block- und Barackenkapos sollen sie Zigeuner medizinischen Experimenten ausgeliefert haben.[32] Für diese besondere Anklage gibt es keine Belege, aber die dominierende Position der politischen Häftlinge, die oftmals zu Lasten anderer Gefangener genutzt wurde, ist von vielen Überlebenden der Konzentrationslager bezeugt worden.

Buchenwald

Das 1937 errichtete KZ Buchenwald bei Weimar war der Zahl der Insassen nach das drittgrößte. Insgesamt wurden dort 238 979 Menschen festgehalten, von denen 56 545 starben.[33] Von Anfang an gab es in Buchenwald einen hohen Prozentsatz so genannter »asozialer« Gefangener; die genaue Zahl der Zigeuner ist allerdings nicht bekannt. Das Lager gehörte zu denen, in die 1938 die im Zuge der »Aktion Arbeitsscheu« Festgenommenen eingeliefert worden waren. Im selben Jahr wurde eine Lagerkapelle gebildet, die sich überwiegend aus Zigeunern zusammensetzte. Sie musste beim Einmarsch der erschöpft von der Arbeit zurückkehrenden Häftlinge und bei der so genannten »Auszahlung«, der Auspeitschung von Häftlingen, aufspielen.[34] Als im Oktober 1939 das KZ Dachau vorübergehend geräumt wurde, waren unter den nach Buchenwald verlegten Insassen mehrere hundert Zigeuner.

Die Behandlung der »Asozialen«, einschließlich der Zigeuner, war besonders schlecht. 1938 wurde an einem Zigeuner, der einen Fluchtversuch unternommen hatte, ein Exempel statuiert:

»Im Frühjahr 1938 ließ der Kommandant Koch einen ›Asozialen‹, der zu flüchten versucht hatte, in eine Holzkiste stecken, deren offene Seite mit Stacheldraht bedeckt war. Der eingefangene Flüchtling konnte nur zusammengekrümmt sitzen. Dann ließ Koch von außen lange Nägel in die Wände schlagen, die bei der geringsten Bewegung dem Opfer in das Fleisch eindrangen. In diesem Käfig wurde der Mann, ein Landarbeiter, vor dem [zum Appell] stehenden Lager zur Schau gestellt. Er erhielt nichts zu essen und blieb zwei Tage und drei Nächte auf dem Appellplatz. Sein entsetzliches Schreien hatte nichts Menschliches mehr an sich. Am Morgen des dritten Tages wurde er endlich durch eine Giftinjektion von seinem Jammer erlöst.«[35]

Viele andere Häftlinge wurden ebenfalls durch Injektionen getötet, überwiegend Zigeuner aus dem Burgenland. Die Täter waren zwei als Lagerärzte fungierende SS-Untersturmführer, die noch keinen Doktorgrad besaßen.[36]

In den folgenden Jahren nahm die Zahl der in Buchenwald internierten Zigeuner rasch ab. Der Winter 1939, den ehemalige Insassen als Hungerwinter in Erinnerung haben, war besonders schlimm. Ihren Berichten zufolge sind die Zigeuner in dieser Zeit gestorben »wie die Fliegen«.[37] Im Februar 1943 wurden etwa 200 Zigeuner ins neue Familienlager in Auschwitz verlegt. Ein Jahr später befanden sich nur noch 64 Zigeuner in Buchenwald, von denen 30 zur Erprobung eines neuen Typhusimpfstoffs aus Dänemark ausgewählt wurden. In der Genehmigung dieser Testreihe wurde ausdrücklich bestimmt, dass die Versuche »auf Zigeuner beschränkt bleiben« müssten.[38]

Im April und dann noch einmal Anfang August 1944 wurden über tausend arbeitsfähige Zigeuner aus dem Zigeunerfamilienlager in Auschwitz nach Buchenwald und von dort ins KZ Dora-Mittelbau gebracht, ein ehemaliges Außenlager von Buchenwald, das inzwischen ein eigenständiger Komplex war, in den im Lauf der Jahre insgesamt 60 000 Häftlinge eingewiesen wurden. Die Insassen von Dora-Mittelbau wurden beim Bau einer in Bergstollen untergebrachten unterirdischen Fabrik eingesetzt, in der sie später V1- und V2-Raketen herstellen mussten. Als das Lager im April 1945 geschlossen wurde, waren 20 000 Insassen ums Leben gekommen.[39] Wie viele Zigeuner unter den Opfern waren, lässt sich nicht feststellen. Im Oktober 1944 wurde, wie bereits erwähnt, ein Transport mit 800 Zigeunerkindern aus Auschwitz von der Verwaltung von Buchenwald zum Ausgangsort zurück und damit ins Gas geschickt, weil die Kinder für die Arbeit als ungeeignet erachtet wurden. Sogar »hartgesottenen Männern«, schreibt Ernst Kogon, sei es zu Herzen gegangen, als die SS »die schreienden, weinenden Kinder, von denen ein Teil um jeden Preis zu ihren Vätern und Häftlingsbeschützern in den einzelnen Kommandos zurückwollte, mit in Anschlag gebrachten Karabinern und Maschinenpistolen umstellte, um sie nach Auschwitz zur Vergasung abzutransportieren«.[40]

Laut einer Studie über die Zwangsarbeit in den Konzentrationslagern erreichte die Sterblichkeit 1944 ihren Höhepunkt: »Im letzten Kriegsjahr kam es zu einem allgemeinen Zusammenbruch von Versorgung und Kommunikation, der seinerseits einen Anstieg der Korruption unter SS-Männern und Funktionshäftlingen bei der Verteilung der wenigen Lebensmittel unter den Gefangenen auslöste. ... Nicht behandelte Krankheiten und Infektionen verursachten zusammen mit der Erschöpfung den Tod Tausender von Häftlingen. Weitere Todesfälle brachten die alliierten Luftangriffe auf Rüstungsfabriken sowohl innerhalb als auch außerhalb der Lager mit sich.«[41] Als amerikanische Truppen am 11. April 1945 Buchenwald erreichten, fanden sie Berge von nicht begrabenen Leichen und über 20 000 ausgemergelte, kranke Überlebende vor. In den acht Jahren der Existenz des Lagers waren mehr als 56 000 Gefangene dort gestorben. Wie viele Zigeuner darunter waren, ist nicht bekannt.

Ravensbrück

Das etwa sechzig Kilometer nördlich von Berlin gelegene KZ Ravensbrück diente hauptsächlich der Unterbringung von Frauen. Die ersten dort eingelieferten Zigeunerinnen waren 440 Frauen aus dem Burgenland, die im Juni 1939 im Zuge der Aktion gegen angeblich arbeitsscheue und asoziale burgenländische Zigeuner verhaftet worden waren. Eine Mitgefangene erinnert sich, dass die am 29. Juni im Lager eintreffenden Zigeunerinnen und ihre Kinder zwei Tage und zwei Nächte im Freien ausharren mussten, bis sie registriert wurden, Kleidung erhielten und in einen gesonderten Block geführt wurden. Keines der Kinder soll die Lagerhaft überlebt haben.[42] In den nächsten zwei Jahren kamen weitere Zigeunerinnen aus Polen, Jugoslawien und anderen deutsch besetzten Ländern nach Ravensbrück. Im Januar 1941 befanden sich 550 Zigeunerinnen im Lager.[43]

Angesichts der Armut und allgemeinen Rückständigkeit der burgenländischen Zigeuner überrascht es nicht, dass manche ihrer Leidensgenossinnen nicht viel von ihnen hielten. Zu groß war der Unterschied der Lebenswelten. Germaine Tillion, eine französische Ethnologin, die wegen ihrer Mitgliedschaft in der Résistance in Ravensbrück interniert worden war, schreibt in ihren Erinnerungen, die Zigeunerinnen seien, von wenigen Ausnahmen abgesehen, »erstaunlich wild und menschenscheu« gewesen. Zwei belgische Zigeunerfamilien und eine alte französische Zigeunerin hätten eine Grundschulausbildung und einen sozialen Status besessen, »die ihnen ein Zusammenleben auf engstem Raum mit deutschen Zigeunerinnen unerträglich machten«.[44] Und laut Isa Vermehren, die verhaftet worden war, weil Mitglieder ihrer Familie dem deutschen Widerstand angehörten, stahlen die Zigeunerinnen »wie die Raben und lehrten ihre Kinder das gleiche«.[45] Inwieweit solche Aussagen Vorurteilen geschuldet sind oder die Realität widerspiegeln, lässt sich nicht sagen.

Nach der Auflösung des Zigeunerlagers in Auschwitz im

Frühjahr und Sommer 1944 kamen erneut Hunderte von Zigeunerinnen und Zigeunerkindern nach Ravensbrück. Eine Überlebende erinnert sich, dass sie zwölf bis vierzehn Stunden am Tag in einer Munitionsfabrik arbeiten musste.[46] Eine andere Frau, die fünfundzwanzigjährige Charlotte P., starb in den ersten drei Monaten nach ihrer Ankunft in Ravensbrück.[47] Manche dieser Frauen und Kinder wurden Anfang 1945 von Doktor Clauberg, der seine Tätigkeit von Auschwitz nach Ravensbrück verlegt hatte, als Versuchspersonen in Sterilisationsexperimenten benutzt, sogar Mädchen von acht und zehn Jahren. Zdonka Nedvedova-Nejedlá, eine tschechische Häftlingsärztin, die im Krankenbau arbeitete, sagte nach dem Krieg aus, dass die meisten Sterilisationen ohne Betäubung vorgenommen wurden. »Ich habe die Kinder die ganze Nacht nach der Operation gepflegt«, berichtete sie weiter. »All diese Mädchen bluteten aus den Geschlechtsteilen und hatten solche Schmerzen, daß ich ihnen heimlich Beruhigungsmittel geben mußte.«[48] Nach Aussage von P. W. Solobjewa, einer im Lager gefangen gehaltenen sowjetischen Frauenärztin, wurden im Februar 1945 etwa hundert Zigeunerinnen sterilisiert, darunter auch zwölfjährige Mädchen. Zwei der Frauen starben zwei Tage nach dem Eingriff.[49] Die zwölfjährige Else F. wurde nach der Sterilisation nach Bergen-Belsen verlegt und überlebte, doch der erlittene physische und psychische Schaden war unermesslich, wie sie selbst 1987 rückblickend feststellte.[50]

Berichten zufolge wurden in Ravensbrück auch Männer sterilisiert. Ehemaligen Soldaten, die 1944 aus Auschwitz dorthin gebracht worden waren, wurde die Freilassung versprochen, wenn sie ihrer Sterilisation zustimmten. Vierzig Zigeuner sollen Anfang 1945 von Franz Lucas operiert worden sein. Im Auschwitz-Prozess gab der Arzt zu, drei derartige Eingriffe vorgenommen zu haben; die anderen, erklärte er, seien vorgetäuscht gewesen. Nach der Sterilisation erhielten die Männer jedoch nicht ihre Freiheit zurück, sondern wurden ins KZ Sachsenhausen verlegt.[51]

Natzweiler-Struthof

Das KZ Natzweiler war 1941 in einem Wintersportgebiet in den Vogesen errichtet worden. Schätzungen zufolge sind dort zwischen 1941 und 1943 etwa sechstausend Häftlinge aufgrund schwerer Misshandlungen gestorben.[52] Auch wurden medizinische Experimente an Häftlingen, einschließlich Zigeunern, durchgeführt. Angefordert wurden die Versuchspersonen vom 1942 von der Stiftung Ahnenerbe gegründeten Institut für Wehrwissenschaftliche Zweckforschung.

Am 12. November 1943 traf ein Transport mit hundert Zigeunern aus Auschwitz in Natzweiler ein. Sie sollten für Experimente benutzt werden, in denen Professor Eugen Haagen einen neuen Typhusimpfstoff erproben wollte. Doch das »Versuchsmaterial« erwies sich als ungeeignet. Achtzehn der angeforderten Zigeuner waren bereits während des Transports gestorben. Andere, beschwerte sich Haagen, seien in solch schlechter Verfassung gewesen, dass sie nicht brauchbar gewesen seien. Er habe die Zigeuner daher nach Auschwitz zurückbringen lassen und bitte um ein zweites Kontingent von hundert Zigeunern, die zwischen zwanzig und vierzig Jahre alt und in guter körperlicher Verfassung sein sollten. Dieser zweite Transport traf am 12. Dezember in Natzweiler ein.[53]

Die Experimente begannen im Januar 1944. Die Zigeuner wurden in zwei Gruppen von je vierzig Mann aufgeteilt, von denen die eine geimpft wurde, die andere nicht; danach bekamen beide Gruppen den Typhuserreger injiziert. Laut Poulson, einem norwegischen Häftlingsarzt, dessen Aufgabe es war, die Entwicklung der Krankheitssymptome zu verfolgen, waren die Bedingungen, unter denen die Versuchsreihe stattfand, grauenhaft. Die Zigeuner wurden in unangemessener Kleidung in kleinen Zimmern untergebracht, wo sie ohne Decken und unter schrecklichen hygienischen Umständen ausharren mussten. Einige Infizierte bekamen hohes Fieber, aber wundersamerweise starb keiner von ihnen.[54]

Im Juni 1944 setzte Otto Bickenbach von der medizinischen Fakultät der Straßburger Universität sechzehn dieser Zigeuner Phosgengas aus. Einigen der Opfer waren unterschiedliche Mengen eines Schutzmittels gespritzt worden, die anderen wurden ohne jeden Schutz in die Gaskammer geschickt. Vier Zigeuner der Kontrollgruppe kamen dabei ums Leben. Nach dem Krieg behauptete Bickenbach vor einem französischen Militärgerichtshof, die Experimente seien von Himmler angeordnet worden und er selbst habe nur an ihnen teilgenommen, weil er dazu gezwungen worden sei und weil er Schlimmeres habe verhüten wollen.[55] Als das KZ Natzweiler Anfang 1945 wegen der näher rückenden Alliierten geschlossen wurde, kamen die Insassen nach Dachau. Einige Zigeuner, die die medizinischen Experimente überlebt hatten, haben Aussagen über ihre Erlebnisse gemacht, die später veröffentlicht wurden.[56]

Mauthausen

Das KZ Mauthausen lag etwa zwanzig Kilometer von Linz entfernt inmitten einer großartigen Berglandschaft. Doch die schöne Umgebung war trügerisch; Mauthausen galt als das schlimmste Konzentrationslager überhaupt. Wer dort eingeliefert wurde, stellt Gordon J. Horwitz in einer Studie über die Beziehungen zwischen der Stadt Mauthausen und dem Lager fest, der wurde »als rehabilitationsunfähig betrachtet und kam daher für eine spätere Entlassung nicht in Frage. In der Praxis bedeutete ein Einlieferungsbefehl ins KZ Mauthausen für die Betroffenen eine lebenslange Haft oder die Todesstrafe. Sie wurden dorthin geschickt, um nie zurückzukehren.«[57] Die Sterblichkeitsrate in Mauthausen bestätigt diese Aussage. Von 197464 Häftlingen, die in das Lager eingewiesen wurden, kamen 102795 ums Leben.[58]

Im September 1939 befanden sich 1087 überwiegend aus dem Burgenland stammende Zigeuner in Mauthausen. In den fol-

*Häftlige beim Steineschleppen
auf der »Todestreppe« des KZ
Mauthausen*

genden Jahren kamen weitere Zigeuner hinzu. Im Juni und Juli
1941 trafen zwei Transporte aus Buchenwald mit zusammen
122 Zigeunern ein, und Anfang März 1945 wurden mehrere
hundert Zigeunerinnen mit ihren Kindern aus Ravensbrück
nach Mauthausen verlegt. Diejenigen, die zwei Wochen später
noch am Leben waren, wurden nach Bergen-Belsen weiterge-
schickt.[59]

Adolf G., ein Zigeuner aus Stegersbach im Burgenland, überlebte die Haft in Mauthausen, so dass er von seinen Erlebnissen
in dem berüchtigten Lager erzählen konnte. Seine Frau hatte er
in Ravensbrück und seinen Sohn in Auschwitz verloren. Nach
seiner Verhaftung im Jahr 1938 war er ins KZ Dachau gebracht
worden, von wo aus er am 21. März 1941 nach Mauthausen
überführt wurde. Seine Darstellung des dortigen Lagerlebens
wird von anderen Überlebenden bestätigt. Danach erhielten die
Häftlinge leichte Kleidung und Holzschuhe und mussten in einem Steinbruch arbeiten. Dabei hatten sie die schweren Steine

297

eine Treppe mit hundertachtzig Stufen hinaufzuschleppen, die wegen der Prügel, die ihnen dort beigebracht wurde, den Erschießungen und tödlichen Unfällen, denen sie ausgesetzt waren, »Todestreppe« genannt wurde. Die Ernährung war in Anbetracht der geleisteten Schwerstarbeit vollkommen unzureichend. In der Tat bedeutete der Aufenthalt in Mauthausen »Vernichtung durch Arbeit«. Aber auch andere Quälereien konnten zum Tod führen. So vergnügten sich die SS-Männer damit, den Häftlingen die Mütze vom Kopf zu schlagen und das Feuer zu eröffnen, wenn diese sie aufheben wollten – dabei war es Vorschrift, eine Mütze zu tragen. Die Toten wurden dann als »auf der Flucht erschossen« gemeldet. Wenn es einem Häftling tatsächlich gelang, zu fliehen, mussten die anderen Insassen stundenlang ohne Nahrung auf dem Appellplatz stehen. Aber nur wenige Fluchtversuche waren erfolgreich. Die Strafen für Verletzungen der Lagerordnung – etwa, wenn jemand sein Bett nicht mit der geforderten Exaktheit machte –, bestanden aus Prügel oder stundenlangem kaltem Duschen. Anfangs waren die Zigeuner die Häftlinge, die am schlechtesten behandelt wurden; später wurde Polen und Russen dieser zweifelhafte Vorzug zuteil.[60]

In Mauthausen waren auch etwa 4000 Frauen interniert, allerdings nur für kurze Zeit. Von den 271 im Lager gestorbenen Frauen, darunter Zigeuner und »Asoziale« – wobei sich beide Kategorien überschnitten –, sind 154 (57 Prozent) in der Gaskammer des Lagers ermordet worden; andere sind bei Luftangriffen umgekommen oder wurden »auf der Flucht erschossen«.[61] Im März 1945 befanden sich in Mauthausen, seinem Nebenlager Gusen und den neunundvierzig Außenlagern 84500 Häftlinge.[62] Viele von ihnen sollten den Tag der Befreiung nicht erleben.

Sachsenhausen

Ein Großteil der im Zuge der »Aktion Arbeitsscheu« in Norddeutschland festgenommenen Zigeuner wurde ins nördlich von Berlin gelegene KZ Sachsenhausen gebracht. Doch über ihre Haft sind kaum Informationen überliefert. Im August 1940 waren in dem Lager 2069 als »Asoziale« eingestufte Häftlinge untergebracht, aber die Anzahl der Zigeuner ist unbekannt.[63] Dokumentiert sind dagegen medizinische Experimente, die 1942 an in Sachsenhausen eingesperrten Zigeunern vorgenommen wurden.

Am 15. Mai 1942 wandte sich Reichsarzt Grawitz an Himmler mit der Bitte, den Professor Werner Fischer serologische Untersuchungen an Zigeunern zu gestatten, um »zu neuen Erkenntnissen auf dem Gebiet der Rassenunterschiede zu kommen«. Die Experimente könnten im KZ Sachsenhausen durchgeführt werden, »da dort eine genügende Anzahl (ca. 50) Zigeuner vorhanden« sei. Den Probanden würde eine geringe Menge Blut abgenommen werden, und man würde sie impfen. Eine »Einbuße der Arbeitsfähigkeit«, fügte Grawitz hinzu, »erfolgt dadurch nicht«.[64] Am 5. Juni teilte ihm Himmlers Sekretär Rudolf Brandt die Zustimmung seines Chefs mit. Dieser bitte darum, über den Fortgang der Versuche auf dem Laufenden gehalten zu werden, und schlage vor, sie auf Juden auszudehnen.[65] Anderthalb Monate später, am 20. Juli, berichtete Grawitz dem SS-Führer, dass Fischer seine Experimente zur Erforschung der Unterschiede des Blutes der menschlichen Rassen aufgenommen habe: »Die ersten Untersuchungen werden an 40 Zigeunern durchgeführt. Im Anschluß daran sollen die Versuche auf Juden ausgedehnt werden.«[66] Mehr ist über diese Experimente und ihre Folgen nicht bekannt.

Das SS-Sonderkommando Dirlewanger

In den letzten beiden Kriegsjahren konnten KZ-Häftlinge dem Lager entkommen, indem sie zum Dienst in einer Sondereinheit der SS zwangsverpflichtet wurden oder die Möglichkeit ergriffen, sich freiwillig zu melden. Viele, die auf diesem Wege aus den Lagern freikamen, hatten in der Wehrmacht gedient, bevor sie nach Auschwitz deportiert wurden, wo man ihnen die Freiheit versprochen hatte, wenn sie sich sterilisieren ließen. Wer dem zugestimmt hatte, war nach Ravensbrück geschickt und nach der Sterilisation weiter nach Sachsenhausen verlegt worden. Einige dieser Zigeuner wurden noch im April 1945 in das Sonderkommando Dirlewanger aufgenommen.[67]

Im September 1940 hatte Himmler die Aufstellung einer militärischen Sondereinheit angeordnet, die sich aus verurteilten Wilderern zusammensetzen sollte. Die Einheit wurde nach ihrem Kommandeur, SS-Sturmführer Oskar Dirlewanger, dem wegen Unzucht mit Minderjährigen sein Doktorgrad (Staatswissenschaft) aberkannt worden war, SS-Sonderkommando Dirlewanger genannt. Ursprünglich aus zweitausend Wilderern bestehend, wurde sie 1943 durch die Aufnahme von KZ-Häftlingen auf Regimentsstärke vergrößert. Eingesetzt wurde sie im Osten, wo sie sich den Ruf einer besonders brutalen Mordbrennertruppe erwarb. Im Februar 1945 wurde sie in 36. Waffen-Grenadier-Division der SS umbenannt.[68]

Am 19. Februar 1944 erhielt Dirlewanger von Himmler die Anweisung, unter den »Asozialen und Berufsverbrechern in den Konzentrationslagern« bis zu achthundert neue Rekruten für seine Einheit auszuwählen. Sie sollten Gelegenheit erhalten, ihre Taten durch den Dienst an der Front zu sühnen. Es sei besser, dass diese Leute stürben, als »gute im Knabenalter stehende deutsche Jungen«.[69] Einige Häftlinge wurden zwangsverpflichtet, andere meldeten sich freiwillig, um aus dem Konzentrationslager herauszukommen. Im November 1944 folgte eine weitere Aushebung. Die meisten neuen Rekruten kamen aus Dachau und Sachsenhausen; 966 waren in Schutzhaft genommene politische Gefangene, 1064 befanden sich in polizeilicher Vorbeugungshaft. Sie kamen in ein Sonderbataillon, das dafür bestimmt war, an besonders gefährlichen Frontabschnitten zu kämpfen. Dirlewangers Einheit wurde in dieser Zeit zunehmend als Himmelfahrtskommando betrachtet. Vielen früheren politischen Gefangenen gelang es jedoch trotz strenger Kontrolle, zu den vorrückenden sowjetischen Truppen überzulaufen,[70] und um die durch schwere Verluste und Desertionen ausgedünnten Reihen wieder zu füllen, begann man dann auch SS-Männer und wegen verschiedener Delikte verurteilte Soldaten aufzunehmen.[71]

Wie viele Zigeuner im Sonderkommando Dirlewanger dienten, ist nicht bekannt, aber es liegen Aussagen mehrerer Überlebender vor, die dieser Truppe angehörten. Hermann W., ein Geigenbauer und Musiker aus Karlsruhe, zum Beispiel, war 1944 von Auschwitz nach Sachsenhausen verlegt worden, wo er im März 1945 zusammen mit 168 anderen Zigeunern in ein – wie er es ausdrückt – »Todeskommando« gezwungen wurde, mit dem er ohne jede militärische Ausbildung an die Front geschickt wurde. Er geriet in sowjetische Kriegsgefangenschaft und kehrte drei Jahre später nach Hause zurück.[72] Julius H. stammte aus dem Burgenland und wurde im April 1945 dem Sonderkommando Dirlewanger zugeteilt, das damals bei Cottbus kämpfte, wo Hitlers Generale einen letzten verzweifelten Versuch unternahmen, die zusammenbrechende Front an der Oder zu stabilisieren. Nur 700 der ursprünglich 4000 Männer der Einheit sollen überlebt haben. H. wurde von der Roten Armee gefangen genommen.[73] Mehrere ähnliche Berichte sind erhalten. Ein Zigeuner aus München trat dem Sonderkommando freiwillig bei, nachdem man ihm versprochen hatte, seine Familie aus der KZ-Haft zu entlassen. Das Versprechen wurde nicht gehalten.[74]

Von der Deportation
ausgenommene Zigeuner

Die Anzahl der Zigeuner, die im März 1943 von der Deportation nach Auschwitz ausgenommen wurden und im Reich verblieben, kann nur geschätzt werden. Danach dürften es mindestens 5000 gewesen sein, vielleicht sogar 15000. Wenn letztere Zahl zuträfe, würde es bedeuten, dass mehr Zigeuner unter die Ausnahmeklauseln fielen als deportiert wurden, und nach den Angaben aus Württemberg/Hohenzollern zu urteilen, könnte es tatsächlich so gewesen sein. Im September 1943 meldete die Stuttgarter Kripo, dass immer noch 700 Zigeuner in der Stadt lebten – von etwa 1000, die vor der Deportation von 1943 dort gezählt worden waren.[1] Wie in den im Januar 1943 herausgegebenen Ausführungsbestimmungen zum Auschwitz-Erlass vorgesehen, handelte es sich bei den Zigeunern, die im Reich bleiben durften, zum Teil um »reinrassige« Zigeuner und um »Zigeunermischlinge«, die in die Reihen der »Vollzigeuner« aufgenommen worden waren; die Übrigen waren verschont worden, weil sie »sozial angepasst« waren oder sich militärische Verdienste erworben hatten.

In den letzten beiden Kriegsjahren mussten die Behörden drastische personelle Einbußen hinnehmen, und die stärker werdenden Luftangriffe behinderten die üblichen bürokratischen Abläufe zusätzlich. Viele Akten gingen durch Bombeneinschläge verloren, andere wurden gegen Ende des Krieges von NS-Beamten vernichtet oder von KZ-Überlebenden und Verschleppten verbrannt, die in ehemaligen Büros Unterschlupf gefunden hat-

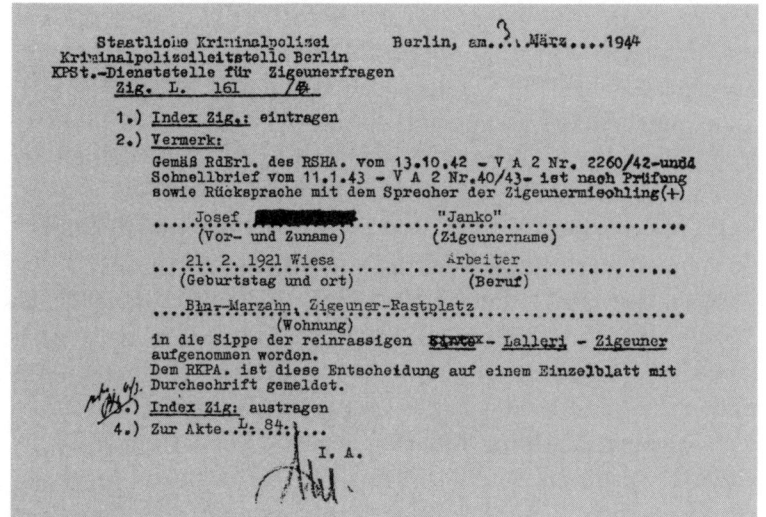

Aktenvermerk vom 3. März 1944 über die Zuordnung des »Zigeunermischlings« Josef L. zur »reinrassigen« Sippe der Lalleri-Zigeuner

ten und sie als Brennmaterial gebrauchten, um ihre vorübergehende Behausung zu heizen. Infolgedessen ist die Quellenlage für diese Periode dürftig. Zum Glück vermitteln die erhaltenen Akten der Kripo, insbesondere die Ermittlungen über die »soziale Angepasstheit« von Zigeunern, ein Bild davon, unter welchen Bedingungen die Zigeuner in dieser Zeit lebten, auch wenn die meisten dieser Dokumente »Zigeunermischlinge« betreffen und über das Schicksal der »reinrassigen« Zigeuner wenig bekannt ist. Darüber hinaus geben die Akten Aufschluss über das Denken der Bürokraten, die die Zigeunerpolitik festlegten und umsetzten.

Die Tätigkeit der »Zigeunerobmänner«

Am 13. Oktober 1942 erließ das RKPA, wie oben dargestellt, neue Richtlinien für die Behandlung »reinrassiger« Zigeuner, die den neun Zigeunerobmännern unter anderem die Aufgabe zu-

303

wiesen, »gute Mischlinge« für die Aufnahme in die Gruppe der »reinrassigen« Zigeuner vorzuschlagen. Und die Tätigkeit der Sprecher endete nicht mit der Deportation vom März 1943, vielmehr bearbeiteten sie gemeinsam mit der Kripo noch monatelang Anträge von »Zigeunermischlingen«, die in die Reihen der geschützten Zigeuner aufgenommen werden wollten, um sowohl vor der Deportation als auch vor der den »Mischlingen« drohenden Sterilisation bewahrt zu bleiben.

Nach den am 11. Januar 1943 vom RKPA herausgegebenen Vorschriften für die Auswahl »guter Mischlinge« waren Vorbestrafte grundsätzlich ausgeschlossen, und daran scheint man sich in den meisten Fällen gehalten zu haben. Christian S. aus Köln, ein »Zigeunermischling mit überwiegend zigeunerischem Blutsanteil«, wurde am 5. Mai 1943 den »reinrassigen« Sinti zugerechnet. Seiner Akte zufolge war er nie mit dem Gesetz in Konflikt geraten und ging einer geregelten Arbeit nach, seit er vierzehn Jahre alt war.[2] Sein Bruder Wilhelm dagegen, der ein Jahr im Gefängnis gesessen hatte, weil er von den Einkünften einer Prostituierten gelebt hatte, wurde als »Berufsverbrecher« eingestuft und am 30. April nach Auschwitz deportiert.[3]

Doch es gab auch Ausnahmen. Am 15. Mai 1943 beantragte Jakob Reinhardt, der Zigeunerobmann für Frankfurt am Main, Köln und Düsseldorf, Zacharias L. aus dem KZ Oranienburg zu entlassen und einer »reinrassigen Sinte-Zigeunersippe« zuzuordnen. L. war im März 1934 wegen illegalen Besitzes einer Feuerwaffe zu drei Monaten und zwei Wochen Gefängnis verurteilt worden. Im Juni 1938 hatte man ihn dann als »Asozialen« kategorisiert und in ein Konzentrationslager eingewiesen. Reinhardt führte aus, L. sei ihm als »guter Zigeuner« bekannt, und er sei bereit, die Verantwortung für ihn zu übernehmen. Die Kölner Kripo stimmte L.s Entlassung zu.[4]

Hatte ein Zigeuner Aufnahme in eine »reinrassige Zigeunersippe« gefunden, wurde er häufig nachsichtiger behandelt als andere »Zigeunermischlinge«. August W., zum Beispiel, war von der Polizei in dem Vorwurf, ein Simulant zu sein, der sich vor der Arbeit drückte, festgenommen worden. In einer am 19. Mai 1943 von ihm unterzeichneten Erklärung versprach W., sein Verhalten zu ändern. »Ich weiß«, bekannte er, »daß ich den Bestimmungen nach ebenfalls in ein Zigeunerlager müßte. Nur weil ich reinrassiger Sinto bin, wird davon Abstand genommen.« Ein Vierteljahr später befand er sich wieder in Schwierigkeiten; er hatte in der U-Bahn seinen Sitzplatz nicht für eine deutsche Frau freigemacht. Als ein Polizist, der ihn für einen Ausländer hielt, zum Aufstehen aufforderte, weigerte sich W. mit dem Hinweis, er sei ebenfalls Deutscher. Auch bei der Arbeit erschien er nicht. Der Polizei versprach er erneut, dass sich Derartiges nicht wiederholen werde. Andernfalls werde man ihn, wie er wisse, in ein Konzentrationslager einweisen. Er kam mit einer Verwarnung davon.[5]

Die zweiundzwanzigjährige Helene W. aus dem Berliner Zigeunerlager Marzahn, die zusammen mit anderen Familienangehörigen zu den Lalleri gezählt wurde, erhielt im September 1943 wegen Diebstahls eine Haftstrafe von zwei Monaten. Nach ihrer Entlassung versprach sie, eine gewissenhafte Arbeiterin zu werden. Doch ein Jahr später beschwerte sich ihr Arbeitgeber darüber, dass sie morgens zu spät komme oder abends zu früh gehe und manchmal überhaupt nicht auftauche. Als sie zur Polizei bestellt wurde, gab sie zu, keine Entschuldigung für ihre Verhalten zu haben, und gelobte Besserung. Um zu überprüfen, wie sie sich führte, wurde der Sprecher der Lalleri, Gregor Lehmann, gebeten, alle zwei Wochen ihren Lohnstreifen vorzulegen, und dabei ließ man es bewenden.[6]

Trotz der Vorteile, die es mit sich brachte, wenn man als Angehöriger einer »reinrassigen Zigeunersippe« anerkannt wurde, waren nicht alle dafür in Frage Kommenden mit der Änderung ihres Status einverstanden. Der Berliner Musiker Wadosch B., zum Beispiel, wurde im Januar 1943 angewiesen, die Musik aufzugeben und eine regelmäßige Arbeit anzunehmen. Er war als »Zigeunermischling mit überwiegend zigeunerischem Blutsanteil« eingestuft worden. Doch als er im Mai 1943 die Gelegenheit erhielt, sich einer »reinrassigen Zigeunersippe« anzuschließen, lehnte er es mit der Begründung ab, er lebe schon seit 1903 in Berlin, gehe einer geregelten Arbeit nach und habe keinerlei Beziehungen zu Zigeunern.[7] Ein ähnlicher Fall ist aus Nürnberg bekannt, wo der zuständige Zigeunerobmann, Eduard Siebert, im Juli 1943 der Kripo mitteilte, er habe sich mit Peter W. in Verbindung gesetzt, der jedoch kein Interesse daran habe, einer »reinrassigen Zigeunersippe« zugeführt zu werden. Offenbar war W. nicht deportiert worden, weil er als »sozial angepasst« galt, und wie B. in Berlin wollte er nicht mit den Zigeunern identifiziert werden.[8]

Es überrascht nicht, dass die Zigeunerobmänner ihren Einfluss zum Nutzen ihrer eigenen Familien einzusetzen versuchten, allerdings hatten sie nicht immer Erfolg damit. So ersuchte Konrad Reinhard nach seiner Ernennung zum Sprecher der Zigeuner im Raum Stuttgart um die Freilassung seines Neffen Michael R. aus einem Konzentrationslager. R. war mehrere Male wegen Landstreicherei und ähnlicher Delikte verhaftet und 1938 aus Köln ins KZ Neuengamme gebracht worden. Von dort hatte man ihn im November 1942 nach Sachsenhausen verlegt. Sein Onkel führte nun an, R. sei ein anständiger Mensch, der vier Jahre im Lager verbracht habe und die Freilassung verdiene. Er schlug vor, die Meinung des Zigeunerobmanns von Köln einzuholen, doch davon hielt die Kölner Kripo nicht viel. Wenn R. aus dem KZ Sachsenhausen entlassen werden solle, schrieb sie im Mai 1943 ans RKPA, dann nur, um ins Zigeunerlager in Auschwitz gebracht zu werden. Überhaupt stehe es einem Obmann nicht an, zugunsten von Personen aus dem Zuständigkeitsbereich eines anderen Obmannes zu sprechen, dem es schwer fallen dürfte, die Bitte seines Kollegen abzuschlagen. Darüber hinaus würde R.s Freilassung Reinhard ermutigen, die Erlaubnis zur Rückkehr seiner ins Generalgouvernement abgeschobenen Brüder und Schwestern zu beantragen. Das RKPA pflichtete dieser Auffassung bei und schlug vor, den Kölner Zigeunerobmann Jakob Reinhardt anzuweisen, seinen Stuttgarter Kollegen abschlägig zu bescheiden. Am 13. Mai 1943 gab der Zigeunerobmann von Köln zu Protokoll, Michael R. habe in Köln keine Verwandten; daher habe er »kein Interesse, ihn in die Sippe der reinrassigen Sinte-Zigeuner für Köln aufzunehmen«.[9]

Das Reichsinnenministerium hatte im Dezember 1942, wie erwähnt, Ehen zwischen »Zigeunermischlingen« verboten, um die Fortpflanzung der Zigeuner zu verhindern. Mischlinge, die in »reinrassige Zigeunersippen« aufgenommen worden waren, durften dagegen nicht nur heiraten, sondern wurden, wenn sie nach Zigeunersitte zusammenlebten – in dem, was die Beamten »Zigeunerehe« nannten –, sogar aufgefordert, ihre Verbindung amtlich anerkennen zu lassen. So erteilte beispielsweise die Berliner Kripo im Juni 1944 zwei solchen Paaren die Heiratserlaubnis. In ihren Akten findet sich der Eintrag: »Im Hinblick auf die Sippenzugehörigkeit und Kinder ist die Eheschließung erwünscht.«[10]

»Sozial angepasste« Zigeuner

Nach den Ausführungsbestimmungen zum Auschwitz-Erlass waren »sozial angepasste« Zigeuner, die schon vor der Erfassung der Zigeuner im Herbst 1939 eine feste Arbeit und einen ständigen Wohnsitz gehabt hatten, von der Deportation auszunehmen. Im Einzelfall sollte die örtliche Kripo in Absprache mit der NSDAP und den kommunalen Behörden sowie unter Berücksichtigung der Stellungnahme der Arbeitgeber entscheiden. Untersuchungen über die soziale Angepasstheit von »Zigeunermischlingen« wurden bereits durchgeführt, seit Ritters Forschungsstelle begonnen hatte, rassische Einstufungen vorzunehmen. Auch im Zusammenhang mit Sterilisationsverfahren und Anträgen auf Ausnahme von den verschiedenen Restriktionen, denen Zigeuner unterworfen waren – wie der Einschränkung der Bewegungsfreiheit und dem Heiratsverbot –, sind Beurteilungen dieser Art abgegeben worden. Wie viele Ausnahmen aufgrund sozialer Angepasstheit gemacht wurden, ist nicht bekannt, doch die Tatsache, dass das RKPA einen Vordruck für die Befreiung von den strengen Vorschriften anfertigen ließ, legt den Schluss nahe, dass eine erhebliche Anzahl von Zigeunern von dieser Klausel profitierte.[11]

Gelegentlich kam die Anregung für derartige Befreiungen auch von Ritters Forschungsstelle, und zwar noch mehrere Monate nach den Deportationen vom März 1943. Ob Ritter aufgrund ihm zugänglich gewordener neuer Informationen handelte oder auf Gesuche der Betroffenen reagierte, ist nicht zu sagen. Das letzte Wort hatte in diesen Fällen das RKPA. Am 5. Februar 1944, zum Beispiel, teilte die Forschungsstelle der Berliner Kripo mit, es erwäge, Hermann P., der als »Zigeunermischling mit vorwiegend deutschem Blutsanteil« eingestuft worden sei, von den für Zigeuner geltenden Sonderbestimmungen, einschließlich derjenigen über die Sterilisation, auszunehmen. Aus diesem Grund benötige es Angaben über P.s soziale Stellung. Die Berliner Polizei antwortete am 16. Februar, P. sei bis zum vierzehnten Lebensjahr zur Schule gegangen, er sei nicht vorbestraft, und seine Arbeitgeber hätten nichts Nachteiliges über ihn berichtet. Am 3. April gab das RKPA bekannt, P. sei neu eingestuft worden und gälte nunmehr als Nichtzigeuner.[12] In anderen Fällen befreite das RKPA die Betreffenden »unter Würdigung ihrer sozialen Anpassung« nur von den besonderen Zigeunerbestimmungen, ohne sie zu Nichtzigeunern zu erklären.

Einige Verfahren zogen sich lange hin. Obwohl 1943 Arbeitskräfte aller Art – einschließlich Beamte – äußerst knapp geworden waren, wurden diese zeitraubenden Untersuchungen, die sich vielfach in umfangreichen Akten niederschlugen, ohne Abstriche weiterhin durchgeführt. Im August 1943 begann die Kripo von Recklinghausen auf Drängen des RKPA die »soziale Angepasstheit« der im Jahr 1900 geborenen und als Zigeunerin registrierten Maria K. zu untersuchen. Nach Angaben der Kripo von Duisburg, wo K. wohnte, war sie mit einem »Arier« verheiratet, der seit 1932 der NSDAP angehörte und

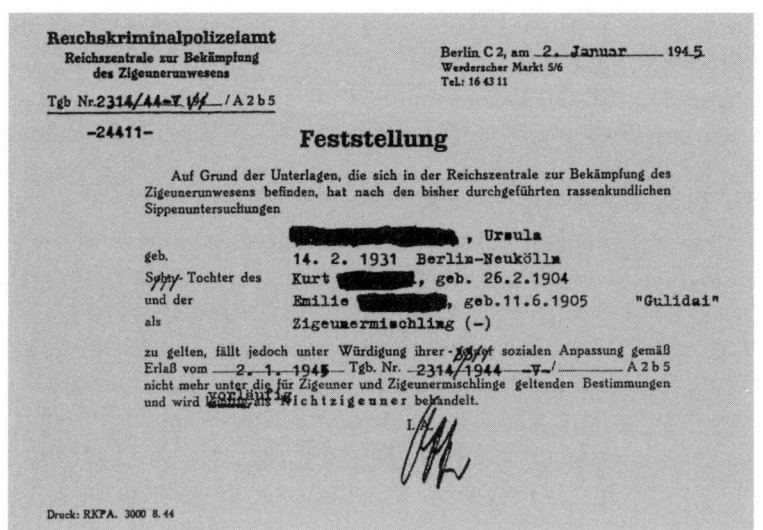

Bescheid vom 2. Januar 1945 über die Befreiung des »Zigeunermischlings« Ursula F. von den Zigeunerbestimmungen

derzeit in der Wehrmacht diente. Auch Maria K. war Mitglied mehrerer NS-Organisationen, und der örtliche Parteiführer bestätigte, dass sie »voll und ganz dem nationalsozialistischen Gedankengut« ergeben sei. Ihr Haushalt sei »sauber und geschmackvoll gehalten«. Von einem »zigeunerischen Lebenswandel« könne bei ihr nicht die Rede sein. Doch trotz dieser vorteilhaften Berichte dauerte es noch Monate, bis eine Entscheidung gefällt wurde. Am 18. Mai 1944 teilte das RKPA der Kripo von Recklinghausen mit, dass K. als »ZM-«, das heißt als »Zigeunermischling mit vorwiegend deutschem Blutsanteil« klassifiziert worden sei. Aufgrund ihrer »sozialen Anpassung« falle sie jedoch »nicht mehr unter die für die Zigeuner und Zigeunermischlinge geltenden Bestimmungen und wird künftig als Nichtzigeuner behandelt«.[13]

In anderen Beurteilungen finden sich ähnliche Formulierungen. Über Karl M. aus Bonn hieß es, er sei verheiratet und Vater von fünf Kindern; er gehöre seit 1937 der DAF an und lebe mit seiner Familie »in sozialangepaßten und in geordneten Verhältnissen«.[14] Die Sippe F. in Berlin, wurde berichtet, umfasse vier Familien, »die seinerzeit von der Einweisung in das Kl. Auschwitz ausgenommen wurden, weil es sich um Zigeuner handelt, die seit 10 Jahren regelmäßig einer Beschäftigung nachgehen und zu Klagen keinerlei Anlaß gegeben haben«.[15]

Solche Fälle wurden praktisch bis Kriegsende bearbeitet, obwohl man annehmen sollte, die Behörden hätten damals schwerwiegendere Sorgen gehabt. In einem Aktenvermerk vom 1. Dezember 1944 wurde festgehalten, Christel N. falle »unter Würdigung ihrer sozialen Anpassung« nicht mehr unter die Zigeunerbestimmungen.[16] Der dreizehnjährigen Ursula R. wurde diese Befreiung am 2. Januar 1945 gewährt. Sie sei, heißt es in ihrer Akte, bei »arischen« Eltern aufgewachsen und sehe weder wie eine Zigeunerin aus, noch habe sie irgendwelche Kontakte zu Zigeunern.[17] Katharina R. und ihre zehnjährige Tochter Christel aus Berlin, die als »sozial angepasst« galten, wurden am 21. November 1944 »bis auf Widerruf« von den Zigeunerbestimmungen befreit. Sich trotz der widrigen äußeren Umstände an das ordnungsgemäße Verfahren haltend, vermerkte die Berliner Kripo sogar, dass der Status der Tochter am 10. Dezember 1945 (!) erneut zu prüfen sei.[18]

In manchen Fällen wurden von verschiedenen Behörden gegensätzliche Einschätzungen abgegeben. So wurde die in Aachen lebende Familie der Witwe Maria P. im März 1944 von der örtlichen Kripo als »seßhaft und … sozial angepaßt« beurteilt, während die Kripoleitstelle in Köln dies bestritt. Der in der Wehrmacht dienende Sohn von Josef P., schrieb diese am 10. Juli ans RKPA, habe ein langes Vorstrafenregister, in dem unter anderem Landstreicherei und Betrug verzeichnet seien. 1941 sei P. wegen unerlaubten Entfernens von der Truppe zu einer Haftstrafe von einem Jahr verurteilt worden. Ein zweites Kind, eine Tochter, sei der Familie weggenommen worden. »Unter diesen Umständen«, fasste die Kölner Kripo zusammen, könne sie sich der Auffassung der Aachener Polizei, »daß diese Familie sozial angepaßt lebt, wirklich nicht anschließen«. Wie in diesem Fall entschieden wurde, ist nicht aktenkundig.[19]

In Berlin kam es Anfang 1943 ebenfalls zu einer solchen Meinungsverschiedenheit. Ritters Forschungsstelle hatte empfohlen, drei Familien von »Zigeunermischlingen mit vorwiegend deutschem Blutsanteil« von den Zigeunerbestimmungen auszunehmen. Die drei Männer seien mit »Deutschblütigen« verheiratet und lebten »sozial angepasst«. Doch die Einschätzung der Berliner Kripo fiel anders aus. Die fraglichen Familien, wurde dem RKPA am 9. Januar mitgeteilt, hielten weiterhin die Verbindung zu Berliner Zigeunern aufrecht. Einer der Männer, der Wehrdienst leiste, habe jüngst mit der Begründung, er sei Zigeuner und fühle sich als Zigeuner, um seine Entlassung ersucht. Eine der Frauen lebe jetzt mit einem »Zigeunermischling« zusammen, und ihr Kind werde als Zigeuner erzogen. Aus diesen Gründen sollten die Angehörigen dieses Familienverbandes weiterhin als Zigeuner betrachtet werden.[20] Wie dieser Streit ausging, ist nicht bekannt, doch es ist unwahrscheinlich, dass er mit einer Ausnahmebescheinigung endete.

Zwangssterilisationen

Seit Ende der dreißiger Jahre hatten immer mehr Parteifunktionäre und auch gewöhnliche Bürger gefordert, die Zigeuner zu sterilisieren. Dafür hatten sich auch Ritter und seine Mitarbeiter ausgesprochen, um die Vermehrung der »Zigeunermischlinge« zu unterbinden. Wilhelm Kranz und Siegfried Koller hatten sich in ihrer 1941 erschienenen halbamtlichen Studie über »Asoziale« ebenfalls dieser Forderung angeschlossen.[21] 1943 war das Regime schließlich bereit, ein solches Programm auf den Weg zu bringen. Die im Januar jenes Jahres herausgegebenen Ausführungsbestimmungen zum Auschwitz-Erlass empfahlen die Sterilisation aller aufgrund ihrer »sozialen Angepasstheit« von der Deportation ausgenommenen Zigeuner, die älter als zwölf Jahre waren. Auch für jene, die aus anderen Gründen nicht deportiert worden waren – etwa, weil sie mit »Deutschblütigen« verheiratet waren oder sich militärische Verdienste erworben hatten –, sollte die Sterilisation angestrebt werden. Doch der Plan, die Fortpflanzung der »Zigeunermischlinge« zu verhindern, wurde nur teilweise realisiert.

Dies hatte mehrere Ursachen. Erstens hatte das Reichsinnenministerium, um wertvolle Arbeitskräfte und Krankenhausbestände zu sparen, bei Kriegsbeginn die Anweisung erteilt, Sterilisationen auf »dringende Fälle« zu beschränken, in denen eine »besonders große Fortpflanzungsgefahr« bestand. Diese Direktive blieb nicht nur den ganzen Krieg über in Kraft, sondern wurde am 6. September 1944 noch schärfer gefasst, als der »totale Kriegseinsatz« eine weitere Reduzierung der Sterilisationen erforderlich machte.[22] Die Frage, ob die Sterilisation von Zigeunern als »dringend« zu betrachten war, wurde nie geklärt, denn schließlich stellten die Einschränkungen auch nur die Anerkennung der Tatsache dar, dass unter Kriegsbedingungen nicht alles weiterlaufen konnte wie gehabt. Zweitens – und das war vermutlich wichtiger – wurde die Sterilisation in den Ausführungsbestimmungen vom Januar 1943 nicht angeordnet, sondern gewissermaßen angemahnt: »Die Einwilligung zur Unfruchtbarmachung der über 12 Jahre alten, aber noch nicht sterilen zigeunerischen Personen ist anzustreben …« Bei Minderjährigen sollte ein »gesetzlicher Vertreter« seine Zustimmung geben; im Falle der Weigerung lag die Entscheidung über »das zu Veranlassende« beim RKPA.[23]

Auf der Wannseekonferenz am 20. Januar 1942 und zwei nachfolgenden Besprechungen war darüber diskutiert worden, ob jüdische Mischlinge, die von der Deportation ausgenommen wurden, mit ihre Einwilligung oder zwangsweise sterilisiert werden sollten.[24] Die Unterscheidung zwischen freiwillig und zwangsweise durchgeführter Sterilisation war demnach zweifellose von Bedeutung und der Bürokratie bekannt. Den mit der Umsetzung des Auschwitz-Erlasses befassten Beamten zeigte die Formulierung daher an, dass die Sterilisation der Zigeuner zwar wünschenswert war, aber nicht um jeden Preis stattfinden musste. Gleichwohl versuchten sie sowohl mit Versprechen als auch mit Drohungen, die Einwilligung der Zigeuner zu erhalten. Dennoch konnten wenigstens einige derjenigen, die sich standhaft weigerten, ihre Zustimmung zu geben, der Sterilisation entgehen. Sie erreichten entweder eine Neubewertung ihres Falls, oder die für die Formalitäten zuständigen Ärzte und Beamten ließen die Sache schleifen. Zumindest aber bewirkte der Vorbehalt der Freiwilligkeit eine Verzögerung, und dies bedeutete in der letzten Phase des NS-Regimes häufig, dass einfach keine Zeit mehr für eine Sterilisation blieb. Das von den verstärkten Luftangriffen in den letzten beiden Kriegsjahren verursachte Durcheinander hatte unter anderem zur Folge, dass das Sterilisationsprogramm nicht vollständig umgesetzt wurde.

Auf Anordnung des RKPA sollte die Sterilisation von »Zigeunermischlingen« in den gleichen Krankenhäusern und von den gleichen Ärzten durchgeführt werden, die die Sterilisationen nach dem »Erbgesundheitsgesetz« von 1933 vornahmen. RKPA und Gesundheitsämtern waren Bescheinigungen über die erfolgten Sterilisationen zuzusenden; die Kosten trug das Reichsinnenministerium. Entschädigungen für aufgrund der Operation entstandene Verdienstausfälle seien nur Personen zu zahlen, »die einer wirklich produktiven Arbeit nachgehen, wie z. B. Einsatz in der Landwirtschaft, in Rüstungsbetrieben usw.«, wobei in Anbetracht des »infragekommenden Menschenmaterials« die Genehmigung solcher Zahlungen »besonders streng gehandhabt« werden sollte. Die »Zigeunermischlinge« seien »anzuhalten, den Eingriff möglichst bald an sich vornehmen zu lassen«.[25]

Im Unterschied zum Sterilisationsgesetz wurden die Sterilisationsanordnungen nicht von Erbgesundheitsgerichten, sondern vom RKPA verfügt, das sich auf »Genehmigungen« des »Reichsausschusses zur wissenschaftlichen Erfassung von erb- und anlagebedingten schweren Leiden« stützte. Dieses Gremium war 1939 geschaffen worden, um die Tötung behinderter Kinder zu organisieren. Er war der Kanzlei des Führers unterstellt und spielte eine wichtige Rolle in Hitlers Euthanasieprogramm.[26] In seinen Aufgabenbereich fiel auch die Sterilisation von KZ-Häftlingen. Im November 1942 teilte das SS-Wirtschafts-Verwaltungshauptamt den KZ-Kommandanten mit, »auf Grund besonderer Vollmachten des Führers« sei der Ausschuss ermächtigt, »in besonderen, nicht gesetzlich geregelten Fällen die Genehmigung zur Unfruchtbarmachung zu erteilen«; eine Entscheidung eines Erbgesundheitsgerichts sei in diesen Fällen nicht erforderlich.[27] Diese Ausnahmeregelung wurde auch auf die im Frühsommer 1943 beginnende Sterilisation von »Zigeunermischlingen« angewandt.

Die Zusammenarbeit der verschiedenen Dienststellen verlief reibungslos. Auf Anweisung des RKPA bat die Kripo die lokalen Behörden, sich von Zigeunern, die aus anderen Gründen als dem der »Reinrassigkeit« von der Deportation ausgenommen worden waren, die Einwilligung zur Sterilisation bestätigen zu lassen. Die unterschriebenen Formulare waren ans RKPA zu schicken, das anschließend die Genehmigung des Reichsausschusses einholte. War diese Erlaubnis erteilt, wies die Kripo die lokalen Behörden an, die Sterilisationen vornehmen zu lassen. Wenn die Zigeuner ihre Einwilligung gaben, konnte das Vorhaben in etwa drei Monaten abgeschlossen sein.[28]

Zigeuner, die sich zur Sterilisation bereit erklärten und als »sozial angepasst« angesehen wurden, konnten von den für Zigeuner geltenden Restriktionen befreit werden. Es sind mehrere derartige Untersuchungen über die »soziale Angepasstheit« von Zigeunern bekannt. Am 27. März 1944 bat die Kripo von Nürnberg-Fürth die Gaustelle des Rassenpolitischen Amts der NSDAP um ihre Meinung über den sozialen Status von Jakob R., einen »Zigeunermischling mit vorwiegend deutschem Blutsanteil«. Nach dessen Sterilisierung erwäge das RKPA, ihn von den Zigeunerbestimmungen auszunehmen. Das Rassenpolitische Amt wandte sich seinerseits an die Ortsgruppe der NSDAP, die eine günstige Einschätzung abgab. R. gebe »zu Klagen keinen Anlaß«, gelte als »ruhig, anständig und fleißig«, und auch in politischer Hinsicht sei »nichts Nachteiliges« bekannt geworden. Es folgte ein persönliches Gespräch mit R. im Büro des Rassenpolitischen Amts, und am 16. Mai übermittelte die Gaustelle der Kripo ihre Beurteilung. »Eingehende Ermittlungen« hätten keine Hinweise auf asoziales Verhalten zutage gefördert. Allerdings sei die »Beimischung artfremden Blutes (Zigeuner-Mischling)… im äußeren Erscheinungsbild … unverkennbar«. Haltung und Auftreten machten indessen »keinen schlechten Eindruck«.[29] Ob diese zwiespältige Einschätzung R. half, die geltenden Restriktionen zu umgehen, ist nicht aktenkundig. Johann T. erfuhr von derselben Gaustelle des Rassenpolitischen Amts eine ähnlich zweischneidige Beurteilung. Danach war er zwar ein guter Arbeiter, aber mit einer schlampigen Frau verheiratet. Außerdem sei seine äußere Erscheinung, »rassisch gesehen, … wenig günstig«. Selbst wenn er sterilisiert werden sollte, lamentierte der NS-Funktionär, bleibe die Tatasche bestehen, dass er bereits sechs Kinder habe.[30] Auch in diesem Fall ist die Entscheidung der Kripo nicht bekannt.

Zigeuner, die ihrer Sterilisation zustimmten, erhielten häufig die Heiratserlaubnis. So war das Gesuch der Zigeunerin Anna B., den Vater ihrer vier Kinder, den Nichtzigeuner August W., heiraten zu dürfen, erst genehmigt worden, nachdem sie in ihre Sterilisation eingewilligt hatte. In dem auf den 28. August 1944 datierten Aktenvermerk über diese Erlaubnis wurde festgestellt, dass nach der Sterilisation von Anna B. »eine die Reinerhaltung des deutschen Blutes gefährdende Nachkommenschaft nicht zu erwarten« sei, weshalb die in Frage stehende Eheschließung nicht gegen das »Gesetz zum Schutze des deutschen Blutes und der deutschen Ehre« von 1935 verstoße.[31]

Doch die Einwilligung zur Sterilisation bedeutete nicht automatisch, dass man die Heiratserlaubnis erhielt. Die Zigeunerin Maria S., zum Beispiel, lebte mit dem Musiker Andreas N. zusammen, der als »Deutschblütiger«, der schon seit geraumer Zeit

Der Geigenbauer Fridolin K., der am 3. Oktober 1943 einer
Zwangssterilisation unterzogen wurde, in den dreißiger Jahren

stark kurzsichtig sei, beschrieben wurde. Ende 1943 ersuchte S. unter Hinweis darauf, dass sie bereit sei, sich sterilisieren zu lassen, um die Genehmigung, ihn heiraten zu dürfen. Doch die Kripo von Nürnberg-Fürth lehnte ihren Antrag am 7. Januar ab. In ihrer Akte heißt es, das RKPA habe bereits einen früheren Antrag von N. zurückgewiesen und empfohlen, Maria S. nach Auschwitz zu schicken, weil sie »gegen den nationalsozialistischen Grundsatz der Reinerhaltung des deutschen Blutes verstoßen« habe. Aus unbekannten Gründen wurde S. jedoch nicht deportiert, und im September 1944 ließ sie sich sterilisieren. Die örtliche Kripo mutmaßte, sie habe diesen Schritt in der Hoffnung unternommen, von den Zigeunerbestimmungen ausgenommen zu werden. Im Oktober soll sie mit N. eine Nacht in einem Gasthaus außerhalb der Stadt verbracht haben. Daraufhin wurde sie zur Polizei bestellt und belehrt, dass man sie in ein Konzentrationslager einliefern werde, wenn sie die sexuelle Beziehung zu N. nicht abbreche. Mit ihrer auf den 9. November datierten Bestätigung, diese Warnung erhalten zu haben, enden die Aufzeichnungen in ihrer Akte.[32]

Wenn sich jemand weigerte, der Sterilisation zuzustimmen, wurde ihm häufig mit der Einweisung in ein Konzentrationslager gedroht, was in der Regel zum gewünschten Ergebnis führte. Johann S., ein »Zigeunermischling mit vorwiegend deutschem Blutsanteil«, war im September 1942 aus der Wehrmacht entlassen worden, in der er seit 1939 gedient hatte. Er hatte den Frankreichfeldzug mitgemacht und mehrere Auszeichnungen erhalten, und wahrscheinlich hatte er es seinen militärischen Meriten zu verdanken, dass er nicht nach Auschwitz deportiert worden war. Doch am 13. Mai 1943 ordnete die Kripo von Nürnberg-Fürth seine Sterilisation an. Einige Tage später meldete sie dem RKPA, S. verweigere seine Einwilligung. Er habe dies damit begründet, dass seine Nachkommen nur einen geringfügigen »zigeunerischen Blutsanteil« haben würden. Außerdem habe er als Soldat seine Pflicht gegenüber dem Vaterland erfüllt und die Sterilisation nicht verdient.[33]

Das RKPA ließ diese Argumente nicht gelten und wies die Kripo von Nürnberg-Fürth an, den Druck zu erhöhen. Auf S. sei »in geeigneter Weise« einzuwirken, so dass er sich »mit der freiwilligen Sterilisation einverstanden erklärt«. Ihm sei zu eröffnen, dass man, sollte er bei seiner Weigerung bleiben, »die Frage der Einweisung in ein Zigeunerlager« prüfen werde, »weil zu vermuten ist, daß er unerwünschten Mischlingsnachwuchs zu zeugen beabsichtigt«. Als S. sich auch dadurch nicht umstimmen ließ, ordnete das RKPA an, ihn als »Asozialen« in polizeiliche Vorbeugungshaft zu nehmen. Seine Weigerung, sich sterilisieren zu lassen, schrieb das RKPA am 8. September an die örtliche Kripo, lasse darauf schließen, dass S. »nicht gewillt ist, die Grundsätze des nationalsozialistischen Staates zu achten«. Am 10. Oktober wurde S. festgenommen, und am 31. des Monats bekräftigte das RKPA die Verhängung der Vorbeugungshaft, die im KZ Auschwitz I verbüßt werden sollte. Am nächsten Tag gab S. nach und stimmte der Sterilisation zu. Er wurde freigelassen, und am 26. Mai 1944 übermittelte das RKPA die Genehmigung der Sterilisation durch den Reichsausschuss. Der »Eingriff« sollte bis zum 1. September erfolgt sein.[34] Da die Akte mit diesen Eintragungen schließt, ist nicht bekannt, ob diese »freiwillige« Sterilisation tatsächlich vorgenommen wurde.

Auch anderswo griff man zu solchen Einschüchterungsmethoden. Der dreiunddreißigjährige »Zigeunermischling« Ludwig W. aus Köln, der mit einer »Deutschblütigen« verheiratet war und mit ihr zwei Kinder hatte, willigte am 28. Juni 1943 in seine Sterilisation ein, nachdem man ihm mit der Einweisung ins KZ Auschwitz gedroht hatte. In einem von ihm unterschriebenen Aktenvermerk bestätigte W., dass er nach der ihm gegebenen »Aufklärung« überzeugt sei, »daß Zigeunermischlingsnachwuchs für den heutigen Staat nicht wünschenswert« sei. Zusammen mit seiner Frau erklärte er sich auch mit der Sterilisation seiner Kinder – der zwölfjährigen Sonja und des achtjährigen Rigo – einverstanden. Am nächsten Tag kamen beide Kinder bei einem Luftangriff auf Köln ums Leben. Ihre Eltern überlebten den Angriff; ihr weiteres Schicksal ist nicht aktenkundig.[35] Viele Überlebende berichten, dass man auch sie vor die Wahl zwischen Sterilisation oder Einlieferung in ein Konzentrationslager gestellt habe.[36]

Manche derjenigen, die ihre Zustimmung verweigerten, entgingen der Sterilisation. Wie Marta Adler, eine »Deutschblütige«, erzählt, wurde ihr Ehemann Pitzo, ein Zigeuner, nach seiner Entlassung aus der Wehrmacht aufgefordert, seiner Sterilisation zuzustimmen; andernfalls, so wurde ihm gedroht, werde man ihn in ein Konzentrationslager einweisen. Doch als er sich weigerte, blieben die angekündigten Repressalien aus.[37] Anton R., ein »Zigeunermischling mit vorwiegend zigeunerischem Blutsanteil«, sollte im Mai 1943 sterilisiert werden. Doch er sperrte sich und verwies darauf, dass sein Vater unbekannt sei und er nicht wie ein Zigeuner aussehe. Das RKPA gestand schließlich ein, dass die Identität von R.s Vater nicht geklärt sei, änderte dessen rassische Einstufung aber nicht. Dennoch wurde R. nicht sterilisiert.[38]

Es gab eine ganze Reihe solcher Fälle. Im April 1943 weigerte sich beispielsweise die Kölnerin Maria A., eine Nichtzigeunerin, der Sterilisation ihrer vier minderjährigen Kinder – Anton, Wilhelm, Josephine und Anna – zuzustimmen. Der Vater, gab A. zu, sei Max Z., ein »Zigeunermischling mit vorwiegend deutschem Blutsanteil«, der in Auschwitz festgehalten werde. Doch die Kinder seien »in sozial angepaßten Verhältnissen großgezogen« worden; auch ihr Äußeres spreche nicht für einen »Zigeunereinschlag«. Sie bitte daher um die Rücknahme der Sterilisierungsanordnung und um Befreiung von den Zigeunerbestimmungen. Die Kölner Kripo leitete das Gesuch mit einem befürwortenden Anschreiben ans RKPA weiter. Maria A. und ihre Kinder, führte die Kripo aus, seien nicht vorbestraft, ihr Haushalt sei ordentlich, und es gebe keine Hinweise auf asoziales Verhalten. Die Kinder sähen ihrer Mutter ähnlich und versprächen trotz geringer Schulbildung zu nützlichen Mitgliedern der Gesellschaft zu werden; von ihren Arbeitgebern würden sie gut beurteilt. Aufgrund dieses Gesuchs wurden zwei der Kinder von Maria A. als »Nichtzigeuner« eingestuft und damit von den für Zigeuner geltenden Restriktionen befreit. Es ist anzunehmen, dass auch die anderen beiden Kinder von der Sterilisation verschont blieben.[39]

Einige Zigeuner, die sterilisiert werden sollten, wandten sich mit ihrem Einspruch an die höchsten Instanzen des Dritten Reichs. Johannes H. war im November 1939 zum Wehrdienst eingezogen und knapp ein Jahr später wegen einer Infektion, die er sich im Dienst zugezogen hatte, wieder entlassen worden. Offenbar wurde die Tatsache, dass er Zigeuner war, erst Anfang 1944 entdeckt, so dass die Sterilisationsanordnung erst relativ spät erlassen wurde. Am 28. Mai 1944 protestierte er in einem Brief an Hitler gegen die Behandlung, die ihm zuteil geworden war. Nach der Anrede – »Geliebter Führer« – berichtete er ausführlich, in welcher Weise Angehörige seiner Familie dem Vaterland gedient hatten. Er selbst sei bereit, sein Leben für den Führer und die neue deutsche Nation einzusetzen, und bitte darum, als Deutscher behandelt zu werden. Auf Anfragen des RKPA bestätigte Ritters Forschungsstelle, dass H. als »Zigeunermischling mit vorwiegend deutschem Blutsanteil« klassifiziert worden sei, und empfahl eine Untersuchung über H.s »soziale Anpassung«. Am 2. Oktober übermittelte die Duisburger Kripo deren Ergebnisse. Danach war H. ein guter Arbeiter, der die Weltanschauung des Staates teilte. Er habe keinen Kontakt zu Zigeunern, lebe nicht nach Zigeunerart und könne als »sozial angepasst« gelten. Wie der Fall entschieden wurde, ist der Akte nicht zu entnehmen, aber H. entging offenbar der Sterilisation.[40]

Manchenorts griffen Ärzte und lokale Behörden, die die Sterilisation von Zigeunern, die schon lange in ihren Kommunen lebten, ablehnten, mit Erfolg zur Verzögerungstaktik. Als beispielsweise in Siegen eine Gruppe von gut integrierten Zigeunern, von denen einige kleine Häuser besaßen, sterilisiert werden sollte, nutzte ein mitfühlender Beamter die Luftangriffe auf die Stadt dazu, die Realisierung der Anordnung hinauszuzögern, mit dem Ergebnis, dass alle der Sterilisation entgingen.[41] Und dies war kein Einzelfall. In Friesoythe bei Oldenburg sorgte ein Polizist dafür, dass kein Zigeuner deportiert oder sterilisiert wurde;[42] in Cloppenburg verhinderte das Kriegsende die beabsichtigte Sterilisation,[43] und in Schorndorf, das zum Zuständigkeitsbereich der Stuttgarter Kripo gehörte, war die im August angeordnete Sterilisation von Johann G. im Februar 1945 immer noch nicht ausgeführt worden, wobei es dann vermutlich auch unterblieb.[44]

Wie viele Zigeuner der Sterilisation entgingen und wie viele aufgrund des Auschwitz-Erlasses sterilisiert wurden, lässt sich nicht sagen. Hansjörg Riechert nennt in seiner sorgfältigen Studie über die nationalsozialistische Sterilisationspolitik gegenüber den Zigeunern eine Zahl von 2000 bis 2500 Menschen, die zwischen 1943 und 1945 sterilisiert wurden, gibt aber selbst zu bedenken, dass es sich dabei um eine »grobe Schätzung« handelt.[45] In einem Bericht vom 6. März 1944 bemerkte Ritter, dass ein »größerer Teil der begutachteten asozialen Zigeunermischlinge sterilisiert« worden sei, während diejenigen, die »sozial angepassten« Sippen angehörten, davon ausgenommen worden seien.[46] Da jede erfolgte Sterilisation dem RKPA gemeldet werden musste, dürfte Ritter gewusst haben, wie viele Zigeuner tatsächlich sterilisiert worden waren. Welche Anzahl er als »größeren Teil« betrachtete, lässt sich jedoch nicht abschätzen, da die Gesamtzahl der von seiner Forschungsstelle als »asoziale Zigeunermischlinge« eingestuften Personen nicht bekannt ist. Aber wie groß die Zahl der Opfer auch gewesen sein mag, es kann keinen Zweifel daran geben, dass die Sterilisationen für die Betroffenen und ihre Familien ein traumatisches Erlebnis waren. Für Zigeuner sind Kinder von herausragender Bedeutung; das gesellschaftliche Ansehen sowohl von Frauen als auch von Männern hängt weitgehend von ihrer Nachkommenschaft ab. Darüber hinaus ist die weiterreichende Folge dieses Sterilisationsprogramms anzuführen, die als »verzögerter Genozid« bezeichnet worden ist. Darauf wird im letzten Kapitel eingegangen.

Elend und Diskriminierung

Das tägliche Leben der von der Deportation ausgenommenen Zigeuner verlief unter strenger Überwachung, und die Gefahr, in ein Konzentrationslager geschickt zu werden, war stets gegenwärtig. Am 24. Februar 1943 wurde der »Zigeunermischling« Anton M. aus Köln in der Wohnung von Maria L. festgenommen, einer »Deutschblütigen«, mit der ihm jeder Kontakt verboten worden war. Erneut musste er versprechen, keine sexuellen Beziehungen mit L. oder anderen »deutschblütigen Personen« mehr einzugehen. »Bei Nichtbefolgung dieser Anordnung«, bestätigte er, »habe ich zu erwarten, daß ich in polizeiliche Vorbeugungshaft genommen und in einem Konzentrationslager untergebracht werde.« Nach diesem Vorfall verschwand M. spurlos, und die Polizei vermutete, dass er von Schwarzmarktgeschäften lebte. Am 15. Juli 1944 wurde er mit Hilfe von Maria L. in Straßburg aufgegriffen; sein weiteres Schicksal ist nicht bekannt.[47]

Aufgrund des großen Arbeitskräftemangels waren Unternehmer froh, überhaupt Arbeiter zu haben. Handelte es sich dabei jedoch um Zigeuner, standen sie unter ständiger Beobachtung, und der kleinste Verstoß gegen die Arbeitsdisziplin konnte eine Beschwerde bei der Kripo mit schwerwiegenden Konsequenzen nach sich ziehen. Am 30. August 1944 meldete die Berliner Firma Toran, ein Labor für radioaktive Produkte, der Polizei, dass die siebzehnjährige Zigeunerin Rosita P. seit Tagen unentschuldigt der Arbeit ferngeblieben sei. »Unter den heutigen Umständen«, heißt es in dem Schreiben weiter, »vor allem bei dem totalen Kriegseinsatz, kann es nicht geduldet werden, daß eine Jugendliche sich derartige Pflichtverletzungen zu Schulden kommen läßt. Wir bitten um Bestrafung.« Doch die Kripo stellte fest, dass P. krank war und kein Gesetzesverstoß vorlag. Dennoch wurde sie verwarnt, regelmäßig zur Arbeit zu gehen.[48]

Ähnliches erlebte der »Zigeunermischling« Hermann K., der auf einem auf Milchwirtschaft spezialisierten Bauernhof bei Berlin arbeitete. Am 11. Dezember 1944 beschwerte sich sein Arbeitgeber bei der Kripo, dass K. bis spät in die Nacht wegbleibe und »deutschblütige« Frauen in sein Zimmer mitnehme. Seine Arbeit beginne darunter zu leiden; aufgrund seiner Nachlässigkeit seien bereits mehrere Kühe verendet. Der Bauer ersuchte jedoch darum, K. nicht in ein Arbeitslager zu schicken, da es ihm unmöglich sei, einen Ersatz für ihn zu finden. Er bitte vielmehr um eine »strenge Verwarnung«. Bei seiner Vernehmung durch die Polizei gab K. zu, viermal erst spätabends auf den Hof zurückgekehrt zu sein, stritt aber ab, sexuelle Beziehungen mit »deutschblütigen« Frauen gehabt zu haben. Drei andere Arbeiter, darunter zwei Polen, würden immer alles, was auf dem Hof schief ging, ihm in die Schuhe schieben. Offenbar wirkte er überzeugend, denn er kam mit einem blauen Auge davon. Er musste versprechen, nicht mehr ohne Erlaubnis seines Arbeitgebers abends auszugehen und insbesondere intime Beziehungen zu »deutschblütigen« Frauen zu unterlassen sowie die übliche Strafandrohung unterschreiben: »Sollte ich diesen Auflagen nicht nachkommen, so habe ich mit den schärfsten polizeilichen Maßnahmen zu rechnen.« In einem Aktenvermerk vom 17. Januar 1945 wurde festgestellt, dass K. jetzt gewissenhaft arbeite und keine weiteren Beschwerden eingegangen seien.[49]

Einige Zigeuner versuchten der Deportation nach Auschwitz zu entgehen, indem sie untertauchten. Die Namen solcher »flüchtigen Zigeuner« wurden in den amtlichen Zeitungen der Kripo veröffentlicht,[50] und nur wenige blieben unentdeckt. Anna M., Mutter von fünf Kindern im Alter von vier bis fünfzehn Jahren, war solch ein Flüchtling. Am 12. November 1943 wurde sie verhaftet. Laut Festnahmeprotokoll war sie »nach Zigeunerart mit ihren 5 Kindern bettelnd umherziehend« aufgegriffen worden. Drei Tage später wurde sie zusammen mit ihren Kindern nach Auschwitz geschickt. In dem Aktenvermerk über die Einweisung ins Zigeunerlager findet sich die Feststellung: »Eine strafbare Handlung liegt nicht vor«, was wahrscheinlich so zu verstehen ist, dass keine Anklage wegen Flucht vor der Deportation und Bettelei gegen sie erhoben werden sollte. M. starb am 27. Januar 1944 in Auschwitz.[51]

Der einundfünfzigjährige Ferdinand R., ein »reinrassiger« Zigeuner aus Berlin, lebte mit der dreiundzwanzigjährigen Elli R. zusammen, die als »Zigeunermischling mit vorwiegend zigeunerischem Blutsanteil« eingestuft worden war. Als Elli R. im März 1943 nach Auschwitz deportiert werden sollte, flohen die beiden aus Berlin, wurden aber am 29. Juni bei dem Versuch, die Grenze nach Italien zu überschreiten, festgenommen und nach Berlin zurückgeschickt. Dort wurde angeordnet, sie in ein Konzentrationslager einzuliefern. Am 24. August wurde Elli R., die im fünften Monat schwanger war, schwer verwundet, als eine Fliegerbombe das Gefängnis traf, in dem sie untergebracht war. Wegen der Verletzung und der Schwangerschaft wurde ihre Verlegung in ein Konzentrationslager verschoben. Das Kind kam am 21. Januar 1944 auf die Welt, und am 26. Juni wurde in ihrer Akte vermerkt, dass sie das Baby noch stille und sich immer noch nicht ganz von ihrer Verwundung erholt habe. Ihr weiteres

Schicksal ist nicht bekannt. Ferdinand R. war vermutlich in ein Konzentrationslager gebracht worden.[52]

Nur wenige Zigeuner fanden bei Nichtzigeunern Unterschlupf. In den letzten Kriegsmonaten wurde der aus München stammende Michael H. mit seiner Familie in der Nähe von St. Wolfgang von einem Bauern versteckt.[53] Anna S. aus Hannover fand sowohl bei Zigeunern als auch bei Nichtzigeunern Zuflucht.[54] Andererseits sind auch Fälle bekannt, in denen Deutsche Zigeuner denunzierten. So beschwerte sich Margarete Dickow am 8. Juni 1943 bei der Berliner Kripo über zwei in einer Kleingartenkolonie in Berlin-Karlshorst lebende Zigeunerfamilien. In der von ihr selbst und neun anderen Nachbarn unterschriebenen Eingabe wurde den Zigeunern vorgeworfen, sie würden Obst stehlen, obszöne Worte benutzen und sich unanständig benehmen. Man bat darum, beide Familien abzuholen, doch die Polizei beließ es bei einer Verwarnung, sich in Zukunft tadellos zu verhalten.[55]

Fünf Monate später griff der Landesbund Berlin-Brandenburg der Kleingärtner den Fall auf und reichte erneut Beschwerde wegen der »unerträglichen Zustände« in der Kolonie ein. Doch die Polizei erhielt auch eine von dreißig anderen Nachbarn unterschriebene zweite Eingabe, in der die Zigeunerfamilien verteidigt wurden. Am 31. Januar 1944 unterrichtete die Berliner Kripo den Landesbund der Kleingärtner, dass die beiden Familien als Wolgadeutsche registriert seien, die nach der bolschewistischen Revolution aus Russland geflohen waren. Sie hätten keinen Kontakt zu heimischen Zigeunern, gingen geregelter Arbeit nach und hätten bisher keinen Anlass zu Klagen geboten. Aus diesen und anderen Gründen komme eine Umsiedlung nicht in Frage.[56]

Daraufhin wandten sich die erbosten Kleingärtner offenbar an die nächsthöhere Dienststelle, denn am 7. April unterrichtete das RKPA die Berliner Kripo davon, dass es erwäge, die Zigeunerfamilien nach Auschwitz zu schicken. Die Kripo wurde gebeten, eine Liste der betroffenen Personen vorzulegen, zu erklären, warum sie nicht deportiert worden waren, und den Grad ihrer »sozialen Anpassung« zu klären. Die angeforderten Informationen wurden am 31. Mai übermittelt. In dem Schreiben wurde betont, dass keine weiteren Klagen eingegangen seien und dass sich alle Familienangehörigen, soweit sie nicht bereits unfruchtbar seien, mit ihrer Sterilisation einverstanden erklärt hätten.[57] An dieser Stelle schließt die Akte, so dass nicht bekannt ist, wie der Fall ausging. Doch es sind andere Beispiele von Denunziation bekannt, darunter ein weiterer aus Berlin, bei dem der Denunziant verlangte, die Zigeuner in ein Lager zu verbringen.[58]

Die in diese Vorfälle verwickelten Berliner waren nicht die einzigen, die eine härtere Gangart gegenüber den Zigeunern verlangten. 1943 schrieb ein deutscher Beamter, diese Menschen seien ein »überwiegend asoziales und erblich minderwertiges Wandervolk«, das wie die Juden »artfremdes Blut« im Sinne der geltenden Rassengesetze repräsentiere. Da das »Zigeunerproblem« anders als das jüdische nicht politischer und wirtschaftlicher, sondern biologischer und sozialer Natur sei, seien viele der gegen Juden ergriffenen Maßnahmen nicht nötig. Dennoch sei mit einer »weiteren Ausdehnung des Judensonderrechts auf Zigeuner« zu rechnen.[59]

Dieselbe Auffassung vertraten auch Bormann und Thierack, die Himmlers Schutz »reinrassiger« Zigeuner als exzentrischen Tick betrachteten und alles daransetzten, um ihn zu unterlaufen. Die am 25. April 1943 vom Innenministerium erlassene zwölfte Verordnung zum Reichsbürgergesetz kann als Teil dieser Bemühungen verstanden werden. Im Reichsbürgergesetz von 1935 waren die Zigeuner nicht ausdrücklich erwähnt worden, wenngleich halbamtliche Kommentare und die Praxis der folgenden Jahre deutlich gemacht hatten, dass die Rechtsstellung der Zigeuner derjenigen der Juden sehr ähnlich war. Die neue Verordnung beseitigte nun alle eventuell noch vorhandenen Unklarheiten: »Juden und Zigeuner können nicht Staatsangehörige werden.« Auch der geringere Status der »Staatsangehörigkeit auf Widerruf« oder des »Schutzangehörigen« war ihnen vorenthalten.[60] Bemerkenswerterweise machte die Verordnung keinen Unterschied zwischen den verschiedenen Zigeunerkategorien, wie es die meisten von Himmlers Erlassen getan hatten, sondern sah für alle Zigeuner dieselbe diskriminierende Behandlung vor.

Ein weiterer Erlass vom 3. Oktober 1944 setzte den seit 1942 zu beobachtenden Trend fort, Zigeuner und Juden in der Sozialgesetzgebung gleichzustellen. Danach sollten Arbeiter, die wegen einer Typhuserkrankung unter Quarantäne gestellt worden waren, ihren Verdienstausfall ersetzt bekommen, allerdings mit folgender Ausnahme: »Die Beihilfe erhalten jedoch nicht Juden und Zigeuner.«[61] Wahrscheinlich wollte Himmler dieser Tendenz, die Zigeuner den Juden gleichzustellen, entgegenwirken, als er am 10. März 1944 seinen letzten bekannten Erlass zu diesem Thema herausgab:

> »Die zur Regelung der Lebensverhältnisse der Polen, Juden und Zigeuner im Hoheitsbereich des Reiches getrennt herausgegebenen Erlasse und Verordnungen haben vielfach zu einer öffentlichen summarischen Gleichstellung dieser Gruppen auf plakatierten Verkaufs-, Benutzungsverboten, öffentlichen Bekanntmachungen, in der Presse usw. geführt. Dieses Verfahren entspricht nicht der differenzentierten [sic!] politischen Stellung, die diesen Gruppen jetzt und in Zukunft einzuräumen ist.«

Was Juden und Zigeuner angehe, fügte Himmler hinzu, sei es aufgrund der »durchgeführten Evakuierung und Isolierung dieser Gruppen« nicht mehr nötig, gesonderte Vorschriften für sie zu veröffentlichen.[62]

Indem er auf einer differenzierten Behandlung von Polen, Juden und Zigeunern »jetzt und in Zukunft« bestand, bekräftigte Himmler seinen Standpunkt zum »Zigeunerproblem«, dem zufolge Zigeuner und Juden unterschiedlich zu behandeln waren und zudem zwischen »guten« und »schlechten« Zigeunern unterschieden werden musste. Wie gezeigt, war auch das Schicksal der »guten« Zigeuner, die zwar im Reich bleiben durften, aber von der übrigen Bevölkerung isoliert waren, alles andere als beneidenswert. Aber es war sicherlich dem der Juden vorzuziehen, das schlicht und einfach in der physischen Vernichtung bestand.

In den letzten Kriegsjahren wurden Zigeuner in die Organisation Todt, die für Befestigungsarbeiten und andere kriegswichtige Bauvorhaben zuständige Truppe von Bauleuten, eingezogen.[63] Was hingegen den Dienst im Volkssturm betraf – Hitlers im September 1944 aufgestelltes letztes militärisches Aufgebot –, so waren Zigeuner wie Juden davon ausgeschlossen. Am 9. Dezember 1944 verfügte Bormann, dass Juden und Zigeuner sowie »Mischlinge ersten Grades« (jene mit zwei »fremdrassigen« Großelternteilen) nicht zum Dienst im Volkssturm einzuberufen seien.[64] Damit konnten »Mischlinge zweiten Grades« (jene mit nur einem »fremdrassigen« Großelternteil) theoretisch in den Volkssturm aufgenommen werden, was jedoch im Widerspruch zu geltenden Vorschriften des OKW stand. Daher klärte das RKPA die Münchener Kripo am 16. Februar 1945 darüber auf, dass keine »Zigeunermischlinge« im Volkssturm dienen dürften.[65] Inwieweit diese feinen Unterscheidungen im Chaos der letzten Wochen des NS-Regimes beachtet wurden, lässt sich nicht feststellen, doch es ist zumindest ein Fall bekannt, in dem ein Zigeuner in den Volkssturm eingezogen wurde. Dabei handelte es sich um einen aus Ingelheim am Rhein stammenden Mann, der mit einer »Deutschblütigen« verheiratet war; er fiel kurz vor Kriegsende im Saarland.[66]

TEIL IV

Nach der Katastrophe

Täter und Opfer

Bei Kriegsende war die Zigeunerbevölkerung in Deutschland und Österreich im Vergleich zu den dreißiger Jahren erheblich geschrumpft. Von den mehr als 13 000 Zigeunern, die aus dem Reich nach Auschwitz deportiert worden waren, dürften über 90 Prozent ums Leben gekommen sein. Die 5000 nach Litzmannstadt verschleppten österreichischen Zigeuner waren entweder im Ghetto verendet oder in den Gaswagen von Chelmno ermordet worden. Die Überlebenden waren von den Qualen des Lagerlebens traumatisiert und nicht nur völlig mittellos, sondern auch zutiefst demoralisiert. Der Alltag im Konzentrationslager hatte gegen grundlegende Sitten und Gebräuche der Zigeuner verstoßen, etwa gegen die rituelle Reinheit oder das Verbot, sich in der Öffentlichkeit nackt zu zeigen. Viele Ältere, die Vorbilder gewesen waren, lebten nicht mehr. Wer sterilisiert worden war, hatte sein Selbstwertgefühl eingebüßt, denn die Stellung von Zigeunern hing sowohl innerhalb der Familie als auch in der größeren Gemeinde weitgehend von der Zeugungs- beziehungsweise Gebärfähigkeit ab. Und um alles noch schlimmer zu machen, wurde den Zigeunern von den neuen Behörden oft die gleiche Behandlung zuteil, die sie vor und in den ersten Jahren der NS-Herrschaft erfahren hatten.

Fortgesetzte Schikanen

Viele befreite Zigeuner kamen zunächst in Lagern für Verschleppte (Displaced persons) unter oder wurden gezwungen, in jenen städtischen Zigeunerlagern zu wohnen, aus denen sie deportiert worden waren. Andere konnten sich Pferde beschaffen und nahmen ihr Wanderleben wieder auf, und bald wurden wieder die gleichen alten Anschuldigungen gegen sie laut. Am 26. Januar 1946 beklagte sich die Kripo von Hannover bei der Militärregierung, die in der Region lebenden Zigeuner verstärkten zusammen mit »asozialen« und »arbeitsscheuen Elementen« die auf dem Lande »herrschende Unsicherheit in steigendem Maße«. Für Zigeuner seien »besondere Maßnahmen erforderlich, da der Kriminalitätsanteil dieses Volkstums ... erfahrungsgemäß besonders hoch« sei. Insbesondere ersuchte die Polizei um die Erlaubnis darum, Zigeuner zur erkennungsdienstlichen Behandlung festhalten zu dürfen.[1] Als einige Monate später über den Entwurf eines Gesetzes gegen Gewohnheitsverbrecher diskutiert wurde, erklärte die Polizei, Maßnahmen wie die Sonderüberwachung seien keine Erfindung der Nationalsozialisten gewesen; mit ihnen seien nur seit langem von der Polizei aufgestellte Forderungen erfüllt worden: »Neu war lediglich die Einführung der Vorbeugungshaft und ihr Vollzug in Konzentrationslagern.«[2]

Am 7. Juni 1946 entschied der Alliierte Kontrollrat, dass Zigeuner unter dem Schutz der Militärregierung stünden und nicht wegen ihrer Rasse besonderen Kontrollmaßnahmen unterworfen werden dürften. Unter anderem auf diese Entscheidung gestützt, beschlossen Kripovertreter der britischen Zone ein Jahr später, dass es nicht zulässig sei, Personen zur erkennungsdienstlichen Behandlung festzuhalten.[3] Doch damit war die Kontroverse nicht beendet. Am 28. Februar 1948 schimpfte die Lüneburger Kripo über die »unstet im Lande umherziehenden Zigeuner, die sich hauptsächlich von Diebstahl, Betrug und Bettelei« ernährten und »auch heute wieder insbesondere für das flache Land eine große Plage« darstellten. Die Polizei sei nicht in der Lage, die Situation unter Kontrolle zu halten, da viele dieser Zigeuner Bescheinigungen besäßen, die sie als ehemalige KZ-Häftlinge auswiesen.[4]

Ähnliches war auch in anderen Teilen Deutschlands zu hören. So beklagte sich die Polizei von Buchen in Baden im Juli 1946 bei ihrem Landrat darüber, dass mehr Zigeuner durch die Gegend zögen als jemals zuvor: »Sie leben von Bettel und stehlen, was ihnen unter die Finger kommt.« Weder Obst noch Gemüse oder Hühner seien vor ihnen sicher. Außerdem träten sie arrogant auf und behaupteten, da sie von den Nationalsozialisten verfolgt worden seien, hätte die Polizei nicht das Recht, ihnen Vorschriften zu machen. Der Landrat leitete die Beschwerde an die Militärregierung weiter, und schließlich nahm sich die Regierung von Baden der Sache an. In einer Verfügung des Innenministeriums wurde betont, dass der Erlass vom 8. Dezember 1938 über die »Zigeunerplage« nicht mehr angewendet werden könne, da er darauf abgezielt habe, die Zigeuner aus rassischen Gründen zu unterdrücken. Andererseits könnten Maßnahmen gegen »Landfahrer« ergriffen werden, die sich konkrete Vergehen hätten zuschulden kommen lassen, etwa eine fehlende polizeiliche Anmeldung, Bettelei, Landstreicherei, Wahrsagerei und so weiter.[5]

Auch in Bayern wurden unter dem neuen Etikett des Schutzes vor »Landfahrern« die alten Mittel angewandt. Am 28. November 1947 hatte die Militärregierung das bayerische »Gesetz zur Bekämpfung von Zigeunern, Landfahrern und Arbeitsscheuen« von 1926 außer Kraft gesetzt, doch am 14. Oktober 1953 nahm der bayerische Landtag eine neue »Landfahrerordnung« an. Zwar tauchte das Wort »Zigeuner« in dem Regelwerk nicht auf, aber die »Landfahrer« wurden soziologisch als jene verstanden, die infolge eines »eingewurzelten Hangs zum Umherziehen oder aus eingewurzelter Abneigung gegen eine Seßhaftmachung« über Land zogen. Inhaltlich lehnten sich die neuen Bestimmungen eng an das Gesetz von 1926 an: Landfahrer brauchten Genehmigungen für das Umherziehen, für den Besitz von Pferden und Hunden, für das Lagern an bestimmten Orten und dergleichen mehr.[6]

Andere deutsche Länder erließen zwar keine Gesetze, aber die Polizei hielt sich in der Praxis an die gleichen Grundsätze. Zur Rechtfertigung wurde darauf hingewiesen, dass die bayerische Landfahrerordnung zu einem erhöhten Zustrom von vorbestraften »Landfahrern« geführt habe. Ein niedersächsischer Gesetzentwurf von 1954 wurde damit begründet, dass ein Land, das keine Schritte zur Lösung dieses Problems unternehme, zum Magneten für kriminelle »Landfahrer« aus ganz Deutschland würde. »Landfahrer« seien eine »wahre Landplage« geworden. Sie lebten von Bettelei, Diebstahl, Betrug und Wahrsagerei, und auf der Grundlage der bestehenden Gesetze könne die Polizei nicht gegen sie vorgehen, zumal die »Landfahrer« begonnen hätten, sich zu motorisieren. Das vorgeschlagene Gesetz, so wurde betont, diskriminiere niemanden wegen seiner Nationalität oder Rasse. Deshalb werde der rassisch neutrale Begriff des »Landfahrers« benutzt, der natürlich auch auf Zigeuner angewandt werden könne.[7] Eine ähnliche Debatte fand 1956 in Hessen statt.

Vor allem in der Kriminalpolizei waren Stimmen laut geworden, die eine neue zigeunerfeindliche Gesetzgebung forderten. In Bayern hatte man bereits 1946 eine Abteilung für »Zigeunerfragen« geschaffen, die später in Landfahrerzentrale umbenannt wurde und nicht nur auf die Akten der früheren Münchener Zigeunerzentrale zurückgreifen konnte, sondern auch einen Teil von deren Personal übernahm. Josef Eichberger beispielsweise hatte bis 1939 in der Münchener Zigeunerabteilung gearbeitet, bevor er ins RKPA versetzt wurde, wo er wesentlich an der Organisation der Deportationen von Zigeunern mitwirkte.[8] Insbesondere zwei Beamte, die beide auf eine lange Karriere im Dritten Reich zurückblicken konnten, versuchten mit deutlichen Worten die Aufmerksamkeit auf das »Zigeunerproblem« zu lenken: Rudolf Uschold, der dem RSHA in Berlin angehört hatte, und Hans Eller, der an den Deportationen aus Bayern beteiligt gewesen war.

In einem 1951 in einer Polizeizeitschrift veröffentlichten Artikel erklärte der Zigeunerexperte Uschold, 70 Prozent der in Deutschland lebenden Landfahrer seien »Zigeunermischlinge« und nur 20 Prozent »reinrassige Zigeuner«. Aber sie alle seien weitgehend kriminell und asozial. Während die »reinrassigen« Sinti kleinere Vergehen wie Wahrsagerei, Bettelei und Diebstahl von Holz oder Hühnern begingen, fänden sich unter Zigeunermischlingen und Jenischen viele Gewohnheits- und Berufsverbrecher. Das NS-Regime, gestand Uschold ein, habe »radikale« Mittel zur Lösung der »Zigeunerfrage« eingesetzt, und einige Fanatiker hätten versucht, die Zigeuner mit »unmenschlichen Methoden« zu vernichten. Aber diese Verfolgungsmaßnahmen hätten »zur Lösung des Zigeunerproblems nicht beigetragen«. Dies zeige sich am kriminellen Verhalten der Zigeuner nach dem Krieg, das durch eine deutlich gestiegene Anzahl von Straftaten gekennzeichnet sei. Viele von ihnen zögen weiterhin unter falschem Namen umher und mieden unter Hinweis darauf, dass sie aus rassischen Gründen verfolgt worden seien, jede Arbeit. Zudem kämen Zigeuner aus anderen europäischen Staaten nach Deutschland. Man brauche eine für ganz Deutschland zuständige Zentrale für das »Zigeunerproblem«, ein Gesetz gegen »Asoziale«, strengere Kontrollen von »Landfahrern« und eine bessere internationale Zusammenarbeit. Er wolle Zigeuner mit seinen Ausführungen nicht diskriminieren, versicherte Uschold, sondern lediglich deutlich machen, dass sie in ihrer Mehrheit »asozial« oder »kriminell veranlagt« seien.[9]

Eller, ebenfalls ein Veteran der bayerischen Kripo, ging in einem 1954 in einer kriminologischen Zeitschrift publizierten Artikel noch einen Schritt weiter, indem er nicht nur befand, die zigeunerfeindlichen Maßnahmen des NS-Regimes hätten das »Problem« nicht gelöst, sondern auch behauptete, sie seien nicht Ausdruck einer »rassischen Verfolgung« gewesen. Zigeuner seien aufgrund ihrer »teils asozialen, teils kriminellen Lebensweise« in Konzentrationslager eingewiesen worden. 1943 seien ganze Familien in die Lager geschickt worden, doch es sei nicht feststellbar, wie viele Zigeuner dort gestorben seien und unter welchen Umständen dies geschehen sei. Bekannt sei, dass viele von ihnen Epidemien zum Opfer fielen, »die zum Teil auf die mangelhafte Unterbringung in den Lagern, zum Teil aber auch auf die persönliche und angeborene Unsauberkeit der Betroffenen selbst zurückzuführen« seien. Schätzungsweise sechzig Prozent der Zigeuner seien »kriminell veranlagt«. Mit seinem Artikel, fügte Eller hinzu, wolle er seine Kollegen außerhalb Bayerns auf diese »eigenartige Gruppe« aufmerksam machen, da jetzt viele von ihnen aufgrund der neuen Landfahrerordnung Bayern verließen.[10]

Erst im Zuge der Veränderungen des politischen Klimas in den sechziger Jahren wurden viele Sonderbestimmungen für Zigeuner und die für ihre Umsetzung gebildeten Institutionen abgeschafft. Im März 1965 wurde die bayerische Landfahrerzentrale aufgelöst, und im Juli 1970 wurde die Landfahrerordnung außer Kraft gesetzt. In Baden-Württemberg wurde im Oktober 1971 die Zentralkartei zur Bekämpfung von Landfahrerdelikten geschlossen. Seit den siebziger Jahren kann das Verhalten von Zigeunern oder Landfahrern in den deutschen Ländern nicht mehr zum Gegenstand gesonderter statistischer Erhebungen gemacht werden, obwohl die Polizei weiterhin Informationen über Personen »mit häufig wechselndem Aufenthaltsort« sammelt. Von manchen wird eingewandt, diese Veränderungen seien rein kosmetischer Art, denn aufgrund neuer Technologien könne man heute auf die groben Überwachungs- und Kontrollmethoden früherer Zeiten verzichten.[11] Andererseits klagt die Polizei gelegentlich darüber, dass umherziehende Zigeuner und organisierte Banden krimineller Zigeuner weiterhin ein Problem darstellten und die neuen Bestimmungen über das Sammeln von Informationen die Möglichkeiten der Verbrechensbekämpfung beschnitten.[12]

336

Verweigerte und verzögerte Wiedergutmachung

In den ersten Nachkriegsjahren wurden die meisten Wiedergut-machungsanträge von Zigeunern abgelehnt. Dies geschah zum Teil auf der Basis von Argumenten, die nicht den Tätern, son-dern den Opfern die Schuld an dem gaben, was ihnen widerfah-ren war. In den nachfolgenden Gerichtsverfahren traten als Gut-achter häufig dieselben Beamten auf, die im Dritten Reich die Deportationen organisiert hatten. Als Rosa M. eine Entschädi-gung für ihre Haft im KZ Auschwitz beantragte, hielt die Mün-chener Landfahrerzentrale ihr vor, sie sei, weil sie Wahrsagerei betrieben habe, als »asoziale, wenn nicht gar kriminelle Zigeu-nerin« in das Lager eingewiesen worden. Daher habe sie kein Anrecht auf Entschädigung. Der Bescheid war von Georg Geyer unterzeichnet, der zu der Zeit, als M. nach Auschwitz deportiert wurde, bei der Münchener Kripo gewesen war. M. erhielt schließlich 1967 eine einmalige Abfindung in Höhe von 1500 Mark; eine Rente wurde ihr erst 1987 gewährt, über vierzig Jahre nach ihrer Befreiung.[13]

Nach dem 1953 verabschiedeten und 1965 letztmalig novel-lierten Entschädigungsgesetz der Bundesrepublik stand jedem eine Entschädigung zu, der »wegen seiner gegen den National-sozialismus gerichteten politischen Überzeugung, aus Gründen der Rasse, des Glaubens oder der Weltanschauung ... durch na-tionalsozialistische Gewaltmaßnahmen verfolgt worden« war.[14] Von Zigeunern hieß es, sie fielen in keine dieser Kategorien. Ihr »asoziales« Verhalten, urteilte der Bundesgerichtshof im Jahr 1956, sei bereits vor 1933 Anlass für Gesetze und Verordnungen zur Kontrolle solchen Benehmens gewesen. Die in den ersten Jahren des NS-Regimes verkündeten Erlasse hätten zwar rassis-tisches Gedankengut enthalten, seien aber im Wesentlichen polizeiliche Maßnahmen zur Verbrechensverhütung und zur Förderung der öffentlichen Sicherheit gewesen. Erst der Ausch-witz-Erlass vom Dezember 1942 markiere eine entscheidende Wendung in der Zigeunerpolitik des Dritten Reichs. Deshalb seien nur die aufgrund dieses Erlasses Deportierten entschädigungsberechtigt.[15]

Die Annahme, dass es grundlegende Kontinuitäten in der Zigeunerpolitik vor und nach 1933 gegeben habe, trifft zweifellos zu. Doch der Versuch, von den Nationalsozialisten eingeführte Regelungen damit zu legitimieren, dass sie auf der Grundlage von Gesetzen und Verordnungen aus der Zeit vor ihrer Machtergreifung beschlossen worden waren, war erbärmlich und beklagenswert. Selbst bei einer außergewöhnlich hohen Kriminalitätsrate in einer bestimmten Bevölkerungsgruppe hätte dieses Urteil – ebenso wie das bayerische Zigeunergesetz von 1926 und ähnliche Regelungen – den Rechtsgrundsatz verletzt, dass man nicht die gesamte Gruppe diskriminieren darf, nur weil Einzelne daraus sich etwas hatten zuschulden kommen lassen. All diese Gesetze unterstellten den Zigeunern grundsätzlich einen unredlichen Lebenswandel, eine Auffassung, die mehr mit Vorurteilen als mit Tatsachen zu tun hatte, und die restriktiven Bestimmungen galten für jeden, ungeachtet seines individuellen Verhaltens. Darüber hinaus verdienten nicht einmal hart gesottene Schwerverbrecher – von »Arbeitsscheuen« oder wegen geringfügiger Vergehen Vorbestraften ganz zu schweigen – eine Behandlung, die ihnen ein ordentliches Gerichtsverfahren vorenthielt und sie der Hölle der Konzentrationslager aussetzte. Dass Überlebende dieser Lager kein Anrecht auf Entschädigung haben sollten, weil sie als »Asoziale« oder aus Gründen der Verbrechensvorbeugung dort eingesperrt worden waren, war faktisch irrelevant und moralisch verwerflich.

Sogar die Deportation ins Generalgouvernement im Jahr 1940 wurde als Maßnahme angesehen, die außerhalb der Parameter des Entschädigungsgesetzes lag. Noch 1961 entschied ein Gericht in München, diese »Umsiedlung« sei nicht aus rassischen Gründen, sondern aufgrund von militärischen Sicherheiterwägungen erfolgt und die Internierung in den verschiedenen Lagern nicht als »Freiheitsentziehung« im Sinne des Entschädigungsgesetzes zu werten.[16] Auch dieses Urteil war angreifbar, denn wie bereits erwähnt, war die Deportation von 1940 Teil eines größeren Plans, der vorsah, alle deutschen Zigeuner innerhalb eines Jahres aus dem Reich zu entfernen; die Sicherheitsfrage stellte lediglich eine nachträgliche Rationalisierung dar. Zudem übernahm das Gericht ungeprüft die alte Falschmeldung, Zigeuner neigten zur Spionage. Doch auch dieser Vorwurf hätte es kaum gerechtfertigt, eine ganze Volksgruppe zu entwurzeln und zu vertreiben.

Im Dezember 1963 revidierte der Bundesgerichtshof endlich seine Entscheidung von 1956 und räumte ein, dass die rassische Verfolgung der Zigeuner spätestens mit dem Erlass vom Dezember 1938 begonnen hatte, mit dem unter anderem die Erfassung und Untersuchung aller Zigeuner nach rassischen Gesichtspunkten verfügt worden waren.[17] Doch damit waren die Schwierigkeiten für Zigeuner, die eine Entschädigung verlangten, nicht beseitigt. Aus Scham, oder weil sie argwöhnten, die neuerliche Durchleuchtung ihres Lebens würde für sie wiederum schmerzliche Konsequenzen haben, fiel es vielen Überlebenden schwer, über ihre Erlebnisse in den Lagern zu sprechen. Die Folge war, dass sie Termine verstreichen ließen oder unvollständige Anträge abgaben. Viele waren Analphabeten und wussten nichts von der Möglichkeit, Entschädigungszahlungen zu erhalten; manche wurden auch von Rechtsanwälten ausgebeutet, die ihre Interessen hätten vertreten sollen. Hinzu kam, dass die Behörden »Zigeunerehen« nicht anerkannten, so dass Überlebende die Ansprüche ihrer in den Lagern verstorbenen Ehepartner nicht anmelden konnten. Und Ärzte, die Gesundheitsschäden begutachten mussten, standen den Zigeunern häufig alles andere als freundlich gegenüber und benutzten in ihren Gutachten Formulierungen, die zur Ablehnung der Entschädigungsanträge führten.

Wer für eine Zwangssterilisation Entschädigung einforderte, blieb lange Zeit erfolglos. Der Eingriff, so wurde argumentiert, habe in keiner Weise die Fähigkeit der Antragsteller beeinträchtigt, sich ihren Lebensunterhalt zu verdienen. Sie hätten daher kein Anrecht auf Entschädigung. Viele Sterilisierte litten zwar unter schweren psychischen Störungen, doch die waren schwer zu beweisen.[18] Erst im Dezember 1980 erkannte die Bundesregierung den Opfern von Zwangssterilisationen eine einmalige Abfindung von 5000 Mark zu. Im März 1988 beschloss sie neue Richtlinien für Härtefälle, nach denen Zwangssterilisierte zusätzliche Hilfsleistungen erhalten können, wenn sie gesundheitliche Schäden und eine Minderung der Verdienstmöglichkeiten um mindestens fünfundzwanzig Prozent nachweisen können.[19] Dass der Bundestag am 28. Mai 1998 sämtliche von den Nationalsozialisten verfügten Sterilisationsanordnungen aufhob, war ein moralischer Sieg, kam aber für viele Opfer zu spät.

Die Rolle von Arthur Nebe

Keiner der Hauptverantwortlichen für die an Zigeunern verübten Verbrechen konnte vor Gericht zur Rechenschaft gezogen werden. Heydrich erlag am 4. Juni 1942 den Verletzungen, die ihm am Tag zuvor bei einem Bombenattentat tschechischer Widerstandskämpfer beigebracht worden waren. Himmler entging den Richtern, indem er am 23. Mai 1945, zwei Tage nach seiner Festnahme, Selbstmord verübte. Arthur Nebe war am 3. März 1945 wegen seiner Beteiligung am Militärputsch gegen Hitler im Juli 1944 gehängt worden. Als Chef des RKPA hatte er eine führende Rolle bei der Formulierung der Zigeunerpolitik gespielt. Andererseits ist er aufgrund seiner Verbindung zum Widerstand eine der rätselhaftesten Figuren in der Führungsschicht des NS-Regimes gewesen.

1894 als Sohn eines Lehrers in Berlin geboren, hatte Nebe ursprünglich Pfarrer werden wollen, fiel aber durchs Abitur. Nach dem Ersten Weltkrieg, in dem er Auszeichnungen erworben hatte, konnte er zunächst keine Arbeit finden, bis er 1922 bei der Berliner Kriminalpolizei unterkam. Der NSDAP schloss er sich 1931 an, und bald darauf nahm seine steile Karriere ihren

Anfang. 1935 wurde er zum Chef der preußischen Kriminalpolizei ernannt, und zwei Jahre später gelangte er an die Spitze des RKPA. In dieser Stellung avancierte er zum Generalleutnant der Polizei und SS-Gruppenführer, womit er nur einen Dienstgrad unter SD-Chef Heydrich stand. 1941 diente er als Kommandeur einer Einsatzgruppe in Russland, die für den Tod von über fünfundvierzigtausend Juden verantwortlich war. Nach dem Scheitern des Putsches gegen Hitler, in den er verwickelt gewesen war, tauchte Nebe unter, wurde aber von einer eifersüchtigen Geliebten verraten, im Januar 1945 verhaftet und im März darauf hingerichtet.[20] Wer war Nebe wirklich?

Nach 1945 haben sowohl mehrere seiner Kollegen als auch Historiker, die sich mit dem Dritten Reich befassen, Nebe als einen Mann dargestellt, der vor allem Polizeibeamter war und, von Hitler enttäuscht, zu einem entschlossenen, grundsätzlichen Gegner des NS-Regimes wurde. Laut seinem guten Freund und Kollegen bei der preußischen Polizei Hans Gisevius glaubte Nebe 1933 noch an Hitler, bekam aber bald darauf Zweifel. Seine Tätigkeit als Kommandeur einer Einsatzgruppe wurde in Gisevius' Erinnerung zu einem »kurzen Frontkommando«,[21] doch etwa zwanzig Jahre später, als Nebes Rolle als Befehlshaber einer von Heydrichs mobilen Tötungseinheiten allgemein bekannt geworden war, änderte er seine Darstellung. In einem 1966 veröffentlichten Buch mit Erinnerungen an Nebe berichtete Gisevius, sein Freund habe die Berufung zunächst nicht annehmen wollen, sie dann auf Drängen der führenden Widerständler Hans Oster und Ludwig Beck, die ihn in einer Schlüsselposition im SS-Apparat haben wollten, aber doch akzeptiert. Im Großen und Ganzen habe Nebe zu den unabhängig operierenden Kommandos, die unter seinem Befehl standen, Distanz halten können, und was die fünfundvierzigtausend Juden angehe, die während seiner Dienstzeit von seiner Einsatzgruppe ermordet worden sein sollen, so habe er in seinen Meldungen nach Berlin die Resultate seiner Tätigkeit übertrieben, indem er einfach eine Null an die Zahl der tatsächlich Erschossenen anhängte.[22]

Und das ist nicht der einzige Bericht dieser Art. So zeichnet Fabian von Schlabrendorff, der bei der Heeresgruppe Mitte diente, der Nebes Einsatzgruppe B zugeordnet war, diesen in seinem Buch über den militärischen Widerstand gegen Hitler als jemanden, bei dem sich »unter der Maske des SS-Führers ein entschlossener Antinazi verbarg«. So sei es ihm gelungen, eine große Anzahl Russen vor dem sicheren Tod zu retten, und viele der Tötungsaktionen hätten ohne sein Wissen stattgefunden.[23] Ähnlich sehen es Peter Hoffmann, Harold C. Deutsch und Allen Dulles.[24]

Nebe hat den konspirierenden Militärs erwiesenermaßen Informationen geliefert und ihnen auch auf andere Weise geholfen, wenngleich der Zeitpunkt und die Motive seiner Unterstützung unklar sind. Andererseits gibt es kaum Belege für die Behauptung seiner Freunde, er hätte den Dienst als Kommandeur der Einsatzgruppe B nur widerstrebend angetreten und geleistet. Vielmehr war er der einzige Einsatzgruppenleiter, der sich freiwillig für diesen Posten gemeldet hatte. Heinz Höhne unterstellt Nebe ein opportunistisches Motiv: Der RKPA-Chef habe geglaubt, »sich durch zackiges Melden zum Osteinsatz die Spange zum Eisernen Kreuz Erster Klasse und die stets ein wenig unsichere Sympathie Heydrichs erwerben zu können«.[25] Auch wenn er, wie Höhne weiter schreibt, anfangs nicht gewusst haben sollte, dass er sich für einen der größten Massenmorde der Geschichte zur Verfügung stellte, muss ihm die wahre Natur seines Auftrags spätestens kurz vor dem Überfall auf die Sowjetunion klar geworden sein, als die Kommandeure der Einsatzgruppen ihre Befehle erhielten. Während mehrere seiner Kollegen im RSHA sich dem Dienst in dieser Tötungsmaschinerie entziehen konnten oder nach kurzer Zeit von ihm entbunden wurden, blieb Nebe monatelang auf seinem Posten. Franz Six, einer von denen, die ein Schlupfloch gefunden hatten, sagte nach dem Krieg aus: »Man konnte zumindest versuchen, von einer Einsatzgruppe wegversetzt zu werden. Auf jeden Fall wurde niemand deshalb erschossen.«[26]

Und es gibt weitere Einwände. So ist auch die Behauptung, Nebe habe die Zahl der ermordeten Juden übertrieben, wahrscheinlich unzutreffend. Im Einsatzgruppenprozess scheiterte die Verteidigung mit dem Versuch, die Verlässlichkeit der nach Berlin geschickten Ereignismeldungen in Zweifel zu ziehen,[27] und anhand der Bevölkerungszahlen lässt sich nachvollziehen, dass die gemeldeten Zahlen trotz gelegentlicher Ungenauigkeiten nur allzu korrekt wieder geben, welch entsetzlichen Blutzoll die sowjetischen Juden zahlen mussten. Rudolf-Christoph von Gersdorff, der Nebe 1941 während dessen Dienstzeit in Russland kennen gelernt und für einen anständigen Menschen gehalten hatte, berichtet mit Bedauern, dass Nebe offenbar nicht ehrlich zu ihm gewesen war, denn in den Kriegsverbrecherprozessen, in denen er nach dem Krieg als Gutachter aussagte, musste er erfahren, dass Nebe dem RSHA Erschießungen gemeldet hatte, die er ihm und anderen Freunden gegenüber geleugnet hatte.[28] In einer Meldung vom 13. Juli 1941 berichtete Nebe: »In Grodno und Lida sind zunächst in den ersten Tagen nur 96 Juden exekutiert worden. Ich habe Befehl gegeben, daß hier erheblich zu intensivieren sei.«[29] Laut Otto Bradfisch, dem Kommandeur des zur Einsatzgruppe B gehörenden Einsatzkommandos 8, war Nebe stets geneigt, die von Heydrich und Himmler kommenden Anweisungen so weitreichend wie möglich auszulegen.[30]

Als Himmler einmal Minsk besuchte, bat er Nebe, eine Gruppe von hundert Personen erschießen zu lassen, um einen Eindruck davon zu erhalten, wie die »Liquidierungen« abliefen. Nebe gehorchte. Bis auf zwei waren alle Opfer Männer. Nach der Erschießung erfuhr Himmler, der ihr mit sichtlicher Nervosität zugesehen hatte, von SS-Obergruppenführer Erich von dem Bach-Zelewski, einem der drei HSSPF, die für die Tötungsoperationen in den eroberten sowjetischen Gebieten zuständig waren, dass solche Massenexekutionen für die Männer der Erschießungskommandos eine schwere Bürde seien. Daraufhin hielt Himmler eine Rede, in der er ihnen erklärte, warum dieses »blutige Handwerk« notwendig sei, obwohl es jedem zutiefst zuwider war. Nach seiner Rede besichtigte er mit Nebe, von dem Bach-Zelewski und dem Chef von Himmlers Persönlichem Stab, Karl Wolff, eine Irrenanstalt, wo er anordnete, die Insassen so schnell wie möglich zu töten. Außerdem forderte er Nebe auf, über humanere – das heißt für die Ausführenden weniger belastende – Tötungsmethoden als das Erschießen nachzudenken. Nebe bat daraufhin darum, im Falle der Geisteskranken Sprengstoff ausprobieren zu dürfen. Von dem Bach-Zelewski und Wolff sollen eingewandt haben, die Kranken seien doch keine Versuchskaninchen, aber Himmler entschied sich für das Experiment.[31]

Der Aussage mehrerer Zeugen zufolge beorderte Nebe daraufhin im September den Leiter der chemischen Abteilung des Kriminaltechnischen Instituts des RKPA, Albert Widmann, mit zweihundertfünfzig Kilogramm Sprengstoff und mehreren Schläuchen für die Ableitung von Abgasen nach Minsk. Himmler, eröffnete Nebe dem Chemiker nach dessen Ankunft, habe den Befehl erteilt, die unheilbaren Geisteskranken in Russland der Euthanasie zuzuführen und eine andere Tötungsmethode als das Erschießen zu entwickeln. Sie würden daher Versuche mit Sprengstoff und Gas durchführen. Am Nachmittag des darauf folgenden Tages fuhren Nebe, Widmann und ein Sprengstoffexperte zu einem etwa fünfzehn Kilometer von Minsk entfernt gelegenen Ort, wo zwei Holzbunker vorbereitet worden waren. Nachdem in einem von ihnen Sprengstoff angebracht worden war, wurden vierundzwanzig Geisteskranke hineingeführt. Nebe gab das Signal für die Sprengung, doch die Explosion war zu schwach, um alle zu töten. Mehrere Opfer liefen blutüberströmt und laut schreiend aus dem Bunker. Daraufhin wurde erneut Sprengstoff ausgelegt; dann trieb man die Verwundeten wieder in den Bunker, und eine zweite Explosion erledigte die grausige Arbeit. Diesmal blieb es still im Bunker, und an den umgebenden Bäumen konnte man Leichenteile hängen sehen.[32]

Zwei Tage später führten Nebe und Widmann im Irrenhaus von Mogilew einen Versuch mit Kohlenmonoxid durch. Dazu wurde ein Raum im Erdgeschoss bis auf zwei Öffnungen für Rohre zugemauert. Hieran wurde zunächst nur ein Personenwagen angeschlossen, doch dieser produzierte nicht genug Gas, und so holte man noch einen Lastwagen dazu. Es dauerte etwa fünfzehn Minuten, bis die fünf Patienten, die man zuvor in den Raum gebracht hatte, tot waren. Nebe und Widmann kamen zu dem Schluss, dass Tötungen mit Sprengstoff nicht praktikabel waren, während sich Abgase als vielversprechende Methode erwiesen hatten. Nebe berichtete Himmler über die Ergebnisse der Versuche.[33]

Am 25. September 1941 hielt Nebe im Rahmen eines Kurses über die Partisanenbekämpfung einen Vortrag mit dem Titel »Die jüdische Frage unter besonderer Berücksichtigung der Partisanenbewegung«. Der Inhalt ist zwar nicht überliefert, aber da die Nationalsozialisten Juden und Partisanen für gewöhnlich gleichsetzten, kann man sich die tödliche »Lehre«, die Nebe bei dieser Gelegenheit weitergab, mühelos vorstellen. Bestandteil des Kurses war auch die praktische Demonstration einer Suche nach Verdächtigen, die in einem südlich von Mogilew gelegenen Ort stattfand. Da man keine Partisanen fand, endete die Vorführung mit der Ermordung von zweiunddreißig Juden.[34]

Nebes Name erschien auf vielen Erlassen und Rundschreiben des RKPA zur »Zigeunerfrage«. Wie bereits erwähnt, hatte er Eichmann im April 1939 gedrängt, die Berliner Zigeuner zusammen mit den Juden nach Nisko zu deportieren. Einen Hinweis darauf, was er wirklich über die Zigeuner dachte, liefert ein kurzer Aktenvermerk, der in einer Korrespondenz zwischen Himmler und Reichsarzt Grawitz erwähnt wurde. Im Mai 1944 hatte Himmler Grawitz gebeten, ihm mitzuteilen, wen er als Versuchspersonen für gewisse Experimente im KZ Dachau für am besten geeignet halte. Daraufhin holte Grawitz seinerseits die Meinung von drei Personen ein, darunter die von Nebe, und antwortete Himmler am 28. Juni, der RKPA-Chef habe vorgeschlagen, die »asozialen Zigeunermischlinge« in Auschwitz zu verwenden, unter denen sich Menschen befänden, »die zwar gesund sind, aber für den Arbeitseinsatz nicht in Frage kommen«. Aus dieser Gruppe, so der Vorschlag Nebes, könne man die erforderliche Zahl von Probanden auswählen.[35] Derart entbehrlich waren also in dessen Augen solch »minderwertige Personen« wie die Zigeuner.

Laut Bernd Wehner, einem seiner früheren Untergebenen im RKPA, brüstete sich Nebe vor Heydrich gern mit den Erfolgen der Kripo, um Gestapochef Heinrich Müller zu übertrumpfen, mit dem er in einer erbitterten Dauerfehde gelegen haben soll. Für Wehner war Nebe ein Karrierist, der sich wegen der vielen Verbrechen, in die er verwickelt war, dem Widerstand anschloss. Angesichts der absehbaren militärischen Niederlage habe er Schutz gesucht.[36] Dieses Urteil entspricht vermutlich der Wahrheit. Nebes grauenhafte Tätigkeit als Kommandeur der Einsatzgruppe B lässt sich ebenso schwer ignorieren wie seine Bereitschaft, Geisteskranke und Zigeuner zu menschlichen Versuchskaninchen zu machen. Und selbst wenn man der Behauptung Glauben schenkt, er habe gleichzeitig den Widerstand unterstützt, bleibt die Frage, wie viele Verbrechen jemand begehen darf, um seine oppositionellen Aktivitäten zu kaschieren und sich die Gunst der Führer eines mörderischen Regimes zu erhalten. Als Nebe Himmler vorschlug, Insassen des Zigeunerlagers in Auschwitz zu den medizinischen Experimenten heranzuziehen, waren es nur noch wenige Wochen bis zum 20. Juli 1944, dem Tag des Putschversuchs gegen Hitler, an dem Nebe beteiligt war. Vielleicht hatte der gerissene SS-Offizier einfach versucht, sich nach allen Seiten hin abzusichern.

Das weitere Ergehen der anderen Verfolger

Einige der Täter aus den unteren Rängen wurden vor Gericht gestellt und verurteilt. Ernst-August König, ein SS-Blockführer im Zigeunerlager in Auschwitz, erhielt für drei Morde lebenslänglich und beging in seiner Zelle Selbstmord.[37] Franz Langmüller, der Kommandant des österreichischen Lagers Lackenbach, wurde wegen Folter und Mord an Insassen zu einem Jahr Gefängnis verurteilt.[38] In einigen anderen Gerichtsverfahren spielten Verbrechen an Zigeunern eine untergeordnete Rolle. So wurden im Prozess gegen die Führer der Einsatzgruppen auch die Morde an Zigeunern erwähnt und einige konkrete Fälle angeführt. Diese Menschen, »die niemand etwas zuleide getan hatten«, hieß es im Urteil, seien »wie Freiwild gejagt« worden.[39] Otto Ohlendorf, der Kommandeur der Einsatzgruppe D, wurde über die Ermordung von Zigeunern befragt, aber es ist nicht bekannt, welche Rolle dieses Verbrechen für den Schuldspruch gegen ihn spielte. General Franz Böhme, der als Militärkommandant in Serbien für die Massenerschießungen von als Geiseln genommenen Zigeunern verantwortlich war, nahm sich selbst das Leben, nachdem er vor einem amerikanischen Militärgerichtshof unter Anklage gestellt worden war.[40] Sein Verwaltungschef, Harald Turner, wurde in Jugoslawien zum Tode verurteilt.[41] Hinrich Lohse, der Reichskommissar Ostland, der die Ermordung umherziehender Zigeuner angeordnet hatte, wurde zu zehn Jahren Haft und Verlust seines Eigentums verurteilt.[42] Friedrich Jeckeln, der Lohse beigeordnete HSSPF, gab zu, Zigeuner erschossen zu haben, und wurde von den Sowjets hingerichtet.[43] Wegen der in Konzentrationslagern durchgeführten medizinischen Experimente an Zigeunern wurden mehrere Ärzte verurteilt.[44] Der Österreicher Tobias Portschy, Verfasser einer bösartigen Schmähschrift gegen Zigeuner und für deren Verfolgung in der Steiermark verantwortlich, erhielt 1950 eine Haftstrafe von fünfzehn Jahren, wurde aber 1957 begnadigt.[45] Adolf Eichmann wurde die Deportation der Zigeuner als Verbrechen gegen die Menschlichkeit zur Last gelegt, und er wurde auch in diesem Punkt für schuldig befunden,[46] obwohl die Beweise der Anklage einer kritischen Prüfung nicht standhalten.

Gegen eine große Anzahl von Kripobeamten, die in die Zigeunerverfolgung verwickelt gewesen waren, sowie gegen Mitarbeiter von Ritters Forschungsstelle wurde zwar ermittelt, aber nie

Anklage erhoben. Viele von ihnen machten nach 1945 Karriere; manche bekleideten verantwortliche Posten in der Politik. Die Kölner Staatsanwaltschaft führte Ermittlungen in sechsundvierzig Fällen durch, jedoch ohne Erfolg: Elf Verdächtige waren verstorben, in dreiundzwanzig Fällen war die Verjährungsfrist abgelaufen, und in zwölf Fällen reichten die Beweise nicht aus. Am 20. Februar 1964 wurde Hans Maly, der eine hohe Stellung im RKPA innegehabt hatte, angeklagt, weil er die Deportation von Zigeunern nach Auschwitz angeordnet hatte. Die Vorbereitungen des Prozesses zogen sich hin, bis sie im Mai 1970 wegen des Gesundheitszustandes von Maly abgebrochen wurden. Er starb am 28. Oktober 1971.[47]

Aus dem gleichen Grund ermittelte die Staatsanwaltschaft Stuttgart 1961 gegen Paul Werner, Nebes Stellvertreter an der Spitze des RKPA. Doch das Verfahren wurde am 9. Dezember 1963 eingestellt. Gemäß der vorherrschenden Rechtsauffassung befand man, dass die Einweisungen von Zigeunern in Konzentrationslager bis Anfang 1943 im Rahmen der »vorbeugenden Verbrechensbekämpfung« und nicht wegen ihrer rassischen Zugehörigkeit angeordnet worden seien. Der Tod von KZ-Insassen sei nicht voraussehbar gewesen, und Werners Beteiligung an der Umsetzung des Auschwitz-Erlasses konnte nicht bewiesen werden.[48] Die Staatsanwälte in diesem Verfahren hatten nach eigener Aussage die Dokumente der Nürnberger Prozesse, das vom Münchener Institut für Zeitgeschichte zusammengetragene Material und andere historische Dokumente studiert und außerdem eine große Anzahl von Zigeunern gehört. Dennoch ist es fraglich, ob sie die Natur des NS-Regimes wirklich verstanden hatten oder bereit waren, die begangenen Unmenschlichkeiten unvoreingenommen wahrzunehmen. Es war beispielsweise absurd anzunehmen, Werner hätte nicht wissen können, wie groß die Wahrscheinlichkeit war, im Konzentrationslager den Tod zu finden.

Im Oktober 1948 begann die Staatsanwaltschaft Frankfurt am Main aufgrund von Anklagen vieler überlebender Zigeuner die

Rolle von Robert Ritter zu untersuchen. Dass er von Bedeutung gewesen war, stand außer Frage. Seine Unterscheidung zwischen »reinrassigen Zigeunern« und »Zigeunermischlingen« sowie seine Behauptung, »Zigeunermischlinge« seien überwiegend »asoziale Elemente«, deren Fortpflanzung verhindert werden müsse, waren Hauptbestandteile der NS-Zigeunerpolitik. Seiner eigenen Darstellung zufolge sollten die von ihm und seinen Mitarbeitern angefertigten Rassengutachten als »wissenschaftliche und praktische Unterlagen für die staatlichen Maßnahmen der Erb- und Rassenpflege« dienen.[49] Die durch seine Forschungen erzielten Einsichten in die rassischen Ursprünge und Eigenschaften der Zigeuner, hatte Ritter 1941 geschrieben, bildeten auch die Grundlage für »Vorbeugungsmaßnahmen der Polizei«,[50] das heißt für die Einlieferung in ein Konzentrationslager. Das »Zigeunerproblem«, schlussfolgerte er, könne nur dann als gelöst betrachtet werden, »wenn das Gros der asozialen und nichtsnutzen [sic!] Zigeuner-Mischlinge in großen Wanderarbeitslagern gesammelt und zur Arbeit angehalten und wenn die weitere Fortpflanzung dieser Mischlingspopulation endgültig unterbunden wird. Nur dann werden die kommenden Geschlechter des deutschen Volkes von dieser Last wirklich befreit sein.«[51]

Nach fast zweijährigen Ermittlungen schloss der zuständige Staatsanwalt den Fall mit der Begründung ab, dass die Beweise für eine Anklage nicht ausreichten. Die Aussagen von Zigeunern, befand er, seien notorisch unzuverlässig. Ritter verstarb am 15. April 1951, knapp ein Jahr nach dieser Entscheidung, und ein Großteil der Dokumente dieses Falls ist nicht mehr vorhanden. Doch verschiedene Punkte sind klar. So ist Ritters Behauptung, er hätte nie den Tod der Zigeuner beabsichtigt, sondern im Gegenteil sogar versucht, eine ungerechte und unmenschliche Behandlung durch »Fanatiker« in der NSDAP zu verhindern,[52] bestenfalls eine Halbwahrheit. Bereits 1935, versicherte er, habe er sich gegen den Plan einiger SS-Führer gewandt, alle Zigeuner auf Schiffe zu verladen und auf hoher See zu ertränken.[53] Aber auch wenn dies zutreffen sollte, kann man das Schicksal, das Ritter für die Zigeuner vorschwebte, kaum als gerecht und menschlich bezeichnen.

Als enger Mitarbeiter Nebes dürfte Ritter an der Ausarbeitung des Auschwitz-Erlasses beteiligt gewesen sein, und obwohl darin die Tötung der Deportierten nicht vorgesehen war, muss sich Ritter im Klaren darüber gewesen sein, dass KZ-Insassen systematisch misshandelt wurden und sich ständig in höchster Lebensgefahr befanden. Erwiesen ist, dass er an der Formulierung der im Januar 1943 erlassenen Regelungen für die Zwangssterilisierung mitgewirkt hat. Beide Schlüsselelemente des Auschwitz-Erlasses passten zu seiner häufig geäußerten Auffassung, dass es notwendig sei, die als »asozial« geltenden »Zigeunermischlinge« zu internieren und zu sterilisieren. Der Hinweis einiger seiner Verteidiger, seine Unterscheidung zwischen »reinrassigen« Zigeunern und »Zigeunermischlingen« hätte die Deportation und Sterilisation zahlreicher Zigeuner verhindert,[54] ist zwar zutreffend, befreit ihn aber nicht von der Mitverantwortung am Leid und Tod Tausender weniger glücklicher Zigeuner und der Zwangssterilisation vieler anderer. Ohne die Rassengutachten, die er praktisch bis Kriegsende unermüdlich ausstellte, wären viele der schlimmsten zigeunerfeindlichen Maßnahmen nicht möglich gewesen.

Auch die Ermittlungen gegen Ritters Mitarbeiter endeten ohne Anklageerhebung. Im Februar 1959 leitete die Staatsanwaltschaft Frankfurt am Main ein Verfahren gegen seine wichtigste Assistentin, Eva Justin, ein, nachdem mehrere Zigeuner sie und andere angezeigt hatten, weil sie Zwangssterilisationen und Deportationen von Zigeunern, die vielfach deren Tod hervorriefen, angeordnet haben sollten. Die Ermittlungen wurden am 12. Dezember 1960 eingestellt, womit Justin von den gegen sie erhobenen Vorwürfen entlastet war. Zwar räumte die Staatsanwaltschaft ein, die von ihr angefertigten Rassengutachten hätten »die Grundlage für die späteren ungesetzlichen Maßnahmen, die den Tod zahlreicher Zigeuner oder deren Sterilisation zur Folge hatten«, gebildet, aber es sei ihr »in subjektiver Hinsicht nicht nachzuweisen, daß sie bei Gutachtenerstattung bereits wußte, oder damit rechnen konnte, daß die ungesetzliche Anordnung vom 29.1.1943 ergehen würde«. Justins Aussage, sie sei davon ausgegangen, dass die Gutachten der Vorbereitung von Gesetzesvorhaben wie einem Zigeunergesetz dienen würden, sei glaubhaft. Außerdem spreche die Tatsache für sie, dass sie damals eine »junge und unerfahrene Frau« gewesen sei, die unter Ritters Einfluss gestanden habe, und dass sie seither ihre Ansichten zur »Zigeunerfrage« revidiert habe.[55]

Wie im Fall Ritters ignorierte die Staatsanwaltschaft auch hier, dass die von Justin und ihren Kollegen angefertigten Rassengutachten schon vor 1943 für eine Reihe diskriminierender Vorhaben benutzt worden waren. Tatsächlich stellte nach einer Entscheidung des Bundesgerichtshofs die bloße Praxis, Menschen zwangsweise einer rassischen Untersuchung zu unterziehen, eine auf der nationalsozialistischen Rassenlehre beruhende rechtswidrige Ausübung der Staatsmacht und einen unerlaubten Eingriff in die persönlichen Grundrechte dar.[56] Darüber hinaus gibt es Hinweise darauf, dass Justin nicht einfach nur eine unerfahrene junge Frau war, die von ihrem Vorgesetzten irregeleitet wurde. Viele Überlebende berichten, dass sie während der von ihr vorgenommenen Untersuchungen gedroht habe, ihnen die Haare abzuschneiden, wenn sie nicht die Wahrheit sagten, und dass sie von ihr geschlagen worden seien. Diese Vorwürfe können nicht belegt werden, aber es ist zumindest ein Fall bekannt, in dem Justin rücksichtsloser vorging als die Kripo. Zur Zeit dieses von der Berliner Kripo aufgenommenen Vorfalls war sie dreiunddreißig Jahre alt.

Am 3. Juli 1941 wurde die neunundsechzigjährige deutsche Zigeunerin Helene P. zu einer rassischen Untersuchung in ein Berliner Polizeirevier gebracht. Schon 1939 hatte man festgestellt, dass P. schwerhörig und »nicht mehr im Vollbesitz ihrer geistigen Kräfte« war. Aber Fräulein W., eine Mitarbeiterin von Ritters Forschungsstelle, bestand darauf, dass P. ins Gefängnis

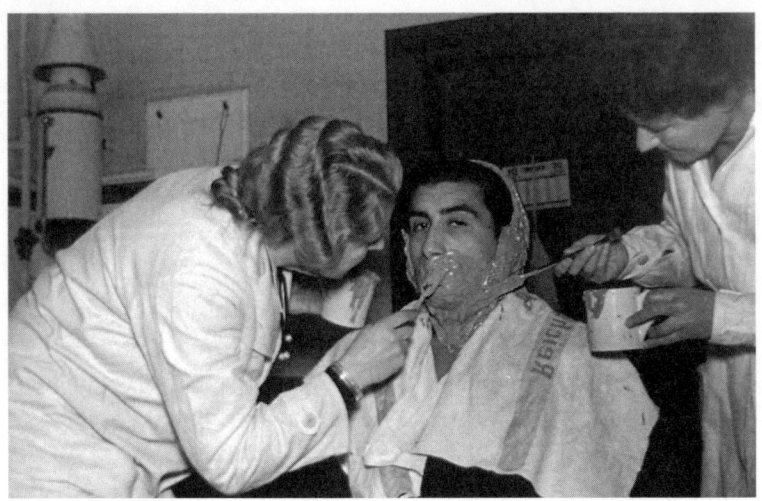

Sophie Ehrhardt bei der Abnahme einer Gipsform vom Gesicht eines Zigeuners.

eingeliefert werde, bis sie die Identität ihres Vaters preisgegeben habe. Damit würde man auch auf die anderen Angehörigen ihrer Sippe Druck ausüben, die, laut W., falsche Aussagen gemacht hatten. Als die Kripobeamten einwandten, P. sei krank und nicht haftfähig – seit ihrer Festnahme hatte sie von einem Arzt mehrere Spritzen erhalten –, mischte sich Justin ein. In einem Telefongespräch verlangte sie, P. »auf jeden Fall« in Haft zu behalten, um Druck auf ihre Sippe auszuüben. Wenn dies nicht geschehe, drohte Justin, werde sie sich ans RKPA wenden. Doch die Polizeibeamten waren nicht so leicht einzuschüchtern. Sie ließen P. durch den Gefängnisarzt untersuchen, und nachdem dieser sie für haftunfähig erklärt hatte, wurde sie am 16. Juli, dreizehn Tage nach dem Beginn dieser Tortur, aus der Haft entlassen.[57]

Justins Ansichten über die Sterilisation von Zigeunern waren noch radikaler als die ihres Mentors. Während Ritter Ausnahmen für »sozial Angepasste« einräumte, bestand Justin darauf, die Frage der Sterilisation der Zigeuner ausschließlich vom

Standpunkt der Rassenhygiene aus anzugehen. Für ihre Anfang 1943 fertig gestellte Dissertation hatte sie 148 »Zigeunermischlinge« aus Württemberg untersucht, die außerhalb ihrer biologischen Familien in Kinderheimen oder bei Pflegeeltern aufgewachsen waren. Ihrem Befund nach hatten diese Kinder ihre »minderwertigen« Rasseneigenschaften behalten. Sie lebten, so Justin, an der Grenze zwischen sozialem und asozialem Verhalten. Ihre Sterilisation sei daher zwingend geboten, ungeachtet dessen, ob sie »sozial angepasst« oder kriminell seien.[58] Sogar der Zigeunerforscher Hermann Arnold, der Ritter und seine Mitarbeiter im Allgemeinen verteidigte, befand es für ungerechtfertigt, einer ausschließlich rassisch definierten Gruppe, ohne jede Berücksichtigung des individuellen Verhaltens, die Sterilisation zu verordnen. Er bezeichnete Justins Auffassung als »inhumane Verirrung«, die durch ihre eugenische Begründung nicht gedeckt sei.[59] Es ist nicht bekannt, ob der Frankfurter Staatsanwalt mit Justins Ansichten vertraut war, als er Ende 1960 das Ermittlungsverfahren gegen sie einstellte. Sie starb am 11. September 1966.

Auch die Anfang der sechziger Jahre und dann noch einmal 1980 und 1981 durchgeführten Ermittlungen gegen Sophie Ehrhardt und Adolf Würth, zwei weitere Mitarbeiter von Ritters Forschungsstelle, denen Beihilfe zum Mord vorgeworfen wurde, endeten ohne Anklageerhebung. Die Begründungen ähnelten denen, die bei Ritter und Justin vorgebracht worden waren.[60] Nach Niederschlagung der Verfahren erklärte Würth in einem Interview, er und Ehrhardt hätten ihre Untersuchungen vorgenommen, »um einen Beitrag zur Anthropologie einer in Deutschland lebenden Minderheit, der Zigeuner, zu leisten«. Da er und Ritter keine Parteimitglieder gewesen seien, hätten sie jedoch »als Tarnung besonders nationalsozialistisch klingende Sätze in [ihre] Arbeiten schreiben« müssen.[61]

Die letzten Ermittlungen über die Tätigkeit von Ritters Forschungsstelle betrafen Ruth Kellermann. Zwar wurden sie am 3. Mai 1989 ebenfalls ohne Anklageerhebung eingestellt, aber sowohl die Staatsanwaltschaft als auch ein Hamburger Gericht, das in diesem Zusammenhang eine einstweilige Verfügung erließ, nahmen eine wesentlich kritischere Haltung gegenüber Ritter und seinen Kollegen ein. Beispielsweise wies der Staatsanwalt die Vorstellung zurück, die Forschungsstelle habe einfach nur wissenschaftliche Forschung betrieben. Vielmehr seien alle dort durchgeführten Arbeiten von der Voraussetzung ausgegangen, dass »Zigeunermischlinge« potenziell kriminelle Elemente darstellten, gegen die etwas unternommen werden müsse. Zudem habe die Forschungsstelle weiterhin Gutachten abgefasst, obwohl man sich im Klaren darüber war, dass sie benutzt wurden, um Zigeuner in Konzentrationslager zu schicken oder Zwangssterilisationen herbeizuführen. Wie die Zeugenaussagen belegt hätten, sei in der Forschungsstelle bekannt gewesen, dass in Auschwitz viele Zigeuner an Unterernährung und infolge furchtbarer hygienischer Verhältnisse starben. Wenn gegen Kellermann keine Anklage erhoben werde, dann nur, weil für Straftaten, die als Resultat ihrer Tätigkeit in der Forschungsstelle angesehen werden könnten, die Verjährungsfrist abgelaufen sei. Wie viel Schuld sie auch auf sich geladen haben mochte, Mord und Beihilfe zum Mord gehörten nicht dazu.[62]

Menschenrechte und eine neue Geschichtsschreibung

Ende der siebziger Jahre hatten sich in der Zigeunergemeinde in Deutschland bedeutende Veränderungen vollzogen. Im Zuge eines seit Jahrzehnten währenden Prozesses war ein Großteil der Zigeuner sesshaft geworden, und lediglich eine kleine Minderheit reiste in den Sommermonaten als Teppichhändler oder Ähnliches umher, überwiegend in motorisierten Wohnwagen. Einige waren erfolgreiche Geschäftsleute oder Freiberufler geworden. Dennoch hielten sie an vielen ihrer Sitten und Gebräuche fest, bevorzugten es weiterhin, nah beieinander zu wohnen, pflegten den Kontakt zu ihren Verwandten und lebten in Großfamilien.

Ende der achtziger Jahre lebten schätzungsweise 45 000 bis 60 000 Zigeuner in Deutschland, etwa doppelt so viele wie vor der NS-Katastrophe. Die meisten zogen es jetzt vor, Sinti und Roma genannt zu werden. Hinzuzuzählen waren darüber hinaus etwa 30 000 Zigeuner, die – überwiegend aus Osteuropa – als Gastarbeiter nach Deutschland gekommen waren.[63] In Österreich sollen damals 19 000 Zigeuner gelebt haben.[64] Wie viele Zigeuner es heute in Deutschland und Österreich genau gibt, ist nicht bekannt. Nach einer 1996 veröffentlichten Schätzung sollen es 100 000 beziehungsweise 25 000 sein.[65]

Die deutschen Zigeuner haben große Fortschritte erlebt, aber viele Probleme sind geblieben. In einem Bericht der Bundesregierung vom Dezember 1982 gehörten nur 10 Prozent der Zigeuner der Mittelschicht an; 15 Prozent lebten von der Sozialhilfe, und 25 Prozent waren arbeitslos. Ganze 35 Prozent waren Analphabeten, und nur 20 Prozent hatten eine abgeschlossene Schulbildung.[66] Vorurteile und Diskriminierung sind nicht verschwunden; neue Nahrung erhalten sie insbesondere durch den Zustrom osteuropäischer Zigeuner, deren Lebensweise häufig von der ihrer deutschen Gastgeber abweicht. In den Medien werden Zigeuner weiterhin als faul, unehrlich und kriminell charakterisiert, und in der Tat zeigen die Kriminalstatistiken der Jahre 1955 bis 1980, dass Zigeuner – mit Ausnahme einer Phase von zwei Jahren – im Vergleich zur Gesamtbevölkerung eine höhere Verhaftungsrate aufweisen; allerdings handelte es sich in den meisten Fällen um kleinere Vergehen wie Diebstahl und Betrug.[67] In den letzten zwei Jahrzehnten war es nicht mehr gestattet, gesonderte Erhebungen über die Anzahl verhafteter Zigeuner anzustellen. Die Bedeutung der vorhandenen Statistiken könnte zudem dadurch geschmälert werden, dass sie nicht Verurteilungen, sondern nur Verhaftungen erfassen. Als Angehörige einer regelmäßig behelligten Gruppe könnten Zigeuner häufig festgenommen worden sein, ohne dass dies eine höhere Kriminalitätsrate anzeigt.[68] Der Zusammenbruch der kommunistischen Regime in Osteuropa im Jahr 1989 führte zu einer Migrationswelle von Menschen, die von den im deutschen Grundgesetz enthaltenen großzügigen Bestimmungen über politisches Asyl zu profitieren versuchten. 1994 lebten sieben Millionen Ausländer in Deutschland, und 127 200 weitere ersuchten um politisches Asyl. Unter den Antragstellern, die als Flüchtlinge anerkannt wurden, befanden sich auch Zigeuner aus Rumänien und dem früheren Jugoslawien. In manchen Großstädten wie Frankfurt am Main, Stuttgart und München übersteigt der Anteil der ausländischen Einwohner die Marke von zwanzig Prozent.[69] Deutschland versteht sich selbst als einen ethnisch definierten Nationalstaat. Die Auffassung, dass nur der Deutscher werden kann, dessen Vorfahren Deutsche waren, ist weit verbreitet und schlug sich bis 1999 auch im Staatsbürgerschaftsgesetz nieder. Daher hat der Zustrom von Ausländern – darunter viele dunkler Hautfarbe – eine Fremdenfeindlichkeit an die Oberfläche gespült, die die ethnische Homogenität Deutschlands erhalten will, und gelegentlich Gewaltakte ausgelöst, denen auch Zigeuner zum Opfer gefallen sind. In Rostock wurden im August 1992 Flüchtlinge aus Osteuropa Ziel eines dreitägigen pogromartigen Überfalls, und am 28. September 1994 kamen bei einem Brandanschlag in Herford zwei Zigeuner aus dem früheren Jugoslawien ums Leben.[70] Auch Österreich hat eine Wiederbelebung zigeunerfeindlicher Ressentiments erlebt. Von den 300 von den Nationalsozialisten aus dem Bezirk Oberwart im Burgenland deportierten Zigeunern waren nach 1945 nur zwölf oder 13 zurückgekehrt. Im Februar 1995, als die Anzahl der Zigeuner wieder auf 117 angestiegen war, wurden vier von ihnen durch eine Rohrbombe getötet, die hinter einem Transparent mit der Aufschrift »Zigeuner, geht zurück nach Indien« versteckt gewesen war.[71]

Obwohl solche Taten in der Regel von Neonazis begangen werden, spielt die weit verbreitete ablehnende Haltung gegenüber Zigeunern den Extremisten in die Hände. Als 1990 in einer Meinungsumfrage in Deutschland die Befragten ihr Verhältnis zu Angehörigen verschiedener ethnischer Gruppen in eine

356

Rangfolge bringen sollten, landeten die Zigeuner weit abgeschlagen auf dem letzten Platz; sie waren siebenmal unbeliebter als Polen und Türken.[72] Und im Januar 1994 ergab eine im Auftrag des American Jewish Committee durchgeführte EMNID-Umfrage, dass 68 Prozent der Befragten keine Zigeuner als Nachbarn haben wollten und 40 Prozent das Verhalten von Zigeunern als provokativ empfanden.[73]

Die Bürgerrechtsbewegung der Zigeuner entstand Anfang der siebziger Jahre. Im Gefolge des ersten Romani-Weltkongresses, der im April 1971 in London stattfand, wurden sowohl internationale als auch nationale Bewegungen für die Gleichberechtigung der Zigeuner ins Leben gerufen. In Deutschland wurde 1971 das Zentralkomitee der Sinti in Westdeutschland gegründet, das sich 1972 in Verband Deutscher Sinti umbenannte. Großen Auftrieb erhielten die Bemühungen um Unterstützung für die Durchsetzung der Bürgerrechte der Zigeuner, als sich die Gesellschaft für bedrohte Völker Ende der siebziger Jahre der Sache annahm. In diesem Zusammenhang ist insbesondere die Herausgabe des Buchs *In Auschwitz vergast, bis heute verfolgt* zu erwähnen. 1982 fanden sich verschiedene lokale und landesweite Zigeunerorganisationen unter dem Dach des Zentralrats Deutscher Sinti und Roma mit Sitz in Heidelberg zusammen, der vom Bundesministerium für Jugend, Frauen und Familie finanziell unterstützt wird. Seit Mitte der achtziger Jahre sind mehrere lokale Organisationen der Roma entstanden, wie die Roma Union in Frankfurt am Main, Rom e. V. in Köln und der Roma National Congress in Hamburg. Grund dafür war die Kritik am Zentralrat, er habe, insbesondere in Fragen des Asylrechts, die Interessen der Roma vernachlässigt.[74]

Der Verband Deutscher Sinti, der Zentralrat und andere landesweite Zigeunerorganisationen kämpfen seit ihrer Gründung gegen Diskriminierungen sowie für die Entschädigung der Opfer des NS-Regimes und die Bestrafung der Täter. Spektakulär war eine Aktion des Verbandes deutscher Sinti, in der es um die Akten von Ritters Forschungsstelle ging, die 1943, als die Luftangriffe auf Berlin zunahmen, zum großen Teil ausgelagert und an verschiedenen Orten untergebracht worden waren.[75] Danach waren sie verschwunden. 1972 tauchten die meisten Akten, die sich in der Obhut ehemaliger Mitarbeiter der Forschungsstelle befunden hatten, wieder auf und wurden dem Anthropologischen Institut der Universität Mainz anvertraut. Von dort wurden sie 1980 ins Archiv der Universität von Tübingen gebracht, wo sie von Sophie Ehrhardt ausgewertet wurden, die an dieser Universität untergekommen war. Daraufhin besetzte eine Gruppe von Zigeunern am 1. September 1981 das Archiv, brachte die Ritter-Akten an sich und übergab sie dem Bundesarchiv in Koblenz. Sie störten sich nicht nur daran, dass eine ehemalige Mitarbeiterin Ritters mit demselben Material arbeitete, das sie im Dritten Reich mit zusammengetragen hatte, sie wollten auch die Privatsphäre der Menschen schützen, deren physische Maße und Abstammung in diesen Papieren dokumentiert waren. Nach einem weiteren Sit-in im Juni 1987 wurden dem Bundesarchiv in Koblenz auch einige Akten des NS-Gesundheitsministeriums übergeben. Bis heute verschollen sind die meisten der etwa 24 000 Rassengutachten, die Ritter und seine Mitarbeiter angefertigt haben; an verschiedenen Orten sind allerdings Kopien gefunden worden.[76]

Darüber hinaus hat die Bürgerrechtsbewegung der Zigeuner erreicht, dass in mehreren ehemaligen Konzentrationslagern Denkmale für Zigeuner errichtet wurden, so in Buchenwald und Ravensbrück. Im April 1989 traten vierzehn Zigeuner – darunter einige ehemalige KZ-Häftlinge – in der KZ-Gedenkstätte Dachau in den Hungerstreik und forderten unter anderem die Schaffung eines Kulturzentrums für Zigeuner in Dachau. Nach einer Meinungsumfrage, die eine Münchener Zeitung daraufhin durchführte, waren 96 Prozent der Einwohner von Dachau gegen ein solches Zentrum, und auch der Stadtrat lehnte das Vorhaben mit großer Mehrheit ab.[77] 1987 wurde beim Zentralrat in Heidelberg ein Dokumentations- und Kulturzentrum Deutscher Sinti und Roma gegründet, das seit 1989 von der Bundesregierung subventioniert wird. Es veranstaltet Konferenzen und veröffentlicht Publikationen, die sowohl Zigeuner als auch Nichtzigeuner mit Geschichte und Kultur der Zigeuner bekannt machen sollen. Auf diesem Wege sind einem breiteren Publikum auch Informationen und Dokumente über die Verfolgung der Zigeuner im Dritten Reich zugänglich gemacht worden, auch wenn das akademische Niveau in der Regel niedrig ist und die Analyse manchmal erhebliche Mängel aufweist. Beispielsweise wurde in diesen Veröffentlichungen die von zahlreichen unstrittigen Quellen widerlegte Meinung vertreten, Himmlers Auschwitz-Erlass hätte »Verfolgungen und Deportationen für die letzten noch ca. 10 000 im Reichsgebiet lebenden Sinti und Roma« nach sich gezogen.[78] Mehr dazu im Schlusskapitel.

Der Zentralrat hat eine vereinfachte und gelegentlich falsche Darstellung des Schicksals der Zigeuner im NS-Regime gefördert. Zugleich ist er jedem, der die offiziell abgesegnete Version der Ereignisse in Frage stellte, mit schroffer Feindseligkeit begegnet. So wurde eine Gruppe von Wissenschaftlern der Universität Gießen, die ein »Projekt Tsiganologie« ins Leben gerufen hatten, wiederholt wegen ihrer anthropologischen Perspektive auf die Geschichte der Zigeuner angegriffen. Romani Rose, der Vorsitzende des Zentralrats, warf Bernhard Streck, einem Mitglied dieser Gruppe, vor, er sei »im NS-Denken befangen« wie einst Robert Ritter.[79]

Gelegentlich grenzten die Reaktionen an Paranoia und richteten sich auch gegen Autoren, die sich für die Sache der Zigeuner einsetzten. So hat Joachim S. Hohmann, Verfasser mehrerer mit großer Sympathie für die Zigeuner geschriebener Studien, 1984 ein Buch mit Geschichten herausgegeben, die von dem Jenischenautor Engelbert Wittich (1878–1937) gesammelt worden waren, und das den Titel *Bravo Sinto! Lebensspuren deutscher Zigeuner* trug. Doch dem Zentralrat missfiel die dort vorgenommene Darstellung des Zigeuneralltags, und er startete eine heftige Protestkampagne. Wittich wurde als Informant der Nationalsozialisten denunziert – ein völlig unhaltbarer Vorwurf –, und

dem Verlag – dem renommierten Haus S. Fischer – wurde mit
der Besetzung seiner Büros und einer Klage gedroht, falls er das
Buch nicht zurückziehe. Die Einschüchterungskampagne war
erfolgreich. Der Verlag orderte die sechstausend gedruckten
Exemplare aus den Buchhandlungen zurück und ließ sie vernichten. In einer zwei Jahre später publizierten Dokumentation
dieser Affäre äußerte Hohmann die Befürchtung, dass Veröffentlichungen zu diesem Thema fortan der »Kontrolle eines kleinen Kreises von Zigeunervertretern« unterliegen würden.[80]

Zum Glück für die unparteiische Forschung stellte sich Hoh-
manns Befürchtung als allzu pessimistisch heraus, wie der Ausgang eines weiteren Versuchs des Zentralrats, seine Version politischer Korrektheit durchzusetzen, aus jüngerer Zeit zeigt. Zu
einer Anfang Oktober 1996 geplanten Konferenz über die Geschichte des KZ Buchenwald hatte das internationale Komitee
von Überlebenden des Lagers unter anderen den Historiker Michael Zimmermann eingeladen, den Verfasser der ersten umfassenden wissenschaftlichen Arbeit über die nationalsozialistische
Verfolgung der Zigeuner. Romani Rose protestierte daraufhin
beim thüringischen Minister für Wissenschaft, Forschung und
Kultur gegen die Einladung und verlangte deren Rücknahme.
Zimmermann, führte er aus, habe das NS-Programm des Genozids an den Zigeunern geleugnet und die Opfer diffamiert, indem er nationalsozialistische Kategorien wie »Asoziale« und
»vorbeugende Verbrechensbekämpfung« als Realität angenommen habe. Beweise für diese Vorwürfe, die in der Tat unbegrün-
deten waren, legte er nicht vor. Sowohl der angesprochene
Minister als auch die Gedenkstätte Buchenwald, die Mitveran-
stalter der Konferenz war, wiesen diese Forderung als Einmischung in die Freiheit von Lehre und Forschung zurück. »Geschichte in demokratischen Gesellschaften«, schrieb letztere,
»ist nicht das Eigentum von Einzelpersonen oder Interessenver-
bänden. ... Die Opfer des Nationalsozialismus verdienen unsere
besondere Achtung. Ein Sonderrecht auf Festlegung, was histo-
risch wahr oder falsch ist, haben Opferverbände nicht.«[81] Die

Konferenz fand wie geplant statt, allerdings ohne den Zentralrat, der seine Teilnahme abgesagt hatte.

Die Zigeuner sind in Deutschland besser organisiert als in anderen europäischen Ländern, doch der Zentralrat hat sich durch sein bisweilen fragwürdiges Vorgehen um möglicherweise wertvolle Verbündete gebracht.[82] Besonders der Versuch, die Erforschung gewisser Aspekte der Geschichte der Zigeuner zu verhindern, ist auf lange Sicht selbstschädigend. Man sollte beispielsweise das Thema der Rolle der Kripo bei der Verfolgung der Zigeuner nicht meiden, nur weil die Zigeuner befürchten, als Kriminelle stigmatisiert zu werden, da sich nicht die Gestapo, sondern die Kripo mit ihnen befasste. Nationalsozialistische Begriffe wie »Asoziale« oder »vorbeugende Verbrechensbekämpfung« können nicht ignoriert werden; statt sie zu tabuisieren, muss man sie in den richtigen Kontext stellen. Michael Zimmermann ist zuzustimmen, wenn er betont, durch die Weigerung, sich der Vergangenheit zu stellen, werde lediglich das Trauma der Opfer und ihrer Nachkommen verlängert.[83]

SCHLUSSBETRACHTUNG
DIE VERFOLGUNG DER ZIGEUNER IM RAHMEN DER NS-VERBRECHEN

In diesen Ausführungen über den Verlauf der Verfolgung der Zigeuner durch das NS-Regime geht es um drei Fragen: um die Entwicklung und schrittweise Radikalisierung der nationalsozialistischen Zigeunerpolitik, um die Frage, ob die Massentötungen am Ende dieser Entwicklung als Genozid zu betrachten sind, und um den Unterschied zwischen der Verfolgung der Zigeuner und dem jüdischen Holocaust, mit dem der Leidensweg der Zigeuner häufig verglichen wird. In den drei Abschnitten dieses Kapitels werden dieselben historischen Ereignisse daher jeweils unter einem anderen Gesichtspunkt betrachtet.

Von der Schikane zum Massenmord

Anfangs interessierte sich die NS-Führung nicht sonderlich für die numerisch kleine Minderheit der Zigeuner. Erst der Druck von unten – von Beamten in Kommunen und Staatsapparat wie aus den Reihen der NSDAP – veranlasste sie, sich mit dem so genannten »Zigeunerproblem« zu befassen. Die Zigeunerpolitik entwickelte sich in mehreren Phasen, die mehr oder weniger aufeinander folgten. In den ersten vier Jahren des NS-Regimes blieben die lokalen und übergeordneten Behörden bei den Kontrollmaßnahmen und Schikanen, die sie seit der Jahrhundertwende und während der Weimarer Republik angewandt hatten, und verschärften sie. In der zweiten Phase, die 1937 begann, wurden

362

Zigeuner von einem Programm zur angeblichen Verbrechensvorbeugung erfasst, das eine in einem Konzentrationslager zu verbüßende »polizeiliche Vorbeugungshaft« vorsah. Die dritte Phase setzte Ende 1938 ein, als Himmler den Erlass »Bekämpfung der Zigeunerplage« herausgab, in dem zum ersten Mal explizit rassische Kriterien angewandt wurden. Hitler persönlich spielte so gut wie keine Rolle in dieser Entwicklung, die sich ungeordnet und ohne klare, beherrschende Absicht oder Planung vollzog.

Den Präferenzen der beteiligten Akteure entsprechend, standen in jeder der drei Phasen mit ihren unterschiedlichen Sichtweisen des »Zigeunerproblems« jeweils andere Gründe für die Verhängung von Restriktionen über die Zigeunerbevölkerung im Vordergrund. Die Beamten in Kommunen, Staatsbürokratie und Polizei betonten das angeblich asoziale Verhalten der Zigeuner und die Verbrechensvorbeugung, während Parteibonzen und viele »Rassenforscher« den Rassenfaktor und die »Notwendigkeit«, die »Reinheit des deutschen Blutes« zu bewahren, ins Spiel brachten. Die Widersprüchlichkeit der nationalsozialistischen Zigeunerpolitik ist zum großen Teil darauf zurückzuführen, dass diese differierenden Ansätze nie wirklich in Einklang gebracht wurden und zu Zeiten miteinander in Konflikt gerieten. Obwohl es als ausgemacht galt, dass das »asoziale« Verhalten der Zigeuner in der angeblichen rassischen Minderwertigkeit der »Zigeunermischlinge« begründet lag, konnten »sozial angepasste« Zigeuner, einschließlich Mischlinge, von bestimmten Verfolgungsmaßnahmen wie der Deportation und der Sterilisation ausgenommen werden. Denn trotz der Fixierung der Nationalsozialisten auf rassische Kriterien und Eigenschaften konnte soziale Angepasstheit mehr wiegen als Abstammung. Tatsächlich wurde die soziale Stellung in vielen Fällen, in denen die Rassenzugehörigkeit nicht mit Sicherheit festgestellt werden konnte, zum ausschlaggebenden Faktor für die Entscheidung über den Grad der rassischen »Reinheit« oder »Vermischung«, womit faktisch die sonst angenommene Kausalkette umgedreht wurde. Wie willkürlich die Etikettierung »asozial« oder »sozial angepasst« auch war, die bloße Verwendung dieser Kriterien zeigt, dass das soziale Verhalten in der Zigeunerpolitik der Nationalsozialisten eine wichtige Rolle spielte.

Die Bedeutung des sozialen Verhaltens, unabhängig von der rassischen Zugehörigkeit, offenbart sich auch in der Behandlung der »nach Zigeunerart Umherziehenden«, also der »weißen Zigeuner« (Jenische). Viele zigeunerfeindliche Maßnahmen wurden auch auf die Jenischen angewandt, obwohl sie als deutschstämmig angesehen wurden. Im September 1941 beispielsweise wies das RKPA die Kriminalpolizeistellen an, in Erfahrung zu bringen, ob Personen, die sich als Jenische entpuppt hatten, nachdem sie ursprünglich als Zigeuner eingestuft worden waren, nach dem Erlass des Reichsinnenministeriums vom 14. Dezember 1937 in polizeiliche Vorbeugungshaft genommen werden konnten.[1] Manchenorts, besonders in Bayern, wurden die Jenischen als das im Vergleich mit den Zigeunern größere Problem angesehen. Noch am 19. Mai 1943 gab die Münchener Kripo eine Anweisung über Ausweispapiere heraus, die »Zigeuner, Zigeunermischlinge und nach Zigeunerart umherziehende Personen« betraf.[2] Es ist nicht bekannt, wie viele Jenischen in Konzentrationslager kamen, denn in der Regel führten weder die Polizei noch die Lager sie innerhalb der Kategorie der »Asozialen« gesondert auf.[3] Nur das österreichische Lager Weyer im Kreis Braunau/Inn hat 1941 die Internierung von »nach Zigeunerart herumziehenden Leuten« registriert.[4] In der Schweiz, dem einzigen europäischen Land, in dem die Jenischen eine eigene Organisation gegründet haben, hat man kürzlich damit begonnen, das Schicksal dieser Gruppe unter der NS-Herrschaft zu erforschen.[5]

Mit Kriegsbeginn zog sich das Netz enger zusammen. Die Zigeuner durften jetzt nicht mehr ohne eine Sondergenehmigung umherziehen oder auch nur den ihnen zugewiesenen Wohnort verlassen. Sie wurden zur Zwangsarbeit herangezogen, aus der Wehrmacht entlassen und generell als gesellschaftliche

Außenseiter behandelt. Das Vorhaben, sie in die eroberten Ost-gebiete »umzusiedeln«, musste wegen logistischer Probleme aufgrund der Umsiedlung einer großen Anzahl von Volksdeut-schen aufgegeben werden. Doch im Mai 1940 wurden 2500 Zi-geuner ins Generalgouvernement gebracht, und im November 1941 wurden 5000 Zigeuner aus der Ostmark, die als besonders »asozial« galten, nach Litzmannstadt verschleppt. Diese Depor-tationen waren Teil des Plans, das Reich von Zigeunern zu »säubern«, indem man sie nach Osten abschob. Von den ins Ge-neralgouvernement »Umgesiedelten« starben viele aufgrund der dortigen Lebensbedingungen. Die aus der Ostmark Deportier-ten erlagen entweder einer der Typhusepidemien oder wurden in Gaswagen umgebracht. Doch diese Todesfälle – einschließlich der Vergasungen – waren nicht das Resultat eines Generalplans für die physische Vernichtung der Zigeuner. Dies wird von den Geschehnissen im Jahr 1944 bestätigt. Als das Generalgouverne-ment wegen des Vormarschs der Roten Armee evakuiert wurde, behandelte man die »umgesiedelten« Zigeuner wie alle anderen Deutschen und gab ihnen Papiere, die sie berechtigten, nach Deutschland zurückzukehren.

Nach dem deutschen Überfall auf die Sowjetunion wurden die dort lebenden Zigeuner wie Juden und Kommunisten als eine Gruppe angesehen, die pauschal zu vernichten war. Doch da die Zigeuner hauptsächlich wegen ihrer vermeintlichen Neigung zur Spionage von den mörderischen Aktionen der Einsatzgrup-pen erfasst wurden, waren die meisten Opfer wandernde Zigeu-ner. Sesshafte und »sozial Angepasste« überlebten vielfach, wobei ihnen häufig das bürokratische Chaos und die Auseinan-dersetzungen zwischen rivalisierenden Dienststellen und Orga-nisationen, von denen die deutsche Verwaltung im besetzten Osteuropa geprägt war, entgegenkamen. Im deutsch besetzten Serbien wurden von örtlichen Militärbefehlshabern neben Juden auch erwachsene männliche Zigeuner als Geiseln genommen, die zur Vergeltung für Partisanenangriffe erschossen wurden; Frau-en und Kinder wurden verschont. In beiden Fällen waren rassische Erwägungen nebensächlich; »reinrassige« Zigeuner und »Zigeunermischlinge« wurden gleich behandelt. Und auch diese Tötungen geschahen nicht infolge eines Generalplans zur Vernichtung aller Zigeuner.

Im Dezember 1942 ordnete Himmler die Deportation einer großen Anzahl von »Zigeunermischlingen« in ein gesondertes Zigeunerlager in Auschwitz an. »Reinrassige« Zigeuner und »gute Mischlinge« waren davon ebenso ausgenommen wie verschiedene anderen Kategorien zugeschlagene Zigeuner, etwa »sozial angepasste« und solche, die rechtskräftig mit »Deutschblütigen« verheiratet waren. Durch diese Massendeportation von über dreizehntausend Männern, Frauen und Kindern wollte man die »schlechten Mischlinge« loswerden, indem man sie aus dem Reich entfernte, und wahrscheinlich fand sie zumindest teilweise deshalb statt, weil sowohl von Beamten als auch der Bevölkerung immer nachdrücklicher gefordert worden war, etwas zu unternehmen, um das »Zigeunerproblem« zu lösen. Die Deportierten waren bis zum Sommer 1944 in einem Familienlager untergebracht. Dann wurden die Arbeitsfähigen in deutsche Konzentrationslager verlegt, während Kinder, Alte und Kranke vergast wurden. Doch obwohl die Zahl der in Auschwitz verstorbenen oder ermordeten Zigeuner sehr groß war, gibt es keinen Beleg dafür, dass die Deportation Teil eines umfassenden Plans zur Vernichtung der Zigeuner war. Umgekehrt sprechen die Tatsache, dass ein bedeutender Teil, vielleicht sogar die Mehrheit von der Deportation ausgenommen worden war, und die Behandlung der Deportierten, die fast anderthalb Jahre im Zigeunerfamilienlager in Auschwitz verbrachten, dafür, dass es keinen derartigen Plan gab. Es ist sogar denkbar, dass die Ermordung der als nicht arbeitsfähig eingestuften Zigeuner nicht stattgefunden hätte, wenn man nicht wegen der Überlastung der Gaskammern eine vorübergehende Unterkunft für die dem Untergang geweihten ungarischen Juden hätte finden müssen.

Trotz der Widersprüche und der diskontinuierlichen Entwicklung der nationalsozialistischen Zigeunerpolitik gab es zwei

Ziele, auf die sich alle Entscheidungsträger schließlich einigten: Erstens wollte man die »schlechten Mischlinge« loswerden, indem man sie abschob oder in Arbeitslager einlieferte, und zweitens sollten von denjenigen, denen der Verbleib im Reich gestattet war, so viele wie möglich sterilisiert werden, um ihre Fortpflanzung zu unterbinden und die »Verunreinigung« des »deutschen Blutes« zu verhindern. Sowohl die Deportationen in den Osten als auch das Sterilisationsprogramm lassen sich am besten durch diese beiden Ziele erklären, die den kleinsten gemeinsamen Nenner jener Akteure darstellten, die in Bezug auf Herkunft und Denken so verschieden waren wie Ritter, Nebe und Himmler.

Die Radikalisierung der nationalsozialistischen Judenpolitik ist teilweise der brutalisierenden Wirkung des Krieges im Osten zugeschrieben worden, der zu einer moralischen Abgestumpftheit führte und Rationalisierungen für eine zunehmend mörderische Politik gegenüber wirklichen und vermeintlichen Feinden des Dritten Reichs lieferte. Ferner hatte die NS-Führung den Eindruck, dass unter den Bedingungen des Krieges unwillkommene Skrupel zurücktraten und sich damit eine Gelegenheit bot, die genutzt werden musste. Und schließlich ist auch die Rivalität zwischen den verschiedenen Staats- und Parteistellen sowie zwischen der Führung in Berlin und den Verwaltungen in den besetzten Gebieten als Moment angeführt worden, der die in der »Endlösung« gipfelnde Radikalisierung vorangetrieben hat.[6] Alle diese Faktoren – insbesondere die Rivalität zwischen verschiedenen Institutionen des NS-Staats – spielten auch bei der Entwicklung der Zigeunerpolitik eine Rolle. Wahr ist aber auch, dass der polykratische Charakter der NS-Diktatur und das daraus resultierende administrative Durcheinander gelegentlich zu Verzögerungen bei der Umsetzung politischer Entscheidungen führten, die für die Zigeuner von Vorteil waren. Die chaotischen Zustände in der Verwaltung des NS-Kolonialreichs im Osten sind nur ein Beispiel unter vielen.

Die Frage des Genozids

Wie viele deutsche und österreichische Zigeuner dem NS-Regime zum Opfer fielen, lässt sich nicht genau feststellen. Schätzungen, die auf den Zahlen der in Konzentrationslager Eingelieferten, der in den Osten Deportierten und der durch Gas Getöteten beruhen, reichen von 15000 bis 23000 von einer Gesamtbevölkerung von 29000.[7] Was die Anzahl der europäischen Zigeuner angeht, die infolge der NS-Herrschaft ihr Leben verloren, ist die Sachlage sogar noch schwieriger, da für die meisten Länder keine zuverlässigen Angaben über die Größe der Zigeunerbevölkerung vor der deutschen Besetzung vorhanden sind. Kenrick und Puxon haben 1972 die Gesamtzahl der Opfer in den deutsch besetzten Staaten Europas auf 219000 aus einer Gesamtbevölkerung von annähernd einer Million geschätzt. 1989 reduzierte Kenrick diese Schätzung auf 196000 von 831000.[8] Zimmermann spricht von mindestens 90000 Ermordeten in den von den Nationalsozialisten kontrollierten Gebieten.[9] Leider müssen diese Zahlen mehr oder weniger grobe Schätzungen bleiben; genaue Angaben werden wohl nie gemacht werden können.

Doch welche Schätzung man auch als die wahrscheinlichste annimmt, sicher ist, dass die Nationalsozialisten den Zigeunern einen furchtbaren Verlust an Menschenleben beigebracht haben. Der Zentralrat Deutscher Sinti und Roma hat sogar noch größere Zahlen genannt. Danach sollen im Dritten Reich mehr als 25000 deutsche und österreichische Zigeuner umgekommen sein. Insgesamt schätzte der Zentralrat die »Zahl der in Europa bis Kriegsende in Konzentrationslagern und von SS-Einsatzgruppen ermordeten Roma und Sinti ... auf eine halbe Million«.[10] Eine Quelle für diese Schätzung wird nicht genannt, und sie wird auch nicht nach Ländern differenziert, weshalb sie von eher zweifelhaftem Wert ist. Dennoch ist diese Zahl im öffentlichen Diskurs allgemein akzeptiert worden und wird auch von Sprechern der Bundesregierung regelmäßig wiederholt. Ebenso wird die Behauptung des Zentralrats, bei der Verfolgung der Zigeuner im Dritten Reich habe es sich um einen Genozid gehandelt, weithin übernommen,[11] und das nicht nur in Europa, sondern auch in den USA, wo einige Wissenschaftler die Ansicht vertreten, die Zigeuner seien »Opfer eines totalen Genozids« gewesen.[12]

Am 9. Dezember 1948 hat die Generalversammlung der Vereinten Nationen die Konvention über die Verhütung und Bestrafung des Völkermords verabschiedet. Sie ist am 12. Januar 1951 in Kraft getreten und bis heute von hundertzwanzig Staaten ratifiziert worden. In Übereinstimmung mit der Auffassung des Juristen Raphael Lemkin, der aus dem griechischen Wort *genos* (Rasse oder Stamm) und dem lateinischen Suffix *cide* (töten) den Begriff »Genozid« zusammenfügte, beschränkt sich die Konvention nicht auf die physische Vernichtung eines ganzen Volks. Vielmehr versteht sie unter einem Genozid »Handlungen, die in der Absicht begangen [werden], eine nationale, ethnische, rassische oder religiöse Gruppe als solche ganz oder teilweise zu zerstören«. Zu den derart bezeichneten Handlungen gehören unter anderem die »Verursachung von schwerem körperlichen oder seelischen Schaden an Mitgliedern der Gruppe«, die »vorsätzliche Auferlegung von Lebensbedingungen für die Gruppe, die geeignet sind, ihre körperliche Zerstörung ganz oder teilweise herbeizuführen«, sowie »Maßnahmen, die auf die Geburtenverhinderung innerhalb der Gruppe gerichtet sind«.[13] Als verbrecherisch zu verurteilen ist also nicht nur ein umfassender Plan zur Vernichtung eines ganzes Volks wie die »Endlösung der Judenfrage«, sondern zum Beispiel auch die Behandlung der slawischen Völker durch die nationalsozialistischen Besatzer, die aus Russen und Polen langfristig Sklaven des germanischen Herrenvolks machen wollten. Auch dies stellte einen Genozid dar.

Die Völkermord-Definition der Konvention ist von Mängeln behaftet, auf die viele Kritiker hingewiesen haben. Einer der wichtigeren besteht darin, dass nicht erklärt wird, was der Zusatz »teilweise« bedeuten soll. Welcher Prozentsatz einer Gruppe muss von den in der Konvention aufgeführten Vergehen betroffen sein, damit diese einen Genozid darstellen?[14] Da dies nicht festgelegt ist, bleibt ein weiter Spielraum, der es gestattet, zumindest einige der zigeunerfeindlichen Maßnahmen der Nationalsozialisten als genozidal zu betrachten. Doch um von einem Genozid sprechen zu können, muss die »Absicht« erkennbar sein, eine Gruppe »als solche« ganz oder teilweise zu vernichten. Daher stellten die verschiedenen Deportationen von Zigeunern in den Osten trotz ihrer tödlichen Folgen meiner Ansicht nach keinen Genozid dar. Mit diesen Deportationen, einschließlich jener ins Zigeunerlager in Auschwitz, wurde nicht die Absicht verfolgt, die Zigeuner als solche zu vernichten, sondern nur bezweckt, diese weithin verachtete Minderheit aus Deutschland zu vertreiben. Wie ich bereits betont habe, erfolgten die Massenvergasungen in Chelmno und Auschwitz nicht, um die Zigeuner als fest umrissene Gruppe auszulöschen. Vielmehr lösten sie im Sinne eines perfiden Nützlichkeitsdenkens auf für die Nationalsozialisten typische Weise bestimmte begrenzte Probleme, indem sie die Ausbreitung einer Typhusepidemie verhinderten beziehungsweise Platz für die Unterbringung ungarischer Juden schafften. Dass man sie ermordete, hatte zweifellos mit dem Vorurteil zu tun, Zigeuner gehörten einer »minderwertigen Rasse« an und ihr Leben sei daher nichts wert. Es hätte mit Sicherheit andere Lösungen gegeben als den kaltblütigen Mord an unschuldigen Männern, Frauen und Kindern. Dennoch wurde mit diesen Morden kein Plan zur Vernichtung des Zigeunervolks als solchem verwirklicht. Wie moralisch verkommen und verbrecherisch diese Taten auch waren, sie stellten keinen Genozid im Sinne der UN-Konvention dar. Gleiches gilt, wenn man andere Definitionen des Genozids anlegt, die praktisch alle die Klausel enthalten, dass Massentötungen, sollen sie als Genozid betrachtet werden, im Rahmen eines umfassenden Programms der Auslöschung einer ganzen Gruppe oder eines ganzen Volkes stattfinden müssen.[15]

Zu dieser Auffassung sind auch die deutschen Staatsanwälte gelangt, die diese Ereignisse untersucht haben. Im Prozess gegen den Auschwitzer SS-Blockführer Ernst-August König, der 1991 mit einer Verurteilung zu lebenslänglicher Haft endete, ließ der Staatsanwalt die Anklage der Beteiligung an einem allgemeinen Vernichtungsprogramm gegen die Zigeuner mit der Begründung fallen, dass kein Befehl zur Ausführung eines solchen Programms gefunden worden sei.[16] Zum gleichen Ergebnis kam man in den im Mai 1989 eingestellten Ermittlungen gegen Ruth Kellermann. Der Auschwitz-Erlass, stellte der Hamburger Staatsanwalt fest, habe nicht die Massentötung von Zigeunern bezweckt. Hinsichtlich der Zigeuner fehle »eine eindeutige, dem Befehl der ›Endlösung der Judenfrage‹ entsprechend nachweisbare Befehlsgebung«. Dies werde auch nicht durch gelegentliche Äußerungen hoher NS-Führer widerlegt, die wie Goebbels forderten, mit den Zigeunern kurzen Prozess zu machen.[17] Was die »Endlösung« betrifft, mag man das Vorhandensein einer »eindeutigen Befehlsgebung« in Zweifel ziehen, aber die Feststellung über das Fehlen eines Programms zur physischen Vernichtung der Zigeuner lässt sich kaum bestreiten. Die verschiedenen zigeunerfeindlichen Maßnahmen wurden offen diskutiert und hinterließen eine lange Papierspur. Somit kann man ziemlich sicher sein, dass ein solcher Plan nie entworfen oder gar beschlossen wurde.

Die gemäß dem Auschwitz-Erlass durchgeführten Zwangssterilisationen von Zigeunern können dagegen als Genozidhandlungen im Sinne der UN-Konvention betrachtet werden. Nicht alle Zigeuner wurden mit dem bedroht, was juristisch »biologischer Tod« genannt worden ist.[18] Das Ziel bestand ebenso sehr darin, die »Verunreinigung« des »deutschen Blutes« zu verhindern, wie darin, die Fortpflanzung von »Zigeunermischlingen« auszuschließen. Damit ist die Konventionsklausel erfüllt, die Maßnahmen zur Geburtenverhinderung innerhalb der Zielgruppe verbietet. Die von diesem offenkundig illegalen Programm erfassten Personen wurden zwar nicht getötet, doch ohne die Aussicht auf Nachkommen waren sie Opfer eines »Völkermords mit Aufschub«.[19]

Zimmermann kommt zwar ebenfalls zu dem Schluss, dass ein vorgefasster Plan zur Vernichtung der Zigeuner nicht nachweisbar sei, bezeichnet die Verfolgung der Zigeuner – einen »planmäßig praktizierten, jedoch nicht vorhergeplanten Massenmord« – aber dennoch als Genozid.[20] Eine solche Verwendung des Begriffs stellt eine inhaltliche Verwässerung dar. Der UN-Konvention zufolge muss die Absicht vorhanden sein, eine »Gruppe als solche ganz oder teilweise zu zerstören«, und daher ist es problematisch, ohne eine solche Absicht – oder ein Programm oder einen Plan – von einem Genozid zu sprechen. Die geplante Zwangssterilisation der Zigeuner kann als Genozidhandlung im Sinne der Konvention angesehen werden, aber sie ist nicht mit einem Massenmord gleichzusetzen.

Von manchen werden die Begriffe »Holocaust« und »Genozid« miteinander vermengt. So hat der Zentralrat der Deutschen Sinti und Roma den Genozid an den Zigeunern einen Holocaust genannt, einen »rassistisch motivierten Völkermord, der ideologisch propagiert, systematisch geplant, bürokratisch organisiert und fabrikmäßig vollzogen wurde«.[21] Die Verwendung der Begriffe »Holocaust« und »fabrikmäßig« dient dazu, das Schicksal der Zigeuner mit dem der Juden gleichzusetzen. Und in der 1995 erschienenen Neuausgabe ihres Buchs *The Destiny of Europe's Gypsies (Sinti und Roma)* behaupten Kenrick und Puxon ganz ähnlich, das »letzte Ziel der Nationalsozialisten« sei die »Vernichtung aller Zigeuner« gewesen und der Holocaust habe »Juden und viele andere Völker« umfasst.[22]

Die Verfolgung von Juden und Zigeunern im Vergleich

Sybil Milton, eine bekannte Historikerin, die sich mit der Geschichte der Zigeuner im Dritten Reich beschäftigt, sieht deutliche Parallelen in der Behandlung von Juden und Zigeunern. In einem Meinungsaustausch mit dem renommierten Holocaustforscher Yehuda Bauer vertrat sie folgenden Standpunkt:

»Der nationalsozialistische Genozid, der allgemein Holocaust genannt wird, kann als Massenmord definiert werden, der an Menschen begangen wurde, weil sie zu einer biologisch bestimmten Gruppe gehörten. Die Abstammung bestimmte die Auswahl der Opfer. Das NS-Regime hat eine – auf der Abstammung beruhende – durchgängige pauschale Vernichtungspolitik nur gegen drei Gruppen betrieben: Behinderte, Juden und Zigeuner. Die Nationalsozialisten töteten eine Vielzahl von Menschen – politische Gegner, Mitglieder des Widerstandes, die Eliten eroberter Länder –, aber diese Morde wurden stets mit den Überzeugungen, den Taten oder der Stellung der Opfer begründet. Nur bei der Ermordung von Behinderten, Juden und Zigeunern wurden andere Kriterien angelegt. Angehörige dieser Gruppen konnten ihrem Schicksal nicht entkommen, indem sie ihr Verhalten oder ihre Überzeugungen änderten. Sie wurden ausgewählt, weil es sie gab, und weder Loyalität gegenüber dem deutschen Staat noch das Bekenntnis zur faschistischen Ideologie oder ein Beitrag zu den Kriegsanstrengungen konnte die Entscheidung des NS-Regimes, sie zu vernichten, erschüttern.«[23]

1992, zum Zeitpunkt dieser Korrespondenz, vertrat Bauer die Auffassung, dass man sich mit dem Urteil in der Frage der Parallelität zurückhalten müsse, »bis einige grundlegende Probleme gelöst sind. Wie die Dinge im Augenblick stehen, ist klar, daß die Haltung gegenüber den Zigeunern eine Mischung aus traditionellen zigeunerfeindlichen Vorurteilen und Haß einerseits und rassistischen Halluzinationen andererseits darstellte.«[24] Ich glaube, dass heute genügend Beweise vorliegen, um diese Frage zu beantworten und die angebliche Parallelität zu verneinen. Die nationalsozialistischen Aktionen gegen Zigeuner waren nicht, wie Milton argumentiert, von einer »auf der Abstammung beruhenden durchgängigen pauschalen Vernichtungspolitik« bestimmt. Obwohl rassische Kriterien verwendet wurden, zumal nach 1938, hatten sie doch eine andere Funktion. Bei den Juden waren »Volljuden« das Symbol des eschatologischen Bösen, das zerstört werden musste, während »Mischlinge« eine etwas bessere Behandlung erfuhren. Bei den Zigeunern war es umgekehrt. Hier galten »Mischlinge« als das gefährliche asoziale Element, während »reinrassige« Zigeuner und »gute Mischlinge« nach dem Auschwitz-Erlass von Deportation und Sterilisation ausgenommen waren. Ein Großteil, vielleicht sogar die Mehrheit der im Reich lebenden Zigeuner entging der Deportation in den Osten. Dabei spielte das Kriterium der »sozialen Anpassung« eine wesentliche Rolle; Zigeuner wurden nicht deshalb für die Vernichtung selektiert, »weil es sie gab«.

Vor allem aber wurde nie ein Generalplan zur Vernichtung der Zigeuner ausgearbeitet, und nach den vorhandenen Belegen wurde auch keiner umgesetzt. Zwar ist auch der Befehl für die »Endlösung« nicht schriftlich überliefert, und es steht sogar in Frage, ob es jemals einen spezifischen Befehl dieser Art gegeben hat,[25] aber die wesentlichen Elemente des zur Auslöschung der Juden führenden Entscheidungsprozesses können anhand von Ereignissen, Dokumenten und Zeugenaussagen rekonstruiert werden. Sowohl führende NS-Repräsentanten als auch untergeordnete Funktionäre – von Hitler und Himmler bis zu Hans Frank und Beamten des Ministeriums für die besetzten Ostgebiete – haben wiederholt von der im Gang befindlichen Vernichtung der Juden gesprochen.[26] In Bezug auf die Zigeuner existieren keine solchen Indizien, obwohl ihre Verfolgung weit öffentlicher geschah und die gegen sie ergriffenen Maßnahmen viel transparenter waren. Letzten Endes waren es, wie Steven Katz feststellt, »einzig und allein die Juden, die Opfer eines sowohl von der Absicht her als auch in der Praxis totalen genozidalen Angriffs von seiten der nationalsozialistischen Mörder wurden«.[27] Der Zigeunerpolitik des NS-Regimes fehlte die fanatische Entschlossenheit, die das mörderische Vorgehen gegen die Juden kennzeichnete. Ganze Kategorien von Zigeunern, wie die »sozial Angepassten« und die Sesshaften, wurde im Allgemeinen milder behandelt. Die Zigeuner wurden als »Last« und

»Plage« betrachtet, galten aber nicht als gefährliche Bedrohung des deutschen Volks, und deshalb wurde mit ihnen auch anders umgegangen als mit den Juden.

Wenn diese Fragen angesprochen werden, geht es nicht um die Aufrechnung von Opferbilanzen. Die Einzigartigkeit der Ermordung von sechs Millionen Juden zu betonen bedeutet, mit den Worten von Lucy Dawidowicz gesprochen weder den »Versuch, die Katastrophe zu vergrößern, die über sie hereingebrochen ist, noch wird damit um Tränen und Mitleid für sie gebettelt. Es ist nicht beabsichtigt, den von den Nationalsozialisten herbeigeführten Tod von Millionen Nichtjuden zu verharmlosen oder das unermeßliche Leid von Russen, Polen, Zigeunern und anderen Opfern der deutschen Mordmaschinerie herunterzuspielen.«[28] Die Frage ist nicht, ob der Massenmord an den Juden im Zweiten Weltkrieg schlimmer war als andere von den Nationalsozialisten begangene Gräueltaten.[29] Es geht vielmehr um die Genauigkeit des Geschichtsbildes. Was die Ermordung der Juden einzigartig macht, ist nicht die Anzahl der Opfer, sondern die Absicht der Mörder. Nur im Fall der Juden versuchten die Nationalsozialisten, alle Männer, Frauen und Kinder physisch zu vernichten. Dieses Programm der totalen Auslöschung verdient eine eigene Bezeichnung – Holocaust oder Shoah. Während der Begriff »Genozid«, wie er in der Völkermordkonvention der UNO definiert wird, verschiedene Handlungen umfasst, die darauf ausgerichtet sind, eine Gruppe ganz oder teilweise zu zerstören, und nicht auf Mord beschränkt ist, steht das Wort »Holocaust« für die versuchte physische Vernichtung eines ganzen Volks, die mit unermüdlicher Energie betrieben und in der letzten, tödlichsten Phase mit den Methoden moderner fabrikmäßiger Massenproduktion durchgeführt wurde. Opfer eines mörderischen Unternehmens dieser Art wurden nur die Juden. Um Elie Wiesel zu zitieren: »Während nicht alle Opfer [der Nationalsozialisten] Juden waren, waren alle Juden Opfer, die für die Vernichtung ausersehen waren, nur weil sie als Juden geboren waren.«[30] Zwar sind einige jüdische »Mischlinge« und eine kleine Anzahl von Juden, die Zwangsarbeit verrichten mussten oder in den letzten Kriegsmonaten gegen ein Lösegeld freigelassen wurden, dem Tod entronnen, aber sie waren nicht ins Gewicht fallende Ausnahmen von der Regel der totalen Vernichtung.

Die Frage der Ähnlichkeiten der Verfolgung von Juden und Zigeunern wurde bei der Planung des Holocaust Memorial Museum in Washington zum Streitpunkt. Anfang der achtziger Jahre forderte Ian Hancock, Englisch- und Linguistikprofessor an der Universität von Texas und US-Repräsentant der Internationalen Romani-Union bei den Vereinten Nationen, die Aufnahme von Zigeunervertretern in den Holocaust Memorial Council und eine angemessene Einbeziehung des von den Nationalsozialisten begangenen Genozids an den Zigeunern in die Ausstellung des Museums. Hancock vertrat die Auffassung, auch die Zigeuner seien einfach deshalb ermordet worden, weil sie Zigeuner waren. Doch das Fortbestehen alter Vorurteile habe verhindert, dass das Leid der Zigeuner einer breiteren Öffentlichkeit bekannt wurde. Durch die Einbeziehung dessen, was in Romani Porrajmos, das »große Vernichten«, genannt wird, könne man das historische Verständnis erweitern und die Aufmerksamkeit auf die anhaltende Gewalt gegen Zigeuner in Osteuropa und anderswo lenken.[31]

1985 berief der Holocaust Memorial Council Hancock auf den neu geschaffenen Posten des Sonderberaters des Council in Zigeunerangelegenheiten. Zwei Jahre später wurde William Duna von der St.-Thomas-Universität in Minnesota zum ersten Zigeunervertreter im Council. Darüber hinaus wurde Gabrielle Tyrnauer, Professorin für Anthropologie an der Universität von Vermont und an der Concordia-Universität in Montreal, damit beauftragt, einen Bericht über das Schicksal der Zigeuner im Zweiten Weltkrieg zu verfassen. Sie kam zu dem Schluss, dass sowohl Zigeuner als auch Juden »für die totale Auslöschung ausersehen« gewesen seien.[32] Allerdings war der Bericht von Mängeln behaftet. So wurden zwar in einem Anhang Teile der Ausführungsbestimmungen zum Auschwitz-Erlass wiedergegeben, einschließlich der Liste der von der Deportation auszunehmenden Gruppen, im Text aber wurde behauptet, nach dem Auschwitz-Erlass vom Dezember 1942 seien »alle Zigeuner, ungeachtet von Gruppenzughörigkeit, Stellung oder Assimilation, in das Todeslager geschickt« worden.[33] Sybil Milton, deren Arbeit sorgfältiger gewesen war, schlug als damalige leitende Historikerin des Holocaust Memorial Museum vor, dem Ausstellungskonzept des Museums eine umfassende Definition des Holocaust zugrunde zu legen und das Schicksal der Zigeuner voll zu integrieren. Dies geschah nicht. Heute finden sich zwar an mehreren Stellen der Dauerausstellung Hinweise auf das Schicksal der Zigeuner, aber die Exponate zeigen auch, dass es sich von dem der Juden unterschied. Trotz der Kritik von Hancock, Milton und anderen hat sich das Holocaust Memorial Museum nicht der Ansicht angeschlossen, es gebe eine Parallelität der Verfolgung von Juden und Zigeunern.[34]

Die Debatte darüber, ob Juden und Zigeuner derselben mörderischen Verfolgung zum Opfer gefallen sind, wird von viel Bitterkeit und persönlichen Angriffen begleitet. Manche Historiker, so beklagte sich Hancock, sähen »nur, was sie sehen wollen«, und seien »für die Geschichte der Zigeuner blind«.[35] Einige jüdische Historiker hegten eine »zigeunerfeindliche Einstellung«.[36] Nach seiner Berufung in den Holocaust Memorial Council warf Duna diesem »offenen Rassismus« vor und unterstellte ihm, er habe das Leid der Zigeuner »absichtlich heruntergespielt«.[37] Und Milton beschuldigte Bauer, er verwende »als Belege für seine Interpretation die Rationalisierungen und die Sprache, die von den Nationalsozialisten in ihrem Drang, die Zigeuner zu vernichten, benutzt wurden«.[38] In Deutschland wurde die Diskussion, wie schon erwähnt, nicht weniger hitzig geführt. Wer zu bestreiten wagte, dass die Nationalsozialisten Juden und Zigeuner mit demselben mörderischen Eifer verfolgten, dem wurde vorgehalten, er helfe, die »Wiedergutmachung im rechtlichen wie auch im moralischen Sinne von der Bundesrepublik abzuwenden«.[39]

Diese Art, eine komplexe historische Frage zu diskutieren, ist wenig hilfreich, und die Klärung diffiziler historischer Realitäten wird zusätzlich erschwert, wenn einige derjenigen, die solche Vorwürfe erheben, selbst zu unlauteren Mitteln greifen. So wird die Behauptung, unter dem NS-Regime sei eine halbe Million Zigeuner ums Leben gekommen, ständig wiederholt, ohne den geringsten Beweis für sie zu erbringen, und denjenigen, die diese Zahl nicht für zuverlässig halten, wird vorgeworfen, sie würden das Leid der Zigeuner kleinreden. In ähnlicher Weise zitiert Hancock einen Satz aus dem Auschwitz-Erlass, dem zufolge »alle Zigeuner, ungeachtet des Grades ihrer rassischen Verunreinigung, ins Zigeunerlager Auschwitz einzuweisen« waren,[40] obwohl der Text dieses Erlasses nicht überliefert ist und in den erhalten gebliebenen Ausführungsbestimmungen diverse Ausnahmekategorien aufgelistet sind.

Die Zigeuner haben furchtbar unter dem NS-Regime gelitten, und es ist ganz sicher nicht nötig, die Schrecken, die sie erlebt haben, noch größer zu machen. Um zu verstehen, was und warum es passiert ist, darf man nicht nur die Verordnungen und Erlasse der Täter in Betracht ziehen, sondern muss auch die Haltung des deutschen Volkes gegenüber der Minderheit der Zigeuner berücksichtigen. Vereinfachte Darstellungen, denen zufolge »Sinti und Roma einzig und allein aufgrund ihrer biologischen Existenz verfolgt und vernichtet worden« sind,[41] verzerren nicht nur das Geschichtsbild, sondern verhindern auch eine Verbesserung des Verhältnisses zwischen Zigeunern und Nichtzigeunern. Nur wenn man begreift, warum Zigeunern von allen Schichten der deutschen Gesellschaft mit so viel Argwohn und Ablehnung begegnet wurde, wird man in der Lage sein, die Ursachen dieser Haltung zu bekämpfen und ihr Wiedererstarken zu verhindern.

Abkürzungen

BA	Bundesarchiv
BA-MA	Bundesarchiv Militärarchiv, Freiburg i. Br.
BdO	Befehlshaber der Orpo
BdS	Befehlshaber der Sipo und des SD
DÖW	Dokumentationsarchiv des österreichischen Widerstandes, Wien
EG	Einsatzgruppe
EK	Einsatzkommando
Gestapo	Geheime Staatspolizei
GFP	Geheime Feldpolizei
GS	Gedenkstätte
HMM	Holocaust Memorial Museum, Washington
HSSPF	Höherer SS- und Polizeiführer
HSTA	Hauptstaatsarchiv
IfZ	Institut für Zeitgeschichte, München
IMG	Internationaler Militärgerichtshof, Nürnberg
KdS	Kommandeur der Sipo und des SD
LHA	Landeshauptarchiv
MInn	Ministerium des Innern
NA	National Archives, Washington
NSDAP	Nationalsozialistische Deutsche Arbeiterpartei
NSV	Nationalsozialistische Volkswohlfahrt
OKH	Oberkommando des Heeres

OKW	Oberkommando der Wehrmacht
Orpo	Ordnungspolizei
ÖSTA	Österreichisches Staatsarchiv, Wien
RHF	Rassenhygienische und bevölkerungsbiologische Forschungsstelle
RFSSuChdDPol.	Reichsführer SS und Chef der Deutschen Polizei
RG	Record Group
RGBl	Reichsgesetzblatt
RKF	Reichskommissar für die Festigung des deutschen Volkstums
RKPA	Reichskriminalpolizeiamt
RSHA	Reichssicherheitshauptamt
RuSHA	Rassen- und Siedlungshauptamt der SS
SA	Sturmabteilung
SD	Sicherheitsdienst
Sipo	Sicherheitspolizei
SS	Schutzstaffel
STA	Staatsarchiv
StA	Stadtarchiv
ZSL	Zentrale Stelle der Landesjustizverwaltungen, Ludwigsburg

Anmerkungen

Vorwort

1 Vgl. Zimmermann, *Rassenutopie und Genozid,* S. 34.

Einführung

1 Liégeois, *Gypsies and Travellers,* S. 13–15; Fraser, The *Gypsies,* S. 12–14, 39f.
2 Vgl. Köhler-Zülch, »Die verweigerte Herberge«.
3 Zum Beispiel Hermann Cornerus, *Chronica novella* [1435], zit. in Fraser, *The Gypsies,* S. 67.
4 Liégeois, *Gypsies and Travellers,* S. 130.
5 Gronemeyer (Hg.), *Zigeuner im Spiegel früher Chroniken und Abhandlungen,* S. 157.
6 Fraser, *The Gypsies,* S. 129.
7 Hohmann, *Verfolgte ohne Heimat,* S. 14; Fraser, *The Gypsies,* S. 154.
8 Fraser, *The Gypsies,* S. 151–154.
9 Ebd., S. 155.
10 Ebd., S. 248 f.; Mosse, *Die völkische Revolution,* S. 101–106.
11 Lombroso, *Die Ursachen und Bekämpfung des Verbrechens,* S. 34–36.
12 Strauss, »Die Zigeunerverfolgung in Bayern«, S. 39.
13 Ebd., S. 40–42.
14 Ebd., S. 44–46.
15 Ebd., S. 50–52; Lucassen, *Zigeuner,* S. 33 f., 255.
16 STA Ludwigsburg, FL 20/10, Bü. 145.
17 Ebd., F 176/II, Bü. 930.

381

18 Vgl. Arnold, *Die Zigeuner.* Trotz seiner Abneigung gegen Zigeuner sind viele von Arnolds Einsichten über Herkunft und Leben der deutschen Zigeuner informativ und beachtenswert.

19 HSTA München, MInn 72575; vgl. Strauss, »Die Zigeunerverfolgung in Bayern«, S. 53–58.

20 HSTA München, MA 100438. In einer juristischen Dissertation aus dem Jahr 1929 vertrat Werner Kurt Höhne die Auffassung, dass das bayerische Gesetz trotz der Einbeziehung der Landfahrer gegen die Weimarer Verfassung verstoße *(Die Vereinbarkeit der deutschen Zigeunergesetze und -verordnungen mit dem Reichsrecht, S. 14).*

21 Das Gesetz ist in voller Länge abgedruckt in Eiber, *»Ich wußte, es wird schlimm«,* S. 43–45.

22 »Ministerial-Entscheidung zur Ausführung des Zigeuner- und Arbeitsscheuengesetzes«, STA München, LRA 98851.

23 Eiber, *»Ich wußte, es wird schlimm«,* S. 42f.

24 *Ministerial-Blatt für die Preußische innere Verwaltung – Ausgabe A 88,* Nr. 45 (9. November 1927). Diese Verordnung befindet sich als Teil der Fojn-Felczer Collection, einer Sammlung von gegen Zigeuner gerichteten Gesetzen, Erlassen und Verordnungen, im Holocaust Memorial Museum in Washington (RG–07.005*01). Zusammengetragen wurde sie von Anton Fojn, einem Überlebenden von zehn NS-Konzentrationslagern.

25 *Hessisches Regierungsblatt,* 6. Mai 1929, StA Gießen, L1363–65. Zum Wortlaut der Gesetze und Verordnungen anderer deutscher Länder siehe W. K. Höhne, *Die Vereinbarkeit der deutschen Zigeunergesetze und -verordnungen mit dem Reichsrecht,* S. 104–206.

26 Fraser, *The Gypsies,* S. 253.

27 StA Frankfurt a. M., insbesondere Magistratsakten 2203, Bd. 1, und R24-Nr. 8, 1377–78.

28 Strom, *Uncertain Roads,* S. 7; Birnbaum, »On the Language of Prejudice«, S. 262.

29 Hancock, Einleitung zu Crowe/Kolsti (Hg.), *The Gypsies of Eastern Europe,* S. 5.

30 Sutherland, *Gypsies,* S. 30, 21.

31 Yoors, *Die Zigeuner,* S. 57.

32 Block, *Die Zigeuner,* S. 35. Vgl. Fonseca, *Begrabt mich aufrecht,* S. 26: »Zigeuner lügen. Sie lügen oft und gern und einfallsreicher als andere Leute.«

33 Sutherland, *Gypsies*, S.73.
34 Yoors, *Die Zigeuner*, S.40.
35 Wood, *In the Life of a Romany Gypsy*, S.59, 37.
36 Wittich, *Blicke in das Leben der Zigeuner*, S.57f.
37 Zum Problem der Bewertung solcher Geschichten vgl. Solms, »On the Demonizing of Jews and Gypsies in Fairy Tales«.
38 M. Adler, *Mein Schicksal waren die Zigeuner*, S.168–170, 279–282; *Deutsches Kriminalblatt*, Nr. 1930, 16. August 1934.
39 Polizeibericht über die Verhaftung von Friederike M. am 18. August 1954, HSA Wiesbaden, Abt. 518, Nr. 4899.
40 Hehemann, *Die »Bekämpfung des Zigeunerunwesens« im Wilhelminischen Deutschland und in der Weimarer Republik*, S.410.
41 Yoors, *Die Zigeuner*, S.149; Fonseca, *Begrabt mich aufrecht*, S.52.
42 Vgl. Okely, *The Traveller-Gypsies*, S.86; Sutherland, *Gypsies*, S.271; M. Adler, *Mein Schicksal waren die Zigeuner*, S.58.
43 Fonseca, *Begrabt mich aufrecht*, S.315f.
44 Sutherland, *Gypsies*, S.270.
45 Ferst, *Fertilität und Kriminalität;* vgl. Herz, *Verbrechen und Verbrechertum in Österreich*, S.106–166.

PHASE 1: VERMEHRTE SCHIKANEN

1 Hans Hesse, unveröffentlichtes Manuskript über die Zigeunerverfolgung im Amtsbereich der Bremer Kriminalpolizei, insbesondere S.42–44; vgl. Döring, *Die Zigeuner im nationalsozialistischen Staat*, S.46f.
2 Brief des Innenministers an alle Polizeibehörden in Baden, 17. Mai 1934, GLA Karlsruhe, 338/752, S.1.
3 Verordnung vom 17. Mai 1934, »Bekämpfung des Zigeunerunwesens«, Abschnitt 4, GLA Karlsruhe, 357/30.981.
4 Bader, »Bekämpfung des Zigeunerunwesens«.
5 *Ministerialblatt für die Badische Innere Verwaltung*, 22. Januar 1937, GLA Karlsruhe, 357/30.980.
6 Aktenvermerk der Gendarmerie Mosbach, 4. Februar 1937, GLA Karlsruhe, 364 Zug 1975/3 II/25.
7 Döring, *Zigeuner im nationalsozialistischen Staat*, S.47f.; Eiber, *»Ich wußte, daß es schlimm wird«*, S.46.
8 HSA München, MInn 72578.

9 Ebd.

10 *Ministerialblatt für die Preußische Innere Verwaltung*, 17. Juni 1936, 785, abgedruckt in Wippermann, *Das Leben in Frankfurt zur NS-Zeit*, Bd. 2, S. 68.

11 Ayass, *»Asoziale« im Nationalsozialismus*, S. 20–41.

12 Reichsstatthalter Franz von Epp an den bayerischen Ministerpräsidenten, 20. März 1934, BA Berlin, R 43 II/398.

13 HSA München, MInn 72578.

14 STA Ludwigsburg, F164/II, Bü 688.

15 Der Polizeipräsident von Dortmund an den Regierungspräsidenten in Arnsberg, 16. Juli 1937, STA Münster, Reg. Arnsberg, Nr. 14547.

16 Der Polizeipräsident von Bochum an den Regierungspräsidenten von Arnsberg, 17. Juli 1937, STA Münster, Reg. Arnsberg, Nr. 14547.

17 Der Polizeipräsident von Dortmund an den Regierungspräsidenten in Arnsberg, 18. August 1938, STA Münster, Reg. Arnsberg, Nr. 14547.

18 Jäckel, *Hitlers Weltanschauung*, S. 68.

19 Der Polizeipräsident von Köln an den Polizeipräsidenten von Frankfurt, 8. März 1937, StA Frankfurt a. M., Magistratsakten 2203, Bd. 1; abgedruckt in Wippermann, *Das Leben in Frankfurt zur NS-Zeit*, Bd. 2, S. 77.

20 Fings/Sparing, »Das Zigeunerlager in Köln-Bickendorf«.

21 Wohnungsabteilung des Wohlfahrtsamts an den Bürgermeister, 17. Januar 1938, StA Frankfurt a. M., Magistratsakten 2203, Bd. 1; abgedruckt in Wippermann, *Das Leben in Frankfurt zur NS-Zeit*, Bd. 2, S. 77 f.; vgl. von Hase-Mihalik/Kreuzkamp, *»Du kriegst auch einen schönen Wohnwagen«*.

22 Fings/Sparing, *»z. Zt. Zigeunerlager«*, S. 25–45.

23 Hohmann, *Verfolgte ohne Heimat*, S. 69.

24 Wippermann/Brucker-Boroujerdi, »Nationalsozialistische Zwangslager in Berlin III«.

25 Ebd.

26 Hohmann, *Verfolgte ohne Heimat*, S. 71 (Hohmann gibt, wie in vielen anderen Fällen auch, leider weder die Quelle noch das genaue Datum des Berichts an).

27 Vgl. die von Zimmermann, *Rassenutopie und Genozid*, S. 98 f., zitierten Quellen.

28 Der Polizeipräsident an den Oberbürgermeister, 7. April 1936, StA Karlsruhe, 1/H-Reg., Abt. A, Nr. 1391.

PHASE 2: VERBRECHENSVORBEUGUNG

1 Broszat, »Nationalsozialistische Konzentrationslager 1933–1945«, S. 67 f.; Browder, *Hitler's Enforcers*, S. 88.
2 Gisevius, *Wo ist Nebe?*, S. 102; Wehner, »Das Spiel ist aus«, in: *Der Spiegel*, 17. November 1949, S. 25, und 1. Dezember 1949, S. 25.
3 Browder, *Hitler's Enforcers*, S. 91; Gellately, *Die Gestapo und die deutsche Gesellschaft*, S. 87 f.
4 Der Erlass wurde nicht im Amtsblatt veröffentlicht, sondern in eine als vertraulich gekennzeichnete Sammlung aufgenommen, die 1941 vom RKPA unter dem Titel *Vorbeugende Verbrechensbekämpfung* herausgegeben wurde. Sie ist auch als *Erlaßsammlung Nr. 15* bekannt. Ein Exemplar befindet sich im IfZ; es ist nicht paginiert, doch die Erlasse sind chronologisch geordnet.
5 »Richtlinien des Reichskriminalpolizeiamtes über die Durchführung der vorbeugenden Verbrechensbekämpfung«, 4. April 1938, in: *Erlaßsammlung Nr. 15.*
6 Ebd.
7 Nachtrag Himmlers zu einem Erlass vom 13. Mai 1938, der in einem Aktenvermerk vom 27. Mai 1938 an alle badischen Polizeistellen verteilt wurde, GLA Karlsruhe, 357/30.980.
8 Broszat, *Der Staat Hitlers*, 342 f.
9 Rede aus Anlass der Einweihung eines neuen RKPA-Gebäudes am 31. August 1939, zit. in Wehner, *Dem Täter auf der Spur*, S. 161.
10 Bracher, *Die deutsche Diktatur*, S. 504; Browder, *Hitler's Enforcers*, S. 3 f.
11 Nebe, »Aufbau der deutschen Kriminalpolizei«, S. 5, 7.
12 Dieses Referat gehörte zunächst zur Abt. II B 4 und ab 1939 dann zur Gruppe A 2 im Amt V (RKPA) des RSHA.
13 Ihre offizielle Bezeichnung lautete: Zigeunerpolizeistelle bei der Polizeidirektion München.
14 *Mitteilungsblatt des Reichskriminalpolizeiamtes* 1, Nr. 9 (September 1938), S. 72 f. Eine vollständige Ausgabe der Zeitschrift befindet sich in: NA, Microfilm Publication T 175, Rolle 433, Bilder 2963181–2964149.

15 Aktenvermerk der Zigeunerzentrale, 25. April 1938, zit. in Eiber, *»Ich wußte, daß es schlimm wird«*, S.51.

16 *Ministerialblatt für die Preußische Innere Verwaltung* 1, Nr. 27 (17. Juni 1936), S.783; abgedruckt in Wippermann, *Das Leben in Frankfurt zur NS-Zeit*, Bd. 2, S.67f.

17 »Schutzhaft gegen Arbeitsscheue«, 26. Januar 1938, in: *Erlaßsammlung Nr. 15;* abgedruckt in Buchheim, »Die Aktion ›Arbeitsscheu Reich‹«, S.189–191.

18 Broszat, »Nationalsozialistische Konzentrationslager 1933–1945«, S.77f.

19 Der Vortrag wurde im Januar 1939 gehalten und ist zu finden in: Nürnberger Dokument NO-5591, NA, RG 238, Box 96; zit. in Peukert, *Volksgenossen und Gemeinschaftsfremde*, S.253.

20 *Erlaßsammlung Nr. 15.*

21 Rundschreiben der Gestapostelle Magdeburg, 26. Februar 1938, LHA Magdeburg, Rep. C30, Wanzleben A, Nr. 106. Ähnliche Anweisungen sind von den Gestapostellen in Stuttgart (STA Ludwigsburg, F 164/II Bü 688) und München (IfZ, Fa 109) erhalten.

22 Rundschreiben des RKPA, 20. April 1938, in: *Erlaßsammlung Nr. 15.*

23 Sofsky, *Die Ordnung des Terrors*, S.47.

24 »Vorbeugende Verbrechensbekämpfung durch die Polizei«, 1. Juni 1938, in: *Erlaßsammlung Nr. 15;* abgedruckt in Buchheim, »Die Aktion ›Arbeitsscheu Reich‹«, S.191f.

25 *Erlaßsammlung Nr. 15.*

26 Siehe Anm. 19. Laut *Jahrbuch Amt V Reichskriminalpolizeiamt des Reichssicherheitshauptamtes SS, 1939/40* befanden sich am 31. Dezember 1939 8892 »Asoziale« in »Schutzhaft« (BA Berlin, RD 19/29).

27 Pingel, *Häftlinge unter SS-Herrschaft*, S.87.

28 Das von der Polizei ausgefüllte Formular hatte eine entsprechende Rubrik, in der ein Amtsarzt dem Festgenommenen die »Lagerhaft- und Arbeitsfähigkeit« bescheinigen musste.

29 Bericht des Regierungspräsidenten, Aachen, an den Oberpräsidenten, Koblenz, 29. Juli 1938, HSA Düsseldorf, BR 1050/735.

30 Bericht des Polizeipräsidenten an den Regierungspräsidenten, Arnsberg, 18. August 1938, STA Münster, Reg. Arnsberg, Nr. 14547.

31 Bericht des Landrats von Verden an den Regierungspräsidenten,

Stade, 7. Juli 1938, Kreisarchiv Verden 3/15b, zit. in Hesse, unveröffentlichtes Manuskript über die Zigeunerverfolgung im Amtsbereich der Bremer Kriminalpolizei, S. 319.

32 Bericht des Amtshauptmanns von Cloppenburg an die Bremer Kripo, 9. Juli 1938, StA Oldenburg, Best. 231–6, Nr. 56, zit. in ebd., S. 373 f.

33 ZSL, 414 AR 540/83, Bd. 4.

34 Ayass, *Asoziale im Nationalsozialismus*, S. 166.

35 Zimmermann, *Rassenutopie und Genozid*, S. 118. Donald Kenrick und Gratton Puxon geben – ohne Nachweis –, daß schon »im Juni 1938 … 1000 Roma-Männer und -Knaben aus Deutschland in das KZ Buchenwald eingeliefert« worden seien (Sinti und Roma, S. 123). Angesichts der aus mehreren Großstädten vorliegenden Zahlen erscheint es allerdings unwahrscheinlich, dass allein ins KZ Buchenwald schon tausend Zigeuner eingewiesen worden sein sollen.

36 GS Sachsenhausen, R 201, M 3, S. 252, zit. in Ayass, *Asoziale im Nationalsozialismus*, S. 197.

37 LHA Magdeburg, C 29, Anh. 2, Nr. 152.

38 Ebd., Nr. 350.

39 Ebd., Nr. 242/I.

40 Ebd., Nr. 43.

41 Ebd., Nr. 156/I.

42 Ebd., Nr. 89.

43 Ebd., Nr. 134.

44 Ebd., Nr. 135/II

45 Ebd., Nr. 161.

46 Broszat, »Nationalsozialistische Konzentrationslager 1933–1945«, S. 78.

47 *Erlaßsammlung Nr. 15.*

48 Zimmermann, *Rassenutopie und Genozid*, S. 119.

49 *Erlaßsammlung Nr. 15.*

50 LHA Magdeburg, C 29, Anh. 2, Nr. 98, 98/I.

51 HSA Düsseldorf, BR 2034, Nr. 413.

52 LHA Magdeburg, C 29, Anh. 2, Nr. 127.

53 Ebd., Nr. 142.

54 Ausführungsbestimmungen zum Runderlass »Bekämpfung der Zigeunerplage«, in: *Erlaßsammlung Nr. 15.* Auf Erlass und Ausführungsbestimmungen wird im nächsten Kapitel näher eingegangen.

55 LHA Magdeburg, C 29, Anh. 2, Nr. 242/I.

56 Ebd., Nr. 245.

57 IfZ, Fa–109.

58 LHA Magdeburg, C 29, Anh. 2, Nr. 231.

59 Ebd., Nr. 258. Im Fall Nr. 140 war Wittes Eingabe nicht erfolgreich. Der Ausgang im Fall Nr. 350 ist unbekannt.

PHASE 3: AUSGRENZUNG EINER »FREMDEN RASSE«

1 Weiss, *Race Hygiene and National Efficiency,* S. 148; Burleigh/Wippermann, *The Racial State,* S. 31.

2 Kater, *Ärzte als Hitlers Helfer,* S. 191 f.

3 Mosse, *Die Geschichte des Rassismus in Europa,* S. 99.

4 Proctor, *Racial Hygiene,* S. 38; Müller-Hill, *Tödliche Wissenschaft,* S. 26 f.

5 *Grundriß der menschlichen Erblichkeitslehre und Rassenhygiene,* München ²1923.

6 Müller-Hill, »Human Genetics in Nazi Germany«, S. 29. Zu Hitlers eugenischen Ideen siehe Weindling, *Health, Race and German Politics between National Unification and Nazism,* S. 490–492.

7 Gaupp, *Die Unfruchtbarmachung geistig und sittlich kranker und Minderwertiger,* Berlin 1925, S. 25, zit. Bock, *Zwangssterilisation im Nationalsozialismus,* S. 361, Anm. 131.

8 Schmuhl, *Rassenhygiene, Nationalsozialismus, Euthanasie,* S. 101.

9 Weiss, *Race Hygiene and National Efficiency,* S. 152 f.

10 Kühl, *The Nazi Connection,* S. 39.

11 »Gesetz zur Verhütung erbkranken Nachwuchses«, in: RGBl 1 (1933), S. 529; abgedruckt in Daum/Deppe, *Zwangssterilisation in Frankfurt am Main,* S. 184–187.

12 Simon, »Die Erbgesundheitsgerichtsbarkeit im OLG-Bezirk Hamm«, S. 140.

13 Riechert, *Im Schatten von Auschwitz,* S. 67.

14 Matl, »Ein Albtraum vom reinen Schweden«.

15 Haller, *Eugenics,* S. 141.

16 Aktenvermerk des Innenministeriums, 5. Oktober 1935, BA Berlin, R43 II/720.

17 Bock, *Zwangssterilisation im Nationalsozialismus,* S. 233.

18 Proctor, *Racial Hygiene,* S. 114.

19 »Durchführung des Gesetzes zur Verhütung erbkranken Nachwuchses«, 7. Januar 1937, STA Münster, Reg. Arnsberg, 13 157.

20 Marssolek/Ott, *Bremen im Dritten Reich,* S. 325 f.

21 Dubitscher, »Der moralische Schwachsinn«, S. 443–451.

22 Ritter, *Ein Menschenschlag,* S. 19.

23 Koch, *Zwangssterilisationen im Dritten Reich,* S. 23.

24 Fenner, *Zwangssterilisation im Nationalsozialismus,* S. 63.

25 Bock, *Zwangssterilisation im Nationalsozialismus,* S. 302 f.

26 Riechert, *Im Schatten von Auschwitz,* S. 93, 135.

27 RGBl (1939), Bd. 1, S. 1560.

28 Simon, »Die Erbgesundheitsgerichtsbarkeit«, S. 140–143.

29 Daum/Deppe, *Zwangssterilisationen in Frankfurt,* S. 21.

30 Koch, *Zwangssterilisationen im Dritten Reich,* S. 24.

31 Marssolek/Ott, *Bremen im Dritten Reich,* S. 319.

32 Friedländer, *Das Dritte Reich und die Juden,* Bd. 1, S. 59 f., 170.

33 »Erste Verordnung zur Ausführung des Gesetzes zum Schutze des deutschen Blutes und der deutschen Ehre«, § 6, in Reichsleiter der NSDAP (Hg.), *Organisationsbuch der NSDAP,* S. 523.

34 *Ministerialblatt für die Innere Verwaltung* 49 (1935), Spalte 1429; abgedruckt in Stuckart/Globke, *Kommentar zur deutschen Rassengesetzgebung,* Bd. 1, S. 36 f.

35 Der Erlass ist abgedruckt in Rose (Hg.), *Der nationalsozialistische Völkermord an den Sinti und Roma,* S. 25 f.

36 Döring, *Zigeuner im nationalsozialistischen Staat,* S. 57.

37 Reichsleiter der NSDAP (Hg.), *Organisationsbuch der NSDAP,* S. 520.

38 Frick, »Das Reichsbürgergesetz und das Gesetz zum Schutze des deutschen Blutes und der deutschen Ehre«, S. 1391.

39 Stuckart/Globke, *Kommentar zur deutschen Rassengesetzgebung,* Bd. 1, S. 55.

40 Mehrere solcher Anweisungen sind abgedruckt in Rose (Hg.), *Der nationalsozialistische Völkermord an den Sinti und Roma,* S. 38 f.

41 Stuckart/Schiedermair, *Rassen- und Erbpflege in der Gesetzgebung des Reiches,* S. 10.

42 Gilsenbach, »Wie Lolitschai [Eva Justin] zur Doktorwürde kam«.

43 Ritter, »Mitteleuropäische Zigeuner«, S. 53.

44 Ritter, »Untergruppe L3«, S. 357.

45 Karl Themel, *Wie verkarte ich Kirchenbücher? Der Aufbau einer*

alphabetischen Kirchenbuchkartei, Berlin 1936, S. 5, zit. in Gilsenbach, *Oh, Django, sing deinen Zorn,* S. 297; vgl. Aly/Roth, *Die restlose Erfassung,* S. 70 f.

46 Gilsenbach, *Oh, Django, sing deinen Zorn,* S. 298.

47 Ritter, *Ein Menschenschlag,* S. 34.

48 Katholisches Pfarramt Berleburg an die Duisburger Kripo, 20. Januar 1942, HSTA Düsseldorf, BR 1111, Nr. 36.

49 Ritter, »Zigeuner und Landfahrer«; ders., »Zur Frage der Rassenbiologie und Rassenpsychologie der Zigeuner in Deutschland.«

50 Ritter, »Zigeuner und Landfahrer«, S. 87.

51 Ritter, »Untergruppe L3«, S. 358.

52 Wilson/Hernstein, *Crime and Human Nature,* S. 69; Roth, »Crime and Child Rearing«, S. 40; Brennan u. a., »Biomedical Factors in Crime«, S. 75.

53 Wilson/Hernstein, *Crime and Human Nature,* S. 70.

54 Kater, *Ärzte als Hitlers Helfer,* S. 367 f.

55 Ritters Ansicht darüber ist am besten dargestellt in seinem Aufsatz »Die Bestandsaufnahme der Zigeuner und Zigeunermischlinge in Deutschland«.

56 Engbring-Romang, *Fulda – Auschwitz,* S. 30.

57 Friedländer, *Das Dritte Reich und die Juden,* Bd. 1, S. 348.

58 Würth, »Bemerkungen zur Zigeunerfrage und Zigeunerforschung in Deutschland«.

59 Krämer, »Rassische Untersuchungen an den ›Zigeuner‹-Kolonien Lause und Altengraben bei Berleburg (Westf.)«, Zitat von S. 55.

60 Günther, »Die Zigeunerverhältnisse in Berleburg«.

61 Landjäger-Stationskommandant, Esslingen, an Landrat, Esslingen, 11. März 1937, LA Ludwigsburg, F 164/II 688.

62 Kranz, »Zigeuner, wie sie wirklich sind«, S. 27.

63 Finger, *Studien an zwei asozialen Zigeunermischlings-Sippen,* S. 53, 64 f.

64 Rüdiger, »Parasiten der Gemeinschaft«, S. 88 f.

65 »Die Zigeuner als asoziale Bevölkerungsgruppe«.

66 Rodenberg, »Die Zigeunerfrage«, S. 438, 445.

67 Der hier zitierte *Bauländer Bote* aus dem badischen Adelheim vom 10. September 1938 steht stellvertretend für viele andere Zeitungen aus größeren und kleineren deutschen Städten.

68 Aktenvermerk der Münchener Kripo, 25. April 1938, HSA München, MInn 72579.

69 Aktenvermerk von Dr. Mauthe an den Innenminister von Württemberg, 9. Juli 1938, HSA Stuttgart, E 151/53 Bü 164.

70 »Bekämpfung der Zigeunerplage«, in: *Ministerialblatt des Reichs- und Preußischen Ministeriums des Innern* 51 (1938), S.2105–2110; auch enthalten in *Erlaßsammlung Nr. 15* und in der Mikrofilmkopie des *Mitteilungsblatts des Reichskriminalpolizeiamtes* 2, Nr. 2 (Februar 1939), in: NA, Microfilm Publication T 175, Rolle 433, Bilder 296 3301–2963304.

71 Ebd.

72 Ebd.

73 Ebd.

74 »Ausführungsanweisung«, 1. März 1939, in: *Mitteilungsblatt des Reichskriminalpolizeiamtes* 2, Nr. 4 (April 1939), Spalten B58-B60; auch zu finden in *Erlaßsammlung Nr. 15* und NA, Microfilm Publication T 175, Rolle 433, Bilder 296 3321–2963322.

75 Ebd.

Der Sonderfall der österreichischen Zigeuner

1 Nach einem Aktenvermerk ans österreichische Bundeskanzleramt (Inneres) vom 2. Juli 1936 lebten im Burgenland 7559 Zigeuner, DÖW, Nr. 12543.

2 Thurner, *Kurzgeschichte des nationalsozialistischen Zigeunerlagers in Lackenbach*, S.7; vgl. Klamper, »Persecution and Annihilation of Roma and Sinti in Austria, 1938–1945«, S.56.

3 »Die Zigeunerfrage in der Ostmark«, S.24.

4 »Aus Rassenhygiene und Bevölkerungspolitik«, in: *Volk und Rasse* 13 (1938), S.29.

5 *Erlaßsammlung Nr. 15.*

6 Die Anweisung war vom burgenländischen Landeshauptmann Tobias Portschy unterzeichnet, DÖW, Nr. 11151.

7 DÖW, Nr. 16532; Dokumentationsarchiv des Österreichischen Widerstandes, *Widerstand und Verfolgung im Burgenland,* S.259.

8 Portschy, »Die Zigeunerfrage. Denkschrift des Landeshauptmannes für das Burgenland« (Eisenstadt, August 1938), S.6f., HMM, RG–07.009*01. In einem Aktenvermerk der Eisenstädter Kripo

vom 24. Juni 1938 ist von zweihundert festgenommenen Zigeunern die Rede (ÖSTA, 04/Inneres, 102389–73, 60).

9 DÖW, Nr. 12543.

10 Portschy, »Die Zigeunerfrage. Denkschrift des Landeshauptmannes für das Burgenland« (Eisenstadt, August 1938), S. 6f., HMM, RG–07.009*01.

11 Ebd.

12 Ebd.

13 Steinmetz, *Österreichs Zigeuner im NS-Staat*, S. 11.

14 *Erlaßsammlung Nr. 15.*

15 »Vorbeugende Maßnahmen zur Bekämpfung der Zigeunerplage im Burgenland«, 5. Juni 1939, in: *Erlaßsammlung Nr. 15.*

16 *Jahrbuch Amt V Reichskriminalpolizeiamt des Reichssicherheitshauptamtes 1939/40*, BA Berlin, RD 19/29.

17 Dokumentationsarchiv des Österreichischen Widerstandes, *Widerstand und Verfolgung in Niederösterreich*, Bd. 3, S. 355.

18 »Bekämpfung der Zigeunerplage«, 13. Mai 1938, in: *Erlaßsammlung Nr. 15.*

19 Rundschreiben der Kripo Eisenstadt, 27. Mai 1938, ÖSTA, 04/Inneres, 102.389–73, 60.

20 »Eheschließungsverbot zwischen Zigeunern und Personen deutschen Blutes«, 23. Main 1938, in Dokumentationsarchiv des Österreichischen Widerstandes, *Widerstand und Verfolgung in Wien*, Bd. 3, S. 354.

21 DÖW, Nr. 12232.

22 Regierungsrat Reischauer an Oberregierungsrat Krüger, 7. März 1939, ÖSTA, AVA Unterricht, F 4209–313026, a.

23 Oberregierungsrat Krüger an Regierungsrat Reischauer, 11. März 1939, ÖSTA, AVA Unterricht, F 4209–313026, a.

24 Bericht an Oberregierungsrat Krüger, 20. März 1939, ÖSTA, AVA Unterricht, F 4209–313026, a.

25 Bezirksschulrat Wilhelm Kasper an Oberregierungsrat Krüger, 29. März 1939, ÖSTA, AVA Unterricht, F 327994–1939.

26 Der Reichsminister für Wissenschaft, Erziehung und Volksbildung an das Ministerium für innere und kulturelle Angelegenheiten, Wien, 15. Juni 1939, ÖSTA, AVA Unterricht, F 327994–1939.

27 Vgl. Brief der Stadtverwaltung an den Reichskommissar für die Wiedervereinigung Österreichs mit dem Deutschen Reich, 13. No-

vember 1939, in Rose (Hg.), *Der nationalsozialistische Völkermord an den Sinti und Roma*, S. 52 f.

28 Gendarmerieposten St. Johann an den Landrat, 12. Januar 1939, zit. in Klamper, »Persecution of the Gypsies«.

»SICHERHEITSMASSNAHMEN« UND VERTREIBUNGEN

1 Vgl. Gronemeyer, *Zigeuner im Spiegel früher Chroniken und Abhandlungen*, S. 89.

2 Strauss, »Die Zigeunerverfolgung in Bayern, 1855–1926«, S. 59.

3 Innenministerium von Sachsen an die örtlichen Polizeibehörden, 30. April 1916, HSTA Dresden, HMM, RG–14.011M, Rolle 11.

4 Stellvertretendes Generalkommando 8. A.K. an die Landräte, 13. September 1917, LHA Koblenz, 613, Nr. 1647.

5 STA Ludwigsburg, F 209/II, Bü 201.

6 BA Berlin, R 58/273, Kirche 5.

7 Gestapo Düsseldorf an Gestapo Essen, 17. Oktober 1939, HSTA Düsseldorf, RW 58, Nr. 18898.

8 Fürsorgeamt Frankfurt am Main an den Bürgermeister, 24. August 1938, StA Frankfurt, Stadtkanzlei 2203, Bd. 1; abgedruckt in Wippermann, *Das Leben in Frankfurt zur NS-Zeit*, Bd. 2, S. 78 f.

9 Rundschreiben, 26. Januar 1939, HSTA München, MInn 72579.

10 Der Beauftragte für die Westbefestigungen an den Innenminister von Baden, 13. Juli 1939, HSTA Düsseldorf, BR 1011/155.

11 »Grenzzonenverordnung«, 2. September 1939, in: RGBl 1, S. 1578.

12 »Bekämpfung der Zigeunerplage«, 9. September 1939, in: *Erlaßsammlung Nr. 15*.

13 Siehe zum Beispiel HSTA Düsseldorf, BR 1111, Nr. 33, 47.

14 *Mitteilungsblatt des Reichskriminalpolizeiamtes* 2, Nr. 12 (Dezember 1939), Spalte A210.

15 *Meldungen aus dem Reich*, Bd. 3, S. 475.

16 »Vorbeugende Verbrechensbekämpfung durch die Polizei«, HMM, RG–15.013M, Rolle 1, Bild 286.

17 LHA Magdeburg, C 29, Anh. 2, Nr. 1.

18 Ebd., Nr. 460.

19 Protokoll (datiert auf den 27. September) der Amtschef- und Einsatzgruppenleiterbesprechung am 21. September 1939, IfZ, Eich

983; auch in: NA, Microfilm Publication T 175, Rolle 239, Bilder 272 8236–2728240.

20 »Zigeunererfassung«, 17. Oktober 1939, in: *Erlaßsammlung Nr. 15;* abgedruckt in Rose (Hg.), *Der nationalsozialistische Völkermord an den Sinti und Roma,* S. 92.

21 NA, Microfilm Publication T 175, Rolle 413; weitere Berichte befinden sich im HSTA Wiesbaden, Abt. 410, Nr. 489.

22 NA, Microfilm Publication T 175, Rolle 413, Bild 293 7794.

23 Nebe versuchte Eichmann telefonisch zu erreichen. Seine Anfrage wurde am 13. Oktober in einem Fernschreiben übermittelt, das abgedruckt ist in Rose (Hg.), *Der nationalsozialistische Völkermord an den Sinti und Roma,* S. 89.

24 Fernschreiben, 16. Oktober 1939, in Rose (Hg.), *Der nationalsozialistische Völkermord an den Sinti und Roma,* S. 90.

25 Aktenvermerk der Zentralstelle für jüdische Auswanderung, Wien, 18. Oktober 1939, DÖW, Nr. 2527.

26 Browning, »Nazi Resettlement Policy and the Search for a Solution of the Jewish Question, 1939–1941«, S. 504 f.; Moser, »Nisko«, S. 18; vgl. Aly, *»Endlösung«,* passim.

27 Jede Kriminalpolizeistelle formulierte eine eigene Erklärung, aber der Inhalt war überall der gleiche. In den Zigeunerpersonenakten im LHA Magdeburg und im HSTA Düsseldorf sind viele solcher Erklärungen erhalten.

28 So wurde zum Beispiel Alexander F. aus Berlin gestattet, vom 26. Januar bis 15. Februar 1944 seinen Vater in Königsberg zu besuchen (LHA Potsdam, rep. 30, Berlin C, Nr. 8). Solche Fälle waren häufig genug, dass eigene Formulare gedruckt wurden.

29 *Erlaßsammlung Nr. 15.*

30 *Meldeblatt der Kriminalpolizeileitstelle München,* 29. Dezember 1939, HSTA München, MInn 72 579.

31 *Meldeblatt der Kriminalpolizeileitstelle München,* 15. März 1941, ebd.

32 »Die Frage der Behandlung der Bevölkerung der ehemaligen polnischen Gebiete nach rassenpolitischen Gesichtspunkten«, NA, Microfilm Publication T–74, Rolle 9, Bild 380 600; auch in: Nürnberger Dokument NO-3732, RG 238, Box 70.

33 Vgl. Breitmann, *Der Architekt der »Endlösung«,* S. 116 f.

34 Hitlers Erlaß, durch den Himmler zum RKF ernannt wurde, ist

abgedruckt in Buchheim, »Die SS – Das Herrschaftsinstrument«, S.182–184.

35 Himmler, *Geheimreden 1933 bis 1945*, S.139.

36 Nürnberger Dokument NO-5322 (Sitzungsprotokoll), in: *Trials of War Criminals*, Bd. 4, S.855–859.

37 BA Koblenz, R 18, Nr. 5644; abgedruckt in Eiber, »*Ich wußte, daß es schlimm wird*«, S.68 f.

38 »Arbeitsbericht«, ohne Datum (wahrscheinlich Januar 1940), BA Koblenz, R 73, Nr. 14005.

39 Hilberg, *Die Vernichtung der europäischen Juden*, S.144.

40 *Diensttagebuch des deutschen Generalgouverneurs in Polen*, S.146 f.

41 »Umsiedlung von Zigeunern«, 27. April 1940, in: *Erlaßsammlung Nr. 15;* abgedruckt in Rose (Hg.), *Der nationalsozialistische Völkermord an den Sinti und Roma*, S.93 f.

42 »Richtlinien zur Umsiedlung von Zigeunern (Erster Transport aus der westlichen und nordwestlichen Grenzzone)«, in: *Erlaßsammlung Nr. 15.*

43 HSTA Wiesbaden, Abt. 407, Nr. 863.

44 Ebd.

45 Der Polizeipräsident von Köln an den Oberbürgermeister von Koblenz, 23. Juli 1940, abgedruckt in Rose (Hg.), *Der nationalsozialistische Völkermord an den Sinti und Roma*, S.96; Fings/Sparing, »*z. Zt. Zigeunerlager*«, S.65–67.

46 HSTA Düsseldorf, BR 2034, Nr. 788.

47 Ebd., Nr. 219.

48 Ebd., Nr. 116.

49 Ebd., Nr. 16.

50 Ebd., Nr. 863.

51 Ebd., Nr. 1002.

52 Ebd., Nr. 367, 337.

53 Vgl. zum Beispiel die Anweisungen des RKPA an die Kripo Frankfurt am Main vom 31. Mai 1940, HSTA Wiesbaden, Abt. 407, Nr. 863.

54 Der Briefwechsel ist abgedruckt in Wippermann, *Das Leben in Frankfurt zur NS-Zeit*, Bd. 2, S.92–94.

55 HSTA Düsseldorf, BR 1021, Nr. 441; abgedruckt in Rose (Hg.), *Der nationalsozialistische Völkermord an den Sinti und Roma*, S.97.

56 ZSL, 415 AR 93/61, Bl. 86 f.
57 »Zigeuner in der Grenzzone«, 31. Januar 1940, BA Potsdam (jetzt Berlin), 31.01 RWM, Bd. 30, zit. in Zimmermann, *Rassenutopie und Genozid*, S.172.
58 Vgl. Buchheim, »Die Zigeunerdeportation vom Mai 1940«; Döring, »Die Motive der Zigeuner-Deportation vom Mai 1940«.
59 Diese Anfrage vom 18. Juli 1940 wird in einem an die Gendarmerieposten und Landräte verteilten Aktenvermerk der Karlsruher Kripo vom 21. August 1940 erwähnt (STA Freiburg, G 21/3, Nr. 7).
60 ZSL, 415 AR 93/61, Bl. 86 f.
61 Der Aktenvermerk wird in einem Brief der Karlsruher Kripo an den Landrat von Mosbach vom 20. Dezember 1940 erwähnt (STA Freiburg, G 21/3, Nr. 7).
62 NA, Microfilm Publication T 175, Rolle 413, Bild 293 7931.
63 Ebd., Bilder 293 8116–2938117.
64 Die Zahl 2500 dürfte nicht genau sein. In einer in den Akten von Ritters Forschungsstelle gefundenen Tabelle ist von 2330 deportierten Zigeunern die Rede (BA Berlin, ZSg. 142/22), während in einer von Heydrichs Büro angefertigten Zusammenfassung der »Evakuationen« für den Zeitraum vom 11. Mai bis zum 15. November 1940 eine Zahl von 2800 deportierten Zigeunern genannt wird (Nürnberger Dokument NO-5150, NA, RG 238, Box 89).
65 ZSL, 414 AR 540/83, Bd. 1, Bl. 120.
66 Dies hat ein Kriminalbeamter, der den Zug begleitete, nach dem Krieg Adolf Würth erzählt (Müller-Hill, *Tödliche Wissenschaft*, S.153 f.). Seine Darstellung wird von einem Passagier dieses Zuges bestätigt, von Josef Klein, dem Leiter einer berühmten Zigeunerkapelle (M. Krausnick, *Wo sind sie hingekommen?*, S.38).
67 IfZ, Fh 28 (ein auf Aussagen vieler Augenzeugen beruhender Bericht); vgl. IfZ, Gs 05.43; M. Krausnick (Hg.), *»Da wollten wir frei sein!«*, S.38; Döring, *Die Zigeuner im nationalsozialistischen Staat*, S.98 f.
68 Steinberger, »Das Leben des Herrn Steinberger«, S.22; M. Krausnick, *Abfahrt Karlsruhe*, S.33.
69 ZSL, 208 AR 1906/1966; Zimmermann, »Deportation ins ›Generalgouvernement‹«, S.159.
70 ZSL, 414 AR 540/83, Bd. 1, Bl. 114 f.
71 Ebd., Bl. 95 f.

72 Diese Darstellung stützt sich auf die Aussage, die Robert Weiss, ein Überlebender, am 11. November 1958 vor einem Gericht in Kiel gemacht hat (STA Detmold, D 1, Nr. 6151, Anh. 2). Ein Bericht, in dem Bedingungen beschrieben werden, die eher einem Konzentrationslager gleichen, findet sich in: IfZ, MA 21.

73 HSTA Düsseldorf, BR 1111, Nr. 48.

74 Ebd., BR 2034, Nr. 186.

75 Zimmermann, »Deportation ins ›Generalgouvernement‹«, S.163.

76 HSTA Düsseldorf, BR 1111, Nr. 48.

77 Ebd., Nr. 41.

78 Ebd., BR 2034, Nr. 7.

79 Ebd., BR 1111, Nr. 40.

80 Aktenvermerk der Inneren Verwaltung, Bevölkerungswesen und Fürsorge, Lublin, ZSL, 4141 AR 540/83, Bd. 1, Bl. 124.

81 Außendienststelle Duisburg an Kriminalpolizeistelle Essen, 8. August 1944, HSTA Düsseldorf, BR 1111, Nr. 43.

82 Ebd., Nr. 45.

83 Ebd., Nr. 43.

84 Ebd., Nr. 29.

85 Ebd., BR 2034, Nr. 429.

86 LHA Potsdam, Rep. 30, Berlin C, Tit. 198A, 3, Zigeuner, Nr. 148; Niedersächsischer Verband Deutscher Sinti, »Es war menschenunmöglich«, S.80.

87 ZSL, 414 AR 540/83, Bd. 4, Bl. 594.

88 Ebd., 415 AR 930/61, Bl. 86.

89 Kripo Köln an RKPA, 21. August 1940, HSTA Düsseldorf, BR 2034, Nr. 1115.

90 Ebd., BR 1111, Nr. 48, S.49.

91 Zimmermann, *Rassenutopie und Genozid*, S.183.

92 Zit. in Kettenacker, *Nationalsozialistische Volkstumspolitik im Elsaß*, S.250.

93 »Säuberung des Elsasses von Zigeunern, Berufsverbrechern und asozialen Elementen«, 14. August 1940, NA, Microfilm Publication T 175, Rolle 513, Bild 938 0006.

94 Die Zahl stammt aus einem Bericht der Reichskommission für die Festigung des deutschen Volkstums vom 14. August 1942, Nürnberger Dokument PS–1470, in: *Trials of War Criminals*, Bd. 4, S.912–916; deutsch in: NO-5202, NA, RG 238, Box 90.

95 BdS Straßburg an das RSHA, 29. April 1942, NA, Microfilm Publication T 175, Rolle 432, Bilder 296 2980–2962988.

96 Aktenvermerk der Kripo Mühlhausen, 27. April 1942, ebd., Bild 296 2993.

97 Kripo Straßburg ans RSHA, 20. Juni 1942, ebd., Bild 196 3003.

98 Gauleiter Robert Wagner an Himmler, 19. März 1942, zit. in Kettenacker, *Nationalsozialistische Volkstumspolitik im Elsaß,* S. 162.

99 Das Protokoll dieser Sitzung ist enthalten in dem Bericht der Reichskommission für die Festigung des deutschen Volkstums vom 14. August 1942, Nürnberger Dokument PS–1470, in: *Trials of War Criminals,* Bd. 4, S. 912–916; deutsch in: NO-5202, NA, RG 238, Box 90

100 Kripo Metz, »Vorbeugende Verbrechensbekämpfung«, 28. März 1942, NA, Microfilm Publication T 175, Rolle 513, Bilder 938 0068–9380069.

101 Zimmermann, *Rassenutopie und Genozid,* S. 243.

102 Ritter, »Die Zigeunerfrage und das Zigeunerbastardproblem«, S. 12; Erhardt, »Zigeuner und Zigeunermischlinge in Ostpreußen«, S. 53.

103 Aussage von Georg Geyer vor einem Münchener Gericht am 24. Juni 1957, IfZ, Ms 410.

104 Wirbel, »Die Rückkehr von Auschwitz«, S. 468; Dambrowski, »Das Schicksal einer vertriebenen ostpreußischen Sinti-Familie im NS-Staat«, S. 72 f.

105 Vgl. die Aussage des Überlebenden Paul Dambrowski, ZSL, 415 AR 314/81, Bd. 1; Zimmermann, *Rassenutopie und Genozid,* S. 229.

106 Schutzpolizei Brest-Litowsk, »Lagebericht«, 12. Oktober 1942, BA Berlin, R94/7.

107 Bericht des Gebietskommissars in Brest-Litowsk an den Generalkommissar für Wolhynien und Podolien, 31. Dezember 1942, BA Berlin, R94/8.

108 Bericht vom 24. Juni 1943, BA Berlin, R94/8.

109 Czech (Hg.), *Kalendarium der Ereignisse im Konzentrationslager Auschwitz-Birkenau 1939–1945,* S. 758.

1 Eine nach Ländern gegliederte Auflistung, die wahrscheinlich von Ritters Forschungsstelle angefertigt worden ist, gibt die Zahl der in Deutschland lebenden Zigeuner mit 29 000 an (BA Berlin, ZSg. 142, Anh. 28).

2 GLA Karlsruhe, 364/1975/3II, Nr. 25.

3 Ebd.

4 Ebd., 345, Nr. G2214.

5 Ebd., RKPA an Kripo Stuttgart, 6. August 1940.

6 Ebd.

7 Ebd.

8 Der Bürgermeister von Ludwigsburg an den Polizeipräsidenten, 14. Mai 1941, STA Ludwigsburg, FL 20/12 II, Bü 381.

9 STA Detmold, M 1 I P, Nr. 1578.

10 Kripo Dortmund an den Bürgermeister von Beverungen, 14. Mai 1941, und an den Regierungspräsidenten in Minden, 28. August 1941, in ebd.

11 Ebd.

12 Ebd.

13 *Volksgemeinschaft,* Nr. 81, 24. März 1940.

14 Aktenvermerk des Kreisgeschäftsführers vom 4. April 1940, HSTA Stuttgart, E151/53 Bü 164; weitere Beispiele in Zimmermann, *Verfolgt, vertrieben, vernichtet,* S. 53 f.

15 Aktenvermerk, 4. März 1936, BA Berlin, R18/5644.

16 Brief vom 24. März 1938, HSTA München, MInn 72579.

17 Brief vom 19. Dezember 1938, BA Berlin, Slg. Schumacher, Nr. 399; auch in: Nürnberger Dokument NO-1898, NA, RG 238, Box 38.

18 Der Vortrag wurde wahrscheinlich am 4. Februar 1939 gehalten (GLA Karlsruhe, 345 Zug. 1986, Nr. 12/Nr. 248; auch: IfZ, Fa 704).

19 *Erlaßsammlung Nr. 15.*

20 Diese Ansicht vertritt auf überzeugende Weise Hans Buchheim in einem Gutachten vom 6. Juni 1958 (IfZ, Ms 410).

21 »Vorentwurf für Gesetz zur Regelung der Zigeunerverhältnisse in Deutschland«, BA Berlin, ZSg. 142, Anh. 28.

22 BA Berlin, NS 19/1300.

23 Der Entwurf ist nicht datiert, BA, R22/943.

24 Die Akten R22/943 und 944 im BA Berlin enthalten in chronologischer Reihenfolge die Dokumente der langwierigen Verhandlungen. Vgl. auch Wagner, »Das Gesetz über die Behandlung Gemeinschaftsfremder«.

25 Frank an den Chef der Reichskanzlei, 7. April 1942; Göring an den Chef des OKW, 24. April 1942, beide in: BA Berlin, R22/943.

26 BA Berlin, R58/473 und R22/949, zit. in Wagner, »Das Gesetz über die Behandlung Gemeinschaftsfremder«, S. 94.

27 HSTA Düsseldorf, BR 2034, Nr. 173.

28 Aktenvermerk vom 5. Mai 1939, abgedruckt in Rose (Hg.), *Der nationalsozialistische Völkermord an den Sinti und Roma*, S. 54.

29 Verordnung vom 13. Mai 1939, zit. in Rose (Hg.), *Der nationalsozialistische Völkermord an den Sinti und Roma*, S. 50.

30 Der Reichsminister für Wissenschaft, Erziehung und Volksbildung ans Ministerium für innere und kulturelle Angelegenheiten, Wien, 15. Juni 1939, ÖSTA, AVA Unterricht, F 327 994–1939.

31 *Mitteilungsblatt des Reichskriminalpolizeiamtes* 5, Nr. 4 (April 1942), abgedruckt in Wippermann, *Das Leben in Frankfurt zur NS-Zeit*, Bd. 2, S. 42–46.

32 Wippermann, *Das Leben in Frankfurt zur NS-Zeit*, Bd. 2, S. 42–46.

33 Zimmermann, *Rassenutopie und Genozid*, S. 190.

34 Eiber, »*Ich wußte, daß es schlimm wird*«, S. 73; Engbring-Romano, *Wiesbaden – Auschwitz*, S. 52.

35 Vgl. zum Beispiel einen Bericht der Polizei von Adelsheim an den Landrat von Buchen vom 14. Dezember 1939, GLA Karlsruhe, 345, Nr. G2214.

36 LHA Magdeburg, Rep. C 29, Anh. 2, Nr. 461.

37 Ebd., Nr. 192.

38 Ebd., Nr. 479.

39 Peukert, *Volksgenossen und Gemeinschaftsfremde*, S. 253 f.

40 LHA Magdeburg, Rep. C 29, Anh. 2, Nr. 407.

41 Elvira R. aus Braunschweig ist eine von vielen Überlebenden, die dies bestätigen (Niedersächsischer Verband Deutscher Sinti, *»Es war menschenunmöglich«*, S. 35).

42 LHA Magdeburg, Rep. C 29, Anh. 2, Nr. 404.

43 STA München, Pol Dir Mü 7033.

44 »Arbeitseinsatz von Zigeunern und Zigeunermischlingen«, 13. Juli 1942, in: *Ministerialblatt des Reichs- und Preußischen Ministeriums*

des Innern, 22. Juli 1942, S. 1488; auch in: NA, Microfilm Publication T 175, Rolle 433, Bilder 2963795–2963798.

45 Von Hase-Mihalik/Kreuzkamp, *»Du kriegst auch einen schönen Wohnwagen«,* S. 69.

46 Herbert Adlers Bericht ist abgedruckt in Rose (Hg.), *Der nationalsozialistische Völkermord an den Sinti und Roma,* S. 173–178.

47 Wippermann/Brucker-Boroujerdi, »Nationalsozialistische Zwangslager in Berlin III«, S. 195–198.

48 Fings/Sparing, »Das Zigeunerlager in Köln-Bickendorf, 1935–1958«, S. 34.

49 Fings/Sparing, »z. Zt. *Zigeunerlager«,* S. 43–45, 71.

50 »Abschiebung der ostpreußischen Zigeuner«, 22. Juli 1941, in: *Erlaßsammlung Nr. 15.*

51 In einem Wiedergutmachungsverfahren im Jahr 1958 haben zwei ehemalige Polizisten über die Zustände in dem Lager ausgesagt (STA Detmold, D1, Nr. 6151).

52 STA München, Pol Di Mü, Nr. 7033.

53 Döring, *Die Zigeuner im nationalsozialistischen Staat,* S. 39–41; Riechert, »Im Gleichschritt…«, S. 383 f.

54 Vgl. Riechert, »Im Gleichschritt…«, S. 377–382.

55 »Richtlinien über die Heranziehung von nichtjüdischen fremdblütigen deutschen Staatsangehörigen zum aktiven Wehrdienst«, zit. in Riechert, »Im Gleichschritt…«, S. 384.

56 Ebd.

57 Ebd., S. 388. Manfred Messerschmidt hat dieses Phänomen in Bezug auf jüdische Mischlinge beschrieben; bei Zigeunern war es anscheinend genauso (Messerschmidt, *Die Wehrmacht im NS-Staat,* S. 357).

58 Franz, *Zwischen Liebe und Haß,* S. 46.

59 »Entlassungen von Zigeunern und Zigeunermischlingen aus dem aktiven Wehrdienst«, in: *Allgemeine Heeresmitteilungen,* 21. Februar 1941, S. 82 f.; abgedruckt in Rose (Hg.), *Der nationalsozialistische Völkermord an den Sinti und Roma,* S. 58.

60 »Bekämpfung der Zigeunerplage (Heranziehung von Zigeunern und Zigeunermischlingen zum Wehrdienst)«, 24. April 1941, HMM, RG–15.013M, Rolle 1.

61 Briefwechsel vom 26. und 30. September 1941, abgedruckt in Rose

(Hg.), *Der nationalsozialistische Völkermord an den Sinti und Roma*, S. 60 f.

62 Engel, *Heeresadjutant bei Hitler*, S. 79 f.

63 Ebd., S. 80.

64 Bericht von Werner Koeppen, Nr. 39, S. 2, IfZ, Fa 514.

65 LHA Potsdam, Rep. 30, Berlin C, Nr. 99.

66 Riechert, »Im Gleichschritt …«, S. 397.

67 Ebd., S. 386.

68 »Entlassung von Zigeunern und Zigeunermischlingen aus dem aktiven Wehrdienst und Reichsarbeitsdienst«, in: *Allgemeine Heeresmitteilungen* 9 (1942), S. 305.

69 »Entlassung von Zigeunern und Zigeunermischlingen aus dem aktiven Wehrdienst und Reichsarbeitsdienst«, 28. August 1942, in: *Beilage zum Meldeblatt der Kriminalpolizeileitstelle München, Nürnberg, Augsburg, Regensburg und Würzburg*, 8. September 1942, HMM, RG–07.005*01.

70 LHA Düsseldorf, BR 2034, Nr. 14.

71 Gauleitung Franken an Rassenpolitisches Amt, Nürnberg, 13. März 1942, STA Nürnberg, NS-Mischbestand Gauleitung Franken, Nr. 150.

72 Riechert, »Im Gleichschritt …«, S. 390.

73 Döring, *Die Zigeuner im nationalsozialistischen Staat*, S. 41, 135.

74 Vgl. Zimmermann, *Rassenutopie und Genozid*, S. 209.

75 Der Regierungspräsident in Arnsberg an die Standesbeamten, 18. Juni 1941, STA Münster, Reg. Arnsberg, Nr. 13 155.

76 *Erlaßsammlung Nr. 15.*

77 Der Landrat von Hechingen an den Standesbeamten in Burladingen, 11. August 1941, abgedruckt in Rose (Hg.), *Der nationalsozialistische Völkermord an den Sinti und Roma*, S. 31.

78 Der Reichsminister des Innern an den Reichsstatthalter im Sudetengau, 24. Dezember 1942 (Kopien an alle Länderregierungen), HSTA Stuttgart, E 130 b Bü 1098.

79 »Verhängung der polizeilichen Vorbeugungshaft … bei Konkubinaten«, 25. Oktober 1941, ZSL, 415 AR 930/61, Bl. 20.

80 HSTA Düsseldorf, BR 2034, Nr. 1199; mehrere Dokumente aus dieser Akte sind abgedruckt in Rose (Hg.), *Der nationalsozialistische Völkermord an den Sinti und Roma*, S. 33–35.

81 HSTA Düsseldorf, BR 2034, Nr. 1130.

82 Ebd., BR 1111, Nr. 44.

83 Ebd., BR 2034, Nr. 1123.

84 »Einstellung der Bearbeitung von Ehegenehmigungsanträgen nach dem Blutschutzgesetz«, 3. März 1942, STA Detmold, D 102 Warburg Nr. 38.

85 »Bearbeitung von Ehegenehmigungsanträgen von Zigeunermischlingen«, 25. September 1942, in: *Erlaßsammlung Nr. 15.*

86 Feldscher, *Rassen- und Erbpflege im deutschen Recht,* S. 27 f.

87 »Anordnung über die Beschäftigung von Zigeunern«, 13. März 1942, in: *Reichsgesetzblatt* 1942, Teil 1, S. 138; abgedruckt in Rose (Hg.), *Der nationalsozialistische Völkermord an den Sinti und Roma,* S. 22.

88 *Reichsgesetzblatt* 1942, Teil 1, S. 149; vgl. Feldscher, *Rassen- und Erbpflege,* S. 94–96; Küppers, »Die Beschäftigung von Zigeunern«.

89 RKPA an Kriminalpolizeistellen und Kriminalpolizeileitstellen, »Arbeitsrechtliche Behandlung der Zigeuner«, 28. März 1942, in: *Erlaßsammlung Nr. 15.*

90 »Fürsorgemaßnahmen für Zigeuner«, 8. Juni 1942, in: *Erlaßsammlung Nr. 15.*

91 »Betreuung von Angehörigen polizeilicher Vorbeugehäftlinge durch die NSV«, 9. November 1942, in: *Erlaßsammlung Nr. 15.*

92 »Verabfolgung von Zusatz- und Zulagekarten an Zigeuner«, 13. Mai 1942, abgedruckt in Rose (Hg.), *Der nationalsozialistische Völkermord an den Sinti und Roma,* S. 23.

93 Der Reichsstatthalter in Niederdonau an den Reichsminister für Ernährung und Landwirtschaft, 28. August 1942, BA Berlin, R 14, Nr. 156.

94 Reichsminister für Ernährung und Landwirtschaft an das Haupternährungsamt der Stadt Berlin, ohne Datum, ebd.

95 Kreisgeschäftsführer der NSDAP Minden an die Polizeiverwaltung Minden, 22. August 1942, ebd.

96 Polizeiverwaltung Minden an die Wirtschaftsgruppe Einzelhandel, 22. August 1942, ebd.

97 Fraenkel, *Der Doppelstaat,* S. 21.

98 »Verordnung über die einkommenssteuerliche und vermögensrechtliche Sonderbehandlung der Zigeuner«, 24. Dezember 1942, in: *Reichsgesetzblatt* 1942, Teil 1, Nr. 131, S. 740; Kopie in HMM, RG 07008*01.

99 »Arbeitsbericht«, S. 1, ohne Datum, wahrscheinlich Januar 1940, BA Koblenz, R 73, Nr. 14005.

100 »Auswertung rassenbiologischer Gutachten über zigeunerische Personen«, 7. August 1941, in: *Erlaßsammlung Nr. 15.*

101 »Auswertung rassenbiologischer Gutachten über zigeunerische Personen«, 20. September 1941, in: *Erlaßsammlung Nr. 15.*

102 Vgl. »Zusätze auf Gutachten über sozial angepaßte ostpreußische Zigeuner«, ohne Datum, BA Berlin, R 165, Nr. 181. In mehreren Fällen lautete dann die Empfehlung, dass der Betreffende »nicht mehr unter die für Zigeuner und Zigeunermischlinge geltenden Bestimmungen« falle.

103 Rassenhygienische Forschungsstelle an den Landrat in Dillingen, 28. Januar 1940, HSTA Wiesbaden, Abt. 410, Nr. 489.

104 Vgl. die Aussage von Gerhard W. E. Junge, der in der Zigeunerdienststelle der Hamburger Kripo gearbeitet hatte, ZSL, 414 AR 540/83, Bd. 1.

105 »Erfassung der Zigeunermischlinge II. Grades«, 16. Juli 1940, STA Münster, Reg. Arnsberg, Nr. 14547.

106 Das RKPA an die Kriminalpolizeistellen und Kriminalpolizeileitstellen, 1. Juli 1942, in: *Erlaßsammlung Nr. 15;* die Entwürfe finden sich in: BA Berlin, R 43II/522b.

107 Vgl. »Einteilung der Zigeuner nach rassischen Gesichtspunkten«, BA Berlin, R 165, Nr. 181.

108 In einem häufig angeführten Fall gab ein Berliner Zigeuner nach seiner Verhaftung am 8. August 1939 zu, mehrere Namen zu benutzen; er konnte weder seinen Geburtsort noch seinen ursprünglichen Namen oder den Namen seiner Eltern angeben (LHA Magdeburg, C 29, Anh. 2, Nr. 262). Am 1. August 1939 ermahnte der Reichsminister für kirchliche Angelegenheiten die katholischen Bischöfe, nur Zigeunerkinder zu taufen, für die eine Geburtsurkunde vorlag. Damit sollte verhindert werden, dass Zigeuner mehrere Taufscheine auf unterschiedliche Namen bekamen (Der Reichsminister für kirchliche Angelegenheiten an Kardinal Bertram, 1. August 1939, DÖW, Nr. 16532).

109 Ritter, »Die Bestandsaufnahme der Zigeuner und Zigeunermischlinge in Deutschland«, S. 483–486.

110 Der Reichsarbeitsminister an den Reichstreuhänder der Arbeit etc., 13. März 1942, BA Berlin, R 41/288a.

111 RKPA an die Kripo München, »Beurlaubung von zigeunerischen Personen«, 14. Juli 1942, STA München, Pol Dir Mü, 7033.

112 Aktenvermerk des RKPA, November 1942, BA Berlin, ZSg. 142/21, zit. in Zimmermann, *Rassenutopie und Genozid,* S. 151.

113 Es ist nicht klar, in welchem Ausmaß Mitarbeiter von Ritters Forschungsstelle oder andere Informationen über die österreichischen Zigeuner zusammengetragen haben. In einem Brief des Chefs des RuSHA an Himmler vom 19. Dezember 1938 wird eine Vereinbarung zwischen RKPA und RuSHA erwähnt, die Letzterer das Recht einräumte, erbbiologische Angaben über die Zigeuner in der Ostmark zu sammeln (BA Berlin, Slg. Schumacher, Nr. 399).

114 Ritter an die Deutsche Forschungsgemeinschaft, 23. März 1943, BA Koblenz, R 73, Nr. 14005.

115 Ritter an den Präsidenten des Reichsforschungsrates, 6. März 1944, BA Koblenz, R 73, Nr. 14005.

116 LHA Potsdam, Rep. 30, Berlin C, Nr. 110.

117 Ritter an die Deutsche Forschungsgemeinschaft, 25. Juni 1940, BA Koblenz, R 73, Nr. 14005.

118 Ritter, »Das Kriminalbiologische Institut der Sicherheitspolizei«.

119 Vgl. Ritters titellosen und undatierten Aufsatz in: BA Berlin, ZSg. 142, Anh. 28, S. 92–99.

120 Vgl. Döring, *Die Zigeuner im nationalsozialistischen Staat,* S. 69.

INTERNIERUNG UND DEPORTATION AUS DER »OSTMARK«

1 »Bericht zur innenpolitischen Lage (Nr. 1)«, 9. Oktober 1939, in: *Meldungen aus dem Reich,* Bd. 2, S. 334.

2 Dr. Meissner an den Reichsjustizminister, 9. Februar 1940, Nürnberger Dokument NG–684, abgedruckt in Klamper (Hg.), *Archives of the Holocaust,* Bd. 19, S. 171–174, Dok. 63.

3 Der Bürgermeister von Schwarzbach an den Gauleiter in Salzburg, 3. Februar 1940, DÖW, E 18518/2.

4 Kripo Salzburg an den Landeshauptmann in Salzburg, 4. März 1940, DÖW, E 18518/1.

5 DÖW, E 18518/2.

6 Bericht des SD-Leitabschnitts Wien-Niederdonau, 26. Februar 1940, BA Berlin, R 58/350.

7 SD-Wochenbericht an Gauleiter Bürckel, 15. April 1940, NA, NA, Microfilm Publication T 84, Rolle 13, Bilder 40254–40256.

8 Kripo Salzburg an den Regierungspräsidenten in Salzburg, 5. Juli 1940, abgedruckt in Klamper (Hg.), *Archives of the Holocaust,* Bd. 19, S.177, Dok. 65.

9 Der Kommandeur der Gendarmerie Niederdonau an die Gendarmeriedienststellen, 4. Juli 1940, ÖSTA, 04/Inneres, 102389–73.60.

10 Amtsbericht der Kripo Salzburg, 10. Oktober 1940, DÖW, E 18518/1.

11 »Bekämpfung der Zigeunerplage in der Ostmark«, 31. Oktober 1940, in: *Erlaßsammlung Nr. 15.*

12 Ebd.

13 Vgl. mehrere Aktenvermerke in: DÖW, 1851/1–3.

14 Thurner, *Nationalsozialismus und Zigeuner in Österreich,* S.41 f.

15 Thurner, *Kurzgeschichte des nationalsozialistischen Zigeunerlagers in Lackenbach,* S.23–29.

16 Steinmetz, *Österreichs Zigeuner im NS-Staat,* S.18 f.

17 Diese Anordnung ist abgedruckt in Klamper (Hg.), *Archives of the Holocaust,* Bd. 19, S.191, Dok. 78.

18 »Tagebuch des ehemaligen Zigeuneranhaltelagers Lackenbach«, DÖW, Nr. 11340.

19 Ebd., Nr. 10501c, 12256, 9626.

20 Der Landrat in Oberwart an den Bürgermeister und Gendarmerieposten, 9. September 1941, abgedruckt in Klamper (Hg.), *Archives of the Holocaust,* Bd. 19, S.183, Dok. 71.

21 Anordnung vom 25. September 1941, abgedruckt in ebd., S.184, Dok. 72.

22 Abgedruckt in Rose (Hg.), *Der nationalsozialistische Völkermord an den Sinti und Roma,* S.75.

23 Ventzki an Uebelhör, 24. September 1941, NA, Microfilm Publication T 175, Rolle 54, Bilder 2568677, 2568682–2568683.

24 Uebelhör an Himmler, 4. Oktober 1941, ebd., Bilder 2568668–2568669.

25 Himmler an Uebelhör, 10. Oktober 1941, ebd., Bilder 2568662–2568663.

26 Uebelhör an Himmler, 9. Oktober 1941; Himmler an Uebelhör, 9. Oktober 1941, ebd., Bilder 2568653–2568655, 2568651; die erste

Seite von Uebelhörs Fernschreiben ist abgedruckt in Rose (Hg.), *Der nationalsozialistische Völkermord an den Sinti und Roma*, S. 100.

27 Chef des Wehrwirtschafts- und Rüstungsamtes im OKW an Himmler, 11. Oktober 1941, NA, Microfilm Publication T 175, Rolle 54, Bilder 256 8648–2568649.

28 »Einweisungs-Übersicht« der Behörden in Litzmannstadt, 13. November 1941, abgedruckt in Rose (Hg.), *Der nationalsozialistische Völkermord an den Sinti und Roma*, S. 102.

29 Thurner, *Kurzgeschichte des nationalsozialistischen Zigeunerlagers in Lackenbach*, S. 24.

30 Dobroszycki/Dabrowska (Hg.), *The Chronicle of the Lodz Ghetto*, S. 82.

31 Arbeitsamt Litzmannstadt an die Ghettoverwaltung Litzmannstadt, 22. November 1942, abgedruckt in Klamper (Hg.), *Archives of the Holocaust*, Bd. 19, S. 188, Dok. 75.

32 Dobroszycki/Dabrowska (Hg.), *The Chronicle of the Lodz Ghetto*, S. 86.

33 Ebd., S. 96, 101, 125.

34 Bartov, *Hitlers Wehrmacht*, S. 44; Streit, *Keine Kameraden*, S. 177.

35 Dobroszycki/Dabrowska (Hg.), *The Chronicle of the Lodz Ghetto*, S. 108.

36 Vgl. Weindling, »Understanding Nazi Racism«, S. 79; Browning, *Der Weg zur »Endlösung«*, S. 116–118, 123.

37 Trunk, *Judenrat*, S. 159

38 »Ereignismeldung UdSSR Nr. 92«, 23. September 1941, Nürnberger Dokument NO-3143, NA, RG 238, Box 58.

39 »Ereignismeldung UdSSR Nr. 165«, 6. Februar 1942, Nürnberger Dokument NO-3401, NA, RG 238, Box 65.

40 »Ereignismeldung UdSSR Nr. 195«, 24. April 1942, NA, Microfilm Publication T 175, Rolle 235, Bild 272 4320.

41 Die Idee, das Problem der Übervölkerung der Ghettos auf diese Weise zu beheben, soll bereits im Juli 1941 diskutiert worden sein (siehe Jäckel/Rohwer (Hg.), *Der Mord an den Juden im zweiten Weltkrieg*, S. 42). Vgl. auch die am 15. April 1945 von Dr. Wilhelm Gustav Schübbe, ehemaliger Chirurg im Erwin-Peter-Krankenhaus in Litzmannstadt, gemachte Aussage (NA, RG 153, Box 575).

42 ZSL, 203 AR-Z 69/59, Bd. 1.

43 Ficowski, *Ciganie na polskich drogach*, S. 114 f.; deutsche Auszüge in: DÖW, Nr. 16 532; eine gekürzte deutsche Ausgabe hat Roland Schopf unter dem Titel *Wieviel Trauer und Wege. Zigeuner in Polen* herausgegeben.

44 ZSL, 203 AR-Z 69/59, Bd. 4, Bl. 626–632, 552.

45 Der Landrat des Kreises Oberwart an alle Bürgermeister und Gendarmerieposten, 11. November 1941, in Klamper (Hg.), *Archives of the Holocaust*, Bd. 19, S. 186 f., Dok. 74.

46 »Zigeunerfrage, Lösung«, 6. Januar 1942, abgedruckt in Rose (Hg.), *Der nationalsozialistische Völkermord an den Sinti und Roma*, S. 76.

47 Der Landrat des Kreises Oberwart an alle Bürgermeister, 19. März 1942, in Klamper (Hg.), *Archives of the Holocaust*, Bd. 19, S. 190, Dok. 77.

48 »Reisen von zigeunerischen Personen in den Warthegau und in das Generalgouvernement«, 28. Dezember 1942, in: *Erlaßsammlung Nr. 15*.

49 Aktenvermerk, 7. Februar 1952, ÖSTA, 04/Inneres, 102 389–73, 60.

Die Ermordung von »Spionen« und Geiseln im deutsch besetzten Europa

1 Affidavit von Walter Blume, dem Chef des Einsatzkommandos 7a der Einsatzgruppe B, in: *Trials of War Criminals*, Bd. 4, S. 140; Affidavit von Wilhelm Förster, der ebenfalls der Einsatzgruppe B angehört hatte, Nürnberger Dokument NO-5520, NA, RG 238, Box 95; vgl. Breitman, *Der Architekt der »Endlösung«*, S. 218.

2 Ogorreck, *Die Einsatzgruppen und die »Genesis der Endlösung«*, S. 102 f.

3 Zit. in H. Krausnick/Wilhelm, *Die Truppe des Weltanschauungskrieges*, S. 158.

4 *Trials of War Criminals*, Bd. 4, S. 286 f.

5 Zit. in H. Krausnick, »Hitler und die Befehle an die Einsatzgruppen im Sommer 1941«, S. 95.

6 Eine gute Darstellung der Kontroverse findet sich in Browning, *Der Weg zur »Endlösung«*, S. 81–84. Gegenwärtig herrscht die Auffassung vor, dass die Einsatzgruppen vor dem Überfall auf die Sowjetunion *noch* nicht den Befehl hatten, *alle* Juden zu töten.

7 Bartov, *Hitlers Wehrmacht*, S. 138–140, 143 f.

8 Streit, *Keine Kameraden*, S. 102.

9 Bericht vom 1. September 1941, Nürnberger Dokument NOKW-1701, NA, Microfilm Publication T 1119, Rolle 23.

10 »Ereignismeldung UdSSR Nr. 92«, 23. September 1941, Nürnberger Dokument NO-3143, NA, RG 238, Box 58.

11 »Ereignismeldung UdSSR Nr. 94«, 23. September 1941, Nürnberger Dokument NO-3146, NA, RG 238, Box 59.

12 Nürnberger Dokument NO-3276, NA, RG 238, Box 63.

13 Vgl. Zimmermann, *Rassenutopie und Genozid*, S. 263.

14 »Ereignismeldung UdSSR Nr. 119«, 20. Oktober 1942, BA Berlin, R 58/218.

15 Befehl des Kommandanten in Weißruthenien, 10. Oktober 1941, HMM, RG–53.002M, Rolle 2, Ordner 698.

16 Bericht über Exekutionen, 15. Oktober 1941, abgedruckt in Staatliches Museum Auschwitz-Birkenau (Hg.), *Gedenkbuch*, Bd. 2, S. 1566.

17 Brief des Gendarmeriemeisters Fritz Jacob an einen Freund, 21. Juni 1942, Nürnberger Dokument NO-5655, RG 238, Box 47. Über die Beteiligung der Gendarmerie an solchen Aktivitäten im allgemeinen vgl. Matthäus, »What about the ›Ordinary Men‹?«, S. 143.

18 281. Sicherungsdivision an Feldkommandantur 822, 24. März 1943, Nürnberger Dokument NOKW-2022, NA, Microfilm Publication T 1119, Rolle 26, Bilder 709–713.

19 Tätigkeitsbericht der GFP-Einheit 647, März 1942, Nürnberger Dokument NOKW-853, NA, Microfilm Publication T 1119, Rolle 12.

20 Dieser Befehl ist nicht überliefert, aber er wird in dem oben zitierten Aktenvermerk der 281. Sicherungsdivision vom 24. März 1943 (Nürnberger Dokument NOKW-2022, NA, Microfilm Publication T 1119, Rolle 26, Bilder 709–713) erwähnt.

21 Vernehmung von Ernst Emil Heinrich Biberstein, Kommandeur des EK 6 der EG C, 29. Juni 1947, Nürnberger Dokument NO-4997, NA, RG 238, Box 87.

22 Affidavit von Heinz-Hermann Schubert, 7. Dezember 1945, Nürnberger Dokument NO-4816, NA, RG 238, Box 85.

23 Stellvertretender Kommandeur der 281. Sicherungsdivision an die Feldkommandantur 822, 23. Juni 1942, Nürnberger Dokument

NO-2072, NA, NA, Microfilm Publication T 1119, Rolle 26, Bilder 1119–1120.

24 Bartov, *Hitlers Wehrmacht*, S.128.

25 »Ereignismeldung UdSSR Nr. 150«, 2. Januar 1942, auszugsweise enthalten im Nürnberger Dokument NO-2834, in: *Trials of War Criminals*, Bd. 4, S.186; Fall 9, S.42.

26 »Ereignismeldung UdSSR Nr. 178«, 9. März 1942, Nürnberger Dokument NO-3241, NA, RG 238, Box 62.

27 »Ereignismeldung UdSSR Nr. 190«, 8. April 1942, Nürnberger Dokument NO-3359, NA, RG 238, Box 64.

28 Hilberg, *Die Vernichtung der europäischen Juden*, S.261, 276.

29 »Meldungen aus den besetzten Ostgebieten Nr. 4«, 22. Mai 1942, NA, Microfilm Publication T 175, Rolle 235.

30 ZSL, 213 AR 422/81, Bd. 3, Bl. 459 f.

31 HMM, RG 53002M, Rolle 5, Ordner 3.

32 »Meldungen aus den besetzten Ostgebieten Nr. 38«, 22. Januar 1943, Nürnberger Dokument NO-5169, NA, RG 238, Box 90; HMM, RG 11001M.01, Rolle 10, Ordner 769.

33 »Ereignismeldung UdSSR Nr. 194«, 21. April 1942, NA, Microfilm Publication T 175, Rolle 235.

34 IfZ, Ge 01.05, S.35, 95 f.; ZSL, 202 AR-Z 96/60, Bd. 15.

35 Bericht des Heeresfeldpolizeichefs, 31. Juli 1942, Nürnberger Dokumente NOKOW–2535, NA, Microfilm Publication T 1119, Rolle 32.

36 *Trials of War Criminals*, Bd. 4, S.356; Zimmermann, *Rassenutopie und Genozid*, S.261.

37 »Geheime Kommandosache«, 16. Dezember 1942, abgedruckt in: *Eine Schuld, die nicht erlischt*, S.146, Dok. 45.

38 Der Erlass ist abgedruckt in: *Eine Schuld, die nicht erlischt*, S.65–68, Dok. 10.

39 Hilberg, *Die Vernichtung der europäischen Juden*, S.248, 262; Zimmermann, *Rassenutopie und Genozid*, S.267.

40 Ezergailis, *The Holocaust in Latvia*, S.200; Kochanowski, »Some Notes on the Gypsies of Latvia by one of the Survivors«, S.115.

41 Ezergailis, *The Holocaust in Latvia*, S.1985, 188.

42 ZSL, II 207 AR-Z 497/1967, Bd. 2, Bl. 132, 135. Das Verbot, in Küstennähe zu wohnen, wird erwähnt in: ZSL, II 207 AR-Z 125/1968, Bd. 1, Bl. 102.

43 BA Dahlewitz-Hoppegarten, R 090, Nr. 147.

44 Zimmermann, *Rassenutopie und Genozid,* S. 269.

45 ZSL, II 207 AR-Z 497/1967, Bd. 1, Bl. 9.

46 ZSL, II 207 AR-Z 101/1967, Bd. 2, Bl. 328 f.

47 ZSL, II 207 AR-Z 125/1968, Bd. 1, Bl. 192.

48 ZSL, II 207 AR-Z 125/1968, Bd. 1, Bl. 189.

49 »Ereignismeldung UdSSR Nr. 195«, 24. April 1942, NA, Microfilm Publication T 175, Rolle 235.

50 ZSL, II 207 AR-Z 101/1967, Bd. 2, Bl. 232 f.

51 ZSL, II 207 AR-Z 36/1970, Bd. 1; 85/1970, Bd. 1.

52 ZSL, II 207 AR-Z 497/1967, Bd. 2, Bl. 196.

53 Die Petition ist auf den 12. März 1942 datiert und von elf Personen unterzeichnet (BA Dahlewitz-Hoppegarten, R090, Nr. 147).

54 Diese sich über mehrere Monate hinziehenden Korrespondenzen befinden sich in: RA Dahlewitz-Hoppegarten, R 090, Nr. 147.

55 Bräutigam an den Reichskommissar Ostland, 11. Juni 1942, BA Dahlewitz-Hoppegarten, R 090, Nr. 147.

56 Zimmermann, *Rassenutopie und Genozid,* S. 274.

57 Der Entwurf ist in einem Schreiben ans OKH vom 11. Juni 1943 zusammengefasst (Nürnberger Dokument PS–1133, NA, RG 238, Box 98).

58 Schnellbrief an das RSHA, die Parteikanzlei und das OKW, mit Kopien an die beiden Reichskommissare, 21. Mai 1943, BA Dahlewitz-Hoppegarten, R 090, Nr. 147.

59 Generalkommissar in Riga an den Reichskommissar Ostland, 11. Juni 1943, BA Dahlewitz-Hoppegarten, R 090, Nr. 147.

60 KdS Lettland an den Generalkommissar in Riga, 12. Juni 1943, HMM, RG–18.002.M*, Rolle 1, Ordner 05.

61 BdS Ostland an den Reichskommissar für das Ostland, 19. Oktober 1943, BA Dahlewitz-Hoppegarten, R 090, Nr. 147.

62 Der Reichsminister für die besetzten Ostgebiete an die Reichskommissare für das Ostland und die Ukraine und den Generalkommissar für Weißruthenien, 15. November 1943, BA Dahlewitz-Hoppegarten, R 090, Nr. 147.

63 Aktenvermerk der Abteilung I Politik im Generalkommissariat in Riga, 29. März 1944, ZSL, II 207 AR-Z 497/1967, Bd. 2, Bl. 148.

64 Die in den Urteilen gegen die Leiter der Einsatzgruppen genannten Zahlen für verschiedene Tötungsaktionen summieren sich auf 1711

ermordete Zigeuner *(Trials of War Criminals,* Bd. 4, S. 16–21), doch diese Zahl umfasst keineswegs alle Opfer des NS-Terrors.

65 Aussage von Dr. Wilhelm Gustav Schuebbe, NA, RG 153, Box 575, Ordner 21-ll; Breitman, *Der Architekt der »Endlösung«,* S. 239 f.

66 Ezergailis, *The Holocaust in Latvia,* S. 200, Anm. 5; »Some Notes on the Gypsies of Latvia by one of the Survivors«, S. 115.

67 Kenrick/Puxon, *Sinti und Roma,* S. 105.

68 Browning, »Wehrmacht Reprisal Policy and the Mass Murder of Jews in Serbia«, S. 31; ders., »Harald Turner und die Militärverwaltung in Serbien 1941–1942«, S. 351 f.; Hilberg, *Die Vernichtung der europäischen Juden,* S. 467–469.

69 »Verordnung betreffend die Juden und Zigeuner«, in: *Verordnungsblatt des Militärbefehlshabers in Serbien,* 31. Mai 1941, S. 83–89; abgedruckt in Rose (Hg.), *Der nationalsozialistische Völkermord an den Sinti und Roma,* S. 79 f.

70 »Behandlung der Zigeuner«, PA des AA, AZ Pol 3 Nr. 4c, zit. in Zimmermann, *Rassenutopie und Genozid,* S. 249.

71 Hilberg, *Die Vernichtung der europäischen Juden,* S. 470 f.

72 Nürnberger Dokument NOKW-892, zit. in Manoschek, *»Serbien judenfrei«,* S. 104.

73 Browning, »Wehrmacht Reprisal Policy and the Mass Murder of Jews in Serbia«, S. 37.

74 Nürnberger Dokument NOKW-192, NA, Microfilm Publication T 1119, Rolle 3.

75 »Ereignismeldung UdSSR Nr. 108«, 9. Oktober 1941, Nürnberger Dokument NO-3156, NA, RG 238, Box 60.

76 Nürnberger Dokument NOKW-2961, in: *Trials of War Criminals,* Bd. 11, S. 139 f.; abgedruckt in: *Fall 12,* Anh.

77 Nürnberger Dokumente NOKW-557 und -891, zit. in Browning, »Wehrmacht Reprisal Policy and the Mass Murder of Jews in Serbia«, S. 37.

78 Manoschek, *»Serbien judenfrei«,* S. 86.

79 »Sühnemaßnahmen«, 14. November 1941, Nürnberger Dokument NOKW-905; abgedruckt in Rose (Hg.), *Der nationalsozialistische Völkermord an den Sinti und Roma,* S. 112 f.

80 Browning, »Wehrmacht Reprisal Policy and the Mass Murder of Jews in Serbia«, S. 42.

81 *Trials of War Criminals,* Bd. 11, S. 1253; *Fall 12,* S. 104.

82 Zit. in: *Fall 7*, S. 87.
83 Turner an SS-Gruppenführer Richard Hildebrandt in Danzig, 17. Oktober 1941, Nürnberger Dokument NO-5810, NA, RG 238, Box 100.
84 Browning, »Wehrmacht Reprisal Policy and the Mass Murder of Jews in Serbia«, S. 41.
85 »Geheime Kommandosache« an alle Feld- und Kreiskommandanturen, 26. Oktober 1941, Nürnberger Dokument NOKW-802, NA, Microfilm Publication T 1119, Rolle 12.
86 Nürnberger Dokument NOKW-474, NA, Microfilm Publication T 1119, Rolle 8.
87 BA-MA, RW 40/14, Anlage 29, zit. in Browning, »Wehrmacht Reprisal Policy and the Mass Murder of Jews in Serbia«, S. 42; »Grundsätzliche Weisungen für den Winter«, Nürnberger Dokument NOKW-840, NA, Microfilm Publication T 1119, Rolle 12.
88 Turner an die Feld- und Kreiskommandanturen, 3. November 1941, Nürnberger Dokument NOKW-801, NA, Microfilm Publication T 1119, Rolle 12.
89 Shelach, »Sajmiste«, S. 251, 258, Anm. 28; Manoschek, *»Serbien ist judenfrei«*, S. 173, 178.
90 Notizen zum Vortrag bei Generaloberst Löhr, 29. August 1942, Nürnberger Dokument NOKW-1486, NA, Microfilm Publication T 1119, Rolle 20.
91 Zimmermann, *Rassenutopie und Genozid*, S. 258.
92 Kenrick/Puxon, *Sinti und Roma*, S. 135.
93 Browning, »Wehrmacht Reprisal Policy and the Mass Murder of Jews in Serbia«, S. 31.

DIE DEPORTATION NACH AUSCHWITZ

1 Wüst, *Indogermanisches Bekenntnis*, S. 37; Kater, *Das »Ahnenerbe« der SS 1935–1945*, S. 414, Anm. 160.
2 Schleiermacher, »Die SS-Stiftung ›Ahnenerbe‹«, S. 72.
3 *Dienstkalender Heinrich Himmlers 1941/42*, S. 405.
4 Siehe Anm. 5.
5 Kripo Dortmund an den Regierungspräsidenten in Minden, 14. Oktober 1942, STA Detmold, M 1 I P, Nr. 1578.

6 Sievers an Kriminalrat Dr. Zauke, 14. Januar 1943, Nürnberger Dokumente NO-1725, NA, RG 238, Box 35.

7 P. Heuss, »Kulturpolitik im Dritten Reich«, S.103; Hemmerlein, »Sinti und Roma im System Heinrich Himmler«, S.56f.

8 »Zigeunerhäuptling«, 13. Oktober 1942, Beilage zum *Meldeblatt der Kriminalpolizeileitstelle München und der Kriminalpolizeistellen Nürnberg, Augsburg, Regensburg und Würzburg,* 27. Oktober 1942, S.295f.; abgedruckt in Döring, *Die Zigeuner im nationalsozialistischen Staat,* S.212–214.

9 Ebd.

10 Vgl. Ritter, »Die Bestandsaufnahme der Zigeuner und Zigeunermischlinge in Deutschland«; ders., »Die Zigeunerfrage und das Zigeunerbastardproblem«; ders., »Das deutsche Zigeunerproblem der Gegenwart«, in Bremen gehaltene Rede, ohne Datum, BA Berlin, ZSg. 142, Anh. 28, S.211–214.

11 Justin, »Zigeunerforschung«. Die Denkschrift wird in Hohmann, *Robert Ritter und die Erben der kriminalbiologischen Zigeunerforschung,* S.496f., zitiert, und obwohl Hohmann keine Quelle für dieses Dokument angibt, besteht kein Anlass, an dessen Authentizität zu zweifeln.

12 Höß, *Kommandant in Auschwitz,* S.138.

13 Diese Ideen werden in einem handschriftlichen Aktenvermerk von Eva Justin aus dem November 1942 erwähnt, BA Berlin, ZSg. 142/21, zit. in Zimmermann, *Rassenutopie und Genozid,* S.299.

14 Sievers, »Tagebuch«, S.45, Eintrag vom 10. Februar 1943, NA, Microfilm Publication T 175, Rolle 665.

15 »Einordnung von Zigeunermischlingen in die Sippen der reinrassigen Sinte- und Lalleri-Zigeuner«, 11. Januar 1943, in: *Erlaßsammlung Nr. 15.*

16 Diese Information stammt von dem in der Regel gut informierten Hermann Arnold *(Die NS-Zigeunerverfolgung,* S.19).

17 Gilsenbach, *Oh Django, sing deinen Zorn,* S.158.

18 Die von zwei Überlebenden am 3. September 1946 erhobenen Anschuldigungen und Reinhardts Erwiderung befinden sich in: HMM, RG 06005.07M, Rolle 1.

19 Gilsenbach, *Oh Django, sing deinen Zorn,* S.158.

20 LHA Magdeburg, C 29, Anh. 2, Nr. 384.

414

21 Koehl, *RKFDV,* S.122; Gross, *Polish Society under German Occupation,* S.195.
22 Ritter an den Kommandanten von Mauthausen, 11. September 1942, in DÖW, *Widerstand und Verfolgung im Burgenland,* S.280f.
23 P. Heuss, »Kulturpolitik im Dritten Reich«, S.105.
24 NA, Microfilm Publication T 580, Rolle 156, Ordner 256.
25 Sievers an den Chef des SS-Hauptamtes Berger, 21. Mai 1943, NA, Microfilm Publication T 175, Rolle 80, Ordner 66.
26 NA, Microfilm Publication T 580, Rolle 156, Ordner 256.
27 Bormann an Himmler, 3. Dezember 1942, BA Berlin, NS 19/180.
28 Himmler-Kalendarium, Sonderarchiv Moskau, 1372/5/23, zit. in Zimmermann, *Rassenutopie und Genozid,* S.300.
29 BA Berlin, R 43 II/1512.
30 Milton, »Nazi Policies toward Roma and Sinti«, S.8; H. Friedlander, *Der Weg zum NS-Genozid,* S.462f.
31 Das Sitzungsprotokoll ist abgedruckt in Hohmann, *Robert Ritter und die Erben der kriminalbiologischen Zigeunerforschung,* S.76f. Hohmann gibt zwar wie in anderen Fällen auch keine Quelle an, aber das Protokoll ist zweifellos authentisch.
32 »Einweisung von Zigeunermischlingen, Rom-Zigeunern und balkanischen Zigeunern in ein Konzentrationslager«, 29. Januar 1943, in: *Erlaßsammlung Nr. 15;* abgedruckt in Döring, *Die Zigeuner im nationalsozialistischen Staat,* S.214–218.
33 Ebd.
34 Ebd.
35 Vgl. zum Beispiel die Erinnerungen von Adolf Würth in Müller-Hill, *Tödliche Wissenschaft,* S.144.
36 Vgl. zum Beispiel Ritter, »Die Zigeunerfrage und das Zigeunerbastardproblem«, S.19; ders., »Erbärztliche Verbrechensverhütung«, S.539.
37 »Einweisung von Zigeunermischlingen, Rom-Zigeunern und balkanischen Zigeunern in ein Konzentrationslager«, 29. Januar 1943, in: *Erlaßsammlung Nr. 15.*
38 Kripo Karlsruhe an die Polizeidienststellen und die Landräte in Banden, 5. Februar 1943, GLA Karlsruhe, 364 Zug 1975/3 II, Nr. 24.
39 Bericht, 28. März 1943, GLA Karlsruhe, 364 Zug 1975/3 II, Nr. 24.
40 LHA Magdeburg, C 29, Anh. 2, Nr. 130.

41 Ebd., Nr. 519.

42 Ebd., Nr. 349.

43 Aktenvermerk der Kripo Gießen, ohne Datum, StA Gießen, L 1363–65; Lerch, »Tschü lowi ...«, S. 98.

44 »Liste über die bei der Aktion am 8.3.1943 in München festgenommenen zigeunerischen Personen«, StA München, PDM 581; Eiber, »Ich wußte, es wird schlimm«, S. 79.

45 Heuzeroth/Martinss, »Vom Ziegelhof nach Auschwitz«, Bd. 2, S. 260; Hesse, Wilhelm Mündrath, S. 421.

46 Der Bürgermeister von Breitscheid an den Landrat in Dillenburg, 13. März 1941, HSTA Wiesbaden, Abt. 410, Nr. 488; Kripo Frankfurt am Main an den Landrat in Dillenburg, 5. Mai 1941, ebd.

47 Kripo Frankfurt am Main an den Landrat in Dillenburg, 3. März 1943, ebd.

48 Der Landrat in Dillenburg an die Kripo Frankfurt am Main, 5. März 1943, ebd.

49 Der Landrat in Dillenburg an Kreisführer Hampel in Dillenburg, 5. Mai 1943, ebd.

50 Bankier, Die öffentliche Meinung im Hitler-Staat, S. 185.

51 Die umfangreiche Korrespondenz zwischen der Firma, dem Landrat und der Kripo von Frankfurt am Main und Dortmund befindet sich in: HSTA Wiesbaden, Abt. 410, Nr. 489.

52 LHA Potsdam, Rep. 30, Berlin C, Nr. 131.

53 GLA Karlsruhe, 507, Nr. 4279.

54 HSTA Düsseldorf, BR 2034, Nr. 616.

55 Machens an Bertram, 6. März 1943, in Volk (Hg.), Akten deutscher Bischöfe über die Lage der Kirche 1933 bis 1945, Bd. 6, S. 39, Dok. 823.

56 Ebd., S. 44, Dok. 826.

57 »Festnahme zigeunerischer Personen«, Kripo Nürnberg-Fürth an den Landrat in Uffenheim, 13. Mai 1944, STA Nürnberg, LRA Uffenheim, Abg. 1956, Nr. 2036.

58 Justin, Lebensschicksale artfremd erzogener Zigeunerkinder und ihrer Nachkommen. Justins Promotion erfolgte am 5. November 1943.

59 Meister, »Schicksale der Zigeunerkinder aus der St. Josephspflege in Mulfingen«. Der Bericht einer Überlebenden findet sich in Rose (Hg.), Der nationalsozialistische Völkermord an den Sinti und Roma, S. 171–174.

60 HSTA Düsseldorf, BR 2034, Nr. 1093.

61 Kripo Essen an Kripo Duisburg, 25. Juli 1944, HSTA Düsseldorf, BR 1111, Nr. 41.

62 Ebd., BR 2034, Nr. 1168.

63 »Zurückbleibendes Vermögen der auf Befehl des Reichsführers-SS vom 16.12.1942 in ein Konzentrationslager einzuweisenden zigeunerischen Personen«, 30. Januar 1943, IfZ, MA–21.

64 Staatspolizeileitstelle Berlin an den Oberfinanzpräsidenten Berlin-Brandenburg, 5. Mai 1943, HMM, RG–07008*01.

65 Ebd. Dieser Film mit Dokumenten aus dem LA Berlin enthält viele ähnliche Beispiele.

66 Elfriede G. an das Polizeipräsidium Berlin, 11. März 1943, abgedruckt in Rose (Hg.), *Der nationalsozialistische Völkermord an Sinti und Roma*, S.133.

67 Buchheim, »Die Zigeunerdeportation vom Mai 1940«, S.59.

68 Die Zahl 1097 stammt aus einer wahrscheinlich mit Ritters Hilfe verfassten RKPA-Denkschrift mit dem Titel »Historisches zur Zigeunerfrage«. Die Schätzung der Ausnahmefälle ist in einer handschriftlichen Notiz von Eva Justin enthalten (Zimmermann, *Rassenutopie und Genozid*, S.151, 299).

69 Hancock, »Response to the Porrajmos«, S.47; Wippermann (Hg.), *Kontroversen um Hitler*, S.48.

70 Aktenvermerk des Ministers für Ernährung und Landwirtschaft, 14. November 1942, BA Berlin, R 14, Nr. 156. Das in dem Aktenvermerk erwähnte Treffen hatte am 4. November stattgefunden.

71 Hans Buchheim vom IfZ schätzte, daß der Erlass vom 13. Oktober 1942 etwa 6000 Zigeunern zunutze gekommen sein könnte (ZSL, 414 AR 540/83, Bd. 4, Blatt 586).

72 »Historisches zur Zigeunerfrage«, zit. in Zimmermann, *Rassenutopie und Genozid*, S.151. In ihrer Dissertation schrieb Eva Justin 1943, die Zigeunerbevölkerung im Altreich umfasse etwa 20000 Personen (*Lebensschicksale artfremd erzogener Zigeunerkinder und ihrer Nachkommen*, S.4). Da in der Ostmark nach den Deportationen nach Litzmannstadt nur noch etwa 8000 Zigeuner lebten, spricht Justins Zahl für die Richtigkeit der vom RKPA angegebenen Zahl von 28627 Zigeunern.

73 Streck, »Zigeuner in Auschwitz«, S.115.

74 Czech (Hg.), *Kalendarium der Ereignisse im Konzentrationslager Auschwitz-Birkenau 1939–1945*, S. 423.

75 So schreibt beispielweise Martin Gilbert: »Gemäß einem Erlaß vom 16. Dezember 1942 wurden alle in Deutschland lebenden Zigeuner nach Auschwitz deportiert« *(Endlösung,* S. 141). Vgl. Friedlander, *Der Weg zum NS-Genozid,* S. 462 f.; Wippermann, *Wie die Zigeuner,* S. 167; Steinmetz, *Österreichs Zigeuner,* S. 14; Milton, »Correspondence: ›Gypsies and the Holocaust‹«, S. 519. Andererseits erklärt Yehuda Bauer, »nur eine Minderheit« der deutschen und österreichischen Zigeuner sei nach Auschwitz gebracht worden (»Zigeuner«, S. 451).

76 Rau, »Damit es niemals wieder so wird«, S. 2 f.

77 Necas, »Die tschechischen und slowakischen Roma im Dritten Reich«, S. 80 f.; ders., »Das Schicksal und die Vernichtung der Roma im Protektorat Böhmen und Mähren«, S. 67 f.; vgl. Mares, »Development of the Gypsy Problem in the Protectorate od Bohemia and Moravia«, HMM, RG–07.013*01.

78 Diesen Punkt hat der amerikanische Historiker Paul Polanski am 13. Mai 1995 bei der Einweihung eines Denkmals für die ermordeten Zigeuner bei Lety hervorgehoben (»Havel kennt tschechische Mitschuld an NS-Greueln«, in: *Neue Züricher Zeitung,* 15. Mai 1995).

79 Necas, »Das Schicksal und die Vernichtung der Roma im Protektorat Böhmen und Mähren«, S. 69–71. Der Erlass über die »vorbeugende Verbrechensbekämpfung« vom 9. März 1942 wurde im *Verordnungsblatt des Reichsprotektors in Böhmen und Mähren* (1942), S. 582–585, veröffentlicht (HMM, RG–07.013*01). Derselbe Film enthält auch die Lagerordnung von Lety vom 30. September 1942.

80 Necas, »Die tschechischen und slowakischen Roma im Dritten Reich«, S. 62 f.

81 H. G. Adler, *Theresienstadt 1941–1945,* S. 720–722.

82 Necas, »Die tschechischen und slowakischen Roma im Dritten Reich«, S. 63 f.; der Bericht der Polizei von Brünn vom 7. Mai 1943 befindet sich in: HMM, RG–07.013*01.

83 In Bezug auf diese Zahlen gibt es leichte Diskrepanzen. So spricht Necas einmal von 4531 (»Die tschechischen und slowakischen Roma im Dritten Reich«, S. 64) und ein andermal von 4493 (»Das Schicksal und die Vernichtung der Roma im Protektorat Böhmen und Mähren«, S. 73) registrierten tschechischen Zigeunern.

1 Czech, *Kalendarium der Ereignisse im Konzentrationslager Auschwitz-Birkenau 1939–1945*, S.371, 423. Bei dieser Chronik stützte sich Danuta Czech, eine Mitarbeiterin des Staatsmuseums Auschwitz-Birkenau, auf das Hauptbuch des Zigeunerlagers.

2 Piper, »Die Familienlager in Auschwitz-Birkenau«, S.248–250; Keren, »The Family Camp«.

3 Bauer, »Gypsies«, S.451.

4 Smolen, »Das Schicksal der Sinti und Roma im KL Auschwitz-Birkenau«, S.146–149; Czech, *Kalendarium der Ereignisse im Konzentrationslager Auschwitz-Birkenau 1939–1945*, S.426.

5 Höß, *Kommandant in Auschwitz*, S.109.

6 Szymanski, »The ›Hospital‹ in the Family Camp for Gypsies in Auschwitz-Birkenau«, Teil 3, S.4; Smolen, »Das Schicksal der Sinti und Roma im KL Auschwitz-Birkenau«, S.140.

7 Smolen, »Das Schicksal der Sinti und Roma im KL Auschwitz-Birkenau«, S.150f.

8 Streck, »Zigeuner in Auschwitz«, S.82.

9 Smolen, »Das Schicksal der Sinti und Roma im KL Auschwitz-Birkenau«, S.150f. Zur mindestens erforderlichen Kalorienmenge vgl. Schmitz, *Die Bewirtschaftung der Nahrungsmittel und Verbrauchsgüter 1939–1950*, S.471.

10 Lifton, *Ärzte im Dritten Reich*, S.349, 375.

11 Fejkiel, »Starvation in Auschwitz«, S.129.

12 Pohl an Brandt, 9. April 1943; Brandt an Pohl, 15. April 1943, BA Berlin, NS 19/180, S.3f.

13 Höß, *Kommandant in Auschwitz*, S.109.

14 Lifton, *Ärzte im Dritten Reich*, S.375.

15 Szymanski, »The ›Hospital‹ in the Family Camp in Auschwitz-Birkenau«, S.18.

16 Ebd., S.23.

17 Adelsberger, *Auschwitz*, S.53.

18 Langbein, *Menschen in Auschwitz*, S.237f.; ZSL, 402 AR-Z 47/84, Bd. 1.

19 Lengyel, *Five Chimneys*, S.112.

20 Kielar, *Anus Mundi*, S.252.

21 Kraus/Kulka, *Die Todesfabrik Auschwitz*, S.269.

22 Kielar, *Anus Mundi,* S. 252.

23 Dlugoborski, »On the History of the Gypsy Camp at Auschwitz-Birkenau«, S. 3.

24 Langbein, *Menschen in Auschwitz,* S. 44; Streck, »Zigeuner in Auschwitz«, S. 82.

25 Höß, *Kommandant in Auschwitz,* S. 108.

26 Dlugoborski, »On the History of the Gypsy Camp at Auschwitz-Birkenau«, S. 4; Zimmermann, *Rassenutopie und Genozid,* S. 336.

27 Kater, *Ärzte als Hitlers Helfer,* S. 375–379; Proctor, »Nazi Doctors, Racial Medicine and Human Experimentation«, S. 20.

28 Kubica, »The Crimes of Josef Mengele«, S. 323; Cembalest, »An Artist Seeks to Recover Works from Auschwitz« (diesen Artikel erhielt ich von Harvey Newton). Laut Lucette Matalon Lagnado und Sheila Cohn Dekel hat Mengele etwa 3000 Zwillinge für seine Experimente benutzt, von denen etwa 100 überlebt haben *(Die Zwillinge des Dr. Mengele,* S. 9).

29 Nyiszli, *Im Jenseits der Menschlichkeit,* S. 25–27, 47; Kubica, »The Crimes of Josef Mengele«, S. 325.

30 Lifton, *Ärzte im Dritten Reich,* S. 422 f.; Müller-Hill, *Tödliche Wissenschaft,* S. 72; Nyiszli, *Im Jenseits der Menschlichkeit,* S. 46.

31 Szymanski, »The ›Hospital‹ in the Family Camp in Auschwitz-Birkenau«, S. 31–33; Kubica, »The Crimes of Josef Mengele«, S. 320 f.

32 Langbein, *Menschen in Auschwitz,* S. 383.

33 Szymanski, »The ›Hospital‹ in the Family Camp in Auschwitz-Birkenau«, S. 361; Lifton, *Ärzte im Dritten Reich,* S. 421. Mengeles Anforderung histologischer Schnitte ist abgedruckt in Rose (Hg.), *Der nationalsozialistische Völkermord an den Sinti und Roma,* S. 153.

34 Streck, »Zigeuner in Auschwitz«, S. 94; HMM, RG 06005M.07, Rolle 1.

35 Lifton, *Ärzte im Dritten Reich,* S. 411.

36 Kater, *Ärzte als Hitlers Helfer,* S. 380.

37 HSTA Wiesbaden, Abt. 518, Nr. 4872, Bd. 1.

38 Klee, *Auschwitz,* S. 465.

39 Zit. in Bernadac, *L'Holocaust Oublié,* S. 154.

40 Nomberg-Przytyk, *Auschwitz,* S. 83 f.

41 Zit. in Annas/Grodin, *The Nazi Doctors and the Nuremberg Code,* S. 80; vgl. Czech, *Kalendarium der Ereignisse im Konzentrationsla-*

ger *Auschwitz-Birkenau 1939–1945*, S. 366, 456 f., 480 f., 514 f.; Hilberg, *Die Vernichtung der europäischen Juden*, S. 637–639.

42 Aktenvermerk der Zentralbauleitung der Waffen-SS und Polizei Auschwitz, 6. Juli 1944, HMM, RG 11001M.03, Rolle 25, Ordner 95.

43 Szymanski, »The ›Hospital‹ in the Family Camp in Auschwitz-Birkenau«, S. 20 f.; Czech, *Kalendarium der Ereignisse im Konzentrationslager Auschwitz-Birkenau 1939–1945*, S. 503 f.

44 Szymanski, »The ›Hospital‹ in the Family Camp«, S. 25.

45 Smolen, »Das Schicksal der Sinti und Roma im KL Auschwitz-Birkenau«, S. 167.

46 Czech, *Kalendarium der Ereignisse im Konzentrationslager Auschwitz-Birkenau 1939–1945*, S. 774 f.

47 Ebd., S. 777, 781, 783.

48 Grawitz an Himmler, 28. Juni 1944, Nürnberger Dokument NO-179, NA, RG 238, Box 4.

49 Zimmermann mutmaßt, daß Nebe und dem RKPA das Schicksal der nicht zur Arbeit in Deutschland ausgewählten Zigeuner gleichgültig war, womit stillschweigend ihre Ermordung gebilligt worden sei *(Rassenutopie und Genozid*, S. 341).

50 Wirbel, »Die Rückkehr von Auschwitz«, S. 469.

51 Nyiszli, *Im Jenseits der Menschlichkeit*, S. 91.

52 Ebd.; Lifton, *Ärzte im Dritten Reich*, S. 217; Aussage von Konrad Franciszeck Drewa, ZSL, 402 AR-Z 47/48, Bd. 4.

53 Braham, »Hungarian Jews«, S. 465; Zywulska, *Wo vorher Birken waren*, S. 195; Aussage von Erich Bruchwalski, ZSL, 402 AR-Z 47/84, Bd. 3.

54 Höß, *Kommandant in Auschwitz*, S. 109 f.

55 Broad, »Erinnerungen«, S. 190.

56 Aussage von Meine, IfZ, Gw 05.02/2.

57 Aktenvermerk, 3. Juni 1944, HSTA Düsseldorf, BR 1111, Nr. 44.

58 Kenrick/Puxon, *Sinti und Roma*, S. 109 f.

59 Höß, *Kommandant in Auschwitz*, S. 108.

60 Dlugoborski, »On the History of the Gypsy Camp«, S. 4; Streck, »Zigeuner in Auschwitz«, S. 128; Zimmermann, *Rassenutopie und Genozid*, S. 494, Anm. 212. Leicht abweichende Zahlen nennt Szymanski (»The ›Hospital‹ in the Family Camp«, S. 41–43). Die Schwierigkeit, genaue Zahlen anzugeben, behandelt Franciszek Pi-

per, der Chefhistoriker des Staatsmuseums Auschwitz-Birkenau, in dem Aufsatz »The Number of Victims« (S. 70).

61 Czech, *Kalendarium der Ereignisse im Konzentrationslager Auschwitz-Birkenau 1939–1945*, S. 895 f., 903; Smolen, »Das Schicksal der Sinti und Roma im KL Auschwitz-Birkenau«, S. 170.

62 Necas, »Das Schicksal und die Vernichtung«, S. 73.

ZIGEUNER IN ANDEREN KONZENTRATIONSLAGERN

1 Herbert, »Arbeit und Vernichtung«, S. 228; Broszat, »Nationalsozialistische Konzentrationslager 1933–1945«, S. 125.

2 Klee, *Euthanasie im NS-Staat*, S. 345–354; vgl. Grode, *Die »Sonderbehandlung 14 f 13« in den Konzentrationslagern des Dritten Reiches.*

3 Sofsky, *Die Ordnung des Terrors*, S. 57.

4 Zit. in Broszat, »Nationalsozialistische Konzentrationslager 1933–1945«, S. 124.

5 Kaienburg, *»Vernichtung durch Arbeit«*, S. 470.

6 »Erlaß des Führers über besondere Vollmachten des Reichsministers für Justiz«, 20. August 1942, IfZ, Gw 05.02/2.

7 Thieracks Notizen über sein Treffen mit Goebbels am 14. September 1942, Nürnberger Dokument PS–682, NA, RG 238, Box 89.

8 Aktenvermerk über die Unterredung zwischen Thierack und Himmler (in Anwesenheit anderer SS-Offiziere), 18. September 1942, Nürnberger Dokument PS–654, in: *Der Prozeß gegen die Hauptkriegsverbrecher vor dem Internationalen Militärgerichtshof*, Bd. 26, S. 200–203.

9 BA Berlin, R 22/4199.

10 Thierack an Bormann, 13. Oktober 1942, Nürnberger Dokument NG–558, in: *Trials of War Criminals*, Bd. 3, S. 674 f.

11 Zimmermann, *Rassenutopie und Genozid*, S. 192.

12 Eiber, *»Ich wußte, es wird schlimm«*, S. 95 f.

13 Schnellbrief des RSHA, 5. November 1942, Nürnberger Dokument L–316, in: *Der Prozeß gegen die Hauptkriegsverbrecher vor dem Internationalen Militärgerichtshof*, Bd. 38, S. 98–100.

14 Thierack an Himmler und Bormann, 16. November 1942, Nürnberger Dokument G–1255, NA, Microfilm Publication T 1139, Rolle 17 (auch in: IfZ, Fa 199/51).

15 Bormann an Thierack, »Betrifft die Abgabe der Strafverfolgung gegen Polen, Sowjetrussen, Juden und Zigeuner«, 14. Dezember 1942, IfZ, Gya 2/4.

16 In Aktenvermerken des Justizministeriums ist die Verschiebung der Übergabe der Zigeuner zum ersten Mal am 27. Februar 1943 und anschließend vierteljährlich bis zum 16. Oktober 1944 verzeichnet (IfZ, Fa 199/51).

17 Der Prozess begann im November 1949 in Wiesbaden; die Akten befindet sich im IfZ, Gw 05.02/1–2; vgl. Terhorst, *Polizeiliche planmäßige Überwachung und polizeiliche Vorbeugungshaft im Dritten Reich,* S.168.

18 LHA Magdeburg, Rep. C 29, Anh. 2, Nr. 174.

19 Ebd., Nr. 175.

20 HSTA Wiesbaden, Abt. 409/4, Nr. 4167.

21 Ebd., Nr. 3940.

22 STA Nürnberg, Kripo Nürnberg-Fürth, Abg. 1983, Nr. 357.

23 Sofsky, *Die Ordnung des Terrors,* S.138f.

24 Ebd., S.49.

25 Eiber, *»Ich wußte, es wird schlimm«,* S.89.

26 Rascher an Brandt, 3. Oktober 1942, Nürnberger Dokument NO-285, NA, RG 238, Box 6.

27 Eiber, *»Ich wußte, es wird schlimm«,* S.85.

28 Grawitz an Himmler, 28. Juni 1944, Nürnberger Dokument NO-179, NA RG 238, Box 4; Brandt an Grawitz, 8. Juli 1944, BA Berlin, N 19/1584.

29 So die logische Interpretation der vorliegenden Fakten durch Alexander Mitscherlich und Fred Mielke *(Medizin ohne Menschlichkeit,* S.85).

30 Affidavits von Ignaz Bauer, Fritz Pillwein und Josef Tschofenig, Nürnberger Dokumente NO-910, –911, –912, NA, RG 238, Box 21; Affidavit von Karl Höllenreiter, Nürnberger Dokument NO-3961, NA, RG 238, Box 73; Affidavit von Dr. Franz Blaha, Nürnberger Dokument PS–3249, NA, RG 238, Box 49.

31 Eiber, *»Ich wußte, es wird schlimm«,* S.88.

32 Diese Vorwürfe wurden von einer Gruppe deutscher Zigeuner mit K. Jochheim-Armin und Georg Tauber an der Spitze erhoben (StA München, PDM 581).

33 Sofsky, *Die Ordnung des Terrors,* S.57.

34 Hackett (Hg.), *Der Buchenwald-Report,* S. 300.

35 Kogon, *Der SS-Staat,* S. 111 f.

36 Hackett (Hg.), *Der Buchenwald-Report,* S. 248.

37 Ebd., S. 171.

38 SS-Wirtschafts-Verwaltungsamt an Reichsarzt SS und Polizei, 14. Februar 1944, Nürnberger Dokument NO-1188, NA, RG 238, Box 26; abgedruckt in Rose (Hg.), *Der nationalsozialistische Völkermord an den Sinti und Roma,* S. 150.

39 Sofsky, *Die Ordnung des Terrors,* S. 207 f.

40 Kogon, *Der SS-Staat,* S. 267 f.

41 Black, »Forced Labor in the Concentration Camps«, S. 58.

42 Buchmann, *Die Frauen von Ravensbrück,* S. 30 f.; Tillion, *Frauenkonzentrationslager Ravensbrück,* S. 396; Krokowski/Voigt, »Das Schicksal von Wanda P.«, S. 265; Pawelke, »Als Häftling geboren«, S. 99 f.

43 Tillion, *Frauenkonzentrationslager Ravensbrück,* S. 397.

44 Ebd., S. 212 f.

45 Vermehren, *Reise durch den letzten Akt,* S. 94 f.

46 Franz, *Zwischen Liebe und Haß,* S. 67.

47 LHA Magdeburg, C 29, Anh. 2, Nr. 200.

48 Nürnberger Dokument NO-875, NA, RG 238, Box 20.

49 Institut für die Geschichte der Arbeiterbewegung/Zentrales Parteiarchiv, Berlin, St 63/72, zit. in Eiber, »*Ich wußte, es wird schlimm*«, S. 93.

50 Zit. in Rahe, »Aus ›rassischen‹ Gründen verfolgte Kinder im Konzentrationslager Bergen-Belsen«, S. 141.

51 Langbein, *Der Auschwitzprozeß,* Bd. 2, S. 613–615.

52 Kettenacker, *Nationalsozialistische Volkstumspolitik im Elsaß,* S. 248.

53 Aussagen und Dokumente aus einem Prozess vor einem französischen Militärgerichtshof, zusammengefasst in: HSTA Wiesbaden, Abt. 518, Nr. 4654, Bd. 1.

54 Ebd.; vgl. die Erinnerungen des französischen Häftlingsarztes Dr. Henri Chretien, Nürnberger Dokument NO-3560, NA, RG 238, Box 68.

55 HSTA Wiesbaden, Abt. 518, Nr. 4654, Bd. 1; vgl. Schleiermacher, »Die SS-Stiftung ›Ahnenerbe‹«, S. 80–82.

56 »Ein Sinti berichtet: Ich war ein Versuchskanickel«, in Ziegler, *Mit-*

ten unter uns, S. 96–98; Rose *(Hg.), Der nationalsozialistische Völkermord an Sinti und Roma,* S. 154.

57 Horwitz, *In the Shadow of Death,* S. 10.

58 Sofsky, *Die Ordnung des Terrors,* S. 57.

59 Horwitz, *In the Shadow of Death,* S. 12; die Anforderung von Eisenbahnwaggons durch den Kommandanten von Buchenwald am 23. Juni 1941 ist abgedruckt in Klamper (Hg.), *Archives of the Holocaust,* Bd. 19, S. 181, Dok. 69; Tillion, *Frauenkonzentrationslager Ravensbrück,* S. 198.

60 DÖW, Nr. 1371.

61 Baumgartner, *Frauen im Konzentrationslager Mauthausen,* S. 86.

62 Horwitz, *In the Shadow of Death,* S. 19.

63 Pingel, *Häftlinge unter SS-Herrschaft,* S. 257, Anm. 53.

64 Grawitz an Himmler, 15. Mai 1942, NA, Microfilm Publication T 175, Rolle 66, Bilder 2582339–2582340; abgedruckt in Rose (Hg.), *Der nationalsozialistische Völkermord an den Sinti und Roma,* S. 145 f.

65 Brandt an Grawitz, 5. Juni 1942, Nürnberger Dokument NO-410, NA, RG 238, Box 8; abgedruckt in Rose (Hg.), *Der nationalsozialistische Völkermord an den Sinti und Roma,* S. 147.

66 Grawitz an Himmler, 20. Juli 1942, Nürnberger Dokument NO-411, NA, RG 238, Box 8; abgedruckt in Rose (Hg.), *Der nationalsozialistische Völkermord an den Sinti und Roma,* S. 148 f.

67 Klausch, *Antifaschisten in SS-Uniform,* S. 310 f.; Günther, *»Ach Schwester, ich kann nicht mehr tanzen«,* S. 95.

68 Klausch, *Antifaschisten in SS-Uniform,* S. 35; Cooper, *The Phantom War,* S. 88; Erlaß des SS-Führungshauptamts, 10. August 1943, NA, Microfilm Publication T 175, Rolle 225, Bild 2762951; IfZ, Fa 146.

69 Weisung Himmlers vom 19. Februar 1944, IfZ, Fa 146.

70 Klausch, *Antifaschisten in SS-Uniform,* S. 141 f., 262, 294 f.

71 Auerbach, »Konzentrationslagerhäftlinge im Fronteinsatz«, S. 66.

72 Krausnick, *Abfahrt Karlsruhe,* S. 15.

73 Staatsmuseum Auschwitz-Birkenau (Hg.), *Gedenkbuch,* Bd. 2, S. 1504 f.

74 Eiber, *»Ich wußte, es wird schlimm«,* S. 99.

1 Kripo Stuttgart an Kripo Köln, 20. September 1943, HSTA Düsseldorf, BR 2034, Nr. 905. Dass es in Württemberg/Hohenzollern tausend Zigeuner gab, ist einem wahrscheinlich im Frühjahr 1940 verfassten Bericht Ritters zu entnehmen (BA Berlin, ZSg. 142, Anh. 28). Eva Justin sprach in ihrer Ende 1942 oder Anfang 1943 fertig gestellten Dissertation davon, dass in dem Land über tausend Zigeuner lebten (*Lebensschicksale artfremd erzogener Zigeunerkinder und ihrer Nachkommen*, S. 11). Nach dem September 1943 durchgeführte Deportationen aus Südwestdeutschland könnten die Zahl der sich in Württemberg aufhaltenden Zigeuner noch etwas verringert haben.

2 HSTA Düsseldorf, BR 2034, Nr. 1180.

3 Ebd., Nr. 1179.

4 Ebd., Nr. 1024.

5 LHA Potsdam, Rep. 30, Berlin C, Nr. 142.

6 Ebd., Nr. 162.

7 Ebd., Nr. 75.

8 STA Nürnberg, Polizeipräs. Abg. 1983, Kripo-Insp. Nürnberg, Nr. 352.

9 HSTA Düsseldorf, BR 2034, Nr. 133,

10 LHA Potsdam, Rep. 30, Berlin C, Nr. 62, 127.

11 Vgl. zum Beispiel ebd., Nr. 93. Der Text des Vordrucks lautete, Person X falle »unter Würdigung ihrer sozialen Anpassung ... nicht mehr unter die für Zigeuner und Zigeunermischlinge geltenden Bestimmungen«. Nur noch Datum und Aktennummer mussten eingetragen werden.

12 Ebd., Nr. 99.

13 HSTA Düsseldorf, BR 1111, Nr. 58.

14 Ebd., BR 2034, Nr. 1155.

15 LHA Potsdam, Rep. 30, Berlin C, Nr. 17.

16 Ebd., Nr. 93.

17 Ebd., Nr. 133.

18 Ebd., Nr. 114.

19 HSTA Düsseldorf, BR 2034, Nr. 1047.

20 LHA Potsdam, Rep. 30, Berlin C, Nr. 36.

21 Kranz/Koller, *Die Gemeinschaftsunfähigen*, S. 161.

22 Die Anweisung des Innenministeriums vom 31. August 1939 wird oben besprochen. Der Erlass vom 9. September 1944 ist veröffentlicht in: *Reichsministerialblatt für die Innere Verwaltung,* 15. September 1944, S. 895.

23 *Erlaßsammlung Nr. 15.*

24 Gerlach, »Die Wannsee-Konferenz, das Schicksal der deutschen Juden und Hitlers politische Grundsatzentscheidung, alle Juden Europas zu ermorden«, S. 13; vgl. Hilberg, *Die Vernichtung der europäischen Juden,* S. 284–286.

25 RKPA an Kripo Stuttgart, 28. Mai 1943, »Unfruchtbarmachung von Zigeunermischlingen«, HSTA Stuttgart, E 151/53, Bü. 164.

26 Aly, »Medizin gegen Unbrauchbare«, S. 36–39.

27 SS-Wirtschafts-Verwaltungshauptamt, Amtsgruppe D – Konzentrationslager, an die Lagerkommandanten, 14. November 1942, IfZ, Fa 506/12.

28 Ein typischer Fall findet sich in: STA Ludwigsburg, FL 20/19, Bü. 1277.

29 STA Nürnberg, Rep. 503, NS-Mischbestand Gauleitung Franken, Nr. 150.

30 Ebd.

31 LHA Magdeburg, Rep. C 29, Anh. 2, Nr. 199.

32 STA Nürnberg, LRA Uffenheim, Abg. 1956, Nr. 2036.

33 Ebd., Polizeipräs. Mfr. Abg. 1983, Krip.Insp. Nbg., Nr. 318.

34 Ebd.

35 HSTA Düsseldorf, BR 2034, Nr. 1117.

36 Eiber, »*Ich wußte, es wird schlimm*«, S. 93 f.; Marßolek/Ott, *Bremen im Dritten Reich,* S. 336 f.; Günther, *Die preußische Zigeunerpolitik seit 1871,* S. 63.

37 M. Adler, *Mein Schicksal waren die Zigeuner,* S. 380 f.

38 Akte Eva Justin, HSTA Wiesbaden, Abt. 461, Nr. 34141.

39 HSTA Düsseldorf, BR 2034, Nr. 1200, 1202.

40 Ebd., BR 1111, Nr. 39.

41 Bott-Bodenhausen/Tammen, *Erinnerungen an »Zigeuner«,* S. 46.

42 Heuzeroth/Martinss, »Vom Ziegelhof nach Auschwitz«, S. 250.

43 Ebd., S. 261.

44 STA Ludwigsburg, FL 20/19, Bü. 1277.

45 Riechert, *Im Schatten von Auschwitz,* S. 135; ders. an den Autor, 12. April 1996.

427

46 Ritter an den Präsidenten des Reichsforschungsrates, 6. März 1944, BA Koblenz, R 73, Nr. 14005.

47 HSTA Düsseldorf, BR 2034, Nr. 12.

48 LHA Potsdam, Rep. 30, Berlin C, Nr. 95.

49 Ebd., Nr. 34.

50 So wurden zum Beispiel im Deutschen *Kriminalpolizeiblatt* vom 8. März 1943 (Nr. 4527) die Namen von zehn »flüchtigen Zigeunern« genannt.

51 STA Magdeburg, C 29, Anh. 2, Nr. 572.

52 LHA Potsdam, C 29, Anh. 2, Nr. 572.

53 Eiber, »*Ich wußte, es wird schlimm*«, S.108.

54 Niedersächsischer Verband Deutscher Sinti, *Es war menschenunmöglich*, S.77.

55 LHA Potsdam, Rep. 30, Berlin C, Nr. 49.

56 Ebd.

57 Ebd.

58 Ebd., Nr. 29.

59 Feldscher, *Rassen- und Erbpflege im deutschen Recht*, S.26, 28.

60 »Zwölfte Verordnung zum Reichsbürgergesetz«, 25. April 1943, RGBl 1.I, S.268; abgedruckt in Rose (Hg.), *Der nationalsozialistische Völkermord an den Sinti und Roma*, S.36.

61 Dieser Erlass stammte von Fritz Sauckel, dem Generalbevollmächtigten für den Arbeitseinsatz (NA, Microfilm Publication T 301, Rolle 22, Bilder 836).

62 Himmler an die »Obersten Reichsbehörden«, 10. März 1944, Nürnberger Dokument NO-3719, NA, RG 238, Box 70. In ähnlicher Weise wurde in einer am 9. September 1944 in den *Mitteilungen des Hauptamtes für Volkstumsfragen* veröffentlichten Bekanntmachung festgestellt, dass im Reich keine besonderen Ausweise für Zigeuner mehr ausgegeben werden müssten, da die verbliebenen »Zigeunermischlinge« als »sozial angepasst« anzusehen seien (ZSL, 415 AR 930/61). Weiter heißt es in der Bekanntmachung, der größte Teil dieser Personengruppe (»Zigeunermischlinge«) sei in ein Zigeunerlager eingewiesen worden.

63 STA Magdeburg, C 29, Anh. 2, Nr. 469; LHA Potsdam, Rep. 30, Berlin C, Nr. 62, 154; vgl. Maier, *Arbeitseinsatz und Deportation*, S.219.

64 »Behandlung von Sonderfällen bei der Heranziehung zum Deutschen Volkssturm«, 9. Dezember 1944, BA Berlin, N6/98.
65 RKPA an Kripo München, 16. Februar 1945, IfZ, Fa 704.
66 H. Heuss, *Die Verfolgung der Sinti in Mainz und Rheinhessen*, S. 41.

Täter und Opfer

1 Kriminalpolizei-Zentrale, Region Hannover, an die Militärregierung, 26. Januar 1946, HSTA Hannover, Nds. Acc. 46/85, Nr. 408.
2 Landeskriminalpolizeiamt an den Innenminister von Niedersachsen, 13. März 1947, ebd.
3 Aktenvermerk des Kriminalpolizeiamts Region Hannover, 8. Juli 1946, Bericht über die Besprechung am 23. April 1947, ebd.
4 Kriminalpolizeiamt Lüneburg an das Landeskriminalpolizeiamt Niedersachsen, 28. Februar 1948, ebd.
5 Landespolizeikommissariat an den Landrat in Buchen, 3. Juli 1946; der Landrat an die Militärregierung Buchen, 3. Juli 1946; Abt. Innere Verwaltung, Landesbezirk Baden, 19. Januar 1950, GLA Karlsruhe, 345 Zug. 1986 Nr. 12/Nr. 248.
6 *Bayerisches Gesetz- und Verordnungsblatt*, Nr. 27/1953; abgedruckt in Eiber, »*Ich wußte, es wird schlimm*«, S. 134–136; vgl. auch Margalit, »Die deutsche Zigeunerpolitik nach 1945«, S. 575–579.
7 »Begründung« der »Landfahrerordnung für das Land Niedersachsen«, HSTA Hannover, Nds. 147, Acc. 46/85, Nr. 477 I.
8 Eiber, »*Ich wußte, es wird schlimm*«, S. 132; Winter, »Kontinuitäten in der deutschen Zigeunerforschung und Zigeunerpolitik«, S. 146.
9 Uschold, »Das Zigeunerproblem«.
10 Eller, »Die Zigeuner – ein Problem«.
11 Eiber, »*Ich wußte, es wird schlimm*«, S. 135.
12 Feuerhelm, *Polizei und »Zigeuner«*, S. 249–256, 293.
13 Eiber, »*Ich wußte, es wird schlimm*«, S. 131.
14 »Bundesergänzungsgesetz zur Entschädigung für Opfer der nationalsozialistischen Verfolgung (BEG)«, 18. September 1965, BGBl. I (1953), S. 1388.
15 Urteil des Bundesgerichtshofs, 7. Januar 1956, IV ZR 211/55; vgl. Spitta, »Entschädigung für Zigeuner?«, S. 386 f.
16 Entscheidung des Oberlandesgerichts München, 1. März 1961, E U

475/59, in: *Rechtsprechung zur Wiedergutmachung* 12 (1961), S. 313–448.

17 Entscheidung des Bundesgerichtshofs, 18. Dezember 1963, IV ZR 108/63, in: *Rechtsprechung zur Wiedergutmachung* 15 (1964), S. 209–211.

18 Vgl. Peterson/Liedtke, »Zur Entschädigung zwangsterilisierter Zigeuner«.

19 Riechert, *Im Schatten von Auschwitz*, S. 127–130.

20 Harder, *Kriminalzentrale Werderscher Markt*, S. 11, 336; vgl. die achtteilige Serie Wehner, »Das Spiel ist aus – Arthur Nebe: Glanz und Elend der deutschen Kriminalpolizei«; die Autorschaft dieser Serie hat Wehner in seinem Buch *Dem Täter auf der Spur* (S. 93 f.) bestätigt.

21 Gisevius, *Bis zum bittern Ende*, Bd. 1, S. 57–59; Bd. 2, S. 216.

22 Gisevius, *Wo ist Nebe?*, S. 244.

23 Schlabrendorff, *Offiziere gegen Hitler*, S. 62.

24 Hoffmann, *Widerstand, Staatsstreich, Attentat*, S. 316; Deutsch, *Verschwörung gegen den Krieg*, S. 130; Dulles, *Verschwörung in Deutschland*, S. 18, 65.

25 Höhne, *Der Orden unter dem Totenkopf*, Bd. 2, S. 374.

26 Zit. in ebd., S. 375.

27 *Trials of War Criminals*, Bd. 4, S. 102–113; vgl. Headland, *Messages of Murder*, S. 171–174.

28 Von Gersdorff, *Soldat im Untergang*, S. 99.

29 Zit. in Krausnick, »Hitler und die Befehle an die Einsatzgruppen im Sommer 1941«, S. 95.

30 Ogorreck, *Die Einsatzgruppen und die ›Genesis der Endlösung‹*, S. 178; vgl. Black, »Arthur Nebe«.

31 Hilberg, *Die Vernichtung der europäischen Juden*, S. 237 f.

32 Diese Darstellung beruht auf den im Prozess gegen Widmann vorgelegten Beweisen (ZSL, 439 AR-Z 18a/60, Bd. 3, Blatt 12–14).

33 Ebd.; vgl. Kogon u. a., Nationalsozialistische Massentötungen durch Giftgas, S. 81 f.; Gerlach, »Failure of Plan for an SS Extermination Camp in Mogilev, Belorussia«, S. 65. Gerlach vermutet, dass die Idee der Tötung mit Abgasen bereits früher entstanden sein könnte.

34 BA-MA Freiburg, RH 22–225, S. 70; Streit, *Keine Kameraden*, S. 122; Heer, »Die Logik des Vernichtungskrieges«, S. 135.

35 Grawitz an Himmler, 28. Juni 1944, Nürnberger Dokument NO-179, NA, RG 238, Box 4.

36 Wehner, *Dem Täter auf der Spur,* S.202, 204; vgl. die Befragung von Rudolf Diels durch Staatsanwalt Schneider am 26. Januar 1960, in der Diels, der 1933/34 als Gestapochef Nebes Vorgesetzter gewesen war, diesen als Karrieristen ohne moralische Skrupel bezeichnete (Diels, *Lucifer ante Portas,* S.281).

37 Smolen, »Das Schicksal der Sinti und Roma im KL Auschwitz-Birkenau«, S.153.

38 DÖW, Nr. 9626.

39 *Fall 9,* S.33.

40 Manoschek, »*Serbien ist judenfrei*«, S.24.

41 Hilberg, *Die Vernichtung der europäischen Juden,* S.752.

42 Wilhelm, *Die Einsatzgruppe A der Sicherheitspolizei und des SD, 1941–42,* S.468.

43 ZSL, II 207 AR-Z 497/1967, Bd. 4; Hilberg, *Die Vernichtung der europäischen Juden,* S.745.

44 Eiber, »*Ich wußte, es wird schlimm*«, S.133.

45 Klamper, »Persecution and Annihilation of Roma and Sinti in Austria, 1938–1945«, S.63, Anm. 11.

46 Hausner, *Gerechtigkeit in Jerusalem,* S.648.

47 Aktenvermerk der Staatsanwaltschaft Stuttgart, 29. Januar 1982, S.4–6, HSTA Wiesbaden, Abt. 461, Nr. 3412, Bd. 2.

48 Ebd., S.6f.

49 Ritter, »Arbeitsbericht«, BA Koblenz, R 73, Nr. 14005, S.1.

50 Ritter, »Bestandsaufnahme der Zigeuner und Zigeunermischlinge in Deutschland«, S.481.

51 Ritter, »Arbeitsbericht«, BA Koblenz, R 73, Nr. 14005, S.7.

52 Diese Behauptung stammt aus einer Erklärung Ritters, die er abgab, als er sich 1947 um eine Stelle im Gesundheitsdienst bewarb (»Erläuterungen zu unseren Asozialen- und Zigeunerforschungen«, S.40, zit. in Magalit, »The Justice System of the Federal Republic of Germany an the Nazi Persecution of the Gypsies«, S.339).

53 Ritter schildert diese Episode in einem Brief vom 28. April 1949 an Hermann Arnold, seinen Kollegen aus der Zigeunerforschung, zit. in Arnold, *Die NS-Zigeunerverfolgung,* S.9. Seine Ablehnung solcher und ähnlicher Vorschläge wird auch in der Aussage erwähnt, die Eva Justin im Rahmen des Ermittlungsverfahrens gegen Hans Maly machte (Müller-Hill, *Mörderische Wissenschaft,* S.62).

54 Arnold, *Die Zigeuner,* S. 295; Döring, *Die Zigeuner im nationalso-zialistischen Staat,* S. 82.

55 Begründung der Einstellung des Ermittlungsverfahrens gegen Eva Justin, HSTA Wiesbaden, Abt. 461, Nr. 34141.

56 IV. Zivilsenat des Bundesgerichtshofs, 16. Mai 1962, IfZ, Gx 30.

57 LHA Potsdam, Rep. 30, Berlin C, Nr. 106.

58 Justin, *Lebensschicksale artfremd erzogener Zigeunerkinder und ihrer Nachkommen,* S. 120 f.

59 Arnold, »Ein Menschenalter danach«, S. 9; dieser Artikel ist auch wiedergegeben in: ZSL, 414 AR-Z 42/83, S. 69 ff.

60 Staatsanwaltschaft Stuttgart, 29. Januar 1982, HSTA Wiesbaden, Abt. 461, Nr. 3412, Bd. 2.

61 Müller-Hill, *Tödliche Wissenschaft,* S. 153.

62 ZSL, 414 AR-Z 540/83, Bd. 4; vgl.: »Die nette alte Dame«.

63 Vossen, *Zigeuner,* S. 158; Feuerhelm, *Polizei und »Zigeuner«,* S. 9.

64 Puxon, *Roma,* S. 13.

65 Reemtsma, *Sinti und Roma,* S. 57.

66 Vossen, *Zigeuner,* S. 112–114.

67 Schenk, *Rassismus gegen Sinti und Roma,* S. 486.

68 Bura, »Die unbewältigte Vergangenheit«, S. 62 f.

69 Münz/Ulrich, »Changing Patterns of Immigration to Germany, 1945–1995«, S. 84–87, 97.

70 Margalit, »Antigypsism in the Political Culture of the Federal Republic of Germany«, S. 23–25.

71 Alan Cowell, »Attack on Austrian Gypsies Deepens Fear of Neo-Nazis«, in: *New York Times,* 21. Februar 1995.

72 Schubarth, »Fremde als Sündenböcke«, S. 47.

73 EMNID-Umfrage, 12.–31. Januar 1994, besprochen in Reemtsma, *Sinti und Roma,* S. 173.

74 Reemtsma, *Sinti und Roma,* S. 143; Margalit, »Sinti und andere Deutsche«, S. 304 f.; Matras, »The Development of the Romani Civil Rights Movement in Germany 1945–1996«, S. 60–63.

75 Bericht vom 31. Januar 1944, BA Koblenz, R 73, Nr. 14005.

76 Henke, »Quellenschicksale und Bewertungsfragen«, S. 64–71; Fings/Sparing, »Vertuscht, verleugnet, versteckt«.

77 Distel, »Die Verfolgung und Ermordung der Sinti und Roma in der Arbeit der KZ-Gedenkstätte Dachau«, S. 40 f.

78 Rose/Martins-Heuss, *Sinti und Roma im »Dritten Reich«,* S. 22;

Rose (Hg.), *Der nationalsozialistische Völkermord an den Sinti und Roma*, S.189.

79 Vorwort zu Martins-Heuss, *Zur mythischen Figur der Zigeuner in der deutschen Zigeunerforschung*, S.28.

80 Hohmann, *Bravo Sinto! Auf den Spuren eines geächteten Buches*, S.62.

81 »Differenzen um Sicht auf die NS-Geschichte«, in: Thüringer Allgemeine, 21. August 1997; Stellungnahme der Gedenkstätte Buchenwald, 9. September 1997. Die Dokumente dieser Auseinandersetzung sind erhältlich bei der Gedenkstätte Buchenwald, Direktion Haus 2, 99427 Weimar-Buchenwald.

82 Reemtsma, *Sinti und Roma*, S.143.

83 Michael Zimmermann, »Das Stigma des Fremden. Zu einigen Neuerscheinungen über Geschichte, Kultur und Verfolgung der Roma und Sinti«, in: *Die Zeit*, 11. Oktober 1996, S.58.

Schlussbetrachtung

1 RKPA, »Auswertung der rassenbiologischen Gutachten über zigeunerische Personen«, 20. September 1941, in: *Erlaßsammlung Nr. 15*.

2 STA München, Pol Dir München, Nr. 7033.

3 In den Akten habe ich nur einen solchen Fall entdeckt, den von Korseda M., die einer Familie von »nach Zigeunerart umherziehenden Personen« angehört haben soll und als »asozial« galt. Sie wurde im Juni 1939 ins KZ Ravensbrück eingewiesen und von dort im März 1942 ins Frauenlager von Auschwitz verlegt (LHA Potsdam, Rep. 30, Berlin C, Nr. 90).

4 Bericht des Gendarmeriepostens Wildshut, DÖW, Nr. 1506/8.

5 Heinz Caprez, »Jenische als Naziopfer. Beschwerliche Suche nach Überlebenden«, in: *Beobachter*, 28. November 1997, S.49.

6 Vgl. Sandkühler, *»Endlösung« in Galizien*; Burleigh/Wippermann, *Racial Stae*, S.59. Goebbels spricht in seinem Tagebucheintrag vom 27. März 1942 von der Gelegenheit, die der Krieg eröffnet habe.

7 Donald Kenrick und Grattan Puxon geben eine Zahl von 21 500 Opfern an (*Sinti und Roma*, S.135), während Michael Zimmermann die Zahl der Toten auf etwa 23 000 schätzt (*Rassenutopie und Genozid*, S.381 f.).

8 Kenrick/Puxon, *Sinti und Roma*, S.135; Kenrick, Letter to the editor, S.253.

9 Brief an den Herausgeber, in: *Frankfurter Rundschau*, 20. Februar 1997.

10 Rose/Weiss, *Sinti und Roma im »Dritten Reich«*, S.176; Rose (Hg.), *Der nationalsozialistische Völkermord an den Sinti und Roma*, S.189.

11 Zum Beispiel vom damaligen Bundespräsidenten Roman Herzog, der am 16. März 1997 die an Zigeunern verübten Verbrechen als Völkermord verurteilte *(Der Tagesspiegel*, 17. März 1997).

12 Davis Lutz/Lutz, »Gypsies as Victims of the Holocaust«, S.356.

13 »Konvention über die Verhütung und Bestrafung des Völkermordes«, Artikel 2, in Bundeszentrale für politische Bildung (Hg.), *Menschenrechte*, S.44.

14 Vgl. Katz, *The Holocaust in Historical Context*, Bd. 1, S.128.

15 Ebd., S.20f.

16 ZSL, 402 AR-Z 47/84, Bd. 3, Blatt 576.

17 ZSL, 414 AR 540/83, Bd. 4, Blatt 233 (799).

18 Döring, *Die Zigeuner im nationalsozialistischen Staat*, S.168.

19 Eiber, *»Ich wußte, es wird schlimm«*, S.94.

20 Zimmermann, *Rassenutopie und Genozid*, S.383.

21 Rose (Hg.), *Der nationalsozialistische Völkermord an den Sinti und Roma*, S.7f.

22 Kenrick/Puxon, *Gypsies under the Swastika*, S.7.

23 Milton, »Correspondence: ›Gypsies and the Holocaust‹«, S.516.

24 Bauer, »Correspondence: ›Gypsies and the Holocaust‹«, S.513.

25 Zum Stand der Diskussion über diese Frage siehe Herbert, »Vernichtungspolitik«.

26 Vgl. Gerlach, »Die Wannsee-Konferenz, das Schicksal der deutschen Juden und Hitlers politische Grundsatzentscheidung, alle Juden zu ermorden«, S.24f., 35–37; Aly/Heim, *Vordenker der Vernichtung*.

27 Katz, »Quantity and Interpretation«, S.145.

28 Dawidowicz, »Thinking about the Six Million«, S.60.

29 Katz, »The Uniqueness of the Holocaust«, S.19.

30 Wiesel, Vorwort zu Präsidialkommission zum Holocaust, *Report to the President* [Carter], Washington, D. C., 1979, S. III, zit. in Berenbaum (Hg.), *A Mosaic of Victims*, S., XII.

31 Hancock, »Uniqueness, Gypsies and Jews«; vgl. Linenthal, *Preserving Memory*, S. 243 f.

32 Tyrnauer, »The Fate of the Gypsies during the Holocaust. Report to the U. S. Holocaust Memorial Council«, Februar 1985. Der Bericht war als Planungspapier gedacht und wurde nicht veröffentlicht.

33 Ebd., S. 27.

34 Linenthal, *Preserving Memory*, S. 247.

35 Hancock, »Responses to the Porrajmos«, S. 40.

36 Hancock, »A Response to Raymond Pearson's Review of Ian Hancock – the Pariah Syndrome«, S. 434.

37 Zit. in Linenthal, *Preserving Memory*, S. 245.

38 Milton, »Correspondence: ›Gypsies and the Holocaust‹«, S. 516. Milton wiederholte diesen Vorwurf in einem Vortrag, den sie am 12. Dezember 1994 in Berlin hielt (»Der Weg zur ›Endlösung‹ der Sinti und Roma. Von der Ausgrenzung zur Ermordung«, S. 3).

39 Niedersächsischer Verband Deutscher Sinti, »*Es war menschenunmöglich*«, S. 3.

40 Hancock, »Response to the Porrajmos«, S. 47.

41 Bamberger (Hg.), *Der Völkermord an den Sinti und Roma*, S. 13.

BIBLIOGRAPHIE

Ungedruckte Quellen

Archive in Deutschland

Bundesarchiv Berlin
Bundesarchiv Dahlwitz-Hoppegarten
Nordrhein-Westfälisches Staatsarchiv, Detmold
Nordrhein-Westfälisches Hauptstaatsarchiv, Düsseldorf
Stadtarchiv Frankfurt/Main
Bundesarchiv Militärarchiv, Freiburg i. Br.
Staatsarchiv Freiburg
Stadtarchiv Gießen
Stadtarchiv Hannover
Niedersächsisches Hauptstaatsarchiv, Hannover
Stadtarchiv Karlsruhe
Generallandesarchiv Karlsruhe
Bundesarchiv Koblenz
Landeshauptarchiv Koblenz
Staatsarchiv Ludwigsburg
Zentrale Stelle der Landesjustizverwaltungen zur Verfolgung national-
    sozialistischer Gewaltverbrechen, Ludwigsburg
Landeshauptarchiv Magdeburg
Stadtarchiv München
Staatsarchiv München
Bayerisches Hauptstaatsarchiv, München
Institut für Zeitgeschichte, München
Nordrhein-Westfälisches Staatsarchiv, Münster

Staatsarchiv Nürnberg
Brandenburgisches Landeshauptarchiv, Potsdam
Hauptstaatsarchiv Stuttgart
Hessisches Hauptstaatsarchiv, Wiesbaden

Archive in Österreich

Archiv des Öffentlichen Denkmals und Museums Mauthausen, Wien
Österreichisches Staatsarchiv, Wien
Dokumentationsarchiv des Österreichischen Widerstandes, Wien

Archive in den Vereinigten Staaten

National Archives, Washington, D. C.
U. S. Holocaust Memorial Museum, Washington, D. C.

Gedruckte Quellen

Vor 1945 erschienene Literatur

Ammon, Kurt: »Die Zigeunerfrage in Deutschland: Verantwortungs-
bewußte Zusammenarbeit von Forschung und Praxis«, in: *Völki-
scher Wille* 9, Nr. 11–12 (März 1941), S. 3
Bader, Karl Siegfried: »Bekämpfung des Zigeunerunwesens«, in: *Krimi-
nalistische Monatshefte* 9 (1935), S. 265–268
Baur, Erwin, u. a.: *Grundriß der menschlichen Erblichkeitslehre und
Rassenhygiene*, München 1921
Behrendt: »Die Wahrheit über die Zigeuner«, in: *Nationalsozialistische
Partei-Korrespondenz* (Beilage »Volk und Familie«) 35 (Februar
1939), S. 1 f.
Bercovici, Konrad: *Singing Winds. Stories of Gypsy Life*, Garden City,
New York 1926
Block, Martin: *Die Zigeuner. Ihr Leben und ihre Seele. Dargestellt auf
Grund eigener Reisen und Forschungen* [1936], hg. von Joachim S.
Hohmann, Frankfurt a. M. 1997

Brandis, Ernst: *Die Ehegesetze von 1935 erläutert,* Berlin 1936

Dubitscher, Fred: »Der moralische Schwachsinn, unter besonderer Berücksichtigung des Gesetzes zur Verhütung erbkranken Nachwuchses«, in: *Zeitschrift für die Gesamte Neurologie und Psychiatrie* 12 (1936), S. 422–457

»Echte und Unechte Zigeuner, ihre Stellung in der Volksgemeinschaft«, in: *Nachrichtendienst des Deutschen Vereins für öffentliche und private Fürsorge* 18 (1937), S. 345–348

Ehrhardt, Sophie: »Zigeuner und Zigeunermischlinge in Ostpreußen«, in: *Volk und Rasse* 17 (1942), S. 52–57

Feldscher, Werner: *Rassen- und Erbpflege im Deutschen Recht,* Berlin 1943

Ferst, Elisabeth: *Fertilität und Kriminalität der Zigeuner. Eine statistische Untersuchung,* Dissertation, München 1943

Fickert, Hans: *Rassenhygienische Verbrechensbekämpfung,* Leipzig 1938

Finger, Otto: *Studien an zwei asozialen Zigeunermischlings-Sippen. Ein Beitrag zur Asozialen- und Zigeunerfrage,* Gießen ²1937.

Frick, Wilhelm: »Das Reichsbürgergesetz und das Gesetz zum Schütze des deutschen Blutes und der deutschen Ehre«, in: *Deutsche Juristen-Zeitung* 23 (Dezember 1935), S. 1390

Greiner: »Verbrechensbekämpfung im nationalsozialistischen Staat«, in: *Kriminalistische Monatshefte* 8 (1934), S. 121–124, 151–154

Grellmann, Heinrich Moritz: *Dissertation on the Gypsies,* London 1787

Günther, Hans F. K.: *Rassenkunde Europas,* München ²1926

Günther, Theodor: »Die Zigeunerverhältnisse in Berleburg«, in: *Ziel und Weg* 7 (1937), S. 262–268

–: »Seßhafte Zigeuner«, in: *Reichsverwaltungsblatt* 58 (1937), S. 193–197

Gütt, Arthur, u. a.: *Blutschutz- und Ehegesundheitsgesetz,* München 1937

Haag, F. E.: »Zigeuner in Deutschland«, in: *Volk und Rasse* 9 (1934), S. 190

Haarer, Johann: »Unterirdische Filmtendenzen? Zigeuner im Film und in der Wirklichkeit«, in: *Ziel und Weg* 7 (1937), S. 554–556

Helbig, Adolf: »Bekämpfung des Zigeunerunwesens«, in: *Der Deutsche Verwaltungsbeamte* 16 (1936), S. 494–496

Herz, Hugo: *Verbrechen und Verbrechertum in Österreich. Kritische*

Untersuchungen über Zusammenhänge von Wirtschaft und Verbrechen, Tübingen 1908

Höhne, Werner Kurt: *Die Vereinbarkeit der deutschen Zigeunergesetze und -verordnungen mit dem Reichsrecht, insbesondere der Reichsverfassung,* Dissertation, Universität Heidelberg, 1929

Justin, Eva: *Lebensschicksale artfremd erzogener Zigeunerkinder und ihrer Nachkommen,* Berlin 1944

–: »Die Rom-Zigeuner«, in: *Neues Volk* 11, Nr. 5 (1943), S. 21–24

Kopp, Walter: »Die Unfruchtbarmachung der Asozialen«, in: *Der Erbarzt* 6, Nr. 6 (1939), S. 66–69

Krämer, Robert: »Rassische Untersuchungen an den ›Zigeuner‹-Kolonien Lause und Altengraben bei Berleburg (Westf.)«, in: *Archiv für Rassen- und Gesellschaftsbiologie* 31 (1937–38), S. 33–55

Kranz, Heinrich Wilhelm: »Zigeuner, wie sie wirklich sind«, in: *Neues Volk* 5, Nr. 9 (1937), S. 21–27

–: »Zur Entwicklung der Rassenhygienischen Institute an unseren Hochschulen«, in: *Ziel und Weg* 9 (1939), S. 286–290

–/ Koller, Siegfried: *Die Gemeinschaftsunfähigen,* Gießen 1939–1941

Küppers, G. A.: »Begegnung mit Balkanzigeunern«, in: *Volk und Rasse* 13 (1938), S. 183–193

Küppers, H.: »Die Beschäftigung von Zigeunern«, in: *Reichsarbeitsblatt* 22 (1942), S. 176–178

Kürten, H.: »Die ›deutschen‹ Zigeuner«, in: *Ziel und Weg* 7 (1937), S. 474 f.

Lange, Johannes: *Verbrechen als Schicksal,* Leipzig 1929

Leibig, Carl: »Die Bekämpfung des Zigeunerunwesens«, in: *Bayerische Gemeinde- und Verwaltungszeitung* 48 (1938), S. 159–162, 178–182

Lombroso, Cesare: *Die Ursachen und Bekämpfung des Verbrechens,* Berlin 1902

Nebe, Arthur: »Aufbau der deutschen Kriminalpolizei«, in: *Kriminalistik* 12 (1938), S. 4–8

Neureiter, Ferdinand von: *Kriminalbiologie,* Berlin 1940

Palitzsch: »Die Zusammenarbeit der deutschen Kriminalpolizeien im Kampf gegen das Verbrechertum«, in: *Kriminalistische Monatshefte* 8 (1934), S. 217–220

Reichskriminalpolizeiamt (Hg.): *Organisation und Meldedienst der Reichskriminalpolizei,* Berlin 1941

Reichorganisationsleiter der NSDAP (Hg.): *Organisationsbuch der NSDAP,* München ⁴1937

Reiter, Hans (Hg.): *Das Reichsgesundheitsamt, 1933–1939. Sechs Jahre nationalsozialistische Führung,* Berlin 1939

Riedl, Martin: »Studie über Verbrecherstämmlinge, Spätkriminelle und Frühkriminelle und über deren sozialprognostische and rassehygienische Bedeutung«, in: *Archiv für Kriminologie* 93 (1933), S. 7–13, 125–135, 238–257

Ritter, Robert: »Die Asozialen, ihre Vorfahren und ihre Nachkommen«, in: *Fortschritte der Erbpathologie, Rassenhygiene und ihrer Grenzgebiete* 5 (1941), S. 137–155

–: »Die Aufgaben der Kriminalbiologie und der kriminalbiologischen Bevölkerungsforschung«, in: *Kriminalistik* 15 (1941), S. 38–41

–: »Die Bestandaufnahme der Zigeuner und Zigeunermischlinge in Deutschland«, in: *Der öffentliche Gesundheitsdienst* 6/B (1941), S. 477–489

–: *Ein Menschenschlag. Erbärztliche und erbgeschichtliche Untersuchung über die – durch 10 Geschlechterfolgen erforschten – Nachkommen von Vagabunden, Gaunern und Räubern,* Leipzig 1937

–: »Erbärztliche Verbrechensverhütung«, in: *Deutsche medizinische Wochenschrift* 681 (1942), S. 535–539

–: »Erbbiologische Untersuchungen innerhalb eines Züchtungskreises von Zigeunermischlingen und ›asozialen Psychopathen‹«, in: *Bevölkerungsfragen. Bericht des internationalen Kongresses für Bevölkerungswissenschaft… 1935,* hg. von Hans Harmsen und Franz Lohse, München 1936, S. 713–718

–: »Das Kriminalbiologische Institut der Sicherheitspolizei«, in: *Kriminalistik* 16 (1942), S. 117–119

–: »Mitteleuropäische Zigeuner: Ein Volksstamm oder eine Mischlingspopulation?« in: *Congrès International de la Population, Paris 1937, Extrait VIII,* Paris 1938, S. 51–60

–: »Primitivität und Kriminalität«, in: *Monatsschrift für Kriminalbiologie und Strafrechtsreform* 31 (1940), S. 197–210

–: »Untergruppe L3 (Rassenhygienische und bevölkerungsbiologische Forschungsstelle)«, in Reiter (Hg.), *Das Reichsgesundheitsamt,* S. 356–358

–: »Zigeuner und Landfahrer«, in: *Der nicht seßhafte Mensch: Ein Beitrag zur Neugestaltung der Raum- und Menschenordnung im Groß-*

440

deutschen Reich, hg. vom Bayerischen Landesverband für Wander-
dienst, München 1938, S. 71–88

–: »Die Zigeunerfrage und das Zigeunerbastardproblem«, in: *Fortschritte der Erbpathologie, Rassenhygiene und ihrer Grenzgebiete*
3 (1939), S. 2–20

–: »Zur Frage der Rassenbiologie und Rassenpsychologie der Zigeuner
in Deutschland«, in: *Reichs-Gesundheitsblatt* 13 (1938), S. 425 f.

Rodenberg, Carl-Heinz: »Die Zigeunerfrage«, in: *Der öffentliche Gesundheitsdienst* 3/B (1937), S. 437–446

Rohne: »Zigeunerpolizei«, in: *Reichsverwaltungsblatt* 58 (1937),
S. 197–199

Römer, Joachim: »Fremdrassen in Sachsen (Aus der Erhebung des Rassenpolitischen Amtes der NSDAP)«, in: *Volk und Rasse* 12 (1937),
S. 281–288, 321–328

–: »Zigeunerin Deutschland«, in: *Volk und Rasse* 9 (1934), S. 112 f.

Rüdiger, Karlheinz: »Parasiten der Gemeinschaft«, in: *Volk und Rasse*
13 (1938), S. 87–89

Scott, Macfie: »Gypsy Persecution. Survey of a Black Chapter in Eu-
ropean History«, in: *Journal of the Gypsy Lore Society,* 3rd ser. 3,
22 (1943), S. 65–78

Stein, Gerhard: »Zur Physiologie und Anthropologie der Zigeuner in
Deutschland«, in: *Zeitschrift für Ethnologie* 72 (1940), S. 74–114

Stuckart, Wilhelm/Globke, Hans: *Kommentar zur deutschen Rassengesetzgebung,* Bd. 1, München 1936

Stuckart, Wilhelm/Schiedermair, Rolf: *Rassen- und Erbpflege in der
Gesetzgebung des Reiches,* Leipzig ³1942

Thiele, H.: »Zur Frage der asozialen Psychopathen«, in: *Der öffentliche
Gesundheitsdienst* 4/A (1938–39), S. 394–396

»Über das Königsberger Zigeunerlager«, in: *Ziel und Weg* 13 (1938),
S. 360

Verschuer, Otmar von: *Leitfaden der Rassenhygiene,* Stuttgart 1941

Weissenbruch, Johann Benjamin: *Ausführliche Relation von der Fa-
mosen Zigeuner-Diebs-Mord und Räuber Bande,* Frankfurt a. M.
1727

Werner, Paul: »Die vorbeugende Verbrechensbekämpfung durch die
Polizei«, in: *Kriminalistik* 12 (1938), S. 58–61

Wittich, Engelbert: *Blicke in das Leben der Zigeuner,* Hamburg 1927

Würth, Adolf: »Bemerkungen zur Zigeunerfrage und Zigeunerforschung in Deutschland«, in: *Verhandlungen der deutschen Gesellschaft für Rassenforschung* 9 (1938), S. 95–98

–: »Die Zigeuner- und Zigeunermischlingsfrage in Deutschland«, in: *Der Öffentliche Gesundheitsdienst* 5 (1939/40), S. 36 f.

Wüst, Walther: *Indogermanisches Bekenntnis. Sieben Reden,* Berlin 1943

»Die Zigeuner als asoziale Bevölkerungsgruppe«, in: *Deutsches Ärzteblatt* 69 (1939), S. 246 f.

»Zigeunerfrage im Burgenland«, in: *Ziel und Weg* 13 (1938), S. 572

»Die Zigeunerfrage in der Ostmark«, in: *Neues Volk* 6, Nr. 9 (1938), S. 22–27

Nach 1945 erschienene Literatur

Ackermann, Josef: *Heinrich Himmler als Ideologe,* Göttingen 1970

Ackovic, Dragoljub: »Suffering of Roma in Yugoslavia in Second World War«, in: *Gießener Hefte für Tsiganologie* 3 (1986), S. 128–134

Acton, Thomas A.: »Zigeunerkunde – ein Begriff, dessen Zeit vorüber ist«, in: *Zeitschrift für Kulturaustausch* 31 (1981), S. 380–384

Adelsberger, Lucie: *Auschwitz. Ein Tatsachenbericht,* Berlin 1956

Adler, Hans G.: *Theresienstadt 1941–1945. Das Antlitz einer Zwangsgemeinschaft,* Tübingen [2]1960

Adler, Marta: *Mein Schicksal waren die Zigeuner. Ein Lebensbericht,* hg. von R. A. Stemmle, Bremen 1957

Alt, Betty/Folts, Silvia: *Weeping Violins. The Gypsy Tragedy in Europe,* Kirksville, Montana, 1996

Aly, Götz: »*Endlösung*«. *Völkerwanderung und der Mord an den europäischen Juden,* Frankfurt a. M. 1995

–: »Medizin gegen Unbrauchbare«, in: ders. u. a., *Aussonderung und Tod. Die klinische Hinrichtung der Unbrauchbaren (Beiträge zur nationalsozialistischen Gesundheitspolitik 1),* Berlin 1985, S. 9–74

Aly, Götz/Heim, Susanne: *Vordenker der Vernichtung: Auschwitz und die deutschen Pläne für eine neue europäische Ordnung,* Hamburg 1991

Aly, Götz/Roth, Karl Heinz: *Die restlose Erfassung: Volkszählen, Identifizieren, Aussondern im Nationalsozialismus,* Berlin 1984

Andreopoulos, George J. (Hg.): *Genocide. Conceptual and Historical Dimensions*, Philadelphia, Pennsylvania, 1994

Annas, George J./Grodin, Michael A. (Hg.): *The Nazi Doctors and the Nuremberg Code. Human Rights in Human Experimentation*, New York 1992

Arnold, Hermann: »Ein Menschenalter danach. Anmerkungen zur Geschichtsschreibung der Zigeunerverfolgung«, in: *Mitteilungen zur Zigeunerkunde*, Beiheft Nr. 4 (1977), S. 1–15

–: *Randgruppen des Zigeunervolkes*, Neustadt/Weinstraße 1975

–: *Die Zigeuner. Herkunft und Leben der Stämme im deutschen Sprachgebiet*, Olten/Freiburg i. Br. 1965

–: *Die NS-Zigeunerverfolgung. Ihre Ausdeutung und Ausbeutung*, Aschaffenburg o. J. (1989)

Aronson, Shlomo: *Reinhard Heydrich und die Frühgeschichte von Gestapo und SD*, Stuttgart 1971

Auerbach, Hellmuth: »Die Einheit Dirlewanger«, in: *Vierteljahrshefte für Zeitgeschichte* 10 (1962), S. 250–263

–: »Konzentrationslagerhäftlinge im Fronteinsatz«, in: *Miscellanea. Festschrift für Helmut Krausnick zum 75. Geburtstag*, hg. von Wolfgang Benz, Stuttgart 1980, S. 63–83

Ayass, Wolfgang: »*Asoziale« im Nationalsozialismus*, Stuttgart 1995

–: »Vagrants and Beggars in Hitler's Reich«, in Richard J. Evans (Hg.), *The German Underworld. Deviants and Outcasts in German History*, London 1988, S. 210–237

– u. a.: *Feindererklärung und Prävention. Kriminalbiologie, Zigeunerforschung und Asozialenpolitik (Beiträge zur nationalsozialistischen Gesundheits- und Sozialpolitik*, Bd. 6), Berlin 1988

Bamberger, Edgar (Hg.): *Der Völkermord an den Sinti und Roma in der Gedenkstättenarbeit*, Heidelberg 1994

–/ Ehmann, Annegret (Hg.): *Kinder und Jugendliche als Opfer des Holocaust*, Heidelberg 1995

Bankier, David: *Die öffentliche Meinung im Hitler-Staat. Die »Endlösung« und die Deutschen. Eine Berichtigung*, hg. von Arnold Harttung, Berlin 1995

Bartov, Omer: *The Eastern Front, 1941–45. German Troops and the Barbarization of Warfare*, London 1995

–: *Hitlers Wehrmacht. Soldaten, Fanatismus und die Brutalisierung des Krieges*, Reinbek 1999

Bauer, Yehuda: »Correspondence. ›Gypsies and the Holocaust‹«, in: *History Teacher* 25(1992), S.513–515

–: »Gypsies«, in Gutman und Berenbaum (Hg.), *Anatomy of the Auschwitz Death Camp*, S.441–453

–: »Zigeuner«, in: *Enzyklopädie des Holocaust. Die Verfolgung und Ermordung der europäischen Juden,* hg. von Israel Gutman, Bd. 3, München/Zürich 1995, S.1630–1634

–: »Jews, Gypsies and Slavs. Policies of the Third Reich«, in: *UNESCO Yearbook on Peace and Conflict Studies 1985,* Westport, Connecticut, 1987, S.73–100

Baumgartner, Andreas: *Frauen im Konzentrationslager Mauthausen. Dokumentation, Quellensammlung und Datenbank,* Wien 1996

Behrens, P.: »›Vollzigeuner‹ und ›Mischlinge‹. Die ehemalige Rassenforscherin Ruth Kellermann verteidigt ihren Ruf«, in: *Die Zeit,* 7. Februar 1986, S.36

Benz, Wolfgang: »Das Lager Marzahn. Zur nationalsozialistischen Verfolgung der Sinti und Roma und ihrer anhaltenden Diskriminierung«, in Helge Grabitz u. a. (Hg.), *Die Normalität des Verbrechens: Bilanz und Perspektive der Forschung zu den nationalsozialistischen Gewaltverbrechen,* Berlin 1994, S.260–279

Berenbaum, Michael (Hg.): *A Mosaic of Victims. Non-Jews Persecuted and Murdered by the Nazis,* New York 1990

Bernadac, Christian: *L'Holocauste Oublie. Le Massacre de Tsiganes,* Paris 1979

Beuys, Werner: »Permanente Kriminalität durch Landfahrer«, in: *Kriminalpolizeiliche Tagespraxis,* Beilage zu *Die Polizei* 1 (Februar 1967), S.49–52

Bezwinska, Jadwiga/Czech, Danuta (Hg.): *Auschwitz in den Augen der SS,* Warschau 1992

Birnbaum, Mariana D.: »On the Language of Prejudice«, in: *Western Folklore* 30 (1971), S.247–268

Black, Peter: »Forced Labor in the Concentration Camps, 1942–1944«, in Berenbaum (Hg.), *A Mosaic of Victims,* S.46–63

–: »Arthur Nebe. Nationalsozialist im Zwielicht«, in Ronald Smelser und Enrico Syring (Hg.), *Die SS-Elite,* Paderborn 1999

Bock, Gisela: *Zwangssterilisation im Nationalsozialismus. Studien zur Rassenpolitik und Frauenpolitik,* Opladen 1986

Bodlee, Hans: »Landfahrer. Ein Beitrag über ihre Kriminalität«, in: *Kriminalistik* 16 (1962), S. 575–578

Boström, Jörg: *Das Buch der Sinti.* »*Nicht länger stillschweigend das Unrecht hinnehmen!*«, Berlin 1981

Bott-Bodenhausen, Karin/Tammen, Hubertus (Hg.): *Erinnerungen an* »*Zigeuner«. Menschen aus Ostwestfalen-Lippe erzählen von Sinti und Roma,* Düsseldorf 1988

Bracher, Karl Dietrich: *Die deutsche Diktatur. Entstehung, Struktur, Folgen des Nationalsozialismus,* Berlin 1997

Braham, Randolph L.: »Hungarian Jews«, in Gutman und Berenbaum (Hg.), *Anatomy of the Auschwitz Death Camp,* S. 456–468

Breitman, Richard: *Der Architekt der* »*Endlösung«. Himmler und die Vernichtung der europäischen Juden,* Paderborn/München/Wien/Zürich 1996

Brennan, Patricia A., u. a.: »Biomedical Factors in Crime«, in James Q. Wilson und Joan Petersilia (Hg.), *Crime,* San Francisco, Kalifornien, 1995, S. 65–90

Broszat, Martin: *Der Staat Hitlers. Grundlegung und Entwicklung seiner inneren Verfassung,* München 1969

–: »Nationalsozialistische Konzentrationslager 1933–1945«, in Buchheim u. a. (Hg.), *Anatomie des SS-Staates,* Bd. 2

Browder, George C.: *Hitler's Enforcers. The Gestapo and the SS Security Service in the Nazi Revolution,* New York 1996

Browning, Christopher R.: *Fateful Months. Essays on the Emergence of the Final Solution,* New York 1985

–: »Harald Turner und die Militärverwaltung in Serbien 1941–1942«, in Dieter Rebentisch und Karl Teppe (Hg.), *Verwaltung contra Menschenführung im Staat Hitler. Studien zum politisch-administrativen System,* Göttingen 1986, S. 351–373

–: »Nazi Resettlement Policy and the Search for a Solution of the Jewish Question, 1939–1941«, in: *German Studies Review* 9 (1986), S. 497–519

–: *Der Weg zur* »*Endlösung«. Entscheidungen und Täter,* Bonn 1998

–: »Wehrmacht Reprisal Policy and the Mass Murder of Jews in Serbia«, in: *Militärgeschichtliche Mitteilungen* 33 (1983), S. 31–47

Brucker-Boroujerdi, Ute: »Die ›Rassenhygienische und Erbbiologische Forschungsstelle‹ im Reichsgesundheitsamt«, in: *Bundesgesundheitsblatt* 32 (Sonderheft März 1989), S. 13–19

445

Buchheim, Hans: »Die Aktion ›Arbeitsscheu Reich‹«, in: *Gutachten des Instituts für Zeitgeschichte*, Bd. 2, München 1966, S. 189–195

–: »Die SS – das Herrschaftsinstrument«, in ders. u. a. (Hg.), *Anatomie des SS-Staates*, Bd. 1

–: »Die Zigeunerdeportation vom Mai 1940«, in: *Gutachten des Instituts für Zeitgeschichte*, Bd. 1, München 1958, S. 51–60

– u. a. (Hg.): *Anatomie des SS-Staates*, 2 Bde., München 1967

Buchmann, Erika: *Die Frauen von Ravensbrück*, Berlin 1961

Bura, Josef: »Die unbewältigte Vergangenheit. Zigeunerpolitik und alltäglicher Rassismus in der Bundesrepublik«, in Rudolph Bauer u. a. (Hg.), *Sinti in der Bundesrepublik. Beiträge zur sozialen Lage einer verfolgten Minderheit*, Bremen 1984, S. 9–85

Burleigh, Michael (Hg.): *Confronting the Nazi Past. New Debates in Modern German History*, New York 1996

–/ Wippermann, Wolfgang: *The Racial State. Germany, 1933–1945*, Cambridge 1991

Calvelli-Adorno, Franz: »Die rassische Verfolgung der Zigeuner vor dem 1. März 1943«, in: *Rechtsprechung zum Wiedergutmachungsrecht* 12 (1961), S. 529–539

Clébert, Jean-Paul: *Das Volk der Zigeuner*, Wien 1964

Cohn, Werner: *The Gypsies*, Reading, Massachusetts, 1973

Cooper, Matthew: *The Phantom War. The German Struggle against Soviet Partisans*, London 1979

Crowe, David/Kolsti, John (Hg.): *The Gypsies of Eastern Europe*, New York 1991

Czech, Danuta: *Kalendarium der Ereignisse im Konzentrationslager Auschwitz-Birkenau, 1939–1945*, Reinbek 1989

Dambrowski, Amanda: »Das Schicksal einer vertriebenen ostpreußischen Sinti-Familie im NS-Staat«, in: *Pogrom* 12, Nr. 80–81 (März-April 1981), S. 72–75

Daum, Monika/Deppe, Hans-Ulrich: *Zwangssterilisation in Frankfurt am Main, 1933–1945*, Frankfurt a. M. 1991

Dawidowicz, Lucy S.: »Thinking about the Six Million. Facts, Figures, Perspectives«, in John K. Roth and Michael Berenbaum (Hg.), *Holocaust. Religious and Philosophical Perspectives*, New York 1989, S. 51–70

Deutsch, Harold C.: *Verschwörung gegen den Krieg. Der Widerstand in den Jahren 1939–1940*, München 1969

Diels, Rudolf: *Lucifer ante Portas. Zwischen Severing und Heydrich,* Zürich o. J. (um 1949)

Diensttagebuch des deutschen Generalgouverneurs in Polen 1939–1945, hg. von Werner Präg und Wolfgang Jacobmeyer, Stuttgart 1975

Djuric, Rajko: *Roma und Sinti im Spiegel der deutschen Literatur. Ein Essay,* Frankfurt a. M. 1995

Dlugoborski, Waclaw. »On the History of the Gypsy Camp at Auschwitz-Birkenau«, in: Staatsmuseum von Auschwitz-Birkenau (Hg.), *Gedenkbuch,* Bd. 1, S. 1–5

–: *Der 50. Jahrestag der Vernichtung der Roma im KL Auschwitz-Birkenau,* Oswiecim 1994

Dobroszycki, Lucjan/Dabrowska, Danuta (Hg.): *The Chronicle of the Lodz Ghetto, 1941–1944,* New Haven, Connecticut, 1984

Dokumentationsarchiv des Österreichischen Widerstandes: *Widerstand und Verfolgung im Burgenland, 1934–1945. Eine Dokumentation,* Wien 1983

–: *Widerstand und Verfolgung in Niederösterreich, 1934–1945,* Bd. 3, Wien 1987

–: *Widerstand und Verfolgung in Wien, 1934–1945. Eine Dokumentation,* Bd. 3: *Zigeuner,* Wien 1973

Döring, Hans-Joachim: »Die Motive der Zigeuner-Deportation vom Mai 1940«, in: *Vierteljahrshefte für Zeitgeschichte* 7 (1959), S. 418–428

–: *Die Zigeuner im nationalsozialistischen Staat,* Hamburg 1964

Dorsch/Vaas: *Die polizeiliche Überwachung der Zigeuner und nach Zigeunerart umherziehenden Personen. Eine Sammlung von Rechtsvorschriften,* Ravensburg 1948–1949

Dostal, Walter: »Die Zigeuner in Österreich«, in: *Archiv für Völkerkunde* 10 (1955), S. 1–15

Dulles, Allan Welsh: *Verschwörung in Deutschland,* Kassel 1948

Ebbinghaus, Angelika, u. a. (Hg.): *Heilen und Vernichten im Mustergau Hamburg. Bevölkerungs- und Gesundheitspolitik im Dritten Reich,* Hamburg 1984

Eiber, Ludwig: *»Ich wußte, es wird schlimm«. Die Verfolgung der Sinti und Roma in München, 1933–1945,* München 1993

Eine Schuld, die nicht erlischt. Dokumente über deutsche Kriegsverbrechen in der Sowjetunion, Köln 1987

Eller, Hanns: »Die Zigeuner – ein Problem«, in: *Kriminalistik* 8 (1954), S. 124–126

Engbring-Romano, Udo: *Fulda – Auschwitz. Zur Verfolgung der Sinti in Fulda,* Darmstadt 1996

–: *Wiesbaden – Auschwitz. Zur Verfolgung der Sinti in Wiesbaden,* Darmstadt 1997

Engel, Gerhard: *Heeresadjutant bei Hitler, 1938–1943. Aufzeichnungen des Majors Engel,* hg. von Hildegard von Kotze, Stuttgart 1974

Evans, Richard J.: *Im Schatten Hitlers? Historikerstreit und Vergangenheitsbewältigung in der Bundesrepublik,* Frankfurt a. M. 1991

Ezergailis, Andrew: *The Holocaust in Latvia, 1941–1944. The Missing Center,* Riga 1996

Fall 7. Das Urteil im Geiselmordprozeß, gefällt am 19. Februar 1948 vom Militärgerichtshof V der Vereinigten Staaten von Amerika, hg. von Martin Zöller und Kazimierz Leszczyński, Berlin 1965

Fedkiel, Wladyslaw: »Starvation in Auschwitz«, in Kazimierz Smolen u. a. (Hg.), *From the History of KL. Auschwitz,* New York 1982, S. 119–134

Fenner, Elisabeth: *Zwangssterilisation im Nationalsozialismus. Zur Rolle der Hamburger Sozialverwaltung,* Ammersbek bei Hamburg 1990

Feuerhelm, Wolfgang: *Polizei und »Zigeuner«. Strategien, Handlungsmuster und Alltagstheorien im polizeilichen Umgang mit Sinti und Roma,* Stuttgart 1987

Ficowski, Jerzy: *Ciganie na polskich drogach,* Krakau [2]1965

–: *Wieviel Trauer und Wege. Zigeuner in Polen,* hg. von Roland Schopf, Frankfurt a. M./Berlin/Bern/New York/Paris/Wien 1992

Fings, Karola u. a.: »Einziges Land, in dem die Judenfrage und Zigeunerfrage gelöst«, in: *Die Verfolgung der Roma im faschistisch besetzten Jugoslawien, 1941–1945,* Köln o. J.

Fings, Karola/Sparing, Frank: »Eine erziehende Tätigkeit kommt nicht in Betracht«. Die nationalsozialistische Verfolgung Düsseldorfer Zigeunerkinder durch die Fürsorgeerziehungsbehörde«, in: *Augenblick* 6 (1994), S. 2–6

–: »Regelung der Zigeunerfrage««, in: *Konkret* 11/1993, S. 26–29

–: »Tunlichst als erziehungsunfähig hinzustellen‹. Zigeunerkinder und Jugendliche. Aus der Fürsorge in die Vernichtung«, in: *Dachauer Hefte,* Bd. 9, Nr. 9 (November 1993), S. 159–180

–: »Vertuscht, Verleugnet, Versteckt. Akten zur NS-Verfolgung von

Sinti und Roma«, in: *Besatzung und Bündnis. Deutsche Herrschaftsstrategien in Ost- und Südeuropa (Beiträge zur nationalsozialistischen Gesundheits- und Sozialpolitik,* Bd. 12), Berlin 1995

–: »Das Zigeunerlager in Köln-Bickendorf, 1935–1958«, in: *1999* 6, Nr. 3 (Juli 1991), S. 11–40

–: »z. Zt. Zigeunerlager«. *Die Verfolgung der Düsseldorfer Sinti und Roma im Nationalsozialismus,* Köln 1992

Fonseca, Isabel: *Begrabt mich aufrecht. Auf den Spuren der Zigeuner,* München 1996

Fraenkel, Ernst: *Der Doppelstaat. Recht und Justiz im »Dritten Reich«,* Frankfurt a. M. 1984

Franz, Philomena: *Zwischen Liebe und Haß. Ein Zigeunerleben,* Freiburg 1992

Fraser, Angus: *The Gypsies,* Oxford 1992

Friedlander, Henry: *Der Weg zum NS-Genozid. Von der Euthanasie zur Endlösung,* Berlin 1997

Friedländer, Saul: *Das Dritte Reich und die Juden,* Bd. 1: *Die Jahre der Verfolgung, 1933–1939,* München 1998

Füllberg-Stolberg, Claus, u. a. (Hg.): *Frauen in Konzentrationslagern: Bergen-Belsen, Ravensbrück,* Bremen 1994

Galinski, Heinz: »Dieses Gedenken sei uns Mahnung zum Handeln«, in: *Sinti und Roma im ehemaligen KZ Bergen-Belsen am 27. Oktober 1979. Erste deutsche und europäische Gedenkkundgebung »In Auschwitz vergast, bis heute verfolgt«. Eine Dokumentation der »Gesellschaft für bedrohte Völker« und des »Verbands deutscher Sinti«,* Göttingen 1980

Geigges, Anita/Wette, Bernard W.: *Zigeuner heute. Verfolgung und Diskriminierung in der BRD,* Bornheim-Merten 1979

Gellately, Robert: *Die Gestapo und die deutsche Gesellschaft. Die Durchsetzung der Rassenpolitik 1933–1945,* Paderborn/München/Wien/Zürich 1993

Gerlach, Christian: »Failure of Plans for an SS Extermination Camp in Mogilev«, in: *Holocaust and Genocide Studies* 11 (1997), S. 60–78

–: »Die Wannsee-Konferenz, das Schicksal der deutschen Juden und Hitlers politische Grundsatzentscheidung, alle Juden Europas zu ermorden«, in: *Werkstatt Geschichte* 18 (1997), S. 7–44

Gersdorff, Rudolf-Christoph Freiherr von: *Soldat im Untergang,* Frankfurt a. M. 1977

Giere, Jacqueline: *Die gesellschaftliche Konstruktion des Zigeuners. Zur Genese eines Vorurteils,* Frankfurt a. M. 1996

Gilbert, Martin: *Endlösung. Die Vertreibung und Vernichtung der Juden. Ein Atlas,* Reinbek 1995

Gilsenbach, Reimar: *Oh Django, sing deinen Zorn. Sinti und Roma unter den Deutschen,* Berlin 1993

–: »Wie Alfred Lora den Wiesengrund überlebte: Aus der Geschichte einer deutschen Sinti-Familie«, in: *Pogrom* 21, Nr. 151 (Januar-Februar 1990), S. 13–18

–: »Wie Lolitschai zur Doktorwürde kam«, in Ayass u. a., *Feinderklärung und Prävention,* S. 101–134

Gisevius, Hans Bernd: *Bis zum bittern Ende,* 2. Bde., Hamburg 1947

–: *Wo ist Nebe? Erinnerungen an Hitler's Reichskriminaldirektor,* Zürich 1966

Grode, Walter: *Die »Sonderbehandlung 14 f 13« in den Konzentrationslagern des Dritten Reiches. Ein Beitrag zur Dynamik faschistischer Vernichtungspolitik,* Frankfurt a. M. 1987

Gronemeyer, Reimer: »Warum Tsiganologie? Bemerkungen zu einer Wissenschaft mit Blutspuren«, in: *Gießener Hefte zur Tsiganologie* l, Nr. l (1985), S. 3–7

– (Hg.): *Zigeuner im Spiegel früher Chroniken und Abhandlungen. Quellen vom 15. bis zum 18. Jahrhundert,* Gießen 1987

Gross, Jan Tomasz: *Polish Society under German Occupation. The Generalgouvernement, 1939–1944,* Princeton, New Jersey, 1979

Günther, Wolfgang: »*Ach Schwester, ich kann nicht mehr tanzen«. Sinti und Roma im KZ Bergen-Belsen,* Hannover 1990

–: *Die preußische Zigeunerpolitik seit 1871 im Widerspruch zwischen zentraler Planung und lokaler Durchführung. Eine Untersuchung am Beispiel des Landkreises Neustadt am Rübenberge und der Hauptstadt Hannover,* Hannover 1985

Gutman, Yisrael/Berenbaum, Michael (Hg.): *Anatomy of the Auschwitz Death Camp,* Bloomington, Indiana, 1994

Guttenberger, Elisabeth: »Das Zigeunerlager«, in H. G. Adler, *Auschwitz. Zeugnisse und Berichte,* Frankfurt a. M. 1962, S. 131–134

Hackett, David A. (Hg.): *Der Buchenwald-Report. Bericht über das Konzentrationslager Buchenwald bei Weimar,* München 1996

Haller, Mark H.: *Eugenics. Hereditarian Attitudes in American Thought,* New Brunswick, New Jersey, 1963

Hancock, Ian F.: »Communication. A Response to Raymond Pearson's Review of Ian Hancock: The Pariah Syndrome«, in: *Nationalities Papers* 19 (1991), S. 433–436

–: *The Pariah Syndrome. An Account of Gypsy Slavery and Persecution*, Ann Arbor, Michigan, 1987

–: »Responses to the Porrajmos. The Romani Holocaust«, in Alan S. Rosenbaum (Hg.), *Is the Holocaust Unique?*, Boulder, Colorado, 1996, S. 36–64

–: »Uniqueness, Gypsies and Jews«, in Yehuda Bauer u. a. (Hg.), *Remembering for the Future*, Bd. 2, Oxford 1989, S. 2017–2025

Harder, Alexander: *Kriminalzentrale Werderscher Markt. Die Geschichte des »Deutschen Scotland Yard«*, Bayreuth 1963

Hase-Mihalik, Eva von/Kreuzkamp, Doris: *»Du kriegst auch einen schönen Wohnwagen«. Zwangslager für Sinti und Roma während des Nationalsozialismus in Frankfurt am Main*, Frankfurt a. M. 1990

Hausner, Gideon: *Gerechtigkeit in Jerusalem*, München 1967

Headland, Donald: *Messages of Murder. A Study of the Reports of the Einsatzgruppen of the Security Police and the Security Service, 1941–1943*, Rutherford, New Jersey 1992

Heer, Hannes/Naumann, Klaus: *Vernichtungskrieg. Verbrechen der Wehrmacht 1941–1945*, Hamburg 1995

Hehemann, Rainer: *Die »Bekämpfung des Zigeunerunwesens« im Wilhelminischen Deutschland und in der Weimarer Zeit, 1871–1933*, Frankfurt a. M. 1987

Hemmerlein, Astrid: *Sinti und Roma im System Himmlers*, Diplomarbeit, Freie Universität Berlin, 1994

Hendsch, Gerhard: »Der Zigeuner, vom Standpunkt des Polizeibeamten betrachtet«, in: *Polizeipraxis* 4 (1950), S. 144 f.

Henke, Josef: »Quellenschicksale und Bewertungsfragen. Archivische Probleme bei der Überlieferungsbildung zur Verfolgung der Sinti und Roma im Dritten Reich«, in: *Vierteljahrshefte für Zeitgeschichte* 41 (1993), S. 61–77

Herbert, Ulrich: »Arbeit und Vernichtung: Ökonomisches Interesse und Primat der ›Weltanschauung‹ im Nationalsozialismus«, in Dan Diner (Hg.), *Ist der Nationalsozialismus Geschichte? Zu Historisierung und Historikerstreit*, Frankfurt a. M. 1987, S. 198–236

– (Hg.): *Nationalsozialistische Vernichtungspolitik, 1939–1945. Neue Forschungen und Kontroversen*, Frankfurt a. M. 1998

Hess, Gerhard: »›Zigeunerromantik‹ oder Bekämpfung des Landfahrerunwesens«, in: *Der Kriminalist* 11 (1979), S.343f.

Hesse, Hans: »Wilhelm Mundraub: Kriminalsekretär des Bremer ›Zigeunerdezernats‹«, in Barbara Danckwortt u. a. (Hg.), *Historische Rassismusforschung. Ideologen – Täter – Opfer,* Hamburg 1995

Heuss, Herbert: Darmstadt-Auschwitz: Die Verfolgung der Sinti in Darmstadt, Frankfurt a. M. 1995

–: Die Verfolgung der Sinti in Mainz und Rheinhessen: 1933–1945, Landau 1996

–: »Wissenschaft und Völkermord. Zur Arbeit der ›Rassenhygienischen Forschungsstelle‹ beim Reichsgesundheitsamt«, in: *Bundesgesundheitsblatt* 32, Sonderheft (März 1989), S. 20–24

Heuss, Peter: »Kulturpolitik im Dritten Reich. Das ›Ahnenerbe‹ der SS und seine Funktion für Himmlers Rassenpolitik«, in Daniel Strauss (Hg.), *Die Sinti/Roma Erzählungskunst im Kontext europäischer Märchenkultur,* Heidelberg 1992

Heuzeroth, Günter (Hg.): *Unter der Gewaltherrschaft des Nationalsozialismus 1933–1945. Dargestellt an den Ereignissen im Oldenburger Land,* Bd. 2, Oldenburg 1985

Hilberg, Raul: *Die Vernichtung der europäischen Juden. Die Gesamtgeschichte des Holocaust,* Berlin 1982

Himmler, Heinrich: *Geheimreden 1933 bis 1945 und andere Ansprachen,* hg. von Bradley F. Smith und Agnes F. Peterson, Frankfurt a. M. 1974

Hoffmann, Peter: *Widerstand, Staatsstreich, Attentat. Der Kampf der Opposition gegen Hitler,* Frankfurt a. M./Berlin/Wien 1974

Hohmann, Joachim Stephan: *Bravo Sinto!,* Frankfurt a. M. 1984

–: *Bravo Sinto! Auf den Spuren eines geächteten Buches. Eine Dokumentation,* Fernwald 1986

–: *Geschichte der Zigeunerverfolgung in Deutschland,* Frankfurt a. M. 1981

–: *Robert Ritter und die Erben der Kriminalbiologie. ›Zigeunerforschung‹ im Nationalsozialismus und in Westdeutschland im Zeichen des Rassismus,* Frankfurt a. M. 1991

–: *Verfolgte ohne Heimat. Geschichte der Zigeuner in Deutschland,* Frankfurt a. M. 1990

–: *Zigeuner und Zigeunerwissenschaft. Ein Beitrag zur Grundlagenfor-*

schung und Dokumentation des Völkermords im »Dritten Reich«, Marburg 1980

−/ Schöpf, Roland (Hg.): Zigeunerleben. Beiträge zur Sozialgeschichte einer Verfolgung, Darmstadt ²1979

Höhne, Heinz: Der Orden unter dem Totenkopf. Die Geschichte der SS, 2 Bde., Frankfurt a. M. 1969

Horwitz, Gordon J.: In the Shadow of Death. Living Outside the Gates of Mauthausen, New York 1990

Höß, Rudolf: Kommandant in Auschwitz. Autobiographische Aufzeichnungen, hg. von Martin Broszat, München 1963

Hundsalz, Andreas: Soziale Situation der Sinti in der Bundesrepublik Deutschland. Endbericht, Stuttgart 1982

Huttenbach, Henry R.: »The Romani Porajmos. The Nazi Genocide of Europe's Gypsies«, in: Nationalities Papers 19 (1991), S. 373–396

International Auschwitz Committee: Nazi Medicine. Doctors, Victims and Medicine in Auschwitz, New York 1986

Der Prozeß gegen die Hauptkriegsverbrecher vor dem internationalen Militärgerichtshof, Nürnberg, 14. November 1945–1. Oktober 1946, 42 Bde., Nürnberg 1947–1949

Jäckel, Eberhard: Hitlers Weltanschauung. Entwurf einer Herrschaft, Stuttgart ³1986

−/ Rohwer, Jürgen (Hg.): Der Mord an den Juden im zweiten Weltkrieg. Entschlußbildung und Verwirklichung, Stuttgart 1985

Kaienburg, Hermann: »Vernichtung durch Arbeit«. Der Fall Neuengamme, Bonn 1990

Kater, Michael H.: Das »Ahnenerbe« der SS, 1935–1945. Ein Beitrag zur Kulturpolitik des Dritten Reiches, Stuttgart 1974

−: Ärzte als Hitlers Helfer, Hamburg/Wien 2000

Katz, Steven T.: »Essay: Quantity and Interpretation – Issues in the Comparative Historical Analysis of the Holocaust«, in: Holocaust and Genocide Studies 4 (1989), S. 127–48.

−: The Holocaust in Historical Context, Bd. 1: The Holocaust and Mass Death before the Modern Age, New York 1994

−: »The Uniqueness of the Holocaust. The Historical Dimension«, in Alan S. Rosenbaum (Hg.), Is the Holocaust Unique? Perspectives on Comparative Genocide, Boulder, Colorado, 1996, S. 19–38

Kenrick, Donald: »Letter to the editor«, in: Holocaust and Genocide Studies 4 (1989), S. 251–254

Kenrick, Donald/Puxon, Grattan: *Sinti und Roma – die Vernichtung eines Volkes im NS-Staat*, hg. von der Gesellschaft für bedrohte Völker, Göttingen 1981

–: *Gypsies under the Swastika*, Hatfield 1995

Keren, Nili: »The Family Camp«, in Gutman und Berenbaum (Hg.), *Anatomy of the Auschwitz Death Camp*, S. 428–40

Kettenacker, Lothar: *Nationalsozialistische Volkstumspolitik im Elsaß*, Stuttgart 1973

Kielar, Wieslaw: *Anus Mundi. Fünf Jahre Auschwitz*, Frankfurt a. M. 1987

Klamper, Elisabeth (Hg.): *Archives of the Holcaust*, Bd. 19: *Dokumentationsarchiv des Österreichischen Widerstandes*, New York 1991

–: »Persecution and Annihilation of Roma and Sinti in Austria, 1938–1945«, in: *Journal of the Gypsy Lore Society*, 5th ser., 3, Nr. 2 (August 1993), S. 55–65

–: »Persecution of the Gypsies«, in dies. (Hg.), *Archives of the Holocaust*, Bd. 19, S. 158–161

Klausch, Hans-Peter: *Antifaschisten in SS-Uniform. Schicksal und Widerstand der deutschen politischen KZ-Häftlinge, Zuchthaus- und Wehrmachtsstrafgefangene in der SS-Sonderformation Dirlewanger*, Bremen 1993

Klee, Ernst: *Auschwitz, die NS-Medizin und ihre Opfer*, Frankfurt a. M. 1997

–: »*Euthanasie« im NS-Staat. Die Vernichtung lebensunwerten Lebens*, Frankfurt a. M. 1985

Klein, Nikolaus (Hg.): *Sinti und Roma. Ein Volk auf dem Wege zu sich selbst*, Stuttgart 1981

Koch, Thomas: *Zwangssterilisation im Dritten Reich. Das Beispiel der Universitätsklinik Göttingen*, Frankfurt a. M. 1994

Kochanowski, Vanya: »Some Notes on the Gypsies of Latvia by one of the Survivors«, in: *Journal of the Gypsy Lore Society*, 3rd ser., 25 (1946), S. 112–116

Koehl, Robert L.: *RKFDV: German Resettlement and Population Policy. A History of the Reich Commission for the Strengthening of Germandom*, Cambridge 1957

Köhler-Zülch, Ines: »Die verweigerte Herberge. Die heilige Familie in Ägypten und andere Geschichten von ›Zigeunern‹ – Selbstäußerungen oder Außenbilder?«, in Giere (Hg.), *Die gesellschaftliche Konstruktion der Zigeuner,* S. 46–86

Kogon, Eugen: *Der SS-Staat. Das System der deutschen Konzentrationslager,* Frankfurt a. M. [4]1958

– u. a. (Hg.): *Nationalsozialistische Massentötungen durch Giftgas. Eine Dokumentation,* Frankfurt a. M. 1983

König, Ulrich: *Sinti und Roma unter dem Nationalsozialismus. Verfolgung und Widerstand,* Bochum 1989

Kraus, Ota Benjamin/Kulka, Erich: *Die Todesfabrik Auschwitz,* Berlin 1991

Krausnick, Helmut: »Hitler und die Befehle an die Einsatzgruppen im Sommer 1941«, in Jäckel/Rohwer (Hg.), *Der Mord an den Juden im zweiten Weltkrieg*

–/ Wilhelm, Hans-Heinrich: *Die Truppe des Weltanschauungskrieges. Die Einsatzgruppen der Sicherheitspolizei und des SD, 1938–1942,* Stuttgart 1981

Krausnick, Michail: *Abfahrt Karlsruhe. Die Deportation in den Völkermord, ein unterschlagenes Kapitel aus der Geschichte unserer Stadt,* Karlsruhe 1991

– (Hg.): »*Da wollten wir frei sein!*« *Eine Sinti Familie erzählt,* Weinheim/Basel 1993

–: *Wo sind sie hingekommen? Der unterschlagene Völkermord an den Sinti und Roma,* Gerlingen 1995

Kühl, Stefan: *The Nazi Connection. Eugenics, American Racism and German National Socialism,* New York 1994

Langbein, Hermann: *Der Auschwitzprozeß. Eine Dokumentation,* 2 Bde., Wien 1995

–: *Menschen in Auschwitz,* Wien 1972

Leidgeb, Ellen/Hörn, Nicole: *Opre Roma! Erhebt euch. Eine Einführung in die Geschichte und Situation der Roma,* München 1994

Lengyel, Olga: *Five Chimneys. The Story of Auschwitz,* Chicago 1947

Lerch, Hans-Günter: »*Tschü lowi…*«. *Das Manische in Gießen,* Gießen 1976

Lessing, Alfred: *Mein Leben im Versteck. Wie ein deutscher Sinti den Holocaust überlebte,* Düsseldorf 1993

Liégeois, Jean-Pierre: *Gypsies and Travellers,* Straßburg 1987

Lifton, Robert Jay: *Ärzte im Dritten Reich,* Stuttgart 1988

Linenthal, Edward T.: *Preserving Memory. The Struggle to Create America's Holocaust Museum*, New York 1995

Longerich, Peter: *Hitlers Stellvertreter. Führung der Partei und Kontrolle des Staatsapparates durch den Stab Hess und die Partei-Kanzlei Bormanns*, München 1992

Lucassen, Leo: *Zigeuner. Die Geschichte eines polizeilichen Ordnungsbegriffes in Deutschland, 1700–1945*, Köln 1996

Lustig, Oliver: »Das ›Zigeunerlager‹ von Auschwitz-Birkenau. Aus den Erinnerungen eines Rumänen«, in: *Gießener Hefte für Tsiganologie* 2, Nr. 4 (1985), S. 16–19

Lutz, Brenda Davis und James M.: »Gypsies as Victims of the Holocaust«, in: *Holocaust and Genocide Studies* 9 (1995), S. 346–359

Maier, Dieter: *Arbeitseinsatz und Deportation. Die Mitwirkung der Arbeitsverwaltung bei der nationalsozialistischen Judenverfolgung in den Jahren 1938–1945*, Berlin 1994

Maislinger, Andreas: »›Zigeuneranhaltelager‹ und ›Arbeitserziehungslager‹ Weyer. Ergänzung einer Ortschronik«, in: *Pogrom* 18, Nr. 137 (Dezember 1987), S. 33–36

Majer, Diemut: *»Fremdvölkische« im Dritten Reich. Ein Beitrag zur nationalsozialistischen Rechtssetzung und Rechtspraxis in Verwaltung und Justiz unter besonderer Berücksichtigung der eingegliederten Ostgebiete und des Generalgouvernement*, Boppard 1981

Manoschek, Walter: *»Serbien ist judenfrei«. Militärische Besatzungspolitik und Judenvernichtung in Serbien 1941/42*, München 1993

Margalit, Gilad: »Antigypsism in the Political Culture of the Federal Republic of Germany. A Parallel with Antisemitism?« in: *Acta. Analysis of Current Trends in Antisemitism* 9 (1996), S. 1–29

–: »Die deutsche Zigeunerpolitik nach 1945«, in: *Vierteljahrshefte für Zeitgeschichte* 45 (1997), S. 557–588

–: »The Justice System of the Federal Republic of Germany and the Nazi Persecution of the Gypsies«, in: *Holocaust and Genocide Studies* 11 (1997), S. 330–350

–: »Sinti und andere Deutsche – Über ethnische Spiegelungen«, in: *Tel Aviver Jahrbuch für deutsche Geschichte* 26 (1997), S. 281–306

Martins-Heuss, Kirsten: »Reflections on the Collective Identity of German Roma and Sind (Gypsies) after National Socialism«, in: *Holocaust and Genocide Studies* 4 (1989), S. 193–211

–: *Zur mythischen Figur des Zigeuners in der deutschen Zigeunerforschung*, Frankfurt a. M. 1983

Matalon Lagnado, Lucette/Cohn Dekel, Sheila: *Die Zwillinge des Dr. Mengele. Der Arzt von Auschwitz und seine Opfer*, Reinbek 1994

Matl, Wolfgang: »Ein Albtraum vom reinen Schweden«, in: *Die Zeit*, 5. September 1997, S. 13–15

Matras, Yaron: »The Development of the Romani Civil Rights Movement in Germany, 1945–1996«, in Susan Tebbutt (Hg.), *Sinti and Roma in German-Speaking Society and Literature*, S. 49–63

Matthäus, Jürgen: »What about the ›Ordinary Men‹? The German Order Police and the Holocaust in the Occupied Soviet Union«, in: *Holocaust and Genocide Studies* 10 (1996), S. 134–150

Maur, Wolf in der: *Die Zigeuner. Wanderer zwischen den Welten*, Wien 1969

Maximoff, Mateo: »Germany and the Gypsies. From the Gypsy's Point of View«, in: *Journal of the Gypsy Lore Society*, 3rd ser., 25 (1946), S. 104–108

Mayerhofer, Claudia: *Dorfzigeuner. Kultur und Geschichte der Burgenland-Roma von der ersten Republik bis zur Gegenwart*, Wien 1987

Meier, Heinrich Christian: *So war es. Das Leben im KZ Neuengamme*, Hamburg 1946

Meister, Johannes: »Schicksale der ›Zigeunerkinder‹ aus der St. Josefspflege in Mulfingen«, in: *Jahrbuch des Historischen Vereins Württembergisch-Franken*, Mai 1984, S. 197–229

Meldungen aus dem Reich, 1938–1945. Die geheimen Lageberichte des Sicherheitsdienstes der SS, hg. von Heinz Boberach, Herrsching 1984

Mergen, Armand: *Die Tiroler Karner. Kriminologische und kriminalbiologische Studien an Landfahrern (Jenischen)*, Mainz 1949

Messerschmidt, Manfred: *Die Wehrmacht im NS-Staat. Zeit der Indoktrination*, Hamburg 1969

Michalczyk, John J. (Hg.): *Medicine, Ethics and the Third Reich. Historical and Contemporary Issues*, Kansas City 1994

Milton, Sybil: »Antechamber to Birkenau«, in Helge Grabitz u. a. (Hg.), *Die Normalität des Verbrechens*, Berlin 1994, S. 241–259

–: »The Context of the Holocaust«, in: *German Studies Review* 13 (1990), S. 269–283

–: »Correspondence. ›Gypsies and die Holocaust‹«, in: *History Teacher* 25 (1992), S. 515–521

457

–: »Gypsies and the Holocaust«, in: *History Teacher* 24 (1991), S. 375–387

–: »Holocaust: The Gypsies, Eyewitness Accounts«, in Samuel Totten u. a. (Hg.), *Genocide in the Twentieth Century. Critical Essays and Eyewitness Accounts*, S. 209–264, New York 1995

–: »Nazi Policies toward Roma and Sinti«, in: *Journal of the Gypsy Lore Society*, 5th ser., 2, Nr. 1 (1992), S. 1–18

–: »Non-Jewish Children in the Camps«, in Berenbaum (Hg.), A Mosaic of Victims, S. 150–160

– (Hg.): *The Story of Karl Stojka. A Childhood in Birkenau*, Washington, D. C., 1992

Mitscherlich, Alexander/Mielke, Fred: *Medizin ohne Menschlichkeit. Dokumente des Nürnberger Ärzteprozesses*, Frankfurt a. M. 1960

Mode, Heinz/Wölffling, Siegfried: *Zigeuner. Der Weg eines Volkes in Deutschland*, Leipzig 1968

Molitor, Jan: »The Fate of a German Gypsy«, in: *Journal of the Gypsy Lore Society*, 3rd ser., 26 (1947), S. 48–52

Moser, Jonny: »Nisko. The First Experiment in Deportation«, in: *Simon Wiesenthal Center Annual* 2 (1985), S. 1–30

Mosse, Georg: *Die völkische Revolution. Über die geistigen Wurzeln des Nationalsozialismus*, Frankfurt a. M. 1991

–: *Die Geschichte des Rassismus in Europa*, Frankfurt a. M. 1990

Mozes-Kor, Eva: »The Mengele Twins and Human Experimentation: A Personal Account«, in Annas und Grodin (Hg.), *The Nazi Doctors and the Nuremberg Code*, S. 53–59

Müller-Hill, Benno: *Tödliche Wissenschaft. Die Aussonderung von Juden, Zigeunern und Geisteskranken 1933–1945*, Berlin 1989

–: »Human Genetics in Nazi Germany«, in Michalczyk (Hg.), *Medicine, Ethics and the Third Reich*

Münz, Rainer/Ulrich, Ralf: »Changing Patterns of Immigration to Germany, 1945–1995. Ethnic Origins, Demographic Structure, Future Prospects«, in Klaus J. Bade und Myron Weiner (Hg.), *Migration Fast, Migration Future. Germany and the United States*, Providence, Rhode Island, 1997

Münzel, Mark/Streck, Bernard: *Kumpania und Kontrolle. Moderne Behinderungen zigeunerischen Lebens*, Gießen 1981

Necas, Ctibor: »Das Schicksal und die Vernichtung der Roma im Protektorat Böhmen und Mähren«, in Waclaw Dlugoborski (Hg.), *Der 10. Jahrestag der Vernichtung der Roma im KL Auschwitz-Birkenau*, Oswiecim 1994, S. 66–73

–: »Die tschechischen und die slowakischen Roma im Dritten Reich«, in: *Pogrom* 12, Nr. 80–81 (März-April 1981), S. 62–64

»Die nette alte Dame«. Dokumentation zum Fall Kellermann«, in: *Mitteilungen der Dokumentationsstelle zur NS-Sozialpolitik* 2, Nr. 12 (April 1986), S. 114–135

Niedersächsischer Verband deutscher Sinti: *»Es war menschenunmöglich«. Sinti aus Niedersachsen erzählen*, Hannover 1995

Noakes, Jeremy: »Social Outcasts in the Third Reich«, in Richard Bessel (Hg.), *Life in the Third Reich*, Oxford 1987, S. 83–96

Nolte, Ernst: *Streitpunkte. Heutige und künftige Kontroversen um den Nationalsozialismus*, Berlin 1993

Nomberg-Przytyk, Sara: *Auschwitz. True Tales from a Grotesque Land*, Chapel Hill, North Carolina, 1985

Nyiszli, Miklós: *Im Jenseits der Menschlichkeit. Ein Gerichtsmediziner in Auschwitz*, hg. von Friedrich Herber, Berlin 1992

Ogorreck, Ralf: *Die Einsatzgruppen und die »Genesis der Endlösung«*, Berlin 1996

Okely, Judith: *The Traveller-Gypsies*, Cambridge 1983

Opfermann, Ulrich Friedrich: *»Dass sie den Zigeuner-Habit ablegen«. Die Geschichte der ›Zigeuner-Kolonien‹ zwischen Wittgenstein und Westerwald*, Frankfurt a. M. 1996

Parcer, Jan (Hg.): *Das Schicksal der Sinti und Roma im KL Auschwitz-Birkenau*, Warschau 1994

Perl, Gisella: *I Was a Doctor in Auschwitz*, New York 1979

Petersen, P./Liedtke, U.: »Zur Entschädigung zwangsterilisierter Zigeuner (Sozialpsychologische Einflüsse auf psychische Störungen nationalsozialistisch Verfolgter)«, in: *Der Nervenarzt* 42 (1971), S. 197–205

Peukert, Detlev J. K.: *Volksgenossen und Gemeinschaftsfremde. Anpassung, Ausmerze und Aufbegehren unter dem Nationalsozialismus*, Köln 1982

Pingel, Falk: *Häftlinge unter SS-Herrschaft. Widerstand, Selbstbehauptung und Vernichtung im Konzentrationslager*, Hamburg 1978

Piper, Franciczek: »Die Familienlager in Auschwitz-Birkenau (Genesis, Funktion, Ähnlichkeiten und Unterschiede)«, in Miroslav Karney (Hg.), *Theresienstadt in der »Endlösung der Judenfrage«*, Prag 1992, S. 245–251

–: »The Number of Victims«, in Gutman und Berenbaum (Hg.), *Anatomy of the Auschwitz Death Camp*, S. 61–76

Porter, Jack N. (Hg.): *Genocide and Human Rights. A Global Anthology*, Lanham, Maryland, 1982

Proctor, Robert: »Nazi Doctors, Racial Medicine and Human Experimentation«, in Annas und Grodin (Hg.), *The Nazi Doctors and the Nuremberg Code*, S. 17–31

–: *Racial Hygiene. Medicine under the Nazis*, Cambridge 1988

Pross, Christian: *Wiedergutmachung. Der Kleinkrieg gegen die Opfer*, Frankfurt a. M. 1988

Puxon, Grattan: *Roma. Europe's Gypsies*, London 1987

Rahe, Thomas: »Aus ›rassischen‹ Gründen verfolgte Kinder im Konzentrationslager Bergen-Belsen. Eine erste Skizze«, in Edgar Alexander und Annegret Ehmann (Hg.), *Kinder und Jugendliche als Opfer des Holocaust*, Heidelberg 1995, S. 129–143

Ramati, Alexander: *Als die Geigen verstummten*, Bergisch Gladbach 1991

Reemtsma, Katrin: *Sinti und Roma. Geschichte, Kultur und Gegenwart*, München 1996

Riechert, Hansjörg: »Im Gleichschritt …: Sinti und Roma im Feldgrau«, in: *Militärgeschichtliche Mitteilungen* 53 (1994), S. 377–397

–: *Im Schatten von Auschwitz. Die nationalsozialistische Sterilisationspolitik gegenüber Sinti und Roma*, Münster 1995

Rose, Romani: »Dreieinhalb Jahrzehnte Verlassen. Zur Entstehung des neuen Selbstbewußtseins der Sinti«, in: *Zeitschrift für Kulturaustausch* 31 (1981), S. 411–422

– (Hg.): *Der nationalsozialistische Völkermord an den Sinti und Roma*, Heidelberg ²1995

–/ Weiss, Walter: *Sinti und Roma im »Dritten Reich«. Das Programm der Vernichtung durch Arbeit*, Göttingen 1991

Roth, Byron M.: »Crime and Child Rearing«, in: *Society* 34, Nr. 1 (November-Dezember 1996), S. 39–45

Rüdiger, Gerhard F.: »›Jeder Stein ist ein Blutstropfen‹. Zigeuner in Auschwitz-Birkenau«, in Zülch (Hg.), *In Auschwitz vergast, bis heute verfolgt*, S. 135–146

460

Sandkühler, Thomas: *»Endlösung« in Galizien. Der Judenmord in Ostpolen und die Rettungsinitiativen von Berthold Beitz*, Bonn 1996

Sandner, Peter: *Frankfurt, Auschwitz. Die nationalsozialistische Verfolgung der Sinti und Roma in Frankfurt am Main*, Frankfurt a. M. 1998

Scherer, Klaus: *»Asozial« im Dritten Reich. Die vergessenen Verfolgten*, Münster 1990

Schlabrendorff, Fabian von: *Offiziere gegen Hitler*, hg. von Gero v. S. Gaevernitz, Frankfurt a. M. 1959

Schleiermacher, Sabine: »Die SS-Stiftung ›Ahnenerbe‹. Menschen als Material für ›exakte‹ Wissenschaft«, in Rainer Osnowski (Hg.), *Menschenversuche. Wahnsinn und Wirklichkeit*, Köln 1988, S. 70–87

Schmacke, Norbert: *Zwangssterilisiert, verleugnet, vergessen. Zur Geschichte der nationalsozialistischen Rassenhygiene am Beispiel Bremen*, Bremen 1984

Schmitz, Hubert: *Die Bewirtschaftung der Nahrungsmittel und Verbrauchsgüter, 1939–1950. Dargestellt an dem Beispiel der Stadt Essen*, Essen 1956

Schmuhl, Hans-Walter: *Rassenhygiene, Nationalsozialismus, Euthanasie: Von der Verhütung zur Vernichtung ›lebensunwerten Lebens‹, 1890–1945*, Göttingen 1987

Seible, Theresa: »Sintezza und Zigeunerin«, in Angelika Ebbinghaus (Hg.), *Opfer und Täterinnen. Frauenbiographien des Nationalsozialismus*, Nördlingen 1987, S. 302–316

Seipolt, Harry: *Kann der Gnadentod gewährt werden. Zwangssterilisation und NS-»Euthanasie« in der Region Aachen*, Aachen 1995

Shelach, Menachem: »Sajmiste. An Extermination Camp in Serbia«, in: *Holocaust and Genocide Studies* 2 (1987), S. 243–260

Simon, Jürgen: »Die Erbgesundheitsgerichtsbarkeit im OLG-Bezirk Hamm. Rechtsprechung zwischen juristischen Vorgaben und ideologischer Anforderung«, in: *Juristische Zeitgeschichte*, Bd. 1: *Justiz und Nationalsozialismus*, Düsseldorf 1993, S. 131–167

Smolen, Kazimierz: »Das Schicksal der Sinti und Roma im KL Auschwitz-Birkenau«, in Parcer (Hg.), *Das Schicksal der Sinti und Roma im KL Auschwitz-Birkenau*, S. 129–175

Sofsky, Wolfgang: *Die Ordnung des Terrors: Das Konzentrationslager*, Frankfurt a. M. 1993

Solms, Wilhelm: »On the Demonizing of Jews and Gypsies in Fairy

461

Tales«, in Tebbutt (Hg.), *Sinti and Roma in German-Speaking Society and Literature*, S. 91–106

Spitta, Arnold: »Entschädigung für Zigeuner? Geschichte eines Vorurteils«, in Ludolf Herbst und Constantin Goschler (Hg.), *Wiedergutmachung in der Bundesrepublik*, München 1989, S. 385–401

Staatliches Museum Auschwitz-Birkenau (Hg.): *Gedenkbuch. Die Sinti und Roma im Konzentrationslager Auschwitz-Birkenau*, 2 Bde., München/London/New York/Paris 1993

–: *Sterbebücher von Auschwitz. Fragmente*, Bd. 1, München/London/New York/Paris 1995

Steinberger, Lila: »Das Leben des Herrn Steinberger«, in: *Aus Politik und Zeitgeschichte* 31, Nr. 12 (1981), S. 18–31

Steinmetz, Selma: *Österreichs Zigeuner im NS-Staat*, Wien 1966

Stojka, Ceija: *Wir leben im Verborgenen. Erinnerungen einer Rom-Zigeunerin*, Wien 1988

Strauss, Eva: »Die Zigeunerverfolgung in Bayern, 1855–1926«, in: *Gießener Hefte zur Tsiganologie* 3 (1986), S. 31–108

Streck, Bernhard: »Die ›Bekämpfung des Zigeunerunwesens‹. Ein Stück moderner Rechtsgeschichte«, in Zülch (Hg.), *In Auschwitz vergast, bis heute verfolgt*, S. 64–87

–: »Nationalsozialistische Methoden zur Lösung der ›Zigeunerfrage‹«, in: *Politische Didaktik* 1 (1981), S. 26–37

–: »Zigeuner in Auschwitz. Chronik des Lagers B II e«, in Münzel und Streck (Hg.), *Kumpania und Kontrolle*, S. 69–128

Streit, Christian: *Keine Kameraden. Die Wehrmacht und die sowjetischen Kriegsgefangenen, 1941–1945*, Stuttgart 1978

Strom, Yale: *Uncertain Roads. Searching for the Gypsies*, New York 1993

Sutherland, Anne: *Gypsies. The Hidden Americans*, New York 1975

Sway, Marlene B.: »Simmel's Concept of the Stranger and the Gypsies«, in: *Social Science Journal* 18, Nr. 1 (1981), S. 41–50

Szymanski, Tadeusz: »The ›Hospital‹ in the Family Camp for Gypsies in Auschwitz-Birkenau«, in International Auschwitz Committee (Hg.), *Nazi Medicine*, Teil 3, S. 1–45

Tebbutt, Susan (Hg.): *Sinti and Roma in German-Speaking Society and Literature*, Providence, Rhode Island, 1998

Terhorst, Karl-Leo: *Polizeiliche planmäßige Überwachung und polizeiliche Vorbeugungshaft im Dritten Reich. Ein Beitrag zur Rechtsgeschichte vorbeugender Verbrechensbekämpfung*, Heidelberg 1985

Thurner, Erika: *Kurzgeschichte des nationalsozialistischen Zigeunerlagers in Lackenbach (1940 bis 1945)*, Eisenstadt 1984

–: *Nationalsozialismus und Zigeuner in Österreich*, Wien 1983

Tillion, Germaine: *Frauenkonzentrationslager Ravensbrück*, Lüneburg 1998

Trials of War Criminals before the Nuernberg Military Tribunals under Control Council Law No. 10, 15 Bde., Washington, D. C., 1946–1949 (Bd. 4: *The Einsatzgruppen Case*)

Trumpener, Katie: »The Time of the Gypsies. A ›People without History‹ in the Narratives of the West«, in: *Critical Inquiry* 18 (1992), S. 843–884

Trunk, Isaiah: *Judenrat. The Jewish Councils in Eastern Europe under Nazi Occupation*, New York 1972

Tyrnauer, Gabrielle: »Scholars, Gypsies and the Holocaust«, in: *Papers from the Sixth and Seventh Annual Meetings, Gypsy Lore Society, North American Chapter*, hg. von Joanne Grumet, New York 1986, S. 157–164

Uschold, Rudolf: »Das Zigeunerproblem«, in: *Die Neue Polizei* 5, Nr. 3 (1951), S. 38–40

–: »Das Zigeunerproblem«, in: *Die Neue Polizei* 5, Nr. 4 (1951), S. 60–62

Vermehren, Isa: *Reise durch den letzten Akt. Ein Bericht (10.2.44 bis 29.6.45)*, Hamburg 1948

Volk, Ludwig (Hg.): *Akten deutscher Bischöfe über die Lage der Kirche 1933 bis 1945*, Bd. 6: 1943–1945, Mainz 1985

Völklein, Ulrich: *Zigeuner. Das verachtete Volk*, Oldenburg 1981

Vossen, Rüdiger: *Zigeuner. Roma, Sinti, Gitanos, Gypsies, zwischen Verfolgung und Romantisierung*, Frankfurt a. M. 1983

Wagner, Patrick: »Das Gesetz über die Behandlung Gemeinschaftsfremder: Die Kriminalpolizei und die ›Vernichtung des Verbrechertums‹«, in Ayass u. a., *Feinderklärung und Prävention*, pp. 75–100

–: *Volksgemeinschaft ohne Verbrecher. Konzeptionen und Praxis der Kriminalpolizei in der Zeit der Weimarer Republik und des Nationalsozialismus*, Hamburg 1996

Wehner, Bernd: »›Das Spiel ist aus – Arthur Nebe‹. Glanz und Elend der deutschen Kriminalpolizei«, in: *Der Spiegel*, 29. September 1949–20. April 1950 (in lockerer Folge)

–: *Dem Täter auf der Spur. Die Geschichte der deutschen Kriminalpolizei,* Bergisch Gladbach 1983

Weindling, Paul: *Health, Race and German Politics between National Unification and Nazism, 1870–1945,* Cambridge 1989

–: »Understanding Nazi Racism. Precursors and Perpetrators«, in Burleigh (Hg.), *Confronting the Nazi Past*

Weingart, Peter: *Rasse, Blut und Gene. Geschichte der Eugenik und Rassehygiene in Deutschland,* Frankfurt a. M. 1988

Weinreich, Max: *Hitler's Professors. The Part of Scholarship in Germany's Crimes against the Jewish People,* New York 1946

Weiss, Sheila Faith: *Race Hygiene and National Efficiency. The Eugenics of Wilhelm Schallmayer,* Berkeley, Kalifornien, 1987

Wilhelm, Hans-Heinrich: *Die Einsatzgruppe A der Sicherheitspolizei und des SD 1941/42,* Frankfurt a. M. 1996

Willems, Wim: *In Search of the True Gypsy. Front Enlightenment to Final Solution,* London 1997

Wilson, James Q./Herrnstein, Richard J.: *Crime and Human Nature,* New York 1985

Winter, Mathias: »Kontinuitäten in der deutschen Zigeunerforschung und Zigeunerpolitik«, in Ayass u. a., *Feinderklärung und Prävention,* S. 135–152

Wippermann, Wolfgang: »Christine Lehmann und Mazurka Rosa. Two ›Gypsies‹ in the Grip of the German Bureaucracy, 1933–60«, in Burleigh (Hg.), *Confronting the Nazi Past,* S. 112–124

–: *Das Leben in Frankfurt zur NS-Zeit,* Bd. 2: *Die nationalsozialistische Zigeunerverfolgung. Darstellung, Dokumente, didaktische Hinweise,* Frankfurt a. M. 1986

–: »Nur eine Fußnote? Die Verfolgung der sowjetischen Roma. Historiographie, Motive, Verlauf«, in: *Gegen das Vergessen. Der Vernichtungskrieg gegen die Sowjetunion 1941–1945. Deutsch-Sowjetische Historikerkonferenz im Juni 1991 in Berlin über Ursachen, Opfer, Folgen des Deutschen Angriffs auf die Sowjetunion,* hg. von Klaus Meyer und Wolfgang Wippermann, Frankfurt a. M. 1992, S. 75–90

–: *Wie die Zigeuner. Antisemitismus und Antitsiganismus im Vergleich,* Berlin 1997

–/ Brucker-Boroujerdi, Ute: »Nationalsozialistische Zwangslager in Berlin III. Das ›Zigeunerlager‹ Marzahn«, in: *Berliner Forschungen* 2 (1987), S. 189–201

Wirbel, Franz: »Die Rückkehr von Auschwitz«, in: *Zeitschrift für Kulturaustausch* 31 (1981), S.468–470

Wölffling, Siegfried: »Zur Verfolgung und Vernichtung der mitteldeutschen Zigeuner unter dem Nationalsozialismus«, in: *Wissenschaftliche Zeitschrift der Martin-Luther-Universität Halle-Wittenberg* 14 (1965), S.501–508

Wood, Manfri Frederick: *In the Life of a Romany Gypsy*, London 1973

Yates, Dora E.: *My Gypsy Days. Recollections of a Romani Rawnie*, London 1953

Yoors, Jan: *Crossing*, New York 1971

–: *Die Zigeuner*, Frankfurt a. M./Berlin/Wien 1982

Ziegler, Jürgen: *Mitten unter uns. Natzweiler-Struthof: Spuren eines Konzentrationslagers*, Hamburg 1986

Zimmermann, Michael: »Ausgrenzung, Ermordung, Ausgrenzung. Normalität und Exzeß in der polizeilichen Zigeunerverfolgung in Deutschland (1870–1980)«, in Alf Lüdtke (Hg.), *»Sicherheit« und »Wohlfahrt«. Polizei, Gesellschaft und Herrschaft im 19. und 20. Jahrhundert*, Frankfurt a. M. 1992, S.344–370

–: »Die Deportation der Sinti und Roma nach Auschwitz-Birkenau«, in Parcer, *Das Schicksal der Sinti und Roma im KL Auschwitz-Birkenau*, S.45–83

–: »Deportation ins ›Generalgouvernement‹. Zur nationalsozialistischen Verfolgung der Sinti und Roma aus Hamburg«, in Frank Bajohr und Joachim Szodrzynski (Hg.), *Hamburg in der NS-Zeit. Ergebnisse neuerer Forschungen*, Hamburg 1995, S.151–173

–: »Eine Deportation nach Auschwitz. Zur Rolle des Banalen bei der Durchsetzung des Monströsen«, in Heide Gerstenberger and Dorothea Schmidt (Hg.), *Normalität oder Normalisierung? Geschichtsmarkstätten und Faschismusanalyse*, Münster 1987, S.84–96

–: »Emscherstr. 9 und Emscherstr. 20. Zwei Zigeunerplätze in Recklinghausen 1939 bis 1943«, in: *Vestische Zeitschrift* 90/91 (1991/1992), S.245–267

–: »›Jetzt‹ und ›Damals‹ als imaginäre Einheit. Erfahrungen in einem lebensgeschichtlichen Projekt über die nationalsozialistische Verfolgung von Sinti und Roma«, in: *Bios* 4 (1991), S.225–242

–: »Der nationalsozialistische Genozid an den Zigeunern und der Streit zwischen ›Intentionalisten‹ und ›Funktionalisten‹«, in: *Von der Auf-*

gabe der Freiheit. Festschrift für Hans Mommsen zum 5. November 1995, hg. von Christian Jansen, Berlin 1995, S. 413–426

–: »Die nationalsozialistische ›Lösung der Zigeunerfrage‹«, in Herbert (Hg.), Nationalsozialistische Vernichtungspolitik 1939–1945, S. 235–262

–: Rassenutopie und Genozid. Die nationalsozialistische ›Lösung der Zigeunerfrage‹, Hamburg 1996

–: »Robert Ritter und die Utopie einer ›verbrecherfreien Volksgemeinschaft‹«, in Florian von Buttlar (Hg.), Fürsteberg-Drögen. Schichten eines verlassenen Ortes, Berlin 1994, S. 143–152

–: »Utopie und Praxis der Vernichtungspolitik in der NS-Diktatur. Überlegungen in vergleichender Absicht«, in: Werkstatt Geschichte 13 (1996), S. 60–71

–: Verfolgt, vertrieben, vernichtet. Die nationalsozialistische Vernichtungspolitik gegen Sinti und Roma, Essen [2]1993

–: »Von der Diskriminierung zum ›Familienlager‹ Auschwitz. Die nationalsozialistische Zigeunerverfolgung«, in: Dachauer Hefte 5 (1989), S. 87–114

–: »Wer schützt das Leben eines Menschen?« in Fritz Bauer Institute (Hg.), Auschwitz. Geschichte, Rezeption und Wirkung, Frankfurt a. M. 1996, S. 75–97

Zülch, Tilman (Hg.): In Auschwitz vergast, bis heute verfolgt. Zur Situation der Roma (Zigeuner) in Deutschland und Europa, Reinbek 1979

–: Sinti und Roma in Deutschland. 600 Jahre Geschichte einer verfolgten Minderheit, Bonn 1983

Zywulska, Krystyna: Wo vorher Birken waren. Überlebensbericht einer jungen Frau aus Auschwitz-Birkenau, Darmstadt 1980

Personenregister

Adelsberger, Lucie 262
Adler, Herbert 160
Adler, Marta 318
Adler, Pitzo 318
Adolf Friedrich, Fürst von
  Mecklenburg-Strelitz 15
Arajs, Viktor 209
Arnold, Hermann 353
August der Starke 15

Bach-Zelewski, Erich von dem
  343 f.
Bader, Karl Siegfried 39
Bankier, David 245
Bartov, Omar 201, 205
Bauer, Ignaz 289
Bauer, Yehuda 257, 372 f., 377
Baur, Erwin 72
Beck, Ludwig 341
Becker-Freyseng, Hermann 289
Beiglböck, Wilhelm 289
Bertram, Adolf 246 f.
Best, Werner 150
Bickenbach, Otto 296
Block, Martin 29
Boehm, Karol 193
Boeters, Gustav 73

Böhme, Franz 219 f., 347
Bonigut, Georg 273
Bormann, Martin 164, 237 f.,
  282, 284, 325, 327
Bradfisch, Otto 200, 343
Brandt, Rudolf 260 f., 299
Bräutigam, Otto 212
Broad, Pery 276
Browning, Christopher 224
Brunner, Julius 189

Chamberlain, Houston Stewart
  18, 70
Christian, V. 231
Clauberg, Carl 271, 294
Conti, Leonardo 124 f.

Dawidowicz, Lucy 375
Deutsch, Harold C. 342
Dickow, Margarete 324
Dietrich, Fritz 209 f.
Dillmann, Alfred 20
Dirlewanger, Oskar 300 f.
Döring, Hans-Joachim 181
Dubitscher, Fred 76
Dulles, Allen 342
Duna, William 376 f.

467

Bildnachweis

Bayerische Staatsbibliothek, München S. 20; Kester Archiv S. 23; Fotoarchiv O. Schmidt S. 32; AP/World White Photos S. 54; Bundesarchiv, Berlin S. 83; Bundesarchiv, Koblenz S. 84, 85, 128, 352; Brandenburgisches Landeshauptarchiv, Potsdam S. 178, 303, 309; Nordrhein-Westfälisches Hauptstaatsarchiv, Düsseldorf S. 241; Ludwig Eiber S. 257, 258, 289, 316; KZ-Gedenkstätte Neuengamme und Rijksinstituut voor Oorlogsdocumentatie S. 286, 297; Panstwowe Muzeum w Oświęcimiu-Brzezince (Auschwitz-Birkenau) S. 267.